COLLECTION MICHEL LÉVY
— 1 franc le volume —
1 franc 25 centimes à l'étranger

LOUIS REYBAUD

JÉROME PATUROT

A LA RECHERCHE

DE

LA MEILLEURE DES RÉPUBLIQUES

NOUVELLE ÉDITION
ENTIÈREMENT REVUE ET CORRIGÉE

PARIS
MICHEL LÉVY FRÈRES, LIBRAIRES-ÉDITEURS
RUE VIVIENNE, 2 BIS
—
1858

OEUVRES

DE

LOUIS REYBAUD

FORMAT GRAND IN-18

Mœurs et portraits du temps...............	2 vol.
Jérome Paturot a la recherche d'une position sociale.................................	1 —
Jérome Paturot a la recherche de la meilleure des républiques.........................	1 —
Romans.................................	1 —
Nouvelles...............................	1 —
La Comtesse de Mauléon..................	1 —
La Vie a rebours........................	1 —
La Vie de corsaire......................	1 —
La Vie de l'employé.....................	1 —
Marines et Voyages.....................	1 —
Scènes de la vie moderne................	1 —
Le Dernier des commis voyageurs.........	1 —
Le Coq du clocher......................	1 —
L'Industrie en Europe...................	1 —
Ce qu'on peut voir dans une rue.........	1 —

COLLECTION MICHEL LÉVY

JÉROME PATUROT

A LA RECHERCHE

DE LA MEILLEURE DES RÉPUBLIQUES

— CORBEIL, imprimerie de CRÉTÉ. —

JÉROME
PATUROT

A LA RECHERCHE DE

LA MEILLEURE DES RÉPUBLIQUES

PAR

LOUIS REYBAUD

NOUVELLE ÉDITION
ENTIÈREMENT REVUE ET CORRIGÉE

PARIS

MICHEL LÉVY FRÈRES, LIBRAIRES-ÉDITEURS,

RUE VIVIENNE, 2 BIS

—

1858

Traduction et reproduction réservées.

Je n'aurais pas songé à continuer un livre que le public a accueilli avec faveur, si les événements n'eussent modifié ma résolution. Personne ne sait mieux que moi qu'il est sage de s'arrêter dans une veine heureuse, et de ne pas la compromettre en l'épuisant.

Cependant, tout est changé autour de nous ; entre ce qui était et ce qui est, il n'y a en apparence que quelques semaines d'intervalle ; il y a un siècle en réalité. C'est un ordre nouveau, et à sa suite se produisent des mœurs nouvelles.

J'ai peint la société française sous la monarchie, et je ne l'ai point flattée ; j'entreprends de la peindre sous la république, et ne la flatterai pas davantage. Si les régimes changent, les hommes restent ; et au-dessus des fluctuations politiques, il y a les grandeurs et les faiblesses du cœur humain.

C'est d'ailleurs un devoir pour les écrivains de ne pas

demeurer à l'écart d'un établissement qui se fonde. Signalé à temps, un abus disparaît ; il résiste quand il a pris racine. Et puis l'heure est venue, où, suivant la belle expression de l'auteur des *Tusculanes*, tout citoyen doit porter écrit sur son front ce qu'il pense de la chose publique.

Ceci dit, je cède la parole à mon héros, en lui laissant toute la part de responsabilité qui appartient aux enfants de la fiction.

Avril 1848.

L. R.

JÉROME PATUROT

A LA RECHERCHE DE LA

MEILLEURE DES RÉPUBLIQUES

I

LES DEUX COMMISSAIRES.

Puisque je reprends la plume, il convient que j'explique comment j'y ai été amené.

On sait sur quel écueil vint se briser ma fortune politique, et à quel sort modeste je me trouvais désormais réduit. Un emploi en province, bien chétif, bien obscur, voilà ce qui me restait de toutes mes gloires et de toutes mes grandeurs. Le Ciel l'avait voulu ; il fallait s'incliner devant ses décrets. Des fronts plus superbes que le mien avaient passé sous ce niveau, et c'était à peine une ligne d'ajoutée au grand chapitre des décadences humaines. Le seul remède, en de tels cas, c'est de rendre au monde oubli pour oubli, dédain pour dédain, et de le punir par de strictes représailles.

Ainsi faisaient les Paturot. Ils mangeaient le pain du gouvernement, pour me servir de l'expression de Malvina, et, ajoutait-elle, quoi de plus dur ? mais on ne se croyait pas, dans la maison, tenu à autre chose. Le zèle se mesure aux appointements. Deux hommes, d'ailleurs, se confondaient en moi et s'y tempéraient : l'être libre, l'être assujéti. Comme employé, j'avais des devoirs à remplir, comme citoyen, des droits à exercer. De là, un mélange d'indépendance et de servitude. A vrai dire, le plus noble de ces mobiles l'emportait toujours ; c'était dans l'ordre. Un fonctionnaire digne de ce nom arrive le plus naturellement du monde à mépriser l'État, qui le nourrit, et à effacer, par une protestation persévérante, les souillures périodiques de l'émargement.

J'en étais là ; j'appartenais à la classe des employés qui jugent le gouvernement de haut, et en demeurent avec lui dans des termes froids et sévères. Je le servais en m'indignant ; je ne pouvais, sans rougir, songer à la livrée que je portais et au salaire dont on m'infligeait l'humiliation. Loin de s'adoucir avec le temps, cet état de mon âme ne fit qu'empirer. Je puisais, dans la durée même de mes liens, un désir plus ardent d'y échapper par la révolte. Je n'avais pas de paroles assez dures contre un pouvoir basé sur des appétits grossiers, et plus j'acceptais de lui, plus je le mettais au défi de me corrompre. C'est ainsi que, par une pente invincible, je me détachai d'abord des hommes, puis du système, enfin de la forme du gouvernement. Sur ses fruits l'arbre fut jugé. La monarchie était encore debout, vigoureuse en apparence, régnant par la faveur sur une bourgeoisie énervée, qu'à mes yeux elle était condamnée déjà et perdue sans retour. J'ignorais l'heure de sa chute, mais je ne doutais pas que le doigt de Dieu ne l'eût marquée au cadran des siècles.

La force des choses m'entraîna plus loin ; on ne s'arrête pas où l'on veut dans les voies de la censure. Je ne cherchais qu'un coupable, et j'en trouvai deux ; aux torts du gouvernement, il fallut joindre bientôt ceux de la société. Peut-être se souvient-on que ce fut là un de mes soucis d'autrefois ; l'expérience et la réflexion m'y ramenaient. De nouveau, je me pris à douter que ce monde, avec ses imperfections et ses contrastes, remplît d'une manière satisfaisante le but de la Divinité. A l'envisager sans prévention et avec une entière liberté d'esprit, on ne pouvait y voir autre chose qu'une ébauche informe, digne à peine de l'enfance de l'art. Il me semblait qu'à l'aide du moindre effort d'imagination, j'en arriverais à combiner quelque chose de moins incohérent et de plus harmonieux. Cette pensée m'exalta : je compris l'orgueil de Prométhée et sa lutte contre le ciel. Que de gloire à ravir un rayon d'en haut et à inonder de clartés une civi-

-lisation ténébreuse ! Aucun rôle n'était plus engageant, et, auprès de celle-là, quelle ambition n'eût paru petite ! J'avais devant les yeux, en guise d'exemple et d'aiguillon, les maîtres du genre, ceux qui refont l'univers en sept volumes, et, avant de m'offrir comme eux aux applaudissements de la foule, je ne voulais leur céder en rien, ni en étendue ni en profondeur.

Ce travail charma et anima ma retraite. J'y puisais une haine plus profonde contre la politique du temps et un dédain plus caractérisé des petits moyens à l'usage des régimes éphémères. Je ne m'en cachais pas, d'ailleurs ; je jouais, comme on dit, cartes sur table. Notre préfet n'était, à mes yeux, qu'un séide de la dynastie ; je m'en prenais à tous les pouvoirs responsables ou non. Dans mes heures d'exaltation, quand je venais d'ajouter un chapitre aux destinées du globe, je n'avais pas d'expressions assez véhémentes contre l'ordre social qui se plaçait entre l'avenir et moi. J'envoyais tout aux gémonies, civilisation et gouvernement, et cela en des termes tels que Malvina ne pouvait se défendre d'un peu d'épouvante :

— Mais qu'as-tu donc, malheureux ? me disait-elle. Tu veux nous perdre.

— Vous sauver, répliquai-je, fort du sentiment de ma mission.

— Tu nous ôteras le pain de la bouche, Jérôme, songes-y bien.

— Autant mourir de faim que de honte, Malvina.

— Et nos enfants, que deviendront-ils ?

— Des hommes, ajoutais-je avec un stoïcisme digne de l'antiquité.

Ces débats se renouvelèrent plusieurs fois, et mon enthousiasme dut transiger enfin avec cette prudence vulgaire. Des sacrifices que je fis à la paix de mon intérieur, aucun ne me coûta autant, et j'y échappais de loin en loin par des révoltes imprévues. Ma femme s'y perdait, elle avait cessé de me comprendre. D'où venaient ces accès d'indépendance, si brusques et si récents ? A quoi attribuer cette infraction aux habitudes les plus enracinées? Malvina se posait ce problème sans pouvoir le résoudre. Vainement essayait-elle de me pénétrer : je demeurais mystérieux comme les granits de Thèbes. Un jour pourtant, je fus vaincu ; mon secret m'échappa. Ma femme venait de me retourner dans tous les sens, avec une patience et une adresse dignes d'un inquisiteur. Je résistais comme du métal, lorsqu'à bout de voie, elle eut recours à une interpellation terrible :

— Ah çà ! Jérôme, me dit-elle, seriez-vous par hasard républicain ?

La question était brûlante ; il fallait confesser sa foi ou se parjurer. Devant la hache du bourreau, je l'eusse fait sans hésitation : devant Malvina, je ne pus me défendre d'un moment de trouble. Cependant le devoir l'emporta ; ma réponse fut péremptoire :

— Je m'en flatte, madame Paturot, lui dis-je avec fermeté.

Aujourd'hui que la République compte ses courtisans par millions, et qu'il lui en arrive de tous les points du globe, un pareil aveu ne semble ni téméraire ni singulier. Républicain, qui ne l'est, sauf la nuance et la date ? Mais, au moment où ce mot décisif s'échappa de mes lèvres, il n'en allait point ainsi. Dans la province où nous résidions, de grands préjugés régnaient sur cet article. On y vivait sous l'empire d'impressions arriérées, de réminiscences puériles, et les commères du chef-lieu s'accordaient à voir dans un républicain un être doué de propriétés malfaisantes et de goûts pervers. C'était l'opinion accréditée ; Malvina n'avait pu s'y soustraire. Aussi, à une déclaration si formelle, n'éprouva-t-elle qu'un sentiment, celui de la stupeur. Je m'attendais à une explosion, à une scène : il n'en fut rien. Elle se contenta de joindre les mains dans un geste expressif, et levant les yeux au ciel, comme pour le prendre à témoin de mon vertige :

— Républicain ! s'écria-t-elle, républicain ! un homme qui mange au râtelier de l'État ! Si c'est croyable !

Puis elle sortit en imprimant à ses épaules un mouvement significatif. Qu'eût-ce été si elle avait connu toute l'étendue de ma révolte ?

Je craignais qu'une aussi brusque manifestation de principes ne causât quelques orages dans mon intérieur : en vrai croyant, j'étais prêt à les subir. Je ne fus pas mis à cette épreuve. Malvina semblait, au contraire, éloigner toutes les occasions de reprendre ce thème, et quand la force des choses le ramenait, elle savait rompre l'entretien avec une adresse merveilleuse. J'attendais le martyre ; il ne vint pas. Évidemment elle me ménageait comme on ménage un malade. En même temps, elle se mettait sur la défensive et prenait ses précautions. Le moindre écart pouvait me compromettre, et ma femme, que la foi n'animait pas, se disait avant tout qu'elle avait deux enfants à nourrir. Ce fut sur ce sentiment étroit qu'elle régla sa conduite.

Parmi les personnes qui fréquentaient la maison, il s'en trouvait deux aux scrupules desquelles il fallait dérober mes hardiesses politiques. Elles appartenaient l'une et l'autre à mon administration ; la première était mon chef, la seconde, mon subordonné. Mon chef se rattachait à l'école de l'Empire, et y avait puisé des airs conquérants que l'âge n'avait pu ni supprimer ni affaiblir. Sa personne prêtait d'ailleurs à l'illusion. Il était droit comme un jonc et vert comme un chêne. Dans sa mise régnait cette propreté qui est la parure des vieillards. Le linge était net à s'y mirer, la barbe fraîche, l'habit irréprochable. Avec cela, des façons galantes et l'habitude de venir se brûler à tous les beaux yeux. Ma femme l'avait jugé dès la première rencontre ; elle tendit ses rets, et le vieux lion y tomba ; une fois pris, on lui coupa les griffes ; c'est un conte ancien. Ainsi, de ce côté, sécurité complète : la foudre pouvait gronder ; nous étions à l'abri.

L'intimité du subordonné offrait plus de périls. Employé dans mon bureau, il exerçait sur moi une surveillance forcée : la même chiourme nous réunissait, et j'avais en lui un compagnon de chaîne. Malvina essaya de le gagner ; mais c'était une nature réfractaire, sournoise et en dedans. Un fonds d'envie le dominait ; il ne pardonnait rien à ses supérieurs. Il voyait en eux un obstacle à son avancement et un témoignage vivant de sa dépendance. Moi surtout, j'étais condamné à ses yeux, comme un produit de l'intrigue et de la faveur. J'occupais mon poste en intrus, au mépris de la hiérarchie. De là, un dépit sourd, mêlé d'une soumission apparente. J'avais près de moi un ennemi et un espion. Vainement Malvina redoubla-t-elle de bons procédés ; elle ne put dompter cette organisation rebelle. Le lion avait cédé, l'ours ne désarma point.

Plusieurs années s'écoulèrent dans cette alternative de bons et de mauvais jours. Le temps marchait, et me donnait raison. Les fautes politiques s'accumulaient, et, aux tressaillements de l'esprit public on pouvait prévoir qu'à un moment prochain le volcan des révolutions s'ouvrirait un cratère nouveau. Ce que c'est que l'illusion de la perspective ! Tout symptôme de ce genre avait pour moi un caractère fatal. — Ils vont à l'abîme, me disais-je, tandis que mon employé y puisait des motifs de sécurité. — Comme ce gouvernement devient fort ! s'écriait-il. — Le roi se perd, ajoutais-je. — Il se sauve, répliquait-il. Mot prophétique et digne d'être recueilli !

Dans notre province calme et retirée, le bruit des événements n'arrivait guère que comme un écho affaibli. On y parlait, sans doute, de cette campagne politique où le jeu des fourchettes se mêla à l'éclat des discours ; mais personne, si ce n'est moi, ne voyait dans ces manifestations une menace sérieuse contre la monarchie ! Que l'on juge de l'étonnement où notre ville fut plongée, quand des nouvelles, vagues d'abord, puis plus précises, annoncèrent coup sur coup un changement de ministère, une abdication, une régence, enfin une république ! On ne savait d'où venaient ces détails, mais ils flottaient, pour ainsi dire, dans l'air, et se répandaient de rue en rue, de maison en maison, avec une rapidité électrique. Les cafés se remplirent de curieux. Les places se couvrirent d'une population inquiète et frémissante. Mille avis contradictoires circulaient parmi les groupes ; ici on affirmait, ailleurs on niait. Diverses personnes avaient interrogé le préfet ; il demeurait impénétrable. Peut-être manquait-il d'avis officiel. Le chef-lieu se trouvait placé à l'écart des grandes lignes, et le télégraphe ne jouait pas pour nos modestes régions.

Cette anxiété se prolongea pendant deux jours ; on ne savait que craindre ni qu'espérer ; les nouvelles étaient confirmées ou démenties vingt fois dans une heure. La physionomie de la ville s'en ressentait, et allait se transformant. Au début, ce n'était que de la curiosité ; plus tard, ce fut de l'effervescence. J'y aidai de mon mieux, et me dessinai en faveur de la République. C'était jouer ma place sur un coup de dé : mon employé le comprit, il entrevit une succession vacante, et se déclara hautement pour la monarchie. J'eus mon camp, il eut le sien ; les préférences secrètes se faisaient jour. Par un principe de prudence, explicable chez un homme qui avait traversé trois régimes, mon chef resta neutre, et attendit les événements. Ainsi se distribuaient les rôles au milieu du choc des opinions et de l'agitation des esprits.

Les choses en étaient là, quand une diversion subite vint faire trêve à ces débats orageux. Signalée par les éclats d'un fouet, une chaise de poste traversa la ville, et se dirigea vers l'hôtel de la préfecture. Deux drapeaux tricolores en pavoisaient les portières, et formaient une démonstration à laquelle il était impossible de se méprendre. La foule courut de ce côté, et je la suivis. En fonctionnaire bien appris, le préfet était debout sur son perron, prêt à faire à son successeur les honneurs de la résidence administrative. Sa contenance était calme et digne, son regard assuré, et même un peu dédaigneux. La chaise de poste s'arrêta, et il en descendit un homme d'un âge mûr, enveloppé d'une écharpe aux trois couleurs. Cette écharpe portait dans ses plis un gouvernement nouveau ; le préfet le sentit, et s'inclina. D'un geste empreint de résignation, il venait de montrer à cet hôte inattendu l'accès de la demeure officielle, quand un autre bruit attira son attention et celle de la foule rassemblée autour de l'hôtel. C'était une seconde chaise de poste qui arrivait, pavoisée comme la première. Les chevaux, lancés à fond de train, l'eurent bientôt amenée à sa destination, et il en sortit un deuxième personnage aux trois couleurs, long et maigre comme l'autre était gros et court. Tous ces mouvements avaient été si rapides, que les deux écharpes se rencontrèrent sur le perron et le gravirent à la fois, celle-ci par la droite, celle-là par la gauche.

Le préfet s'arrêta étonné; des deux parts on lui tendait un pli, revêtu d'un sceau qui lui était familier. Auquel croire? Il vérifia les pouvoirs ; ils étaient de la même teneur, de la même date ; les noms seuls différaient. Il étudia les physionomies ; il régnait la même assurance et la même bonne foi. Depuis Salomon, jamais homme ne s'était trouvé dans une position aussi délicate. Il prit enfin un parti :

— Messieurs, dit-il aux prétendants, ce que je vois ici de plus clair, c'est qu'il ne me reste plus qu'à faire ma valise. C'est l'affaire d'un moment. Moi parti, vous viderez le reste du débat entre vous.

Il allait se retirer, quand l'un des personnages intervint, et lui posant la main sur le bras d'une façon familière :

— Citoyen ex-préfet, lui dit-il....

Le fonctionnaire déchu n'était pas accoutumé à ce langage ; il sourcilla. Son interlocuteur en prit occasion pour revenir à la charge.

— Citoyen ex-préfet, dit-il, ne vous inquiétez point du contre-temps. Tout va s'arranger. Deux commissaires pour un, n'est-ce pas?

— Comme vous le dites, Monsieur, répliqua froidement le préfet.

— Qu'à cela ne tienne, reprit l'envoyé extraordinaire ; le mal n'est pas grand. Postillon, ne dételez pas. Et vous, citoyen collègue, ajouta-t-il en se tournant vers le premier arrivé, soyez sans crainte ; à vous ce département. J'en ai quatre de rechange.

— Mille grâces, dit le commissaire joufflu.

— Et maintenant, poursuivit le maigre, soyons aux intérêts de la patrie.

S'adressant alors à la foule qui encombrait les avenues de la préfecture :

— Citoyens, dit-il, la République triomphe ; elle vient d'être proclamée solennellement à Paris. Vive la République !

Ce cri m'alla au fond de l'âme ; je ne pus l'entendre sans éprouver un vertige soudain. Le rêve de ma vie était réalisé ; mon idole respirait ; le souffle du peuple l'avait animée. Désormais, plus d'obstacles à mon enthousiasme : il pouvait éclater impunément. Je fendis la foule ; elle hésitait, elle était plutôt surprise qu'entraînée. Il s'agissait de lui communiquer un élan, une impulsion. Je me précipitai vers le perron pour seconder le magistrat républicain, et le couvrir au besoin de ma poitrine. Zèle inutile ! J'arrivai trop tard ; quelqu'un m'avait devancé sur les marches de l'hôtel, et criait de toute la force de ses poumons :

— Vive la République !

Je jetai les yeux sur lui ; c'était mon employé. La surprise me coupa la voix.

II

COMMENT LA PEUR EMBELLIT LES OBJETS.

Des deux commissaires, nous perdions le maigre et conservions le gras ; c'était tout profit. Le maigre aurait fait peser sur le département les effets de sa complexion bilieuse ; le gras, doué d'organes excellents, devait y trouver un motif pour adoucir la sévérité de ses instructions. C'était, d'ailleurs, un enfant du pays, et, à tout prendre, le meilleur homme du monde. Son histoire se résumait en peu de mots. Jeune, il avait ressenti pour la carrière des lettres un de ces penchants qu'entretiennent les fumées de la bière et les vapeurs de l'estaminet. Peut-être l'eût-il mieux combattu sans l'essaim des parasites et des flatteurs. Mais, comme il prodiguait l'absinthe autour de lui et s'exécutait aux dominos avec un abandon chevaleresque, il ne manqua pas de gens pour lui dire qu'un esprit pareil au sien réclamait un théâtre plus élevé, et que les fleurs de son imagination n'étaient pas celles qui s'épanouissent à l'ombre. Quel piége tendu à la vanité

1.

d'un auteur ! Celui-ci s'en défendit pourtant jusqu'à la limite de son dernier écu, et s'il capitula, s'il se résigna à de hautes destinées, c'est que les débris de son patrimoine disparurent un beau jour dans les chances aléatoires du double-six.

Il vint donc à Paris, ce rendez-vous des grandes ambitions et des vocations impérieuses ; il y vécut quinze ans sous la plus mince des auréoles, condamné à des travaux ingrats et obscurs, dînant mal, déjeunant quelquefois, donnant à ses amis le spectacle de chapeaux fatigués et de bottes perméables. Malgré ces épreuves, il resta ce que la nature l'avait fait, bon et sans fiel ; il n'y puisa pas, comme tant d'autres, une incurable haine contre les supériorités ; il ne vit pas dans ces échecs une conspiration universelle contre son génie ; il se préserva, et des sombres désespoirs, et des bouffonnes suggestions de l'orgueil. Ce fut son seul mérite ; mais il sut l'avoir. Rarement les esprits médiocres se rendent cette justice ; ils aiment mieux s'en prendre à l'univers que s'accuser eux-mêmes, et volontiers ils font porter à la société les torts de leur organisation.

Cependant, par la force des choses, notre commissaire se trouvait mêlé au peuple inquiet des écrivains méconnus. Il en avait partagé le sort et accepté les couleurs ; il s'était mis avec eux en état de conspiration permanente. Dans le chemin des lettres, il avait traversé les mêmes ronces, franchi les mêmes fondrières, c'est-à-dire des publications sans lecteurs et des journaux sans abonnés. Il était, en un mot, membre de cette église au moment où la révolution éclata. Tout lui devenait un titre : sa lutte contre le destin, son obscurité, ses chaussures à jour. Aussi fut-il sur-le-champ désigné comme l'un des missionnaires du régime nouveau. On ne s'enquit point de son aptitude ; on ne lui demanda que du zèle. La patrie, d'ailleurs, n'exigeait pas des services gratuits : elle faisait très-honorablement les choses. Il y avait du fixe, il y avait du casuel ; rien n'y manquait. Quelle rosée pour une terre longtemps aride ! Notre commissaire n'en trouva la révolution que plus à son gré ; il partit la joie au cœur et le sourire aux lèvres.

Il faut le dire, les souvenirs qu'il avait laissés dans sa ville natale n'étaient pas des plus flatteurs. Ce n'est point impunément que l'on dévore en province huit mille francs d'héritage paternel. Ce grief suffit pour y placer un homme bien bas dans l'estime de ses concitoyens. A ce motif de défaveur bientôt s'en joignirent d'autres. Des bruits vagues avaient appris à la localité que le dissipateur, était devenu l'un des mille enfants perdus de l'armée des lettres. C'en fut assez pour le faire considérer comme un être à jamais déchu. Les plus sévères l'accablèrent de leurs dédains; les plus indulgents se contentèrent de le plaindre. On le raya du livre d'or de la cité. S'il y eût reparu en des temps ordinaires, un triste accueil lui était réservé; il en avait la conviction. Mais une révolution est un prisme dans lequel tout se décompose, et, vu ainsi, notre commissaire prit sur-le-champ une autre physionomie, un autre aspect. Voici comment cette transfiguration s'opéra.

Au premier mot de République, seul, peut-être, je ne fus ni troublé ni surpris : je l'attendais. Pour le reste de la ville, c'était un événement imprévu. Chacun l'interprétait dans le sens de ses craintes ou de ses désirs; mais le commentaire le plus général était un sentiment d'appréhension. Un mot explique cette faiblesse, fille des préjugés. On ne voulait voir la République nouvelle qu'à travers les ombres du passé ; on la peuplait de spectres menaçants et de fantômes terribles. De là ce malaise vague et cette stupeur dans les esprits. La défiance s'y mêlait : même entre voisins on ne se parlait qu'à voix basse et sans abandon. La vie ordinaire semblait être suspendue ; elle avait fait place à je ne sais quoi d'artificiel où dominait la panique des souvenirs. Quand le commissaire arriva, cette impression était à son comble. De tous côtés on allait aux enquêtes : on voulait savoir ce qu'il avait fait et dit, s'il avait l'air farouche et l'œil sournois. On en parlait comme d'un de ces héros qui donnent le frisson aux enfants et défraient les sombres récits des contes de fées. — Comment va-t-il le prendre, s'écriaient les plus épouvantés, et que compte-t-il faire de nous?

Notre commissaire n'était pas d'humeur à dévorer les gens ; ses goûts étaient moins dépravés. Il avait à réparer quinze ans d'abstinence ; ce fut cette revanche qu'il prit d'abord. Depuis longtemps, tout lui avait échappé : le luxe du couvert, les raffinements de la table, et il retrouvait tout cela en un jour par un coup de baguette. Comment eût-il résisté ? Il céda ; il approcha de ses lèvres la coupe où boivent les opulents ; il entreprit de régler avec son estomac des comptes bien anciens et sur lesquels la prescription paraissait s'étendre. Ce n'était pas un soin léger ni une mince occupation. Notre homme comprit qu'il ne pouvait pas s'en acquitter seul et s'entoura des mêmes parasites qui l'avaient aidé dans la liquidation de son patrimoine. Ainsi partagée, la besogne devint moins rude et fut conduite à bien. De temps en temps quelques diversions extérieures s'y mêlaient et tenaient l'émotion publique en haleine. Après boire, les amis du commissaire brisaient les vitres des bourgeois, et celui-ci, survenant comme un dieu d'Homère, lançait à point nommé une proclamation où il prodiguait toutes les paillettes de son style.

Cette conduite produisit un grand effet ; rien ne dispose à l'enthousiasme comme la peur. Désormais il n'y eut personne dans le département qui ne jurât par le commissaire. On lui sut gré de n'avoir pas mis les villes à sac, porté la torche au sein des propriétés et emmené les populations en esclavage. Il devint l'objet d'un culte exclusif ; pour un rien, on lui eût dressé des statues. Quoiqu'il n'eût guère, en fait d'avantages extérieurs, qu'un ventre inclinant vers la quarantaine, les femmes se prirent à en raffoler. De leur côté, les hommes en firent un grand esprit, une intelligence à ressources. On exhuma ses œuvres des ténèbres qui les enveloppaient, on cita à l'envi ses bons mots, on porta aux nues ses allocutions d'après l'antique. Bref, ce fut un engouement universel. Les révolutions seules opèrent des prodiges pareils.

En bon prince, notre commissaire jouit de ses triomphes sans les exagérer ; cet encens ne lui causa point de vertiges. Seulement, il s'y amollit à son insu et manqua aux conditions de son origine. Les choses marchaient toutes seules : il se crut dispensé d'y rien ajouter de son fait. La localité, d'ailleurs, s'y prêtait mal. Il avait affaire à une province qui offrait peu de prise à l'agitation. Point de manufactures, point de centres industriels ; partout des populations agricoles qu'isole la vie des champs, et qui puisent l'instinct de l'ordre dans le sentiment jaloux de la propriété. Où trouver en cela les éléments d'une effervescence soutenue ? Vainement l'eût-il essayé : il ne le fit même pas. Il laissa à ses amis le soin d'entretenir, à l'aide de tapages innocents, une petite terreur bourgeoise, et les paya de ce service par des banquets dignes d'un monarque assyrien. Rien n'était changé dans le département ; il n'y avait qu'un préfet de moins et un commissaire de plus.

Les choses se maintinrent sur ce pied jusqu'au jour d'une apparition inattendue. C'était un matin. Le magistrat de la République venait de se mettre à table avec quelques conviés. Il s'agissait d'un déjeuner de connaisseurs, accompagné de vins fins et de primeurs délicates. On allait faire, entre deux services, de la haute administration et de la politique d'avenir. En attendant, on s'en prenait à un pâté de venaison et à un pommard du meilleur caractère. Les cœurs étaient à la joie, les estomacs en liesse. Nul mauvais signe dans les cieux ; point de lettres fatales sur les murs. Jamais repas ne promit plus de satisfaction et moins de regrets. On se proposait en secret de le prolonger jusqu'à la limite des facultés humaines. Hélas ! c'était compter sans le destin et retrancher du programme le chapitre de l'imprévu. Le premier service allait finir, quand la porte céda sous une pression impérieuse, et livra passage à un homme dont la physionomie exprimait le mécontentement et l'irritation. A ce bruit, à cette vue, le premier mouvement du commissaire fut de se retourner vers les gens de service.

— Qu'est-ce donc? s'écria-t-il, et d'où vient que l'on ne fait aucun cas de mes ordres? N'ai-je pas signifié que je n'y étais pour personne?

Au lieu d'obéir à ce congé indirect, l'inconnu marcha froidement vers l'amphitryon, et promenant sur lui et sur ses convives un regard empreint de sévérité :

— Excepté pour moi, répondit-il, citoyen collègue.

C'était le commissaire maigre, changé en commissaire général ; par conséquent, un supérieur. La révolte n'était pas permise. Aussi le magistrat du département s'inclina-t-il devant des pouvoirs plus étendus que les siens :

— Soyez le bienvenu, citoyen, dit-il en se levant et en faisant signe à ses convives de l'imiter ; soyez le bienvenu dans nos domaines. Cela s'appelle arriver à point. Voici ma place ; vous allez nous présider. Il y a là un hoche-pot, apprêté à la manière du pays, qui justifiera certainement votre confiance ; et, pour l'arroser, nous avons un Bourgogne qui date de l'ancienne administration. Il faut en convenir, tout n'était pas mauvais chez elle.

Loin de s'associer à cette saillie et de céder à cette invitation, le commissaire général en prit motif pour rembrunir son visage et promener à la ronde un œil inquisiteur. Cette table, ce couvert, le choquaient ; tant de luxe lui semblait suspect. Il appartenait à la classe des républicains austères qui veulent mettre la société au régime du brouet noir. Lui-même prêchait d'exemple et vivait avec une frugalité de Spartiate. Il aimait à se priver comme d'autres aiment à jouir ; question de tempérament. Une fois entré dans cette voie, la pente l'avait entraîné : une mauvaise alimentation engendre les mauvais estomacs, et les mauvais estomacs font les mauvais caractères. Dans cette situation d'esprit, on devine quel effet dut produire sur notre commissaire général cette table chargée de mets succulents. Il y vit la honte des institutions nouvelles. Un plat d'asperges le scandalisait surtout ; il le poursuivait de regards indignés. Des asperges dans les premiers jours de mars ! En toute primeur ! Quel exemple à donner aux populations ! Aussi se contenait-il mal, et ce fut d'un ton rude qu'il répondit à son interlocuteur :

— Mille grâces, citoyen... le matin une tasse de lait me suffit... D'ailleurs mes instants sont comptés... On m'attend dans le département voisin, je ne vous donne qu'une heure.

Ces paroles étaient accompagnées de gestes brusques qui en formaient le commentaire expressif. L'amphitryon sentait son aplomb l'abandonner, et les conviés ne savaient plus quelle contenance prendre. Le commissaire général les inspectait un à un.

Ces citoyens sont de vos amis ? dit-il en s'adressant à son inférieur.

— Oui, mon collègue, et je m'en flatte, répliqua celui-ci avec un accent pénétré ! La fleur des patriotes du lieu ! la terreur du bourgeois ! Des purs ! Des choisis !

— A la bonne heure ! Alors asseyons-nous, reprit le commissaire général. Aussi bien, j'aime mieux que les choses se passent devant témoins. A vos asperges, citoyens, ajouta-t-il en y mettant un air d'ironie souveraine.

Il prit un siége, et de nouveau foudroya de l'œil les végétaux intempestifs. Les convives se groupèrent à l'écart, dans un respect mêlé de crainte, comme si une statue de marbre fût venue prendre place à leur banquet. C'était un juge et un maître, tout l'annonçait. Il se fit un long silence, et ce fut le nouveau venu qui le rompit :

— Citoyens, dit-il, j'irai droit au but ; je ne suis pas content de votre ville. Excusez ma franchise ; la vérité avant tout.

— Mon collègue, voilà un jugement bien sévère, répondit le magistrat du département piqué au vif. Peut-on savoir ce qui nous le vaut ?

— Tout, citoyen ; car tout est à faire ici. Rien ne s'y ébranle, rien n'y marche. D'un coup d'œil j'ai vu cela.

— Expliquez-vous, collègue. Quels sont vos griefs ? où sont vos preuves ? s'écria le prévenu de plus en plus blessé.

— Des preuves ? Elles n'abondent que trop, citoyen. Voici un quart d'heure que je suis au chef-lieu ; qu'ai-je vu ! Des rues tranquilles, des gens qui vont à leurs affaires.

— Mais il me semble, collègue...

— Citoyen, citoyen, je ne demande qu'à m'éclairer. Si j'ai porté un arrêt injuste, je serai le premier à le reconnaître. Voyons, que s'est-il passé ici ? qu'avez-vous fait ? Le procès sera bientôt instruit. Avez-vous des clubs, à l'instar de Paris ?

— Ma foi, non, dirent les assistants ; nous n'avons pas de clubs.

— Avez-vous eu vos promenades en corps d'états, à l'instar de Paris ?

— Pas davantage, dit l'assemblée.

— Point de promenades, point de clubs ; c'est bien grave. Je veux croire du moins que vous avez eu des lampions, à l'instar de Paris.

Les convives se regardaient avec un désappointement muet ; le sentiment de leur faute les pénétrait de plus en plus. Ils semblaient reculer devant cet interrogatoire accablant. Enfin, un nouvel aveu s'exhala de leurs poitrines :

— Nous n'avons pas eu de lampions, dirent-ils.

— Et vous appelez cela une République ! s'écria le juge indigné ; une République sans lampions, sans promenades, sans clubs ! Alors je m'attends à tout. Parions qu'il n'y a point eu d'arbre de la liberté, avec accompagnement de pétards et de faveurs tricolores !

Les consciences étaient atterrées, les bouches sans force : le silence répondit seul à l'accusateur.

— Je m'en doutais, poursuivit-il. N'insistons plus. C'est une mise en scène manquée. Rien à l'instar de Paris, rien, mais rien. Pas une grande idée, pas un noble spectacle. O République ! est-ce ainsi que l'on t'inaugure ?

En achevant ces mots, le commissaire général se leva ; son regret était profond, sa plainte sincère. Il était de ceux qui ne séparaient pas le régime nouveau d'un cortége d'analogies et de réminiscences, et ne lui épargnaient ni les fleurs de l'enthousiasme ni les perles du sentiment. Il est vrai que le côté positif des choses ne le touchait pas moins ; car, après avoir exhalé sa mauvaise humeur dans trois ou quatre tours de salle, il revint s'asseoir près de l'amphitryon et lui dit :

— Achevons l'enquête, citoyen collègue ! Pourquoi n'avoir pas agité le pays ?

— Agiter ! dans quel but ? Il se prêtait à tout.

— En apparence, oui, mais au fond, il est réfractaire,

croyez-le bien. Et avez-vous fait main basse sur les fonctionnaires du régime déchu ?

— A quoi bon ? Ils se sont ralliés.

— Comédie pure ! on vous a joué, collègue. Quoi ! pas une révocation, pas une destitution ?

— Trois ou quatre à peine ! Si vous saviez combien le département est soumis.

— C'est cela ! ou dirait un mot d'ordre ! Soumis ! ils se prétendent tous soumis. Et en réalité ils conspirent ! Décidément, mon collègue, vous manquez de nerf : vous vous amollissez au contact des honneurs et dans les charmes de la résidence !

— Mais vraiment...

— Les ordres sont formels, citoyen collègue, formels, entendez-vous ? il faut agiter le département.

Ces paroles étaient prononcées avec l'accent d'un supérieur qui ne souffre plus le débat.

— J'y ferai mes efforts, répondit humblement le magistrat subordonné.

— Vous avez à réparer le temps perdu ; mettez-vous vivement à l'œuvre ! Des proclamations, des bulletins ! Et surtout soignez le style ! Des mots grands comme des maisons !

— C'est entendu.

— Puis vous aurez un club, deux, si c'est possible.

— J'en aurai trois.

— Vous planterez un arbre de la liberté, avec accompagnement de faveurs tricolores et de pétards.

— J'en planterai cinq.

— Vous organiserez des promenades en corps d'états.

— Dès demain.

— Quant aux cérémonies publiques, je ne puis rien vous imposer ; le programme en est libre. Qu'il soit grandiose, c'est le point essentiel. Au besoin, endettez la ville ; nul argent n'est mieux placé. Et de l'allégorie, de l'allégorie à pleines mains.

— De l'allégorie, puisque vous le désirez.

— A la bonne heure, mon collègue, je vois avec plaisir que

vous revenez aux vrais principes. Deux mots les résument : agitez et destituez, destituez surtout. Point d'hésitation, point de faiblesse. Destituez, destituez, on ne fonde qu'à ce prix.

— Je destituerai.

— Et souvenez-vous que Curius Dentatus déjeunait d'un plat de raves lorsque les Samnites lui envoyèrent des ambassadeurs. Un peuple est bien près d'être asservi quand il est trop sur sa bouche. A bon entendeur, salut. J'ai dit.

Après avoir donné à son collègue ce dernier avis et cette dernière leçon, le commissaire général se leva majestueusement. Il prit congé avec les airs d'un homme qui a la conscience de son rôle et le sentiment de sa supériorité. On lui fit une conduite d'honneur comme à un prince du sang ; l'amphitryon et ses convives l'accompagnèrent jusqu'au perron de l'hôtel, et n'abandonnèrent la place que lorsque sa voiture se fut ébranlée. Seulement, au moment où elle allait disparaître, le commissaire humilié releva la tête, et le saluant d'un geste ironique :

— Bon voyage, dit-il.

Puis, se retournant vers ses compagnons en homme qui éprouve le besoin de prendre une revanche :

— Mes amis, s'écria-t-il, savez-vous qui vous venez de voir ?

— Non, répliqua-t-on à la ronde.

— Le président de la République du pain sec ; si elle prévaut, j'abdique.

Des rires unanimes accueillirent cette saillie, et l'amphitryon ajouta d'une voix de commandement :

— A table ! camarades, à table ! Ce n'est qu'un nuage dans un beau jour. Vite au déjeuner ! Nous sommes maintenant ce que nous étions tout à l'heure. Continuons.

Le repas se prolongea jusqu'au soir. C'est ainsi que notre commissaire remettait en honneur les traditions de Curius Dentatus.

III

UNE TEMPÊTE DANS UN VERRE D'EAU.

Bon gré mal gré, il fallut obéir aux instructions du commissaire général : sa voix n'était que l'écho d'une voix plus puissante. Agiter le département, agiter la ville, ce fut le mot d'ordre désormais. Les parasites de la préfecture n'y suffirent plus ; une effervescence sérieuse réclamait d'autres éléments. Dans les grands foyers de population, ces mouvements naissent d'eux-mêmes ; c'est leur théâtre naturel, et on les crée plus facilement qu'on ne les calme. Mais la vie agricole a des vertus sédatives qui éloignent de tels accès. Avant de s'émouvoir, l'homme des champs aime à se rendre compte de l'objet de son émotion ; il se demande ce qu'il y doit gagner ou perdre, et, pour peu que le profit ne soit pas clair, il préfère s'abstenir.

Tel était l'obstacle dont notre commissaire avait à triompher. Il avait, en outre, à vaincre ses préférences secrètes. Échanger le calme contre le bruit, la paix contre la lutte, était une perspective qui lui souriait peu. Il eût si volontiers descendu le cours des révolutions, une coupe à la main et des roses sur la tête ! Malheureusement, le choix ne lui était pas permis : l'hésitation même eût paru suspecte. Il se mit donc à l'œuvre, en dépit de tous et malgré lui-même. Il s'agissait de semer le trouble là où régnait la tranquillité, la désunion où régnait la concorde. Il s'agissait d'éveiller des passions qui n'avaient rien de noble ni de pur : l'esprit de turbulence, les haines de classe, l'envie qui s'attache aux supériorités, la cupidité qui s'acharne après les emplois comme la bête de proie après les cadavres. Besogne odieuse, ingrate, et digne de l'ange du mal.

Notre commissaire n'y réussit qu'à demi : n'a pas qui veut les instincts révolutionnaires. Au nombre des moyens qui lui avaient été prescrits, se trouvait en première ligne celui des proclamations et des bulletins. Il s'y prodigua, il couvrit les murs de la préfecture d'énergiques exhortations et d'appels à l'enthousiasme. La forme en était vive, colorée ; on y reconnaissait le cachet de l'artiste. Cependant, la population ne s'en émut point ; ce style à facettes eut peu d'écho. Rien ne semblait changé dans la cité : les marchés restaient calmes, les rues tranquilles ; point d'attroupements ni de cris. Celui-ci allait à ses semailles : celui-là à son moulin. Les choses suivaient leur cours ordinaire ; la ville ne s'agitait pas.

Il fallait pourtant l'agiter à tout prix ; les ordres étaient formels. L'enthousiasme n'ayant pas réussi, notre commissaire eut recours au sentiment. Des hymnes de Tyrtée il passa à la plainte de Jérémie. Le magistrat y fut beau. Il commença par faire au peuple le récit de ses propres misères. Il lui dépeignit, avec un grand luxe de couleurs, la faim frappant à sa porte et la privation assise à son foyer. Rien ne manquait à ses tableaux : ni les plaintes des enfants, ni l'agonie des vieillards, ni les angoisses des mères, ni le déshonneur des filles. De là, des conclusions formidables et un long cri d'anathème contre la société qui tolère des spectacles pareils. Qui le croirait? cette philippique partie du cœur, cet appel aux déshérités, trouvèrent nos populations impassibles. Il ne s'ensuivit ni une prise d'armes ni une émotion publique. L'état de la ville n'empirait pas. Des groupes de curieux se succédaient devant les affiches de l'administration, sans paraître affectés en rien de ces peintures sombres. On échangeait quelques propos pour ou contre, après quoi le flot reprenait son courant. L'ouvrier s'éloignait en sifflant un air, et le bourgeois rentrait chez lui le front serein et l'esprit en repos.

Malgré ses efforts, notre magistrat avait donc échoué. Il avait beau faire, le pavé était libre, les vitres restaient en repos. C'était une défaite absolue, flagrante, irrémédiable. L'union se maintenait, l'ordre aussi ; deux torts sans excuse. Heureusement le hasard s'en mêla et vint procurer au fonctionnaire désappointé l'honneur et les avantages d'une situation moins tranquille. Il attendait la tempête d'un point de l'horizon ; elle vint précisément du point opposé. Voici comment :

Des élections se préparaient, et pour la première fois, le vote universel allait recevoir une application sans limites. Cette expérience mettait en jeu beaucoup d'ambitions, légitimes ou non. Aussi la France fut-elle couverte en un clin d'œil de délégués des clubs et de commissaires voyageurs. Sur le même point, il en arrivait trois, quatre à la fois : c'était un véritable débordement. Ces personnages avaient tous un mandat, une mission. Les termes, il est vrai, n'en étaient guère précis et engendraient plus d'un embarras ; on ne savait si les pouvoirs devaient se confondre ou s'exclure, ni quel était parmi eux l'ordre de primauté. De là, bien des conflits d'attributions, où l'amour-propre s'exaltait jusqu'à la violence. Plus d'un hôtel de préfecture devint le théâtre de luttes sourdes, de tournois mystérieux où les champions entraient en lice, le sabre au flanc et les pistolets à la ceinture. D'ordinaire les plus audacieux l'emportaient, et le lendemain la ville apprenait qu'elle avait changé de maître. Ou bien, quand les forces en venaient à se balancer, les populations avaient deux despotes au lieu d'un, et se trouvaient placées entre des proclamations contradictoires.

Comme les autres, notre ville fut visitée par ce fléau. Un jour, le bruit s'y répandit que trois commissaires venaient d'arriver à la fois, et qu'ils tenaient dans l'hôtel de la préfecture un conseil orageux. On ajoutait qu'au milieu d'une séance agitée, les nouveaux venus avaient poussé la politique jusqu'aux défis, et l'administration jusqu'au pugilat. On disait enfin que ce congrès présageait une disgrâce, et que notre commissaire, ce favori de la ville, était menacé dans sa position. Ces rumeurs, vagues d'abord, prirent peu à peu de la consistance. On en parla dans les cafés, on s'en entretint dans les halles. La cité s'en émut, puis la campagne. Plus la version faisait du chemin, plus elle devenait sombre. Les commissaires inconnus étaient pour la foule autant d'épouvantails. On les disait pourvus de figures sinistres et armés jusqu'aux dents. L'un deux avait juré, c'était le cri public, qu'il ne quitterait pas la province sans avoir confisqué et partagé les propriétés. Un autre voulait mettre les femmes en commun. Le troisième ne se contentait ni des femmes ni des biens : il demandait, en guise de distraction, quelques têtes de bourgeois.

Ces récits, en se propageant, créaient l'agitation longtemps poursuivie. Ils n'auraient pas suffi néanmoins comme éléments sérieux, si une circonstance singulière ne s'y fût venue joindre. L'un des nouveaux commissaires sortit de l'hôtel de la préfecture afin de s'assurer par ses yeux de l'état des esprits. C'était un jeune homme qui voyait dans la révolution un côté théâtral, et qui en avait fait une question de costume. Pour lui, la République se composait d'un chapeau à boucle d'acier, d'un gilet blanc à grand revers, d'un pantalon collant et de bottes molles. Aussi portait-il fièrement tout cela, en l'honneur des institutions nouvelles, et par sentiment historique. Il y plaçait sa chimère, son idéal; il remontait le cours des temps et des toilettes révolutionnaires. Ailleurs ce culte du passé n'avait point eu de fâcheux résultats, il excitait seulement la curiosité et la surprise. Notre ville ne le prit pas ainsi ; il est vrai qu'elle était mal disposée. A peine eut-on aperçu dans les rues cet étrange accoutrement qu'un murmure s'éleva du sein de la foule. Ces emblèmes n'étaient pas de son goût : elle y vit une insulte, un défi, et releva à l'instant même le gant qui lui était jeté. Le plagiaire de la Convention ne put rentrer chez lui qu'au milieu d'un concert de huées.

Le lendemain était jour de marché, et la ville s'emplit de campagnards. Il ne fut question que de l'événement de la veille. Sur divers points se formèrent des groupes où l'on parlait, en termes peu respectueux, des hommes qui s'imposaient à tour de rôle au département et lui donnaient le spectacle de leurs travestissements et de leurs querelles. Le costume révolutionnaire révoltait surtout ; il semblait le présage d'une atteinte à la propriété. Là-dessus les villageois sont intraitables : les nôtres parlaient déjà de mettre en pièces celui qui se proposait de partager leurs biens. Pourtant beaucoup d'entre eux n'avaient, en fait de champ, qu'un espace égal à peine à l'ombre de leurs chaumières : mais la passion de la propriété se mesure moins, chez l'homme, à l'importance de l'objet possédé qu'aux soins et aux efforts nécessaires pour l'acquérir. Ce champ, si étroit qu'il soit, représente les sueurs d'une vie entière et souvent l'épargne de plusieurs générations. C'est l'identification du cultivateur et de la terre : plutôt que d'en céder un pouce, il aimerait mieux donner un lambeau de sa chair.

Sous l'empire de ces préventions et de ces bruits, l'animosité allait croissant. Les groupes devenaient plus nombreux, plus tumultueux. Des orateurs de café prenaient des tabourets pour trépieds, et de là haranguaient la multitude. Les parasites du commissaire dirigeaient le mouvement; leur plan de campagne était simple et court : ils voulaient délivrer leur ami de cette nuée d'intrus et n'excepter que lui de ces vêpres administratives. On sait avec quelle promptitude les esprits s'enflamment quand ils sont en contact. « A la préfecture ! à la préfecture ! » disait-on de toutes parts. L'émeute était mûre ; il ne lui manquait qu'un tambour et un drapeau : ces deux accessoires furent vite trouvés. Le tambour battit aux champs, le drapeau s'ébranla, et un rassemblement à chaque pas grossi se porta vers l'hôtel où les quatre commissaires abritaient leurs candidatures et leurs pouvoirs.

Cependant, du sein des groupes, un vœu s'élevait avec un formidable unisson : c'était le renvoi des trois commissaires. Leurs noms, à l'envi répétés, se couronnaient d'épithètes empruntées à la chaleur des événements. Tout le vocabulaire champêtre y passa. Quelques villageois, plus démonstratifs, essayèrent même de joindre des faits aux paroles. Se servant de leurs têtes en guise de bélier, ils entreprirent de briser les portes de l'hôtel et de se frayer un passage vers les assiégés. Déjà les panneaux cédaient au choc et le flot des factieux allait faire irruption dans la place, quand un drapeau parlementaire fut arboré aux croisées du pignon. La garnison demandait à capituler. Les pourparlers furent courts, l'arrangement catégorique. Sur l'heure, les commissaires devaient vider les lieux. Ils essayèrent de tenir bon, de sauver leur dignité ; mais l'ouragan populaire grondait au dehors, et des excès étaient à craindre. Enfin, moitié de force, moitié de gré, on les mit en voiture, et ils s'éloignèrent au milieu de témoignages plus sonores que flatteurs.

La cité venait de s'affranchir ; elle disposait d'elle-même. Un seul commissaire demeurait debout sur les débris de l'institution. Trois autres y avaient succombé, et à peine pouvait-on sauver le principe. De telles tempêtes n'éclatent pas en vain sur un territoire : elles y laissent des vestiges significatifs. Les populations avaient touché au fruit défendu ; elles connaissaient leur force. Ce pouvoir, objet de longs respects, elles venaient de lui infliger la honte d'une exécution sommaire. Or, on ne croit plus à ce qu'on a pu avilir, et l'homme insulte volontiers l'idole dont il n'a rien à craindre ni à espérer. Désormais ce sentiment régna autour de nous et y pervertit les âmes. Ce peuple, naguère si calme, si discipliné, ne voulut plus reconnaître désormais d'autre puissance que la sienne. Aux habitudes laborieuses on vit succéder les promenades et les cérémonies en plein vent. Le tumulte et le bruit en étaient l'accompagnement obligé, et jetaient l'alarme dans la partie aisée et paisible de la population. Elle protesta d'abord en s'isolant, puis, comme le trouble persistait, elle quitta la ville. De là un vide et un malaise nouveau. La circulation s'arrêta, la richesse disparut, les sources du travail tarirent. Ainsi les choses empiraient d'elles-mêmes, au milieu de symptômes toujours plus fâcheux.

Cependant, notre commissaire avait obtenu ce qu'il souhaitait ; il avait invoqué l'agitation ; l'agitation lui répondait. Elle trouva des chefs dans la ville et il en vint du dehors. Un club s'ouvrit ; les désœuvrés, les turbulents y coururent, et l'ivresse de la parole eut bientôt gagné les opinions. L'élan, une fois donné, fut irrésistible ; chacun y céda. Le département se trouva plus riche en républicains qu'il n'eût osé l'espérer : à l'envi, tous voulurent l'être. Il s'en présenta dont les titres se perdaient dans la nuit des temps ; les plus modestes remontaient à plusieurs années. Ceux qui péchaient par la date prenaient leur revanche sur le bruit et, pour n'être pas suspects, se montraient intraitables. Aucun n'avouait et ne s'avouait le mobile secret qui le poussait à son insu : celui-ci la crainte, celui-là une sourde ambition, un autre la honte d'une position équivoque. Qu'on en juge par un fait ! Mon employé était devenu le plus farouche républicain du lieu. Le club l'avait porté sur son pavois; il en était le président. Cette simonie me navra : je m'éloignai avec dégoût.

La situation s'aggravait, et il y eut un moment où notre commissaire se repentit de son œuvre. Il était trop tard ; le club était plus fort que lui. Chaque soir, en manière de délassement, on y demandait sa tête. La préfecture était assaillie de menaces, d'injonctions qu'elle n'avait pas toujours la force de repousser. On réclamait l'abolition des impôts, l'éloignement de la gendarmerie et des destitutions en masse. Point d'exception, point de grâce ; il fallait frapper. Du sein de conciliabules secrets sortaient des listes de suspects que le commissaire n'avait plus qu'à revêtir de sa signature. Une justice vehmique pesait ainsi sur les administrations, et les mettait en coupe réglée.

Un soir, après une promenade aux environs, je venais de rentrer chez moi ; c'était l'heure de notre dîner de famille. L'air des champs m'avait mis en bonne disposition, et j'examinais avec un certain plaisir le repas modeste étalé sous mes yeux. Ma femme n'avait pas sa pareille pour faire les choses convenablement et à peu de frais. J'allais jouir du fruit de ses soins, quand un importun demanda à me parler. On l'introduit, et il me remet une lettre. — De la part du commissaire, me dit-il, et il sort. J'ouvre le pli officiel sans défiance ; qu'avais-je à craindre de ce gouvernement ? n'étais-je pas défendu par la pureté et la date de mes opinions ? Malvina paraissait moins rassurée :

— Lis donc, me dit-elle avec impatience, lis donc.

— Tu verras, répliquai-je, que l'on m'aura donné de l'avancement sans que je l'aie demandé.

Fort de cette confiance, je commençais ma lecture à haute voix, lorsqu'aux premières lignes la surprise et l'effroi m'arrêtèrent. Un nuage passa devant mes yeux ; le son expira sur mes lèvres.

— Qu'est-ce, Jérôme ? me dit Malvina.

— Tiens, lui répondis-je en lui remettant le fatal papier.

Elle eut plus que moi la force de se vaincre, et lut ce qui suit :

« CITOYEN,

« La République a pour mission d'épurer les cadres administratifs, et d'en écarter les noms compromis sous la monarchie déchue. Le vôtre est du nombre ; il appartient aux plus mauvais jours des chambres du privilége.

« J'ai donc prononcé votre révocation, et disposé de votre emploi en faveur du citoyen M..., dont les sentiments républicains ne sauraient être suspects.

« Salut et fraternité.

« LE COMMISSAIRE DU DÉPARTEMENT. »

— M...! m'écriai-je en entendant le nom de mon successeur. Lui ? mon employé ?

— Lui-même, Jérôme ! le voilà bien en toutes lettres, M...! il n'y en a pas trente-six.

— C'est à douter de la République, repris-je en levant au ciel des regards indignés.

— Le règne des intrigants, Jérôme ; que t'avais-je dit ?

Comment me défendre ? J'avais moi-même appelé sur ma tête la foudre dont j'étais frappé. Je m'étais prononcé pour la république contre la monarchie, quand celle-ci était debout, et celle-là dans le domaine de l'avenir. Cependant, la monarchie m'avait donné du pain, et la république me l'ôtait. Quel douloureux et poignant mécompte ! J'en étais anéanti. Malvina ne frappait pas les gens à terre : elle vint à mon secours.

— Jérôme, dit-elle, rien ne sert de s'abandonner ; du courage, mon ami, du courage. Pour un pays d'ardoises, la tuile est forte ; mais on peut s'en relever. D'ailleurs, tu as deux enfants et je ne suis pas disposée à en faire hommage à la patrie ; elle les nourrirait trop mal. Ainsi, il faut agir.

— Je suis prêt, Malvina ; tu verras si je ne lui dis pas son fait, à ce commissaire.

— Celui-là, je m'en charge ; j'irai le voir avec mon chapeau grenat. Il faudra bien qu'il marche. Mais c'est un petit saint. Adressons-nous plus haut. Veux-tu que je te donne un bon conseil, Jérôme ?

— Dis, Malvina.

— Pars demain pour Paris, tu iras frapper à la porte de ces messieurs du gouvernement ; ça doit être des gens très-bien. Dis-leur ce qui t'arrive, ce que tu as sur le cœur, là, sans tortiller. Ils seront sensibles à ta démarche.

— Tu crois, ma femme ?

— Un Républicain comme toi ? Un ancien ! un pur ! C'est l'oiseau rare, vois-tu ; ils n'en ont pas par douzaines. Je te répète qu'ils seront enchantés de te voir. On a besoin d'hommes capables là-haut. Tu partiras donc demain, Jérôme.

— Puisque tu le veux !

— Et quant à ce pansu de commissaire, n'en aie pas de souci. J'irai lui montrer mon chapeau grenat ; il en a maté de plus méchants.

Toute objection devenait inutile ; Malvina avait prononcé. Elle avait d'ailleurs raison ; c'était notre unique recours. Le dîner fut triste, et la soirée se passa en préparatifs de départ. Ma femme voulut m'accompagner jusqu'à la voiture, afin de me donner ses dernières instructions, et, en m'embrassant, elle me dit :

— Ta place ou la guerre, ne sors pas de là ; à moins pourtant qu'on ne t'offre un meilleur emploi.

— C'est entendu.

— Pas de faiblesse, surtout. Et signifie bien au gouvernement provisoire que je ne me rallie qu'à ce prix. C'est à prendre ou à laisser.

IV

LES VERTUS RÉPUBLICAINES.

J'avais beau m'en défendre, j'étais frappé au cœur. Il est des blessures qui saignent éternellement, et celle-là en était une. Mettre toute son âme dans un principe et en tomber victime à l'heure de l'avénement, c'est périr comme l'Indien qu'écrasent les roues du char où triomphe sa divinité. Le Ciel m'est témoin qu'il y avait en moi assez de trésors de dévouement pour me rendre ce sacrifice facile. Je me serais toujours trouvé assez heureux, pourvu que la patrie fût glorieuse. Mais était-ce le cas, et n'avais-je rien à rabattre de mes rêves? Avions-nous sous les yeux la véritable République, celle qui serait à tous, comme tous seraient à elle, la grande et sainte République de l'avenir? J'en doutais, et ce doute pesait sur mon esprit bien plus lourdement que ma disgrâce.

Ce fut sous cette impression que je poursuivis mon voyage. Rien ne dispose à la méditation comme la vie des grands chemins. On dirait que la gêne et l'immobilité du corps laissent à l'esprit plus de liberté, plus d'activité. Au milieu de ces bruits confus d'essieux et de roues, le recueillement devient un charme et un besoin. L'émotion s'y mêle, le regret aussi : l'âme est à la fois remplie et touchée. Je venais de quitter Malvina, c'est-à-dire de me résigner à un sacrifice réel. Mon attachement pour elle ne s'était point affaibli avec les années. Elle était, d'ailleurs, dans tout l'éclat de sa beauté : à peine avait-elle dépassé la limite que les romanciers assignent à leurs héroïnes comme l'apogée de l'épanouissement. J'aimais ma femme; pourquoi ne l'avouerais-je pas? Aussi ne cessai-je d'y songer. Je la suivais par la pensée dans ses occupations de ménage, je la voyais essayant sur notre infortuné commissaire la puissance de son chapeau grenat. Je vivais près d'elle et avec elle, tandis que chaque tour de roue m'en éloignait.

Cette préoccupation fut assez vive pour me rendre longtemps étranger à ce qui se passait auprès de moi. Enfin je rappelai mes sens et jetai un coup d'œil sur mes compagnons de voyage. La voiture était au complet et le personnel assez mêlé. Un vieillard et sa femme occupaient avec moi les places du fond ; sur le devant siégeaient trois hommes pourvus de barbes caractérisées. Une odeur de tabac poussée jusqu'à l'infection aurait trahi leurs habitudes, quand ils n'eussent pas porté, en guise d'armes, leurs pipes en sautoir. Au demeurant, d'assez bons diables et moins noirs que leurs barbes. De son côté, le vieillard avait ces allures méthodiques où se reconnaît la vie des bureaux. Sa mise était simple et correcte, son ton poli et prévenant. Il avait le menton rasé de frais et une perruque rousse parfaitement ajustée sur les tempes. Je ne pouvais m'y tromper ; j'avais pour compagnons un employé et trois héros de tabagie.

Une diligence est un confessionnal : tout secret y transpire. Il s'y forme, bon gré, mal gré, une intimité courte, mais complète. Cette vie en commun prête au babil, et chacun se livre avec d'autant plus d'abandon que les relations seront plus fugitives. Il en fut ainsi autour de moi : des confidences s'échangèrent. Les trois barbes devisaient entre elles ; le vieillard ne causait que de loin en loin et avec sa femme exclusivement. Seul je n'avais pas d'interlocuteur et en étais réduit à écouter, faute de mieux. L'entretien le plus vif régnait parmi les places du devant.

— C'est comme je te l'assure ; le ministre ne peut pas me refuser, disait l'une des barbes d'un noir un peu grisonnant. J'ai là dans mon portefeuille des pièces qui sont décisives. Oh ! je ne m'embarque pas sans biscuit, moi.

— Bon, me dis-je, voilà un sollicitéur.

— Des pièces ! reprit la deuxième barbe avec un accent légèrement gascon, qui n'en a pas, sangdieu ? C'est une monnaie banale. Mieux vaut des aboutissants. Pour réussir chez un ministre, il faut avoir un pied dans la maison. Moi, j'ai mon affaire : ma cousine est dans l'intimité de l'une des dames du gouvernement.

2.

— Allons, me dis-je, c'est encore un solliciteur.

— Pour moi, ajouta la troisième barbe, du noir le plus éclatant, je n'ai ni pièces ni recommandations. A quoi bon? n'ai-je pas fait mes preuves? Je voudrais bien voir qu'on me refusât quelque chose! Un homme de la veille comme moi! Qu'ils barguignent seulement, et nous verrons!

— Et de trois, me dis-je; il ne manque plus que mon voisin comme assortiment.

J'avais à peine eu cette pensée, que le vieillard dit à l'oreille de sa femme :

— As-tu mis en lieu sûr la lettre du commissaire général ?

— Sois tranquille : elle est dans la petite malle avec tes états de service.

— A la bonne heure! C'est notre ancre de salut! autrement je suis révoqué..

— Brelan carré de solliciteurs, m'écriai-je, et je fais le cinquième! Chargement complet!

En d'autres temps cette découverte m'eût paru plaisante; elle me glaça d'effroi.

— Quoi! me dis-je, cinq solliciteurs dans le même compartiment ! Et qui sait si le coupé n'en contient pas ; si le cabriolet, si la rotonde n'ont pas les leurs! Mettons cinq autres, en tout dix ! Après demain une seule diligence versera sur le pavé de Paris dix solliciteurs. Or il arrive par jour cinq cents diligences. Que chacune ait un contingent pareil, voilà cinq mille solliciteurs sans compter les chemins de fer. Cinq mille solliciteurs, c'est-à-dire cinq mille habits noirs poursuivant les ministres, placets en main ! Et on appelle cela une république! La république des mendiants, alors!

J'arrivai ainsi à Paris, et descendis dans le plus modeste des hôtels. Seulement j'en choisis le quartier de manière à me placer au centre de mes opérations. De là je devais me porter plus vivement sur les points où ma présence serait nécessaire. L'art du solliciteur est surtout dans l'à-propos. Arriver à temps et ménager ses pas, voilà l'essentiel : j'y pourvus. A peine installé, je tirai de ma valise l'habit noir de rigueur, le pantalon et le gilet assortis, la cravate blanche et les gants de couleur, les seuls que connût notre province. Il s'agissait d'assurer l'effet du premier coup d'œil, plus décisif qu'on ne le suppose. Mon miroir me dit que je laissais peu à désirer sur ce détail. Un autre point non moins délicat, c'était de savoir à quelle porte je frapperais d'abord. Mon passage dans les lettres et dans le parlement m'avait valu de nombreuses relations par les hommes que la révolution venait de mettre en évidence. Les uns étaient arrivés au sommet, les autres en occupaient les abords. Avant de s'adresser aux membres mêmes du gouvernement, peut-être était-il sage de sonder ceux qui en avaient l'oreille et de se ménager leur concours. Je m'arrêtai à ce plan de conduite.

Au nombre des parvenus que l'ouragan avait poussés, à leur grande surprise, sur les marches mêmes du pouvoir, il en était un avec lequel j'avais autrefois vécu dans une étroite intimité. Nous avions abordé ensemble la vie littéraire et bu à la même coupe, celle du malheur. Quand, plus tard, le commerce des bonnets de coton m'eut vengé des torts de la Muse, il n'en resta pas moins mon ami et devint l'un de mes commensaux les plus assidus. Depuis lors, il est vrai, les événements nous avaient séparés; mais je ne doutais pas qu'il ne fût demeuré fidèle aux souvenirs de notre liaison. Ce fut dans cette confiance que je me rendis chez lui : appui ou conseil, j'avais tout à en attendre. Il n'était d'ailleurs qu'un nom secondaire du calendrier nouveau. Ses titres consistaient en trois tomes indigestes où il avait déployé le talent de ceux qui n'en ont pas, et fait de la compilation au profit du dogme républicain. Bref, je ne m'adressais ni trop haut ni trop bas, et prenais le meilleur biais pour connaître le terrain sur lequel j'allais descendre.

Mon ancien confrère logeait sur l'un des sommets de la ville studieuse, près des Écoles et à la portée d'une bibliothèque où il allait puiser chaque jour les éléments de ses livres et de son dîner. Son appartement de garçon était des plus simples et des plus nus; mais il le remplissait désormais de sa majesté et le décorait de son importance. Vainement voudrais-je rendre ce qu'il y eut de solennel dans son accueil. Ce n'était plus le même homme ; les événements l'avaient transformé. Il portait sa tête comme un saint-sacrement et se drapait dans sa robe de chambre avec une telle supériorité, qu'il était impossible de ne pas distinguer dans ces airs et ces allures l'influence d'une révolution. Je m'en aperçus mieux encore à l'accueil qu'il me fit et aux discours merveilleux qu'il me tint. A l'entendre, les destins de l'Europe reposaient désormais sur lui ; il suppléait ici-bas la Providence.

— Ne m'en parlez pas, mon cher, disait-il ; voici quinze jours que je n'en dors plus. Le pays compte sur moi pour l'organiser. Ils sont dix au pouvoir et n'ont pas d'idées pour un. Une pétaudière, Paturot, une vraie pétaudière. Pas de plan, pas de vues d'ensemble ; rien de grand, rien de carré. Dieu sait ce que nous deviendrions si on ne les aidait.

Pendant une heure que dura notre entretien, rien ne put altérer chez cet homme la bonne opinion qu'il avait de lui-même. Il revenait sans cesse et sur ce qu'il lui restait à faire, et sur ce qu'il avait fait. Il avait pris les Tuileries, il avait envahi la Chambre des députés. Point de barricade où il n'eût apporté son pavé ; point de coup de fusil dont il n'eût au moins fourni l'amorce. Si la monarchie s'était dissoute comme la neige en avril, on le devait à ses travaux ; si la République s'établissait sans obstacles, c'est qu'il en avait prouvé didactiquement et philosophiquement la prééminence sur toutes les autres formes de civilisation. Qu'il manquât demain à la France, et tout lui eût manqué. Puis il fallait voir avec quel souverain détachement il traitait les hommes que les événements avaient investis de la puissance ! Celui-ci n'était qu'une harpe éolienne résonnant au gré de toutes les brises ; celui-là une tête de fantaisie, bonne pour décorer les devantures du gouvernement. Quant aux autres, à peine en parlait-il : cerveaux étroits, incapacités notoires, c'est tout ce qu'il y voyait. L'un avait trop médité sur les révolutions des cieux pour rien savoir de ce qui se passait sur notre globe ; l'autre figurait dans la classe de ces vieillards qui se refusent aux sentences de l'âge, et que les peuples de Sumatra accommodent pieusement au sel, au poivre et au citron. Bref, il avait un mot sur tous, et en quelques traits il excellait à les peindre.

En d'autres circonstances, ces tableaux d'après nature auraient pu m'intéresser, et le spectacle de cette fatuité naïve y eût ajouté un nouveau prix. Mais j'étais venu à Paris sous l'empire de soins plus graves. J'essayai d'y ramener mon protecteur, et d'obtenir de lui qu'après avoir sauvé l'Europe, il daignât me sauver. A défaut de la mémoire du cœur, je comptais sur celle de l'estomac. J'avais tenu table ouverte libéralement, sans acception de partis; c'était le cas de s'en souvenir. Mon commensal ne s'en souvint pas; la fumée des grandeurs avait perverti ses organes. Il alliait la sottise à l'ingratitude, deux torts fréquents chez les républicains invétérés. Il était, en outre, exclusif comme eux, et plus rempli de prétentions que de lumières. Sur un seul on pouvait tous les juger. — Ces hommes, me dis-je, passeront au pouvoir, mais n'y resteront pas. Ils sont au-dessous de leur rôle, et n'ont que les vanités du commandement.

Il fallait renoncer à cette médiation et en revenir au moyen le plus simple, la requête directe. A tout prendre, je pouvais aborder les souverains du moment sans avocat et sans introducteur. Mon nom ne leur était point inconnu, et ma cause n'exigeait pas de grands efforts d'éloquence. De quoi s'agissait-il? D'une simple réparation en réponse à une souveraine iniquité. Quelques explications précises suffiraient; n'étions-nous pas sous un régime de vérité et de justice? Ce sentiment m'enhardit, et du même pas je me dirigeai vers l'hôtel du ministre dont je dépendais. Mon dessein était de m'ouvrir franchement à lui et de le rendre l'arbitre de mes destinées.

Dans le cours de ce trajet, l'aspect de Paris me frappa. La grande cité n'était pas remise du dernier ébranlement; elle gardait son attitude révolutionnaire. A chaque angle des rues, le pied se posait sur des pavés vacillants et inégaux; la ligne des boulevards ressemblait à un taillis qui vient d'être coupé à blanc. Toute croisée avait son drapeau, tout candélabre ses vitres brisées. La physionomie de la population répondait à cet état des lieux. On ne pouvait faire vingt pas sans rencontrer des groupes peuplés d'orateurs, ou des processions d'ouvriers défilant avec tambour et bannières. Puis çà et là circulaient des hommes irrégulièrement armés, comme si la ville eût été livrée à des corps de partisans. Ce spectacle ne m'étonna point; mais ce qui me parut singulier, c'était l'air de sécurité qui régnait à côté de ce désordre. Aucune de ces scènes n'avait le don d'émouvoir; elles n'excitaient ni enthousiasme ni crainte; elles n'éveillaient même pas la curiosité. On s'y était fait.

J'arrivai devant l'hôtel du ministre avec l'espoir, je l'avoue, d'y trouver quelques dédommagements. A mon sens, les hommes que le peuple avait investis de l'autorité devaient résumer en eux toutes les vertus, toutes les grandeurs de l'ère nouvelle. Les critiques dont ils étaient l'objet glissaient sur mon esprit; c'est la sanction obligée du mérite. On ne m'en imposait pas d'ailleurs; je savais à quoi m'en tenir sur le personnel du gouvernement. La science et la poésie s'y donnaient la main; le dévouement et l'intelligence n'y manquaient pas. Mon unique souci était de savoir comment ces souverains improvisés comprenaient leur rôle. Je l'imaginais simple et digne à la fois, modeste dans les formes et grand dans les actes, nouveau surtout et séparé du passé par un abîme. Assez longtemps la politique avait souffert ce spectacle de la même pièce jouée par d'autres acteurs. Puisque le souffle révolutionnaire avait passé par là-dessus, c'était bien le moins qu'on mît au rebut de vieux décors et qu'on fît les frais d'une mise en scène.

J'y songeais en m'engageant sur l'escalier de l'hôtel, lorsqu'un carrosse entra avec impétuosité et s'arrêta devant le perron. Rien n'y manquait, ni les chevaux de prix, ni l'éclat des harnais, ni le choix de la livrée. Pour trouver quelque chose d'aussi parfaitement assorti, il fallait remonter aux traditions de la cour, et pas de la dernière. — Quel est cet ambassadeur étranger? me dis-je en m'effaçant avec respect. Un homme vêtu de noir descendit du carrosse; c'était mon ministre, je le reconnus. Son secrétaire reçut de ses mains un portefeuille en maroquin rouge, et le suivit comme l'eût fait un massier. Les laquais formèrent la haie et le poste prit les armes. C'était une rentrée conforme aux plus strictes lois du cérémonial !

Je franchis l'escalier à la suite d'un ministre si glorieux, et j'admirais à quel point il avait, en si peu de temps, su prendre les manières et les airs de l'emploi. Des flots de solliciteurs encombraient le salon d'attente ; il les fendit avec une majesté rare, et un sang-froid merveilleux. Son regard exprimait l'impatience et le dédain ; il semblait confus de voir autour de lui un tel cortége. C'était pourtant un accessoire obligé. Qui a le carrosse a les courtisans ; toute grandeur s'expie. Le ministre, d'ailleurs, n'y mit pas tant de façons ; il fit congédier brutalement cette foule désappointée. L'audience était remise, il ne restait plus qu'à vider les lieux. Sous les régimes déchus, ces accidents n'étaient pas rares ; mais on y apportait, du moins, quelques procédés. Depuis la République, les huissiers avaient cru devoir élever leur organe à la hauteur des événements, et cacher sous une rudesse d'emprunt les torts de leur origine. Ils donnaient ainsi des gages à la révolution.

Pendant trois jours consécutifs, je me présentai à l'audience du ministre sans être plus heureux. J'avais beau me piquer d'exactitude, arriver sous le péristyle au chant du coq, prendre dans l'antichambre des poses désespérées, rien ne touchait les gardiens qui défendaient les abords du cabinet. Sous un prétexte ou l'autre, je me voyais invariablement éconduit. Devant moi, pourtant, se succédaient des solliciteurs plus favorisés. Ils entraient le chapeau sur la tête et forçaient les consignes avec un aplomb sans égal. Au besoin, des jurons triomphants couronnaient la manœuvre et en assuraient le succès. Nulle tenue, d'ailleurs, et pas le moindre respect. Ils ne parlaient du ministre qu'en termes familiers, et, s'il se refusait à les recevoir, ils s'emportaient jusqu'à la menace. C'était à rougir de honte de se voir négligé pour de tels malotrus.

Au nombre des infortunés voués à la même corvée que moi, j'avais remarqué un vieillard, vert et vif encore, dont la persévérance me frappa. Il était là dès le matin et ne quittait la place qu'au dernier moment. Le malheur rapproche ; nous nous fûmes bientôt abouchés. Quelques entretiens à demi-voix nous aidèrent à tromper les heures, et mon interlocuteur les animait par ses saillies.

— La suite au prochain numéro, avait-il coutume de dire quand l'huissier venait nous signifier notre congé.

Nous prenions ainsi notre temps en patience, et cherchions une revanche dans des épigrammes sans fiel :

— Mon voisin, lui dis-je un jour, la mesure est comblée. Trois échecs de suite, c'est trop. N'y a-t-il pas moyen de forcer cette porte ?

— J'en sais un, répliqua gravement mon interlocuteur.

— Bah ! Et que ne parliez-vous ? nous serions hors d'embarras, vous et moi.

— C'est que le moyen est extrême.

— Extrême ou non, nous n'avons plus le choix. Mes forces sont à bout.

— Les miennes aussi ; alors, écoutez. En sortant d'ici, vous allez vous arranger de manière à vous procurer un tambour.

— Un tambour ?

— Oui. De mon côté, j'obtiendrai quelque part un étendard, une oriflamme, au besoin un guidon.

— Et puis ?

— Vous arriverez ici avec votre tambour, moi avec ma bannière. Vous exécuterez un roulement ; je crie : Vive la République ! et nous entrons. C'est ce qu'on appelle une démonstration. Un ministre révolutionnaire n'y résiste pas.

Le trait était juste et vif : nous avions été témoins de plus d'une audience au tambour. Un peu de tapage, et l'on était sûr d'être admis. L'héroïsme du moment se résumait en peu de mots : céder aux forts, écraser les faibles. En apparence, le pays n'avait que dix maîtres ; en réalité, il en avait des milliers.

Un bruit qui se fit vers le cabinet du ministre suspendit notre entretien. Je crus que mon tour allait venir, je me levai. Pendant cinq minutes, il s'échangea entre l'homme d'État et ses appariteurs quelques mots à voix basse qui san doute nous concernaient. Un silence significatif régnait dans la salle ; chacun attendait avec anxiété l'arrêt solennel. O déception ! c'était encore un ajournement.

— A vendredi, messieurs, nous dit l'huissier.

— A vendredi pour les autres, et pour moi tout de suite, s'écria un personnage qui venait d'arriver et traversait la salle en conquérant.

— Pour vous, comme pour les autres, à vendredi, monsieur Oscar, répondit l'impassible employé. Le ministre vient de partir pour l'Hôtel-de-Ville.

A ce nom d'Oscar, je me retournai vivement : il résonnait comme un écho dans mon existence antérieure. C'était lui; c'était mon peintre : l'âge l'avait à peine effleuré ; quelques poils blancs se mêlaient seuls à sa barbe orange. Par un mouvement simultané et presque sympathique, il venait de jeter les yeux sur moi.

— Eh ! s'écria-t-il, c'est ce cher Paturot ! Toi ici, et je l'ignorais ! Viens donc, ajouta-t-il en m'entraînant, que je sache au moins quel zéphir t'amène !

Je voulus en vain me dégager de ses bras : bon gré, mal gré, il me fallut le suivre.

V

LA MÉDAILLE ET LE REVERS.

— Toi ici, toi ici ! répétait Oscar. Qui l'eût deviné ? Et le hasard seul me l'apprend ! C'est mal, Paturot. Pour un rien, je te chercherais querelle.

Au lieu de répondre à ces effusions, je gardais une contenance embarrassée. Nous nous étions mal quittés avec l'artiste, et les souvenirs qui me restaient de cette liaison n'étaient pas sans mélange. Oscar s'en aperçut, et alla au-devant de mes préventions pour les combattre et les désarmer. Il fut le premier à me parler de Malvina, et en des termes tels qu'il était difficile de n'en pas être ému. On pouvait y reconnaître l'expression d'un profond respect uni à une affection sincère. Faut-il l'avouer? ce langage me fit du bien ; il chassa de mon esprit les visions que le temps avait affaiblies sans les détruire. Plus de doute possible; c'était l'accent de la franchise et de la vérité. Puis, Oscar était demeuré notre ami plus que je ne le croyais ; il avait suivi mon Alfred dans ses succès du pensionnat, et s'était montré, à son égard, plein de sollicitude. L'absence et le malheur, ces torts impardonnables, ne nous avaient donc pas fait déchoir à ses yeux, et il était juste de lui savoir gré d'une fidélité aussi rare..

A mesure qu'il s'ouvrait à moi et me racontait ces détails, je sentais la glace se fondre entre nous et la confiance se rétablir.

— Allons, me dis-je, j'aurai fait un mauvais rêve ! Ce pauvre garçon n'est pas si noir que je l'avais imaginé.

Ce premier pas franchi, le reste alla de soi. Oscar était toujours le même : gai, plein de verve et d'un intarissable babil. Il prit la parole et ne la quitta plus. Il voulait achever sa conquête ; il y réussit. En moins de vingt minutes nous redevînmes ce que nous avions été. Mille sujets étaient pris et repris, sans suite, au hasard, au gré des caprices de la pensée :

— A propos, Jérôme, me dit-il entre deux quolibets, le bruit de nos exploits est-il arrivé en province ?

— Lesquels, Oscar?

— Mais il n'y a pas à s'y tromper, ce me semble ! L'affaire a eu assez d'éclat ! Avoue que nous avons fait là une belle et bonne révolution ?

— Vraiment, tu en es aussi ?

— Et pourquoi pas, mon cher ? Ce qui n'est à personne est à tout le monde. Voilà mon droit : il est clair comme le jour.

— Tu m'en diras tant !

Oscar était donc l'un des vainqueurs de février; à aucun prix, il n'en voulait démordre. Je lui fis cette concession, et il en abusa. A l'instant même, il éleva une prétention nouvelle, celle d'avoir été républicain de temps immémorial. L'hyperbole était trop forte; je résistai : il ne faut pas jouer avec les croyances. L'artiste ne se tint pas pour battu, il revint à la charge, le prit de haut, et remonta jusqu'à ses aïeux pour mettre hors d'atteinte l'origine de ses sentiments. A mesure qu'il s'engageait dans ce plaidoyer, sa barbe s'élevait au plus haut degré de l'exaltation, et devenait le siége d'un jeu de lumière à ravir les coloristes :

— Oui, j'étais républicain, s'écriait-il, avant, pendant, après, toujours ; républicain de tempérament, républicain de naissance, tout ce qu'il y a de plus républicain.

— Tu te cachais donc bien, alors !

— C'est le propre des convictions profondes, mon cher ; elles échappent à l'œil nu. Consulte l'histoire.

— Toi si gai, si insouciant, avais-tu seulement une opinion? Les fous en ont-ils ?

— Folie de Brutus, Paturot. Stratagème des grandes passions de l'âme ! On voit que tu n'as jamais conspiré.

— Tu conspirais donc ?

— Si je conspirais ! dit le peintre avec l'accent et la pose d'un tragique. Il me demande si je conspirais ! Mais, Jérôme, c'était là mon élément, ma fonction, mon honneur et mon titre ! Est-ce vivre que de ne pas conspirer un peu ? On conspire comme on respire, mon cher.

Mon homme s'échauffait et se trompait lui-même en s'échauffant. L'imagination en travail s'exerce au profit de la bonne foi : l'esprit finit par croire à ce qu'il crée. Qu'y faire? Qu'opposer à cela? Combattre l'illusion, s'en prendre à des nuées ? A quoi bon? Toute controverse eût empiré les choses. Je me tus donc; mais Oscar ne se résignait pas ainsi ; l'impulsion était donnée, elle l'entraînait :

— Ah! tu doutais de moi ; tu en doutais! s'écria-t-il ; voilà qui est grave, Jérôme.

— Mais non.

— Consulte l'histoire, te dis-je, et tu verras si tous les grands peintres n'ont pas été républicains. Nos maîtres, où sont-ils éclos? En Grèce ! République. A Rome ! République. A Florence ! République. A Venise ! République. En

Hollande ! République. C'est concluant, j'espère. En tout temps, à toute époque la République a été la mère rayonnante de l'Art. Et tu voudrais que j'eusse renié ma filiation naturelle ! Et tu voudrais que je ne fusse pas, que je n'eusse pas été éternellement, invariablement républicain !

— Allons, Oscar, je me rends : plus de grands gestes, surtout ; tu nous donnes en spectacle.

En effet, les mouvements désordonnés du peintre avaient attiré autour de nous quelques curieux, et nous allions devenir le centre d'un rassemblement. J'étais peu soucieux d'un tel honneur, et pressai le pas pour m'y dérober. Oscar se calma enfin ; une sérénité rassurante descendit sur ses traits. Un nouveau spectacle l'absorbait d'ailleurs. Nous tombions en pleine fête. Des corporations d'ouvriers couvraient les boulevards et s'avançaient vers nous, enseignes déployées. Le clairon résonnait, les chants remplissaient l'espace. Aussi loin que pouvait s'étendre le regard, on n'apercevait qu'une masse ondoyante au-dessus de laquelle flottaient mille drapeaux. Des cris s'en élevaient et ajoutaient à cette scène un commentaire significatif.

— C'est mon peuple, s'écria Oscar, mon grand et noble peuple ; je le reconnais.

L'artiste était rendu à son exaltation ; son œil lançait des éclairs, sa barbe s'animait des plus chauds reflets. Le répit n'avait pas été long :

— Tu vois mon peuple, Paturot, tu le vois.

— Ton peuple?

— Oui, le mien, Jérôme. Et à qui serait-il ? Ne l'ai-je pas porté dans mes entrailles d'artiste ? N'est-ce pas le peuple du génie et de la passion ? le peuple de la couleur et de la ligne ? le peuple de l'ocre et du cobalt? Nous ne sommes que deux sur terre à le comprendre, et tu veux qu'il ne soit pas à moi ? Et à qui serait-il alors, parle ?

— Je ne conteste rien, Oscar.

— Entendons-nous, Jérôme ; d'autres y prétendent : tout le monde se prévaut du peuple, parle au nom du peuple. Il n'est pas de grimaud qui ne prétende l'avoir derrière lui.

Celui-ci le convoque à la Bastille, celui-là au Champ de Mars. On le met à tous les ingrédients, en promenades, en affiches, en bulletins. Il est si bon, le peuple! Mais, pour être à tous, comme on le pense, merci.

Le flot populaire s'écoulait, et quand l'artiste eut achevé sa période, le boulevard était libre. Il adressa à la foule une dernière invocation et m'accompagna jusqu'à mon hôtel.

Désormais il ne me quitta plus ; nous devînmes presque inséparables. Vainement aurais-je voulu m'en délivrer, il s'imposait. Je dois ajouter que son concours m'était utile. Il m'avait promis de voir le ministre, de préparer le terrain et de m'ouvrir l'accès du cabinet. Où trouver d'ailleurs un compagnon aussi dévoué ? Mes anciennes relations étaient rompues, et je n'avais pu encore en former de nouvelles. Oscar seul me restait ; il fallait l'accepter avec ses qualités et ses défauts. Puis, comme je l'ai dit, il s'imposait.

Il ne se passait pas de jour où nous n'assistions à quelques émotions extérieures. Tantôt c'était le peuple qui venait de surprendre le gouvernement par un programme inattendu ; tantôt c'était le gouvernement qui invitait le peuple à jouir, dans une fête publique, du spectacle de sa propre ivresse et de son propre bonheur. Ces cérémonies se renouvelaient à tout instant sans que la patience des ordonnateurs fût jamais lasse ni leur enthousiasme en défaut. Ils s'admiraient dans leur œuvre et s'y complaisaient. Quelle satisfaction quand, par un beau jour, ils pouvaient embrasser d'un regard cent mille blouses armées de baïonnettes, et admirer les reflets du soleil qui se brisait au loin sur ces masses d'acier ! C'était leur spectacle favori, et ils se le donnaient souvent ; puis le lendemain ils versaient dans des manifestes publics leurs impressions pittoresques.

— Ce sont des artistes, ceux-là, me disait Oscar avec un sentiment d'orgueil ; ils nous comprennent du moins. Dieu sait ce que nous aurons avec eux : je m'épanouis rien que d'y penser. Nous aurons les fêtes d'Éleusis et les Panathénées, les combats du cirque et les jeux olympiques, toute la Grèce, toute Rome et l'Égypte par-dessus le marché. Oh! ils s'y connaissent, les profonds ! Je les ai appelés des artistes ! ce sont des politiques aussi, et quels politiques !

Calcul ou non, Paris était toujours en fête. Il avait changé son existence affairée pour une vie oisive. Des ateliers déserts sortait une foule avide de distractions. Elle en trouvait à choisir : tirs à l'arc, jeux de bague, loteries en plein air. C'était une foire perpétuelle. On eût dit un pays de Cocagne et une population affranchie des soucis du lendemain. Heureux pasteurs ! Heureuses brebis ! Aux uns les divertissements mythologiques ; aux autres le champ libre et une pâture assurée. Ainsi se distribuaient les rôles dans cette églogue digne de Gessner. Il y avait bien, par ci par là, quelques pétards de trop et des illuminations d'un caractère peu spontané, mais ce n'était qu'une ombre imperceptible dans un radieux tableau.

J'eus des doutes pourtant, je craignis que cette joie apparente ne cachât de mystérieuses douleurs. Dans ces cris, dans ces élans dominait je ne sais quoi d'âpre et d'artificiel qui éveillait mes soupçons. Au fond de cette activité fiévreuse, je cherchais le travail, un travail sérieux, la santé de l'âme et le pain du corps ; je ne le trouvai pas. Ces hommes, si ardents à se réjouir, empruntaient chaque jour de la communauté une partie de sa substance, et en échange ne lui donnaient rien. Cela pouvait-il durer ? Et n'en avaient-ils pas eux-mêmes la conscience ? C'était une enquête à faire ; je m'y appliquai. Dans les salons, dans les groupes, je trouvai des gens de toutes les conditions, de tous les rangs. Je les pris à part et les interrogeai. Le problème se posait de lui-même. Si la République faisait en bloc la joie et l'orgueil de la France, que d'heureux elle devait faire en détail !

La première personne à qui je m'adressai était un financier, homme honnête et sincèrement républicain.

— Ah ! monsieur, me répondit-il, que me demandez-vous là ? Mais vous ne voyez donc pas ce qui se passe ! Vingt maisons de banque de premier ordre se refusent à leurs engagements ; d'autres succomberont encore. Ceux qui s'exécutent entrent en liquidation. Avant deux mois il n'y aura plus à

Paris une caisse pour le papier du commerce. Peut-être n'y aura-t-il plus de papier. Que voulez-vous ? Les millions se fondent dans nos portefeuilles ; c'est à faire pitié. Voilà les faits ; ils frappent assez les yeux. Ah ! monsieur, le gouvernement déchu est un bien grand coupable.

Cette plainte du financier me frappa ; elle était si amère que je m'en défiai. Un instant je crus cet homme vendu à la réaction. Pour l'absoudre, il me fallut le concours d'autres témoignages. Mais ce me fut une leçon. Désormais, je ne m'adressai qu'aux républicains purs, éprouvés, à doubles chevrons. Tel était, par exemple, le manufacturier à qui j'exposai mes doutes :

— L'industrie, citoyen ! Vous me demandez des nouvelles de l'industrie ! Autant s'enquérir de la santé d'un mort. J'employais deux mille ouvriers, je n'en ai plus que cent, et encore est-ce par humanité que je les garde. Rien ne va, rien ne s'écoule. La patrie a demandé que nous lui fissions hommage de deux heures de travail par jour. C'est fait ; je les ai déposées sur son autel et ne les regrette pas. Il faut savoir effacer son intérêt devant un principe. Mais deux heures de travail de moins, c'est dix pour cent sur la main-d'œuvre, et, comme en moyenne je n'en gagnais que cinq, vous comprenez que j'ai dû désarmer mes métiers. C'est pourtant le gouvernement déchu qui est cause de tout cela. Infâme gouvernement !

Cela ressemblait à un écho : financier et manufacturier se confondaient dans le même anathème. Vint le tour d'un rentier :

— Voulez-vous mes coupons ? me dit-il ; je vous en ferai bon marché. J'ai pris du cinq à cent vingt-deux et du trois à quatre-vingt-quatre : j'avais confiance, monsieur, ce mot explique tout. Voici le trois à trente-quatre et le cinq à cinquante. Comptez sur vos doigts. J'avais de tous les chemins : de l'Orléans, du Nord, du Rouen, du Marseille, du Nantes, du Strasbourg. Dieu sait le bel argent que cela m'a coûté ; autant de chiffons de papier aujourd'hui : les voici, des bleus, des verts, des roses. J'aimerais autant des actions du Mississipi. J'avais des bons du Trésor, écus prêtés, dette exigible, j'y comptais. Ah! bien oui. Guichet fermé, porte close. Repassez, mon bonhomme, on verra plus tard. Je suis juste, d'ailleurs, ajouta le prudent rentier ; je mets la République hors de page. Dieu me garde de l'accuser ! Toute la faute en est au gouvernement déchu.

— C'est fort heureux, pensai-je.

Jusque-là mon enquête ne m'avait guère donné de résultats satisfaisants. Partout la souffrance, partout la plainte. Les procureurs ne voyaient plus arriver les dossiers ; les officiers publics tremblaient pour leurs titres. Il n'était pas jusqu'aux gardes du commerce qui ne jetassent de hauts cris : un décret supprimait la contrainte. Quant aux employés, ceux qu'on ne révoquait pas, on les mettait à la portion congrue. L'armée était frappée, la flotte aussi : la mise en disponibilité passait comme un fléau sur les cadres.

Cependant je n'avais touché qu'aux classes libérales : peut-être existait-il ailleurs des compensations.

— Allons jusqu'au bout, me dis-je ; il est impossible qu'une si glorieuse métamorphose n'ait pas laissé quelque part des avantages visibles. Je viens de consulter ceux qui avaient abusé de la fortune : ils sont punis. Ils expient en un jour les torts de vingt années. Ils s'étaient endormis dans le faste et la corruption ; ils se réveillent au milieu des ruines. C'est justice, le doigt de Dieu est là. La roue de la fortune a subi un mouvement : elle en porte d'autres au sommet. Oublions les anciens favoris ; voyons les nouveaux. Pour ceux-là, du moins, la République aura été bonne mère.

J'allai donc vers les classes que le nouveau régime avait conviées à l'empire : le petit commerce, le contre-maître de fabrique, l'ouvrier. Dans la boutique et dans l'atelier, je cherchai les heureux de la révolution.

— Ah ! citoyen, ne m'en parlez pas, me dit le commerçant en détail ; le ciel m'est témoin que j'ai tout sacrifié pour la République. J'ai conspiré et je me suis battu pour elle. En juillet et en février, on m'a vu derrière les pavés, le fusil en main. J'ai pris le Louvre une fois ; une autre fois, les Tuileries. C'est donner des gages à son opinion, n'est-ce pas? Eh bien ! savez-vous ce que cela m'a rapporté ? Des étagères pleines et une caisse vide. Il y a un sort sur notre magasin depuis deux mois : personne n'y entre plus. Puis, ceux qui vous doivent ne vous payent pas, et il faut payer ceux à qui vous devez. De pauvres gens comme nous, citoyen, ça n'a que l'honneur. Un billet à acquitter est une chose sacrée. Et quand l'argent ne rentre pas, et que le terme s'approche, il y a des moments terribles pour le cœur. On se prive, on met écu sur écu afin d'arriver au compte rond, et quand il est fait, on respire deux jours en attendant une autre échéance. Est-ce une vie que celle-là ? Non pas que j'accuse la République ; Dieu m'en garde ! Il lui faut du temps pour s'asseoir, et je lui en donne. Les torts ne sont pas de son côté, entendez-vous ? elle fait ce qu'elle peut. Si les choses sont ce qu'elles sont, c'est au gouvernement déchu qu'il faut s'en prendre.

Ainsi me parla le détaillant ; voici maintenant comment s'exprima un ouvrier :

— Vous désirez connaître mon sentiment, citoyen ! Je vous le dirai clair et net. La besogne est manquée ; c'est à refaire. On nous a dit : Mettez la main à la révolution, et cette fois on comptera avec vous. C'est bien, parole donnée, marché tenu. En deux coups de balai, l'opération est faite. Voilà votre marchandise, où est la monnaie ? Là ont commencé les difficultés. Organisons le travail, se sont-ils écriés au Luxembourg. Très-bien ; organisez, citoyens ; prenez vos aises. L'ouvrier a quelques avances, il attendra. Trois, quatre jours se passent. On fait des discours, on s'embrasse, on se félicite mutuellement. Rien de mieux, l'ouvrier a délégué des camarades qui font joujou avec les banquettes des pairs ; c'est toujours de l'honneur, si ça ne remplit pas le ventre. En attendant, les semaines s'écoulent, puis les mois, et l'ouvrier demeure plus sanglé que jamais. Peu à peu les avances s'épuisent, la huche se dégarnit, le crédit même s'en va. Il veut retourner à son atelier, porte de bois ; il frappe à une autre, même accueil. Tout se ferme devant lui. Pendant qu'on tâchait de l'organiser, le travail avait disparu. Je me trompe, il en restait encore ; mais celui-là n'avait qu'un nom usurpé; ce n'était pas du travail, c'était de l'aumône. Plutôt me briser les bras que d'y recourir !

— C'est triste, en effet, pensai-je.

— Il s'agissait de vivre pourtant et de tirer du fond du sac. — En avant les épargnes! me dis-je. Et j'allai demander au gouvernement les écus que je lui avais confiés. Le croiriez-vous ? on me les refusa. Ah çà, m'écriai-je, c'est une mauvaise plaisanterie. Le denier du pauvre, l'obole du malheureux ! ne pas les rendre tout de suite, et cela le lendemain d'une révolution ! Je vous le disais bien, citoyen, que c'était à refaire. Ce n'est pas que j'en veuille à nos gens; ils font tout ce qu'ils peuvent, je le sais ; mais l'ancien gouvernement nous avait indignement pillés ; il a emporté les caisses d'épargne à l'étranger. Ils étaient là, voyez-vous, trois mille aristocrates qui se gorgeaient depuis vingt ans des sueurs et de l'or du peuple. Voilà tout le mal. Quand j'y songe, cela m'exalte. Allez, citoyen, c'était une fameuse pourriture que le gouvernement déchu.

J'étais au bout de mon enquête ; elle me jeta dans un abattement profond : du haut en bas de l'échelle, tout le monde souffrait, tout le monde se plaignait. Les variations ne manquaient pas ; mais l'air était le même.

— Oui, me dis-je en répétant le refrain, le gouvernement déchu est un grand criminel ; mais où sont donc les heureux que la République a faits ?

Oscar était là ; je lui exposai les doutes qui venaient m'assaillir et les scrupules dont j'étais la proie :

— Est-ce bien là notre rêve, lui dis-je ? chacun gémit, chacun se lamente.

— Un genre ! mon cher ! voilà tout ! Les rapins et les gens de lettres ne s'avisent-ils pas d'en faire autant ? Les uns parlent de se désaltérer avec leur encre ; les autres d'avaler leurs couleurs ! c'est une manière de se rendre intéressants, rien de plus. Nous sommes en plein paradis terrestre, Jérôme, crois-en un homme qui s'y connaît.

J'avais enfin trouvé l'homme heureux de la République. C'était Oscar.

VI

LE MALADE ET LES MÉDECINS.

Je n'habitais Paris que depuis quelques jours, et j'avais pu déjà me faire une idée des souffrances qu'il endurait. L'essaim des oisifs et des opulents s'enfuyait à tire d'aile pour aller chercher au loin un ciel moins sombre et des pavés plus réguliers. La grande ville perdait ses bons clients et voyait s'accroître le nombre des mauvais. Ce qui s'en allait du côté de la fortune se retrouvait du côté de la turbulence, et cette loi d'équilibre n'était pas de nature à remettre dans leur assiette le travail et le crédit effarouchés.

Paris ne souffrait pas seul; la richesse du pays était profondément atteinte. Sur presque tous les points, l'activité manufacturière s'arrêtait, comme si un souffle mortel eût passé sur elle. Les seules industries à l'abri du fléau étaient celles qui défrayent les besoins les plus stricts; encore y avait-il là ralentissement et décadence. Mais les industries de luxe, celles surtout qui portent au loin la réputation de nos arts, semblaient avoir disparu de la surface du sol. Cela s'explique. Les raffinements de l'existence ne s'allient guère qu'avec la vie oisive et la tranquillité d'esprit. Les heureux trompent ainsi leurs ennuis, et jettent leur or sans y regarder, jusqu'à l'imprévoyance. Plusieurs s'y ruinent, tous y cèdent à l'envi. En des temps orageux, ces coutumes et ces devoirs du monde se modifient à l'instant même. Au lieu de paraître, on cherche à s'effacer. Hier, c'était à qui ferait le plus; aujourd'hui, c'est à qui fera le moins. Ceux-ci boudent; ceux-là thésaurisent; tous s'abstiennent. La manie s'en mêle; il est de bon goût d'être ruiné.

Cette fois, la ruine n'était pas une fiction: elle atteignait tout le monde. Depuis le millionnaire jusqu'au simple ouvrier, il n'était pas un homme en France qui n'eût à essuyer quelque perte, à supporter quelque charge. C'était un bilan terrible, devant lequel l'âme la plus ferme se sentait prise d'effroi. Une longue paix, l'aisance des classes moyennes, l'abus du crédit, le règne des gens d'affaires, avaient inondé le pays d'une masse de valeurs de convention, qui ne pouvaient se liquider sans dommage qu'à l'aide du calme général des esprits et d'une paix perpétuelle. Or, cette liquidation allait se faire au milieu d'un ouragan ; on devine ce qu'elle dut être. Les titres de la rente, les actions des chemins de fer, les bons du Trésor, les coupons des caisses d'épargne, toutes les émissions des entreprises publiques ou privées, les banques, les canaux, les commandites de l'industrie, les obligations des compagnies et des villes, tout cela était du même coup frappé, meurtri, presque terrassé. La proportion du dommage variait ; elle allait, parfois, jusqu'à la valeur intégrale ; en aucun cas, elle n'était moindre de la moitié.

Quel vide, juste ciel ! et qu'il fallait avoir, pour l'envisager sans faiblir, une vive et profonde confiance dans les institutions nouvelles ! Ce n'est pas que je me payasse, comme les organes du gouvernement, de stratagèmes et d'illusions. Non, j'étais équitable pour tout le monde et de bonne foi. Je ne faisais pas peser en entier sur le régime déchu la responsabilité de cette débâcle financière. J'en restituais une part, et la plus forte, aux événements, à l'état des esprits, au désordre des rues, même à quelques décrets récents, d'une opportunité douteuse. Mais, cette justice faite, je prenais la chose de plus haut. Au delà de cette catastrophe, je voyais une leçon. L'Europe avait abusé du crédit ; elle expiait ce tort. Le crédit, en tant qu'il s'appuie sur des travaux sérieux, sur des gages réels, peut prendre impunément un essor sans limites. Il acquiert des forces en marchant et défie l'œil le plus prévenu. Les revers l'éprouvent sans l'ébranler, et en y résistant il constate mieux sa puissance. Appliqué à des gages suspects ou à des travaux imaginaires, le crédit change, pour ainsi dire, de caractère et d'effet. Au degré le plus abject, il n'est guère qu'une arme entre les mains des fripons. Sur une échelle moins équivoque, il signifie une confiance de passage que personne ne songe à vérifier. On accepte d'une main ce qu'on rendra presque à l'instant de l'autre. Ce jeu se prolonge sans trop de périls jusqu'à l'heure où le monde s'ébranle sous la main de Dieu. Alors disparaissent ces gages fictifs comme une vision s'évanouit au réveil. On croyait tenir un objet réel ; ce n'est qu'une ombre.

Tel est le crédit suspect, dangereux, sujet aux abus; et dans cette catégorie je range le crédit que l'on accorde aux États. Nul argent n'est mieux placé, assure-t-on, que celui dont ils sont dépositaires. Sur quoi s'appuie ce sentiment? Est-ce sur l'emploi des fonds qui leur sont confiés? non. Est-ce sur une grande habileté financière? pas davantage. Il y a gaspillage, on le dit ; il y a dilapidation, on le sait ; et pourtant, au premier appel, toutes les bourses s'ouvrent. Peut-être a-t-on une foi entière et légitime dans la fidélité aux engagements? Vingt fois ces engagements ont été violés ; l'histoire est pleine de ces sinistres. Alors d'où vient cette confiance souvent trompée et toujours prête? de mauvaises habitudes, rien de plus. On ne discute pas le crédit, on le subit. On le traverse plus qu'on ne le suit ; on s'en sert plus qu'on ne s'y intéresse. C'est un titre dont on se défera le mieux et le plus tôt possible. Rien au delà.

Il était temps qu'un exemple se fît, et il venait de se faire. L'instrument dont l'Europe avait abusé se brisait entre ses mains. Voilà l'expiation ; et si elle était rude, j'en envisageais d'avance les bons effets. Plus de valeurs véreuses, on savait à quel point elles brûlent les doigts. Quant à l'État, le châtiment était sévère ; la faculté de l'emprunt se desséchait entre ses mains. N'importe, c'était une autre ère qui s'ouvrait au crédit. Moins facile à contracter, la dette publique deviendrait plus sérieuse et aboutirait à un remboursement réel, et non à des fictions de remboursement. L'emprunt serait un acte réfléchi, et non une aventure. On y traiterait l'État comme un débiteur ordinaire, et il relèverait du contrôle public. Quoi de plus sensé ! N'est-ce pas pour tous la même règle et le même devoir, de n'engager l'avenir qu'avec prudence et de régler les dépenses sur le revenu? Système de bonnetier, dira-t-on; soit, mais il a cet avantage, au moins, de ne pas conduire à la banqueroute.

Toujours est-il que le mal était grand et que les docteurs ne manquaient pas. Les gardiens du Trésor poussaient eux-mêmes des cris d'alarme. Ils ne quittaient pas le chevet du patient, et imploraient sur tous les tons, dans tous les modes, le concours des gens de l'art. Que de grands moyens! Quelle médication héroïque! Le malade n'en allait pas mieux. Le pouls baissait, les extrémités se refroidissaient; c'était le commencement de l'agonie.

— Si je lui administrais un décret? se dit alors le ministre plus particulièrement responsable de l'événement.

Et sur-le-champ on imagina en conseil un remède qui devait ramener le Trésor des portes du tombeau. Rien de mieux imaginé; un seul détail faisait ombre, c'est que le public devait faire les frais du traitement. En effet, il s'agissait d'un emprunt national à souscrire au pair. On trouva la cure trop chère à ce prix, et, faute de fonds, le remède resta à l'état de projet. Comme on pense, le malade ne s'en porta pas mieux, et la crise devint plus intense.

— Je ne le tirerai pas de là sans un second décret, se dit à nouveau le ministre responsable; il faut que je le lui administre sans retard et vigoureusement.

Sur ces mots, le conseil se réunit, et cette fois il composa une formule avec des éléments qu'il avait sous la main, et dont l'efficacité était notoire. Comment le malade n'eût-il pas repris à vue d'œil? on allait appliquer sur ses organes affaiblis une portion des forêts de la couronne, des milliards de frênes et de bouleaux, des ormes séculaires et des tilleuls historiques, toutes les richesses végétales du pays. Quel trésor n'eût été sauvé à ce prix? Eh bien! le ciel jaloux trahit cette combinaison. Le malheur voulut que les forêts ne pussent être employées en nature au soulagement du patient. Les frênes se refusaient à entrer dans les coffres publics; les bouleaux aussi, les tilleuls également. Il fallait les convertir en métal, et c'était la difficulté. Avec le temps, peut-être, cette transmutation eût été

possible; mais qu'importe à un agonisant un secours lointain ?
C'était sur l'heure qu'il faillait agir, car de fâcheux accidents
se déclaraient. Il y avait épuisement de forces et syncopes
continuelles.

— Décidément, se dit le ministre responsable, je suis trop
avare de décrets. C'est le seul moyen de dompter le mal. Il
faut que j'en administre un encore. Quelque chose de léger,
mais de décisif.

Pour la troisième fois le conseil se rassembla et rendit une
ordonnance. Rien de compliqué, rien d'héroïque; un moyen
bien simple, bien innocent. Il s'agissait d'appliquer au patient le produit des diamants de la couronne, c'est-à-dire
tout ce qu'il y a de plus portatif en fait de remède. Impossible
de réunir plus d'énergie en moins de volume et d'imaginer
une substance qui concentrât plus de vertu. Hélas! 'comme
tout trompe ici-bas! Ce moyen si simple échoua comme les
autres. Les diamants ne furent pas plus heureux que les
chênes; le traitement minéral trahit l'espoir de la science
comme l'avait fait le traitement végétal. L'état du Trésor ne
s'amendait pas :

— Voilà un grave malade, se dit le médecin ordinaire.
Trois décrets, administrés coup sur coup, n'ont pu le sauver.
Passons à un quatrième, puis à un cinquième, et ainsi de
suite indéfiniment. S'il périt, ce ne sera pas faute de décrets.

Ce régime devint l'état normal du Trésor. Un décret le matin, un décret le soir; des décrets sur tous les horizons de la
finance. Beaucoup s'égarèrent comme des foudres impuissants;
quelques-uns atteignirent leur but aux dépens des capitalistes
et des contribuables. Le Trésor en tira des ressources précaires, mais la fortune du pays s'y épuisait. L'argent semblait
fuir devant ces décrets destinés à l'atteindre; il y eut un moment où il ne figura plus qu'à l'état de souvenir ou d'échantillon d'une race perdue. On le cachait, on l'enfouissait; encore quelques semaines de panique, et il fallait en revenir à
la planche des assignats.

C'était au plus fort de la crise. Les maisons de banque
s'écroulaient avec des portefeuilles chargés de valeurs; des

rues entières fermaient leurs magasins et leurs caisses. On citait des industries qui déclinaient en masse leurs engagements, d'autres qui expiraient en détail, faute de pouvoir réaliser leurs ressources. Des noms qui s'étaient transmis de génération en génération intacts et honorés furent obligés d'avouer leur défaite dans cette lutte contre les événements. Il en est qui soutinrent noblement le choc, d'autres qui poussèrent la douleur jusqu'au suicide. Jamais on n'avait vu tant de ruines s'amasser en si peu de temps; et si l'ange du mal y eût présidé en personne, il n'aurait pu niveler les fortunes ni si vite ni si complétement.

Comment conjurer le fléau? Fallait-il attendre que les fortunes vinssent toutes se briser sur ces écueils, ou fallait-il essayer de sauver quelques épaves de ce naufrage universel? Les hommes importaient peu; comptent-ils en temps de révolution? Mais c'était l'activité même du pays qui se trouvait en péril, sa richesse, ses ressources, les biens présents et les biens à venir. Préserver tout cela était un devoir, un devoir étroit, impérieux. Or, par quels moyens? par quelles voies? A qui s'adresser? Au gouvernement? il suffisait à peine à sa propre tâche et à sa propre responsabilité. A l'esprit public? il semblait éteint sous le poids de tant de troubles et de tant de misères.

Ce n'est pas qu'on manquât de sauveurs : ils pullulaient ; de plans miraculeux : les murs de la ville en étaient couverts. Chaque jour cent individus offraient de prendre le bonheur de la société à l'entreprise. A leurs yeux, tant de souffrances n'étaient qu'un malentendu ; il avaient, pour les guérir, un baume sûr et des mots magiques.

La révolution accomplissait toutes ses phases : l'émeute des rues gagnait les cerveaux ; nous en étions à l'empirisme.

VII

LES EMPIRIQUES.

Il est des gens prédestinés ; la nature en les créant les voua à l'invention, et vainement essayeraient-ils de se dérober aux lois de leur origine. Ce sont les hommes de cette trempe qui, au moyen âge, poursuivirent dans le mystère, de leurs alambics des procédés infaillibles pour changer le plomb en or, et qui de nos jours soumettent le charbon à des traitements ingénieux pour en faire sortir des pierreries. Natures tout d'une pièce, inflexibles, indomptables, que n'arrête aucun obstacle, que ne décourage aucun échec, et qui savent faire à leur vocation le sacrifice de leur bien-être et de leur fortune. Ils vivent avec leur chimère ; elle leur suffit ; ils ne voient rien en dehors ni au delà.

L'esprit et l'intelligence ont aussi de ces martyrs qui ne montrent ni un moindre dévouement à une idée, ni un moindre dédain pour tout ce qui ne s'y rattache pas. Ces poursuivants de l'impossible et de l'inconnu ne se ressemblent pas tous ; on en compte plusieurs variétés. Il en est dont le cerveau est toujours en ébullition ; les idées s'en échappent comme les laves sortent du cratère. Il en coule à flots au milieu de la fumée et du bruit. En vain voudrait-on s'y soustraire ; c'est un spectacle plein d'éblouissement ; il lasse, mais il attire. Tel est le rôle des inventeurs à jet continu ; ils se plaisent aux exercices fatigants ; le rocher et le tonneau de la fable semblent imaginés pour eux.

A côté de ces protées et sur un piédestal plus ambitieux se rangent d'autres inventeurs qui n'ont qu'une idée, mais une idée immense, universelle, à les embrasser toutes. Il ne s'agit de rien moins que d'une révélation. Le monde est à reconstruire ; ils en ont un tout confectionné, et ils ne cessent de proposer aux humains de profiter de l'occasion et d'en faire l'emplette. C'est, d'ailleurs, en tout désintéressement ; ils ne vendent pas le procédé, ils le donnent. Plus tard, si l'on est satisfait, on les payera en gloire, en réputation, même en statues. Ce sera de leur vivant ou après leur mort, au choix. On les soldera en argent ou en nature, n'importe. Ce qu'ils en font, c'est pour l'honneur de l'espèce et pour leur satisfaction d'artiste. Ainsi parlent les inventeurs à idée fixe, ceux qui reproduisent le plus fidèlement l'obstination et la patience des alchimistes des âges écoulés. La croyance, chez eux, est entière, profonde ; elle ne transige pas avec le succès, elle ne recule pas devant la persécution. Au besoin, ils seraient les martyrs de leur idée ; nos mœurs leur refusent seules cet honneur.

En des temps réguliers, ces existences singulières s'écoulent loin de la notoriété et du bruit. A peine, autour des inventeurs, se groupe-t-il quelques adeptes qui aspirent à une importance de reflet, et se chargent de leur créer une gloire mystérieuse. On s'admire en famille, et les choses en restent là. S'il en transpire quelque aperçu dans le public, ce n'est guère pris autrement qu'en mauvaise part. Une société tranquille se prête mal à ces écarts de l'orgueil ; elle dédaigne ces prétentions solitaires. Il règne alors, sur les points essentiels, des opinions faites et des sentiments arrêtés. Le courant est établi, on y cède. Si la controverse s'exerce, c'est sur des sujets limités, définis. Dès lors aucune place n'est laissée aux coureurs d'aventures, si ce n'est celle que s'attribue leur imagination.

Ainsi se passent les choses en temps réguliers ; il n'en est pas de même dans une période agitée. Les consciences s'y troublent, les intelligences y dévient. L'individu reçoit alors le même ébranlement que le corps social. Hier encore, il avait des dieux auxquels l'enchaînaient des habitudes de respect ; aujourd'hui ces dieux ont disparu, et il ne sait où rattacher ses croyances. Hier il existait un pacte qui assurait son repos ; ce pacte n'est plus, et il se demande où il trouvera des garanties nouvelles. Le voilà chargé d'un double souci : souci privé, souci public. Il faut qu'il songe à ses affaires et à celles de tout le monde. C'est pour lui un état d'exception où plus d'une embûche l'attend. L'un exploitera ses terreurs, l'autre ses colères : il sera à la merci du moindre aventurier. Pour peu que la crise dure, elle aura pour accompagnement l'oisiveté et la misère, deux conseillers dangereux. Comment s'en préserverait-il? La souffrance est crédule et défend mal l'oreille contre les surprises de l'erreur.

Ébranlée à ce point, une société est ouverte à l'empirisme, dont c'est l'heure et le moment. Le règne sera court, mais absolu. Ceux qui s'en défendent le mieux lui abandonnent encore quelque chose. Toutes les idées monstrueuses ou folles qui s'agitaient dans les catacombes du dédain et de l'oubli se produisent à la fois sur la place publique. Quoi de plus naturel? Ne s'agit-il pas de théories propres à guérir toutes les infirmités? Il y a donc foule; peu de clients, beaucoup de curieux; si on ne se livre pas, on écoute. C'est un pas de fait. Ce succès serait plus grand encore sans la lutte qui s'établit d'orchestre à orchestre, de tréteau à tréteau. Le bruit de l'un couvre la voix de l'autre : il y a conflit d'élixirs, c'est-à-dire de systèmes. Le public n'échappe au tribut qu'à la faveur de cette rivalité.

Je connaissais tous ces masques, et aucun d'eux ne m'en imposait. Dans l'âge des illusions, je m'étais mêlé à leurs exercices. Je savais à quoi m'en tenir sur l'efficacité de leurs recettes et la vertu de leurs onguents. On ne tombe pas deux fois dans un piége pareil. J'avais, d'ailleurs, un préservatif. Des profondeurs de ma pensée, je m'étais élevé, par des degrés lents et sûrs, vers une conception qui, pour être incomplète, n'en renfermait pas moins un idéal très-satisfaisant. Quand l'esprit en est là, il offre peu de prise à l'invasion d'idées étrangères. Il ne s'inspire que de lui-même et se refuse à l'imitation. Ainsi, nul danger sur ce point, nul entraînement à craindre; je pouvais défier, en toute assurance, ces débits publics du vulnéraire social.

Cependant la curiosité me poussait vers eux; tout Paris s'en occupait. Cinq ou six noms remplissaient les bouches. On en parlait dans les salons et les ateliers pour les maudire ou les exalter. Les uns en faisaient des anges, d'autres des suppôts de l'enfer. C'était trop d'honneur des deux parts.

Bref, ils régnaient par le bruit et maîtrisaient l'attention. Berlin et Vienne en révolte, Venise libre, Milan affranchi, leur avaient à peine enlevé quelques heures de vogue. Chaque matin, les populations, en s'éveillant, se demandaient ce qu'ils allaient faire de la France et à quel régime ils la mettraient. Un détail préoccupait surtout, c'était de savoir s'ils videraient les poches des uns pour remplir celles des autres. L'instinct public va droit au dernier mot des systèmes.

Un tel éclat et une si grande notoriété agissaient donc comme un aiguillon ; on suit volontiers la foule :

— Si nous allions voir ces gens-là ? dis-je à Oscar ; on assure que c'est un spectacle curieux.

— Et gratuit ! mais pas amusant tous les jours, mon cher.

— Au petit bonheur ! Que risquons-nous ?

— Une poussée ou deux ! On n'est pas tenu d'y porter des dentelles. D'ailleurs on peut choisir.

Le même soir, nous nous acheminions, le peintre et moi, vers l'un des clubs les plus accrédités de Paris, un club original, un club à caractère. Il n'y était question ni des formes de la constitution ni des erreurs du gouvernement. La politique n'y figurait que sur un plan fort accessoire. Rien de plus simple et de plus clair que le problème dont on s'y préoccupait. Il s'agissait de couper la société par tronçons et de la rajeunir dans une chaudière magique. Tête, bras, buste, pieds, tout y passait et fournissait des éléments à l'amalgame. Point de distinction entre les organes, point de variété dans les fonctions, mais l'égalité la plus absolue devant le feu civilisateur, et un monde à l'état de bouillie.

Cette aimable doctrine s'appelait la doctrine de la communauté, et, si elle n'était pas neuve, elle était encore moins consolante. Le club où nous nous rendions avait pour but d'en démontrer les bienfaits. Il ne faut pas croire, d'ailleurs, que le débat y fût permis ; le club ne souffrait pas de tels écarts. Il avait un pontife et des fidèles : l'institution n'admettait rien de plus. Le pontife parlait ; les fidèles écoutaient ; tout se passait en famille. Autour de l'estrade d'où tombaient ces épanchements se groupaient des athlètes sourcilleux et immobiles comme des prétoriens. Le pontife avait le soin de les choisir parmi les hommes accoutumés à de rudes travaux et dont les muscles offraient quelques garanties. A la vue de cette légion martiale, les curieux se sentaient contenus, et à peine laissaient-ils échapper à la dérobée quelques sourires railleurs.

Je viens de parler du pontife de la communauté : son nom a fait quelque bruit. Avant de le voir, je m'en formais une idée terrible ; j'imaginais un héros sombre, un orateur véhément, l'œil farouche d'un Muncer, la pose emphatique d'un Babeuf. De mes lectures et de mes souvenirs je composais un personnage en harmonie avec le rôle, une figure vengeresse dans un principe violent. Le premier coup d'œil jeté dans la salle suffit pour me détromper. Le pontife était à la tribune, versant les flots de sa parole sur un auditoire ému et attentif. Je crus voir un bénédictin et entendre une homélie. Rien de dur dans ses traits, rien d'acerbe dans son discours. Il en était à décrire son âge d'or. Plus de séparations factices, plus de distinctions arbitraires ; la fraternité gouverne le monde. On ne reconnaît plus qu'un titre, la vertu ; on n'a qu'un souci, le bonheur commun. C'est à qui s'oubliera pour mieux songer aux autres. On ne tue plus, on ne punit plus ; le crime ayant cessé, la loi n'a plus besoin de glaive. Les armées se dissolvent, faute d'emploi ; on ne lutte que contre la nature. La science la désarme et l'assujettit. Les poisons disparaissent, les bêtes malfaisantes sont retranchées de la création, les animaux les plus farouches réclament les honneurs de la domesticité.

Cet hymne communiste dura assez longtemps pour troubler l'économie d'Oscar, et apporter dans ses nerfs une perturbation profonde. Nous étions debout et entourés de coudes qui nous labouraient les flancs. Aux élans de l'orateur s'associaient, du côté de la foule, des gestes d'adhésion qui compromettaient l'intégrité de nos personnes. Se plaindre eût offert des dangers ; l'enthousiasme est peu endurant. D'ailleurs, les prétoriens étaient là, et à leur œil humide on pouvait reconnaître une émotion voisine de l'intolérance. Je le compris, et en vrai Spartiate je dévorai mes douleurs. Le peintre eut moins de résignation :

— C'est ennuyeux comme les mouches, me dit-il avec un bâillement accentué.

A l'instant une rumeur s'éleva, et un cercle d'yeux indignés nous étreignit de toutes parts.

— Silence ! s'écria un organe imposant situé près de l'estrade.

— Tais-toi, dis-je à Oscar de manière à n'être entendu que de lui ; ils vont nous faire un mauvais parti.

— Silence donc ! reprit l'organe.

— A la porte ! ajoutèrent d'autres voix.

Il fallait se taire ; mais ce ne fut pas sans une dernière protestation de la part de l'artiste :

— Des crampes dans les jambes ! dit-il ; une courbature dans les reins ! Des spasmes affreux ! Une migraine atroce ! Et ils appellent cela un régime favorable à l'humanité ! Si nous sortions, Jérôme ?

J'allais prendre ce parti, quand la séance s'anima. Le pontife suivait le fil de son sermon, et du dithyrambe il passait à la dialectique :

— Que voit-on ici-bas ? dit-il. Des riches et des pauvres ; des hommes qui regorgent de tout, auprès d'hommes qui manquent du nécessaire. Moi, qui n'ai qu'un estomac, que deux bras, qu'une tête, j'aurai de quoi en nourrir mille ! Pourquoi plus de ressources qu'on n'a de besoins ? Est-ce juste ?

— Oui, dit une voix dans l'auditoire.

C'est décidément le jour des révoltes et des incidents. L'assemblée n'était pas accoutumée à les souffrir ; aussi fit-elle entendre un long murmure. Déjà la cohorte des prétoriens s'ébranlait, et manœuvrait de manière à supprimer du même coup l'interruption et l'interrupteur, lorsqu'un regard compatissant, descendu de l'estrade, s'arrêta sur lui :

— C'est un ouvrier, dit le pontife ; qu'on me l'amène ; j'accepte le débat.

Sur ces mots, la foule s'écarta comme la mer Rouge devant les Hébreux, et le dissident put arriver devant le prétoire. Une garde de sûreté se forma près de lui, et sur ses épaules se posèrent deux mains, rouges et grosses comme des éclanches. Cependant l'ouvrier ne paraissait pas intimidé ; quoiqu'il fût d'une apparence grêle, on reconnaissait, à l'éclat du regard, qu'il y avait chez lui de l'énergie et du ressort. L'attention de l'assemblée était éveillée, la mienne aussi : Oscar consentait à oublier l'état de ses nerfs.

— C'est vous, frère, qui m'avez interrompu? dit le pontife avec les airs d'un supérieur qui s'admire dans sa propre générosité.

— Moi-même, citoyen, répliqua résolument l'ouvrier.

— Vous ne voulez donc pas de l'égalité?

— J'en veux partout où elle est possible.

— L'égalité dans les conditions, dans les fortunes, vous ne l'admettez pas?

— Pas plus que dans les tailles, citoyen! La nature est là pour l'indiquer ; l'homme ne peut pas s'y prendre autrement qu'elle. Il y a des pauvres et des riches, comme il y a des grands et des petits.

Un langage si peu orthodoxe blessait les convictions et les habitudes de l'assemblée ; il y souleva quelques murmures. Oscar seul osa exprimer un sentiment d'approbation :

— Voilà un gaillard qui a bec et ongles, me dit-il. Le bonnet carré n'a qu'à bien se tenir. Nous allons rire.

En effet, l'assurance de l'ouvrier avait enlevé à son interlocuteur une partie de sa majesté et de son aplomb. Il ne posait plus aussi bien. Il avait peur que le schisme ne se glissât dans les rangs des fidèles : c'était un essai dangereux : il se promit de l'abréger :

— Quoi, frère! s'écria-t-il avec onction, vous vous refusez à comprendre tout le charme que renferme notre régime de la communauté? Un si beau, un si glorieux régime! Un ordre plein d'harmonie, au lieu de cet ordre défectueux que l'intérêt et l'ambition vouent à des déchirements éternels. C'est pourtant un bien touchant spectacle! Voyez-vous ce peuple de frères, n'ayant qu'un cœur et qu'une table, buvant à la même coupe et puisant au même grenier?

Le pontife reprenait ses avantages ; les notes du sentiment étaient plus persuasives chez lui que celles de la discussion. Un électrique frisson parcourut l'assemblée; les prétoriens se sentaient profondément émus. Ils n'attendaient qu'un ordre pour dépecer le contradicteur. Celui-ci ne s'en troubla point, et, insensible à la pression qui s'exerçait sur ses épaules :

— C'est joli, citoyen, dit-il avec une ironie évidente ; c'est joli ; mais voilà tout.

Les gardes firent un mouvement significatif; le pontife les contint de l'œil.

— Expliquez-vous, frère, reprit-il avec une douceur où se mêlait un peu de calcul.

— M'expliquer, citoyen? comment le pourrai-je? Vous me faites un monde en l'air, et vous voulez que je vous y suive! je suis un ouvrier, rien de plus ; je vois les choses en ouvrier, et point en docteur. Avez-vous des ouvriers dans votre machine?

— Si nous avons des ouvriers! Oui, certes, nous en avons.

— Et du travail?

— Belle demande!

— Et y a-t-il une paye, au moins?

— Ah! pour cet article-là, il est entièrement supprimé.

— Supprimé! La paye supprimée! Et vous voulez avoir des ouvriers?

— Un instant, frère, un instant; vous touchez au fond du système. Le travail est gratuit chez nous ; mais tout est gratuit. Vous donnez le vôtre, vos camarades donnent le leur; c'est un échange. Ne comprenez-vous pas que les biens de la terre sont désormais en commun?...

— La même gamelle, je le sais, répondit l'ouvrier ; ça n'est guère propre et encore moins rassurant. Aujourd'hui, quand je travaille, je sais ce que je fais. Si je gagne six francs, bon; c'est tant pour les vivres, tant pour le reste, je cherche à tomber juste. Si le travail donne, je me permets quelques douceurs; s'il se ralentit, je me prive un peu. J'arrive ainsi au bout de l'an, souvent sans épargnes, mais sans dettes. Supposez-moi fainéant comme je suis laborieux, il faut que je travaille pourtant, le besoin est là. Sans travail, point de pain ; c'est la loi qui mène le monde. Dès que vous aurez assuré le pain à l'ouvrier, adieu le travail. C'est un genre de succès que je vous garantis, l'ancien.

— Cependant, frère, le dévouement.....

— Bon pour les chaires et les livres, citoyen. Il faut voir le monde comme il est. Est-ce que vous pensez qu'il soit agréable de se rôtir le visage tout le long du jour devant un feu de forge, et de se déhancher en frappant sur une enclume ? Non, il n'y a pas là d'agrément bien vif ; on s'en priverait volontiers. Que la communauté pourvoie aux besoins des forgerons, et elle n'en aura plus. Elle n'aura plus de mineurs, elle n'aura plus de verriers, elle n'aura plus de couvreurs, elle n'aura plus de fabricants de céruse. Nous serons tous égaux, tous bourgeois, et nous nous promènerons en masse, la canne à la main. Voilà l'histoire de votre mécanique, citoyen.

— Comme vous le prenez, frère ! dit le pontife, qui se sentait désarçonné.

— Ça me part, voyez-vous : excusez le babil. Vous voulez l'égalité ? L'aurez-vous jamais ? Le travail pourra-t-il être égal ? l'intelligence égale ? Celui-ci piochera, celui-là flânera, et ils seront traités sur le même pied ! Ce serait à révolter un agneau. Il n'y aura d'égalité que dans la paresse, et tous s'y livreront à l'envi. Et l'égalité dans les conditions, comment l'établirez-vous ?

— Par la liberté du choix.

— Merci ! Tout le monde voudra être empereur, alors ! S'il n'y a plus d'empereur, on s'inscrira pour être roi, ou général, ou juge, ou représentant du peuple. Qui consentira à porter la hotte et à travailler dans la vidange, dites ?

— Détails, purs détails !

— Et dans les distributions, où sera l'égalité ? La ration sera-t-elle la même pour tous les estomacs ? Pour les uns ce serait l'inanition, et l'indigestion pour les autres. Celui-ci en aura de trop, celui-là pas assez. Pour les vêtements, même embarras; l'usure varie, la dimension aussi. Et les petites jouissances, comment les mettre de niveau? La pipe, le café, le petit verre, le pot de bière le soir, les décréterez-vous pour tous ou pour quelques-uns? Quant aux logements, il est évident qu'il faut tout rebâtir. Si je monte cent marches pour gagner ma chambre, et que vous n'en montiez que douze, il n'y a pas d'égalité; si votre plafond a quinze pieds de hauteur et que le mien n'en ait que six, il n'y a pas d'égalité; si votre lit est en acajou et que le mien ne soit qu'en noyer, il n'y a pas d'égalité. Vous avez beau dire, l'ancien, ce n'est pas un écheveau facile à dévider que le vôtre.

— Décidément cet homme devient embarrassant, me dit Oscar.

Ce fut la pensée du pontife; il fit un signe à ses prétoriens. L'ouvrier raisonneur leur était abandonné; deux étaux de fer pesaient sur ses épaules. Et avant qu'il eût pu protester, le dissident sombrait au milieu de cette foule et y causait une sorte de remous. Qu'était-il devenu? On n'aurait pu le dire; seulement il avait disparu.

— Peste! comme ils expédient les gens! s'écria Oscar; c'est du travail proprement fait.

Il paraît que le pontife avait l'âme aguerrie à ces exécutions, car il n'y perdit rien de sa sérénité, et, plus libre désormais, il put donner carrière aux élans de son âme.

— L'Icarie, s'écria-t-il; parlons de l'Icarie : c'est là, frères, notre Chanaan! O Icarie! ô terre promise! que de trésors tu réserves à tes fils! Bords fortunés de Taïr, que l'avenir vous garde de merveilles! Oui, frères, jurons d'y aller tous! la France est une ingrate, elle fait peu d'efforts pour nous retenir. Punissons-la par l'abandon. Notre avant-garde est làbas; elle nous prépare des logements, et quels logements! Hier encore j'en ai reçu des nouvelles. C'est plein d'intérêt et de charme; vous allez voir.

Devant l'assemblée émue et attentive, le pontife tira de sa poche un paquet volumineux :

— Daté des bords du Taïr, dit-il en ajustant ses lunettes.

Fleuve sacré ! que tes ondes soient bénies ! Puis il lut, en entrecoupant le texte de réflexions :

« Père,

« Tout va bien ; la fraternité nous enivre. On ne peut dor-
« mir la nuit à cause des maringouins ; mais il en est de ces
« insectes comme de tout le reste, ils sont en commun ;
« cette pensée nous soulage. »

— Pauvres chers enfants !

« De fortes sécheresses ont régné ; elles nous étaient com-
« munes. L'herbe a manqué aux troupeaux, et le bétail aux
« hommes. Avec la fraternité tout est léger, même la nour-
« riture. Hier matin nous sommes allés chercher de l'eau
« dans le Taïr. Il était à sec ; nous n'y avons puisé que des
« sauterelles. »

— Divin ! pastoral ! on dirait une page de la Bible.

« Aujourd'hui une tribu de Sioux est venue nous rendre
« une visite de voisins. Nous les avons invités à partager notre
« vie commune. Ils ont scalpé deux de nos frères. Père, c'est
« pour nous un souci. Deux de scalpés, et les autres ne le
« sont pas. Où est l'égalité ? Ils auraient dû nous scalper
« tous. »

— Touchant scrupule !

« Vous êtes attendus ici avec une vive impatience, et vous
« y serez reçus les bras ouverts. Nous sommes sur le point de
« manquer de chemises ; hâtez-vous d'en envoyer ; autre-
« ment nous passerions à l'état de peuple primitif. Père, bé-
« nissez vos enfants.

« La colonie du Taïr. »

— Mortels heureux ! s'écria le pontife après cette lecture.
Oui, l'on songera à vous, qui êtes nos frères et nos pionniers.
Mes amis, une quête ! vite, une quête pour les Icariens ! J'ai
là, ajouta-t-il en compulsant son dossier, de nombreux témoignages de sympathie. Le riche porte ses trésors, le pau-

vre son obole. La communauté est fondée, mes frères ; elle vit, elle règne. Un effort encore, et l'univers la proclamera. Tenez, écoutez.

Il reprit sa lecture :

« La sœur Malachard fait don à la colonie icarienne d'un « sommier en paille ; elle désire qu'il soit mis au service de « ses frères sur le sol ingrat de l'étranger. »

— Noble femme ! oui, ton vœu sera entendu ; ton offrande recevra la destination demandée.

« Le frère Roubiot fait hommage d'un briquet phosphorique « à la communauté icarienne. Il entend que l'instrument « serve à faire jaillir la lumière qui doit éclairer l'huma- « nité. »

— Souhait d'une belle âme ! On s'y conformera.

« La sœur Bentabole se dessaisit en faveur de la commu- « nauté icarienne de ses huit enfants, quatre filles et quatre « garçons ; elle demande en revanche qu'on la débarrasse de « son mari. »

— Voilà des trésors, j'espère ! Ne soyez pas en reste, mes amis ; vite une souscription pour le Taïr ! Et ne vous montrez pas regardants.

J'avais pu remarquer qu'au premier appel fait à la générosité du public, un vide considérable s'était opéré dans l'assemblée. Les rangs se dégarnissaient ; les curieux s'en allaient d'abord, puis les fidèles ; les prétoriens eux-mêmes en étaient ébranlés, et il arriva un moment où le pontife se trouva presque seul en face d'un bassin vide. Que d'enthousiasmes meurent ainsi en chemin et ne vont pas jusqu'au gousset !

— Tout cela est bien médiocre, me dit Oscar en sortant. Nous n'avons pas fait nos frais, Jérôme.

— A qui le dis-tu ?

— Pas le moindre art ! pas même le modèle vivant ! Un mannequin, voilà tout.

— Et quand on pense, Oscar, que ce pauvre peuple en est réduit à de tels pasteurs !

VIII

LES QUEUES PROMISES A L'HUMANITÉ.

Je venais de voir l'un des échantillons de la grande famille des empiriques ; il me restait à en connaître les autres variétés. Les étudier toutes eût été impossible ; beaucoup se refusaient à l'examen ; il fallait choisir celles qui avaient un peu de vogue et une certaine originalité.

Dans le nombre était la secte qui prétendait enrichir le corps humain d'une queue et d'un œil supplémentaires. Voici l'origine de cet événement. Vers la fin du siècle dernier, naquit à Lyon un de ces illustres prédestinés qui meurent de faim de leur vivant, et reçoivent après leur mort les honneurs de l'apothéose. On ne dit pas quels signes écrits dans les cieux précédèrent son apparition, ni quels miracles entourèrent son berceau. Tout ce que l'on a pu recueillir de ses débuts, c'est que, bien jeune encore, il put se faire une idée de la scélératesse des hommes. Des accapareurs de grains en jetèrent dans la mer un chargement entier, tandis qu'il avait le dos tourné. De là une révélation subite :

— Si j'avais eu une queue et un œil au bout, s'écria-t-il, j'aurais pu en cette occasion m'en servir avec avantage. C'est un sens qui manque à l'homme. L'homme est incomplet.

Ce n'était là qu'un éclair, une lueur ; mais une lueur et un éclair de génie. A travers l'homme incomplet, le grand Lyonnais découvrit une création à refaire. Il commença par un trait hardi. Les amants et les poëtes avaient su ménager à la lune une certaine réputation ; rien de plus délicat que d'y toucher. Il l'osa pourtant, dénonça cet astre comme plein d'imperfections, et en institua cinq autres qui lui sont infiniment supérieurs. Ce n'est pas tout : Saturne possède un anneau, et il était humiliant de penser que la terre ne présente rien de semblable. Notre cosmographe y pourvut ; il sut venger ce nouvel affront. Grâce à lui, notre globe a repris ses

4.

droits et son rang dans la hiérarchie sphérique ; il aura son éclairage complet ; il aura ses lunes, il aura son anneau.

Ce service était rendu sans que l'auteur en fût plus illustre : le génie est si facilement dédaigné ! Il siégeait humblement dans un comptoir, lui qui eût mérité des couronnes. Ses doigts alignaient des chiffres pendant que son cerveau enfantait des mondes. Entre une facture et un compte courant, il examinait l'état des pôles et en dégageait un acide qui changeait l'eau des mers en une boisson rafraîchissante. Chaque jour amenait un bienfait nouveau. Il organisait pour la remorque des bâtiments des légions de baleines, dressait des phoques à la pêche du poisson, et métamorphosait les léopards en estafettes. Aucun détail ne le prenait au dépourvu ; il ne souffrait pas d'oubli dans le matériel nouveau dont il décorait la planète. Il passait du grave au doux, du sévère au plaisant, et, dans cet ensemble plein d'harmonie, il étendait jusqu'aux moutons les bienfaits de l'éducation musicale.

Tout cela avait eu pour point de départ un œil et une queue. Les découvertes s'enchaînent. Le globe était refait, restauré ; il fallait songer à l'homme. A quoi bon renouveler le logement si le locataire restait le même ? Ce fut une grave étude et un problème épineux ; le philosophe y employa bien des soins et des lettres moulées. Il envisagea l'homme dans ses divers états, dans ses fonctions multipliées ; il le suivit aux champs, dans son négoce, dans son atelier ; il interrogea la vie publique et s'assit au foyer de la famille. Sa conclusion fut qu'il était difficile d'imaginer un monstre plus achevé dans un cadre plus abominable. L'arrêt était sévère ; il fallait le justifier. Notre illustre n'y manqua pas, et traita de haut une civilisation qui avait pu se contenter d'une lune. Il se railla de nos misères et de nos tribulations, flétrit notre hypocrisie et dénonça nos bassesses. Jusque-là c'était bien ; mais rien ne sert de détruire si l'on ne rebâtit pas. Il rebâtit, et au lieu d'un monde de proxénètes et de banqueroutiers, il composa un monde de gloutons et de prostituées. Où était le profit ?

La destinée de l'homme est impérieuse, disait-il, il ne peut s'y dérober. Il importe donc qu'il y prépare ses organes. Six repas par jour et vingt-cinq livres de nourriture, tel est le but évident du Créateur. Approprions à cet avenir les estomacs et les cultures. Que les uns soient solides et les autres plantureuses; consommons et récoltons ! Le pot-au-feu ne suffit plus; une autre civilisation entraîne une autre batterie de cuisine. L'unité sociale changée, c'était l'alvéole autrefois, c'est la ruche aujourd'hui. La commune (1) a remplacé le ménage. Une commune à nourrir, c'est une œuvre d'artiste, une tâche aux grandes proportions, et dont on ne retrouve l'analogue que dans les âges antiques. Festins de héros ou de géants ! Homère est plein de tels récits. Des bœufs entiers suspendus aux broches fumantes, des chapelets de volailles et de pièces de venaison; le sanglier aux robustes défenses près du lièvre aux mœurs timides; le mouton engraissé à point; les faisans aux ailes dorées : le chevreuil de la montagne non loin du veau, fils des vallons ; puis ces hôtes que nourrissent les mers dans leurs réservoirs inépuisables : le saumon, la bonite, la sole, la dorade, le turbot, voilà le menu offert aux générations, la carte promise désormais à l'appareil digestif des enfants des hommes. La nature leur paie ce tribut, l'industrie y ajoute ses raffinements, et la vapeur s'empare du tout pour le soumettre, avec une précision mécanique, aux caresses ardentes du foyer.

Ainsi est résolu le problème de la nourriture ; aux yeux de notre illustre, c'est le plus essentiel, le plus redoutable de tous. Il y revient avec un soin qui trahit ses sollicitudes. Conçoit-il des doutes sur un détail, sur le moindre, les petits pâtés, par exemple ? il ne craint pas d'engager une guerre entre soixante empires, et fait arriver sur l'Euphrate une armée de six cent mille combattants. Il veut en avoir le cœur net, dût-il joncher le sol de victimes. Où est la meilleure recette pour les petits pâtés ? tel est le nœud de l'affaire, et puisque la diplomatie n'a pu en venir à bout, la guerre le tranchera. Aux armes, donc ! L'aile gauche, com-

---

(1) En langage moins français : PHALANSTÈRE.

posée de vol-au-vent, est la première à s'ébranler; elle fond à l'improviste sur les mirlitons du centre. Ceux-ci cèdent au choc, puis se reforment. Les fournées se suivent, les sauces aussi. Mille duels s'engagent sur le front de bataille. La muse de l'épopée n'aurait pas assez de trompettes pour les célébrer tous. Enfin il sort de tout cela un héros et une recette victorieuse. On couronne l'homme et les petits pâtés. Il y a concours public et banquet à Babylone. Trois cent mille bouchons y sautent en l'air à la fois, et les armées se remettent, la coupe en main, des fatigues de la pâtisserie.

Le but est donc atteint ; voilà un régime qui donne aux estomacs des garanties sans limites. Pour en assurer le service, il ira jusqu'à la guerre, s'il le faut. Maintenant que fera-t-il pour le travail ? C'est l'autre terme du problème! Le travail ! Que de préjugés règnent sur ce point ! Que d'erreurs nées d'un malentendu et maintenues par l'habitude ! Écoutez les pédants. Les uns vous diront que le travail est un frein ; les autres qu'il est une peine. Beaucoup y voient un châtiment que Dieu infligea à l'homme en le chassant de son paradis. Tous pensent qu'il a le caractère et le poids d'un devoir pour les membres de la communauté. Notre illustre n'eut pour ces définitions, vieilles comme le monde, qu'un sourire de pitié. Le travail, un devoir? une peine? Fi donc ! Il admettait qu'on en fît tout, excepté cela ; un rigodon ou une chaconne, une cavalcade ou un dîner sur l'herbe, à volonté. Mais une peine, un frein, surtout un devoir ! il n'avait contre de tels propos ni assez de dédains ni assez de colères.

Sans doute il existe sur ce globe un travail ingrat, objet de légitimes répugnances ; notre illustre le disait plus haut que qui que ce fût. Le laboureur qui ouvre un sillon laborieux n'exécute pas un rigodon ; il ne l'ignorait pas. La tâche de l'artisan au sein de l'atelier n'a rien de commun avec une chaconne ; il en convenait. Comme un autre, mieux qu'un autre, il connaissait les misères qui accompagnent le travail des bras et le désordre qui règne dans les œuvres de l'esprit. Il en avait dressé le tableau et y avait prodigué la couleur. Personne ne pouvait se flatter d'avoir poussé plus loin cet inventaire lamentable. Mais était-ce là le véritable travail, celui que Dieu a dû bénir avant de l'imposer à l'homme? Était-ce le travail vraiment saint, vraiment fécond? N'y avait-il en germe, dans le jeu des muscles, que ces souffrances et ces tourments? Était-ce le dernier mot des articulations humaines? A ces questions, il répondait par une négative énergique. Non, ce n'était pas ce travail ingrat, décousu, odieux, que la Providence avait promis à la terre? L'homme, en s'y résignant, avait dérogé à sa grandeur; il était temps qu'il se remît dans la voie de ses destinées.

L'attrait dans le travail, le charme dans le travail, ce fut le second chapitre d'un monde nouveau. Heureux du côté des vivres, l'homme devait l'être aussi du côté des fonctions. Ce qu'il consomme avec plaisir, il faut qu'il le produise avec joie et avec enthousiasme. Ce sillon, naguères arrosé de sueurs, va s'ouvrir sans efforts au son du cistre et des tambourins. On ira au travail, comme on va à une fête, avec une ardeur contenue et une secrète volupté, les bras ornés de rubans et le front paré de guirlandes. Du sein de la ruche s'échappe chaque matin un essaim d'agriculteurs. Voyez, c'est à la fois une armée moderne et une théorie à l'instar de celles de l'antiquité. Il y a des grades et des insignes; chaque culture, chaque détail de culture a ses prêtres et ses officiers. Les asperges ont des lieutenants, les bigarreaux des capitaines. On a un major pour les épinards et un général pour les carottes. Les cadres sont complets, et les clairons ne manquent pas. On conduit un troupeau en *la* mineur, on bine la vigne en *fa* dièse. Ajoutez-y des ambigus pour les gourmands et des coupes pour les buveurs. C'est une kermesse flamande qui ne finit le soir que pour recommencer le lendemain. Quand le soleil éteint ses feux, l'essaim folâtre rentre dans un palais bâti par la main des fées. Les enfants y reposent déjà, répandus sur des claies comme des vers à soie. Il n'y a de devoirs de mère que pour celles qui en ont le goût. Peu de cloisons et encore moins de préjugés. L'ombre arrive et enveloppe ces gens heureux d'un manteau discret qui les dérobe aux regards profanes. La loi est trouvée, c'est l'attraction; il convient de glisser sur les commentaires.

Telle est l'idylle; quelques mots la résument. Forte alimentation et fête perpétuelle; amours libres et travail enchanteur. C'est court, mais complet. On aura beau y résister, s'en défendre, l'idée de Dieu prévaudra. Elle est inscrite dans le mouvement des astres, dans les instincts du cœur. L'humanité n'a pas, ne saurait avoir d'autre programme; tôt ou tard il se réalisera. Nous n'échapperons ni aux cinq lunes, pourvues d'un cristallin radieux, ni à l'appendice que réclame le corps humain avec un œil au bout. Tout cela fait partie de nos destinées, et qui sait y lire n'en doute plus. Nous aurons de petites ménageries agricoles, où le râtelier sera toujours plein et la litière toujours fraîche. Nous aurons des ménageries moyennes ouvertes aux hommes fatigués de la vie des champs, de grandes ménageries pour remplacer nos douloureuses capitales, enfin, la ménagerie universelle, assise sur le Bosphore, à la limite de deux continents et de deux mers, site prédestiné, dont la Providence n'eût pas enrichi le monde si elle n'avait prévu cet avénement de moutons musicaux, d'océans potables, de léopards d'attelage et de cultures au galoubet.

Quel luxe de découvertes! et elles sortaient toutes du même cerveau! Quelle profusion d'idées! et un seul homme en enrichissait le monde! Cet homme était un fou ou un Dieu; il fallait choisir. On en fit un Dieu, quoique un peu tard. Pendant soixante ans il en avait attendu le brevet; il en jouissait à peine quand la mort l'enleva. Il disparut, mais comme Élie, dans un char lumineux, et en laissant tomber son manteau sur les épaules de son lieutenant. Peut-être y eut-il dans cette éclipse profit pour sa mémoire. Sous un jour vaporeux, ses idées acquirent plus de crédit, prirent plus d'empire. L'éloignement efface la rudesse des contours et adoucit les aspérités. Il se survivait dans des apôtres zélés, mais prudents; plus d'un renia le maître au premier chant du coq. C'est l'histoire de toutes les révélations : elles s'atténuent dans les gloses.

N'importe, l'élan était donné, la célébrité acquise ; une doctrine pouvait vivre sur ce fonds et s'y développer. Elle avait un nom, elle avait un drapeau. Le premier essai eut lieu sur une échelle modeste, puis, avec le temps, l'ambition s'accrut. En revanche, la foi diminuait. Plus d'une transaction eut lieu aux dépens du mort ; ce qu'on ne répudiait pas de lui, on consentait à l'oublier. Ce travail de départ atteignit d'abord les extravagances notoires ; il s'étendit ensuite à des points moins suspects. C'était une liquidation sous bénéfice d'inventaire. Le maître avait bâti des châteaux en Espagne ; les disciples en eurent en Beauce et en Bourgogne de tout aussi espagnols. Ces échecs conduisirent à un nouvel abandon d'accessoires embarrassants. On conservait encore le fétiche ; on n'y croyait plus. Enfin, dans un jour de gêne, on le mit en commandite ; tout finit ainsi de notre temps.

Sous cette forme, régie par le code de commerce, le dieu déchu prit un rang distingué dans le monde de la spéculation. Il eut des actions, des coupons ; peu s'en fallut qu'on ne le cotât à la Bourse. L'argent vint, puis la vogue, puis les honneurs. L'église prospérait ; mais, hélas ! au détriment du dieu. On le reléguait sur un plan toujours plus éloigné, dans les sphères nuageuses de l'hypothèse. On le frappait surtout par l'oubli, par le délaissement. Glorieux mort, ombre transmondaine, si, comme tu l'as dit, le plaisir des âmes disparues consiste dans un balancement au sein de l'éternité, la tienne a dû être détournée de cet exercice par le spectacle d'un tel abandon, et peut-être as-tu regretté d'avoir, en un jour de largesse, prodigué tant de lunes à des disciples ingrats !

Voilà où en était, au moment de la révolution, l'une des écoles qui avaient le plus vivement agité les problèmes, objets des préoccupations du moment. Cette école en avait fait son étude, son titre spécial. Aucune n'avait parlé avec plus de confiance d'un procédé infaillible et universel contre les difformités sociales. Elle avait beaucoup annoncé, beaucoup promis ; c'était le moment de s'exécuter. Des expériences qu'en d'autres circonstances on n'eût pas souffertes, aujourd'hui on y était résigné. La société jetait un cri de détresse ; elle appelait des sauveurs. De quelque part qu'ils vinssent, ils eussent été bien accueillis; personne n'eût discuté ni sur les termes du concours, ni sur le prix des services. L'abîme était là ; on le mesurait de l'œil ; pour y échapper, tout appui était bon, toute main secourable.

J'avais, en d'autres temps, suivi les travaux de cette école et connu plusieurs de ses chefs. Il m'en était resté un souvenir favorable. Volontiers je me serais rapproché d'eux, si je n'avais eu dans l'aliment habituel de ma pensée de quoi me défendre contre l'imitation. Cependant je voulais savoir où elle en était de ses études et de ses travaux. L'école avait ouvert un club dans le quartier du Temple, et chaque soir elle y envoyait quelques-uns de ses orateurs. Je m'y rendis à l'insu d'Oscar. L'artiste leur gardait une sorte de rancune ; dans la feuille qui leur servait d'organe, on avait traité ses toiles avec un peu de légèreté.

— Ces gens-là, disait-il, fendent en quatre qui leur déplaît ; je ne vais pas dans leurs eaux.

J'y allai donc seul. Lorsque j'entrai dans la salle, un orateur en habit noir occupait la tribune. Il s'y exaltait sur le principe de l'association, citait les fruitières du Jura, et prouvait que le régime en commun, bon pour les fromages, pouvait avec succès s'appliquer à toute chose. Quoique ancien, l'exemple avait du prix.

— Associons les hommes en capital, travail et talent, ajoutait-il avec emphase. C'est le salut des intérêts, c'est leur réconciliation.

Je n'ai en aucun temps aimé ces aphorismes sententieux qui ressemblent à de pompeuses enseignes devant des magasins vides. Je les aimais moins encore en raison de l'abus prodigieux que l'on en faisait.

— Qu'entendez-vous par ces mots? dis-je à l'orateur.

— Ce que j'entends, répliqua celui-ci avec un sang-froid inaltérable? C'est assez clair. Je dis qu'il faut associer les hommes en capital, travail et talent. La société est sur le point de sombrer ; j'apporte le rameau d'olivier qui annonce l'approche de la terre.

J'eus beau faire, je ne pus le tirer de ces lieux communs et de ces pompes du discours. Une controverse s'engagea, et je cherchai à l'amener sur le terrain de la couronne boréale et des aromes cardinaux. Il se refusa à m'y suivre, et se voyant serré de trop près, il me fit l'ouverture d'un ministère du progrès. C'était à se sauver par la fenêtre à défaut de la porte.

L'expérience était courte, mais décisive. De déviation en déviation, cette école avait perdu son plus curieux caractère, l'originalité. Privée de ses attributs propres, elle était destinée à s'éteindre dans l'impuissance et l'imitation. J'y songeais en rentrant au logis et faisais aussi un retour sur moi-même.

— Ce que c'est que de nous ! me disais-je ; comme l'âge et l'ambition changent les hommes ! Comme on s'y émousse ! comme on s'y calme ! Où sont les impétueuses croyances de la jeunesse? Hélas ! les aventureux se sont rangés ; ils ont pris du ventre, ils sont devenus possibles : ce sont des gens finis.

IX

LA DÉSORGANISATION DU TRAVAIL.

La sagesse antique nous dit : Méfiez-vous d'un homme accoutumé à ne lire que dans un livre. Le conseil est sensé et opportun : seulement il réclame un corollaire. Oui, il convient de se méfier de ceux qui ne jurent que par un livre, surtout si ce livre est l'enfant de leur esprit. A l'obstination de la croyance se joignent alors les faiblesses de la paternité, et il n'est point d'égarement où ces deux passions ne puissent conduire.

A peine achevée, la révolution eut ce malheur, de tomber entre les mains d'hommes qui avaient fait leur livre. Personne ne songeait à eux ; mais ils vinrent, volume en main, et dirent : — Voici la vraie loi ; c'est celle que veut le peuple.

Place à ses amis! En des moments plus calmes, on aurait pu discuter et vérifier leurs pouvoirs; au fort de l'ouragan, on n'en avait ni la volonté ni la force. Tout fut accepté, œuvres et auteurs. Ils entrèrent dans le gouvernement l'un portant l'autre. Puis un arrangement eut lieu. L'un d'eux réclama, les noirs et leur accorda par avance les droits les plus étendus; il en fit des électeurs et des gardes nationaux. Joies innocentes d'une belle âme! Il avait écrit deux tomes là-dessus. Mais un autre fut plus ambitieux : il étendit ses prétentions jusqu'aux blancs, et voulut qu'on les lui livrât, afin qu'il pût les soumettre aux servitudes de son livre. A l'entendre, c'était sa propriété, sa tribu, sa famille; il avait écrit trois cents pages là-dessus. Le gouvernement essaya de résister; mais l'auteur fut intraitable. On lui livra de guerre lasse les blancs qu'il exigeait, en se demandant avec épouvante ce qu'il prétendait en faire. Son premier acte fut d'emmener la victime sur les hauteurs du Luxembourg, afin qu'isolée du monde, elle fût moins rebelle au traitement qu'il allait lui infliger.

C'était l'organisation du travail, en d'autres termes l'organisation de l'insouciance et de la paresse. Cela ne manquait pas de vernis, encore moins de couleur : on y reconnaissait une touche exercée. L'imagination, cette flamme du ciel, y répandait quelques reflets. Un seul défaut déparait ce bel ensemble : l'auteur avait inventé un homme qui n'existe pas, et oublié celui qui existe. Appliqué à un monde tout autre, à une planète d'un ordre perfectionné, son système n'aurait eu que de bons effets; il eût régné sur des populations heureuses. Mars ou Saturne s'en seraient peut-être accommodés; mais, en l'état de son éducation, notre globe n'en pouvait goûter ni les mérites ni les vertus.

L'homme du livre, celui sur lequel l'auteur fondait ses calculs, est un de ces êtres à part qui défrayent de temps immémorial les créations des poëtes. Comme les héros obscurs de nos champs de bataille, il sait souffrir et se taire, et cela sans murmurer. Le sacrifice est son élément; hors de là, il ne saurait vivre . Penser à soi, lui semble une indigne faiblesse; penser aux autres, est le seul souci digne du cœur.

S'il est riche, il se mettra à la merci du pauvre; savant, à la merci de l'ignorant; laborieux, à la merci du paresseux. Donner beaucoup et peu recevoir, c'est sa devise; il place sa haute paye dans les joies du dévouement; il n'en veut pas d'autre. Il a écrit sur son chapeau : Le devoir en raison des aptitudes, et le droit en raison du besoin. Il n'y dérogera pas, dût-il succomber à la peine. Que l'égoïsme et la mollesse spéculent sur ses vertus, peu importe; il se prêtera à cette exploitation. Sa ligne est tracée, il la suivra sans se rebuter ni s'émouvoir; il est amplement dédommagé par un assentiment secret et les joies intérieures de la conscience. Tel est l'homme du livre. Si Saturne en a beaucoup de pareils, je lui en adresse mes félicitations; quant à la terre, elle en est avare et il est à craindre qu'elle ne le soit encore longtemps.

L'homme, tel qu'il nous est donné de le connaître, est loin de cette perfection. Les nécessités de la vie l'enchaînent à des préoccupations personnelles. Il ne s'abandonne pas, il ne s'oublie pas. Il ne délaisse pas son ménage pour aller faire celui du voisin. Du détachement, du dévouement, il en aura, mais point au delà d'une certaine mesure. Le voudrait-il d'ailleurs, qu'il ne le pourrait pas. L'instinct est là; l'instinct est le plus fort. La nature a déposé au sein des cœurs un germe d'égoïsme qui n'est autre chose que la garantie de notre conservation et l'aiguillon de notre activité. Poussé jusqu'à l'abus, cet égoïsme conduit à de tristes déviations; mais réglé, contenu, il est la force virtuelle de l'homme. A ce sentiment se lie la recherche du bonheur, c'est-à-dire l'un des aliments et l'une des flammes de la vie. Que cette flamme s'éteigne, et les ténèbres se feront, et les populations s'énerveront dans la nuit d'une existence végétative.

Voilà quel était l'homme du livre et l'homme de la réalité : entre eux point de rapprochement, point de conciliation possibles. L'un ne pouvait vivre; l'autre vivait. Pour animer le premier, l'auteur essaya d'étouffer le second. Quand j'arrivai à Paris, l'essai était en voie d'exécution : il s'y attachait un certain bruit, un certain éclat. A tout prix, l'auteur voulait mettre en action l'homme de son livre, l'inspirer, le faire mouvoir. Pour cela, il s'était retiré au Luxembourg, résidence favorable au recueillement, et chaque jour il s'y livrait à l'étude des phénomènes sociaux, entouré d'ouvriers choisis et de collaborateurs d'une science accommodante. C'était son mont Aventin. Il y passa deux mois, les mois des fleurs et des premiers sourires du printemps.

L'ancien référendaire de la chambre des pairs n'avait eu, dans le cours d'un long exercice, qu'un souci vraiment sérieux, celui de tenir l'ancien palais des Médicis au niveau des plus grands souvenirs. Il y avait créé des salons de réception dignes de la reine mère, et ménagé des boudoirs que n'eussent point désavoués Barras ni les filles du régent. Le lampas, le brocart y déployaient leurs splendeurs moirées; les tentures des Gobelins y couvraient les murs. Partout des tapis, beaux à l'œil comme un tableau, et doux au pied comme la mousse. Les accessoires étaient du même luxe et du même goût; rien n'y jurait. A moins d'être né sous les courtines d'une princesse, il était impossible de ne pas éprouver devant ce faste un peu de trouble mêlé d'orgueil. Quelques scrupules pouvaient même s'y mêler. Ces lambris, legs de la monarchie, n'étaient-ils pas trop fastueux pour des républicains? D'autres auraient reculé devant ce sentiment : ils auraient craint la contagion de l'exemple. L'hôte du Luxembourg ne s'arrêta point à de si petites considérations. Il envisagea la question par les contrastes. Il n'était pas glorieux pour lui-même, mais pour le travail, dont il devenait l'expression. Or, ce travail n'avait jusque-là connu que des ateliers obscurs et infects : n'était-il pas juste qu'au jour de la revanche, il habitât un palais ? Ainsi pensa-t-il, et, se tournant du côté de la livrée :

— Qu'on fasse avancer mon carrosse, dit-il.

Pour l'honneur et la dignité du travail, il fit plus encore; il garda le personnel du Luxembourg, celui de l'office et celui de la bouche. Du moins le disait-on dans le public. A quoi bon vaincre, si la victoire n'amène pas quelques petits profits? Quand même la carte à payer de la révolution porterait quelques bouteilles de champagne de plus, du gibier en temps interdit, des primeurs en toute nouveauté, et un peu de casse pour les jours orageux, voyez le grand dommage! et la patrie serait-elle bien venue à se montrer regardante à ce point vis-à-vis de gens qui ne s'épargnent pas pour elle? Non, rien n'était assez beau pour les représentants du travail, pour les hommes chargés de l'organiser. Tels furent la consigne du palais et le programme du couvert.

Ce point réglé, le grand problème reparut, plus sombre, plus redoutable que jamais. Le peuple écoutait aux portes, il fallait agir. On l'avait convié aux plus vastes espérances, il était temps de s'exécuter. Organiser le travail! organiser le travail! Il est facile de répéter ces mots sur mille tons, et d'y ajouter, en guise d'accompagnement, des périodes sonores! Il est facile d'irriter le peuple par le récit de ses propres douleurs et d'amasser dans les cœurs des trésors de colère et de fiel! Il est facile de trouver dans les inégalités des conditions humaines un texte à d'incessantes déclamations et les éléments d'une révolte formidable contre les privilégiés de la richesse et de la grandeur. Tout cela est facile, surtout aux plumes vigoureuses et passionnées; mais ce qui ne l'est pas, c'est d'apaiser les flots après les avoir soulevés, de guérir les plaies après en avoir mesuré la profondeur, de soulager les infortunes après en avoir fait peser la responsabilité et le châtiment sur les hommes et les institutions disparus dans un jour d'orage.

Sans doute, le livre sacramentel était là; il pourvoyait à tout; mais les commentaires variaient au gré des interprétations. Enfin, on s'en tira comme autrefois les prêtres de Delphes dans des cas embarrassants. Sur un oracle obscur on ajouta un autre oracle plus obscur encore. De l'organisation du travail on fit dériver le droit au travail, c'est-à-dire un jeu de mots qui n'était neuf pour personne. Un décret plein de pompe consacra ce quolibet puéril. Vu de sang-froid, ce droit au travail ne soutenait pas l'examen. C'était ou une folie ou un mensonge. Si le travail que le gouvernement prétendait garantir n'était pas sérieux, il ne portait qu'un nom usurpé; mieux eût valu lui restituer le sien; c'était une aumône. Les ateliers nationaux en furent l'expression. Si, au contraire, dans la pensée des auteurs du décret, ce travail devait être réel, suivi, proportionné au salaire, alors il fallait plaindre le gouvernement frappé d'un tel vertige, et plus encore le pays livré à un semblable gouvernement. Dire et garantir à tout citoyen que l'État sera constamment prêt à lui fournir du travail, c'est accepter la tâche et le souci d'entretenir des ateliers en tout genre, non-seulement pour chaque détail d'industrie, non-seulement dans la sphère des professions manuelles, mais dans celle des œuvres de l'art et de l'esprit; c'est dire que l'État sera maçon, forgeron, raffineur, charron, sellier, voiturier, entrepreneur de messageries, bottier, tailleur, boulanger, menuisier, sculpteur, peintre, libraire, imprimeur, filateur, fabricant d'étoffes; c'est dire qu'il aura des terres pour occuper les journaliers oisifs, des vignes pour les vignerons, des mines pour les mineurs, des transports pour les bateliers; c'est déclarer en un mot que l'État prétend résumer en lui toute l'activité, tout le mouvement, toute la force, toute la richesse de la nation. Ce régime n'a qu'une enseigne, il faut l'arborer : c'est la communauté, c'est le communisme. Je ne crois pas qu'aucun gouvernement ait pu avoir ou ait ce dessein, que, de gaieté de cœur, il veuille ruiner le pays, changer la France en une steppe, éteindre toute activité au contact de la sienne; non, il est des actes sacriléges où la main se dessécherait au moment de les accomplir. Mais alors pourquoi ces abus de mots? pourquoi ces malentendus? pourquoi ces équivoques?

Après tout, il n'y avait là qu'un acte de condescendance dépourvu de sanction; le dommage n'était que dans une hypothèse. Le gouvernement se déconsidérait seul; il promettait ce qu'il ne pouvait tenir. Mais, à quelques jours de là, jaillit des hauteurs du Luxembourg un foudre plus éclatant et moins inoffensif. C'était un décret qui réduisait de deux heures la durée du travail quotidien pour les ouvriers des manufactures. La puissance publique intervenait dans un contrat privé, librement consenti; elle se déclarait pour une classe de citoyens contre l'autre, ou plutôt, dans son initiative aveugle, elle les frappait toutes deux. Jusqu'alors cette tutelle de l'État n'avait été écrite dans nos codes qu'au profit des incapables et des mineurs; pour la première fois la loi épousait la querelle d'hommes investis de la plénitude de leurs droits civils. On partait ainsi d'une insulte pour arriver à un dommage. Insulte, car la tutelle suppose l'incapacité; dommage, car la mesure était à deux tranchants, et devait blesser l'ouvrier plus encore que l'entrepreneur.

De toutes parts les plaintes éclataient, c'était un concert formidable. Un pareil décret, même en des jours florissants, eût apporté dans les ateliers un trouble profond ; qu'on juge de ses effets au milieu d'une crise financière et d'un ébranlement politique ! Les doléances allaient jusqu'à l'imprécation ; la voie publique en était remplie ; elles arrivaient jusqu'au Luxembourg sous une forme plus suppliante :

— Citoyen, disaient les industriels foudroyés, ayez pitié de nous. Avec de telles conditions, le travail est impossible ; nous allons fermer nos portes et jeter nos ouvriers sur le pavé. Qu'y feront-ils ?

— Ils liront mon livre, répondait gravement le Napoléon du travail ; je l'ai composé pour cela.

Les malheureux insistaient ; on ne se résout pas aisément à l'inaction et à la ruine. Ils faisaient valoir l'intérêt des classes laborieuses et la nécessité de leur ménager de l'occupation :

— Vos bienfaits, ajoutaient-ils, les bons ouvriers les repoussent ; les fainéants et les incapables en profiteront seuls. Si vous connaissiez ce monde-là comme nous !

— Si je le connais, citoyens ! Je vois que vous n'avez pas lu mon livre. Vous verriez si je connais les ouvriers.

— Nous nous garderions bien d'en douter, citoyen.

— Lisez mon livre ; j'y établis nettement les rapports que vous devez avoir avec eux. En premier lieu, il convient de les associer à vos profits.

— Nous n'avons plus que des pertes.

— N'importe, associez-les ; c'est une heureuse combinaison. Ensuite, instituez pour eux, à vos frais, des tontines et des caisses de retraite. C'est indiqué dans mon livre ; vous en aurez de bons effets. Il faut assurer l'avenir de l'ouvrier.

— Mais comment, dans l'état où sont nos industries ?

— Faites toujours ; cela ne peut que bien tourner. J'ai un chapitre là-dessus. Il y a aussi un détail sur lequel je me permettrai d'insister.

— Dites, citoyen.

— L'existence de l'ouvrier est un compte en partie double. Il y a d'un côté la recette, de l'autre la dépense : la recette, c'est le salaire ; je ne puis trop vous recommander de l'augmenter indéfiniment. C'est le pain du pauvre ; lisez mon livre.

— Nous faisons au delà du possible, citoyen.

— Très-bien, allez plus loin encore ; vous n'aurez qu'à vous en féliciter. Mais brisons là et passons à l'article de la dépense. Cette dépense se fait mal ; mal pour le prix, mal pour les qualités. L'ouvrier achète les objets qu'il consomme de troisième main au lieu de les tirer des grands entrepôts de France. Il ne fait pas venir son sucre de la Guadeloupe, ni son beurre d'Isigny. C'est ce qui le maintient dans un état de gêne. Mon livre explique mieux pourquoi ; vous le lirez.

— Volontiers, citoyen.

— En l'état de ces faits, procurons deux choses à l'ouvrier, une caserne et une gamelle. Voyez les Invalides ! Que coûtent-ils ? cinquante centimes par tête et par jour. On admire pourtant leurs bouillons. Je vous le répète ; une caserne et une gamelle, c'est l'avenir de l'ouvrier. Lisez mon livre.

De pareilles scènes se renouvelaient souvent ; le Luxembourg essuyait vingt assauts dans le cours d'une journée. Aux chefs d'industrie succédaient les ouvriers, qui apportaient des ultimatums menaçants, et en référaient au pouvoir pour les moindres détails de leur organisation intérieure. Ces conférences n'étaient pas exemptes d'orage ni de bruit ; les débats d'intérêts avaient surtout ce caractère. Il fallait alors intervenir et employer les ressources oratoires à l'apaisement des esprits. La multitude n'y résistait pas ; elle éteignait ses querelles dans les séductions d'un discours ; mais ce succès avait un autre écueil. Grâce aux libertés de l'interprétation, l'enthousiasme dépassait les bornes permises. La foule oubliait volontiers le respect qui s'attache au commandement, et abusait de son favori jusqu'à se le transmettre à la ronde à la force du poignet. C'était un triomphe renouvelé des rois chevelus : peut-être ces robustes ouvriers puisaient-ils leur excuse dans ce souvenir.

Ces réceptions, ces visites en corps d'état, ces discours, ces exercices de voltige, formaient autant de chapitres de l'organisation du travail. Organiser le travail, c'était le cri du vieux palais des Médicis. Les huissiers avaient appris à le répéter ; on y employait jusqu'aux garçons de salle. Plus d'une fois, dans cette poursuite acharnée, il y eut des moments de doute, des heures de découragement. Ce travail, si patiemment organisé, semblait disparaître sous la main qui venait de lui imposer des règles. L'organisation était toujours debout, savante, irréprochable ; mais le travail n'existait plus. On avait le temple sans le dieu. C'était à jeter un homme dans les abîmes du désespoir. Ni les soupers fins ni les fleurs du parterre ne pouvaient effacer de l'âme un si cruel désappointement.

En ces jours sombres, l'hôte du Luxembourg n'éprouvait de soulagement qu'auprès de ses amis. Il ressentait le besoin de s'épancher et de leur faire des confidences, suivies de tous les honneurs de l'insertion. Il trompait ainsi ses ennuis, et jetait des défis terribles au fantôme du travail. Des délégués des ouvriers, dignes cœurs, jouaient leur partie dans cette exhibition avec un dévouement et une bonté rares. Ils connaissaient son livre, par conséquent son discours, et néanmoins ils avaient, à point nommé, des applaudissements pour les mêmes images, et des larmes pour les mêmes effusions. Le programme ne variait guère non plus. Il s'agissait de prendre place sur les banquettes des anciens pairs, et d'écouter une harangue peu nouvelle, sur un air fort connu. Tous s'y prêtaient, tant il est vrai que la patience est l'une des vertus du peuple.

C'était par de semblables diversions, souvent reproduites,

que l'hôte du Luxembourg cherchait à chasser les fantômes dont il était poursuivi. Il avait beau voir les choses à travers le prisme des illusions, il ne pouvait se dissimuler que les faits ne répondaient pas à ses espérances. Il lui restait la ressource de mettre ses échecs sur le compte du gouvernement déchu ; il n'y manquait pas. Il ajoutait qu'on lui avait donné la tâche sans lui fournir les outils, et que l'argent était le nerf du travail aussi bien que celui de la guerre. De là cette conséquence qu'il ne pouvait en aucune manière être responsable d'une expérience accomplie dans d'aussi imparfaites conditions. Soit ; mais pourquoi s'engager alors dans une aventure si redoutable sans avoir en main les moyens d'y réussir ?

Cependant il n'échappait pas, autant qu'il affectait de le dire, aux atteintes du remords et au cri de la conscience. Dans les salles de ce vaste Luxembourg, il voyait parfois voltiger devant lui des ombres vêtues de linceuls. Quand il pressait le pas, elles s'enfuyaient en ricanant. C'étaient autant d'industries en souffrance, d'ateliers déserts, de manufactures inactives. Souvent, la nuit, un spectre s'assit à côté de son chevet ; c'était celui du travail.

— Que ne me laissais-tu tranquille ? répétait-il obstinément à l'organisateur.

Une nuit, cette vision prit un caractère pénible et alarmant. Il lui semblait qu'un poids énorme accablait sa poitrine et ne laissait plus de jeu à sa respiration. Réveillé en sursaut, il y porta la main.

C'était son livre.

X

L'ATELIER NATIONAL.

Étant donné le problème suivant : « Réaliser le moins de « besogne possible avec le plus de bras possible, »

L'inconnue à dégager serait nécessairement :

L'ATELIER NATIONAL.

Jamais peut-être un fait de ce genre ne s'était presenté, et surtout avec de telles proportions. Avant nous on ne s'était point avisé de confondre l'aumône avec le travail, le travail avec l'aumône. Personne n'aurait songé à couvrir l'aumône des apparences d'un travail sans efficacité. Vis-à-vis de quelques misères individuelles, cette façon de cacher la main qui donne peut laisser quelque illusion à celui qui reçoit; mais des secours que le Trésor public accorde à une armée entière, à cent mille hommes enrégimentés, ne sont pas de nature à laisser planer le moindre doute sur l'opinion que l'on doit s'en former.

Plus d'une fois j'avais entendu parler de ces ateliers nationaux sur lesquels Oscar débitait de singulières histoires. A l'entendre, l'une de ces brigades renfermait la fleur de la société de Paris, cinq sculpteurs, douze peintres, dont trois grands prix de Rome, puis une multitude d'écrivains en disponibilité. L'ouragan de février avait surpris ces douces colombes de l'art dans un moment de désarroi, et à cette heure fatale où la patience des fournisseurs est arrivée au dernier degré. La décadence du crédit public n'avait guère relevé le leur, et, faute de pouvoir trouver une côtelette sur les estompes de l'avenir, il avait fallu recevoir la brouette et la pelle d'honneur des mains augustes de la patrie. Du reste, à entendre Oscar, l'industrie du terrassement s'était fort ennoblie au service de l'État. Elle n'engendrait ni callosité ni courbatures. Un sculpteur de ses amis, artiste plein de conscience, avait fixé sa tâche à vingt-cinq cailloux par jour. Le lundi il les transportait de droite à gauche le mardi de gauche à droite, en les ménageant comme un trésor. Déjà, dans ce manége alternatif, les vingt-cinq cailloux lui avaient rapporté soixante-quinze francs, trois francs par caillou. Avec du temps et du soin, il espérait les élever au chiffre d'un napoléon la pièce. Que l'institution se prolongeât, et ils vaudraient leur pesant d'or. Telle était l'une des historiettes que débitait

Oscar, et qui perdent un peu de leur prix à ne point passer par sa bouche.

J'étais bien aise de m'assurer si ce récit ne péchait pas par l'abus de la couleur. Au moins portait-il sur une exception; je le supposais. Par un beau jour et après avoir frappé vainement, une fois encore, à la porte du ministre, je me dirigeai, en compagnie du peintre, vers le siége des ateliers nationaux. L'administration occupait le parc et les pavillons de Monceaux. Dans le manége s'opéraient les embrigadements; un certificat des maires suffisait pour en assurer l'effet. Une fois inscrit, chaque ouvrier recevait quarante sous pour une journée active, vingt sous pour une journée sans emploi, et cela de manière à ce qu'il touchât toujours, occupé ou non, huit francs par semaine. C'était un minimum qui semblait atteindre ce double but de pourvoir aux besoins stricts d'une famille et d'éclaircir, au premier réveil de l'industrie, les cadres du paupérisme officiel.

Au moment où nous arrivâmes à l'entrée du parc, des ouvriers en assiégeaient les portes. L'aspect des groupes était tumultueux, et quelques élèves des Écoles essayaient en vain de les dissiper ou de les réduire. Les mutins demandaient à voir le directeur; ils voulaient l'interroger sur la marche du gouvernement, et sur un arrêté disciplinaire qui les concernait. Peut-être eussent-ils fait bon marché du premier grief si on leur eût donné satisfaction sur l'autre. Mais l'arrêté devait être maintenu, et dès lors ils se répandaient en reproches vis-à-vis de l'autorité. Des orateurs haranguaient les groupes, pendant que çà et là des propos s'échangeaient:

— Eh bien! Comtois, disait un ouvrier vif et futé, te voilà payé, mon garçon. On t'en a donné pour ton argent. Aussi tu es toujours pressé. Tu as peur que le sol ne t'échappe. Quelle diable d'idée as-tu eue de te rallier au gouvernement?

— Que veux-tu, Percheron? répliquait une sorte de colosse, il faut bien être avec quelqu'un.

— Sans doute, Comtois; mais on ne se jette pas à la tête des gens! On y met de la dignité! On fait ses conditions! Faut pas être dupe, mon fils.

— J'en conviens, Percheron.
— En février, sais-tu au vrai quelle était la position? le sais-tu?
— Ma fine, non !
— A deux de jeu, Comtois, ni plus ni moins. Ceux du provisoire et nous du peuple, ça se balançait. Alors ils nous ont fait des propositions.
— Vrai ?
— C'est comme je te le dis; j'étais de l'affaire. Ils nous ont dit, à nous du peuple : Nous vous offrons ceci, ceci et ça ; soyez avec nous. Les autres voulaient accepter tout de suite ; mais moi, j'ai répondu net : On ne m'aura pas à si bon marché ; je demande quarante-huit heures pour réfléchir !
— Et puis?
— C'est tombé dans l'eau, Comtois. J'étais bien décidé, pourtant ! j'avais réfléchi à mon affaire. Je devais aller leur dire : Vous me donnerez encore ceci, ceci et ça ; autrement, bonsoir ! je démolis tout. Une fois, deux fois, ça vous va-t-il ? Jasez alors !
— Ah ! très-bien ! Et de quoi a-t-il retourné ?
— Je n'ai pu les rejoindre, Comtois ! Absents par congé depuis ce moment. Et pourtant ils sont encore à l'Hôtel de ville. Il faut que quelqu'un nous ait vendus. Par exemple, des faciles comme toi.
— Tu veux rire, Percheron !
— Oui, Comtois, oui ; il y en a des cent et des mille qui se laissent pincer pour un mot. Oui, je le répète avec douleur, si nous n'avons pas un meilleur gouvernement, c'est de ta faute. Quel gâte-métier tu me fais ! A preuve, voyons, est-ce que tu bouges seulement ? Voici une heure que nous nous épuisons à cette porte, as-tu seulement crié une seule fois : Le directeur !
— Le directeur !
— A la bonne heure ! et encore c'est mou, ça n'a pas de corps, pas de nerf. Une carrure comme toi, ça devrait pousser des soupirs à faire crouler les murailles. Le directeur ! comme au théâtre, voyons ! Dis-moi ça un peu solidement : Le directeur !

— Le directeur ! le directeur ! s'écria le colosse en donnant à ses poumons tout le jeu dont ils étaient susceptibles.

— C'est mieux, Comtois ; mais tu te retiens encore, tu laisses du son en dedans. Voyons, en chorus : une, deux, trois : le directeur !

— Le directeur !

— Bravo ! un vrai plain-chant ! Ah çà, mais il tarde bien à venir, ce directeur ! On voit assez que c'est une âme damnée de ces aristos du provisoire. Écoute, Comtois, et retiens bien ce que je vais te dire. Avant qu'il soit huit jours il sera question d'une danse peu autorisée par les lois. Tu es de la chose ; on a besoin de gens carrés. Tu enfonceras les portes ; mais cette fois, c'est moi qui règle la casse, entends-tu ?

Au moment où le Percheron achevait ces mots, le désordre était arrivé à son comble. Les sommations faites au directeur avaient pris un caractère de plus en plus véhément. Il était accoutumé à ces scènes ; il ne s'en troubla point, et continua sa promenade dans le parc, le long d'un bassin où voguaient deux beaux cygnes. Pour l'arracher à ce loisir champêtre, il fallut que le péril devînt plus pressant. Poussé par ses amis, le Comtois avait consenti à faire l'essai de ses forces contre les clôtures, et au premier choc elles avaient cédé. Menacé d'un envahissement, le directeur se résigna à l'entrevue ; il alla au-devant des ouvriers. Sa présence ramena un peu de calme dans les groupes ; les violences cessèrent, le calme se rétablit :

— Qu'est-ce donc, citoyens ? dit-il d'une voix forte et assurée, et que demandez-vous ?

Ces mots furent le signal d'un nouvel orage. Il s'agissait d'exposer des griefs qui n'avaient rien de précis, et dont l'expression variait d'une bouche à l'autre. Vingt voix s'élevèrent, chacune avec un thème différent. A peine quelques vœux distincts se dégageaient-ils du sein de ces clameurs confuses :

— Le gouvernement nous trahit ! — A bas le règlement ! — On nous fait du tort sur la paye ! — Le brigadier est un aristo ! — Du travail ! — Du travail ! Nous voulons du travail !

Ce dernier cri paraissait dominant, et ce fut le seul auquel le directeur s'arrêta. Il se refusait au débat, et sur la politique et sur les personnalités ; il entendait ne pas sortir de ses attributions :

— Du travail, mes amis? leur dit-il au milieu du tumulte; vous savez que nous vous en donnons autant qu'il dépend de nous. Est-ce votre jour ?

— Du travail! du travail ! s'écria la multitude désormais unanime.

Pour comprendre la valeur de cette réclamation, il faut savoir que le nombre des bras à employer excédait de beaucoup l'emploi qu'on en pouvait faire et les sommes dont on disposait. Soixante mille ouvriers étaient embrigadés; plus tard, ce chiffre devait arriver à cent vingt mille : c'était une armée, moins la discipline et l'esprit de corps. Or, sur ce nombre, quinze mille à peine pouvaient être employés. Force était donc d'établir le travail par relais, et d'y appeler les ouvriers à tour de rôle. De là des mécontentements et des jalousies. La journée occupée rendait deux fois autant que la journée oisive ; l'une laissait l'illusion d'un salaire, l'autre était une aumône sans déguisement. Quoi de plus naturel, dès lors, que ce désir tumultueux d'obtenir la meilleure des deux positions, celle où il y avait à la fois plus d'honneur et plus de profit? De son côté, le directeur ne pouvait excéder les limites de ses allocations. Il résista donc de son mieux.

— Est-ce votre jour ? répétait-il.

— Du travail! du travail! s'écriait la foule dans une exaltation toujours croissante.

Des clameurs aux sévices il n'y avait qu'un pas, et en temps de révolution ce pas est vite franchi ; aussi fallut-il transiger. Le directeur promit de l'ouvrage :

— Vous irez aux terrassements du Champ de Mars, dit-il.

— Merci! on en sort! répondit la foule.

— Alors vous passerez aux chantiers d'Asnières, reprit le directeur; on y fait du caillou.

— Plus souvent! ça gâte la main! s'écria la foule. Pas de caillou!

— Aimez-vous mieux la plaine de Saint-Maur? ajouta le directeur. Vous y planterez des pommes de terre de printemps ; la patrie vous en décrète la récolte.

— Un beau venez-y voir! dit la foule avec dédain. De la pomme de terre! Une infirme!

Les esprits étaient mal disposés ; ils le sont toujours dans une masse nombreuse. Quelques mécontents y donnent le ton et suffisent pour entraîner les autres. Ne pouvant vaincre l'obstacle, le directeur l'éluda par un moyen dont il avait reconnu l'efficacité.

— Nommez des délégués, dit-il, je m'entendrai avec eux.

Et il se retira, laissant à la foule cette sorte d'ultimatum. Les ouvriers parurent s'en accommoder. Rien ne leur plaît autant que l'exercice d'un droit, si humble qu'en soit la sphère. Élire et déléguer, ainsi se passait leur vie. L'oisiveté aiguisait ce goût ; c'était une façon de charmer leurs loisirs. Ils choisirent donc des fondés de pouvoir, qui furent admis dans le parc, tandis que la foule attendait au dehors l'issue de cette négociation. Malgré ses intrigues, le Percheron n'avait pu parvenir à l'honneur de représenter ses camarades : c'est le Comtois qui l'emportait sur lui :

— Bon! se dit le vaincu avec un sentiment d'humeur, nous voilà encore vendus.

Cet intermède me donna le temps d'étudier le caractère de la réunion et d'en juger le personnel. Je m'étais rapproché d'un groupe où le Percheron pérorait avec chaleur. Une vingtaine d'ouvriers l'entouraient, les uns pour l'appuyer, les autres pour le combattre. Parmi ces derniers se faisait remarquer un homme dont les membres délicats juraient avec le métier pénible auquel il était condamné. C'est lui surtout qui tenait tête au Percheron :

— Il est comme ça, le bijoutier, dit celui-ci ; c'est un genre qu'il se donne. Aristocrate fini!

— Et à raison de quoi, s'il te plaît?

— Parce que tu trouves que le métier que nous faisons n'est pas le plus beau des métiers. Au service de la patrie ! quoi de plus honorable pourtant?

— Mais encore faudrait-il, mon camarade, que ce fût un service sérieux.

— Comment, pas sérieux? le mot est joli! Quoi! bijoutier, la patrie te remet, au lever de l'aurore, une pioche, une brouette et un râteau, puis elle te dit avec politesse : Voilà! et tu ne trouves pas cela sérieux! Mais, malheureux, sers-t'en donc, de tes instruments, si tu en as le goût. Pioche, bêche, abîme-toi d'exercice : est-ce que la patrie y trouvera quelque chose à reprendre?

— Avec ces manivelles! dit l'ouvrier en montrant des mains fluettes. Comment veux-tu que la pioche et moi nous nous entendions? Quand je me serai abruti les doigts à remuer de la terre, est-ce que je pourrai manier plus tard l'ébauchoir et le poinçon?

— Je t'arrête, collègue! L'argument est vieux, mais il a du prix. Tu ne veux pas compromettre tes organes; tu veux te ménager pour le bijou; tu n'éprouves pas le besoin de t'abîmer à tout jamais. C'est bien, je comprends ce scrupule. Mais tu as tort d'accuser la patrie; elle n'exige pas ta détérioration, pas le moins du monde, entends-tu?

— Cependant...

— La patrie te dit : Voici des outils; mais elle n'impose rien pour la manière de s'en servir. Tu égratignes le sol ou tu le bouleverses, peu importe : elle n'est pas à cela près. Et tu voudrais qu'elle eût conçu l'infernale pensée de t'enlever au bijou! Allons donc! elle est bien trop bonne mère pour cela.

— Puisqu'elle nous paye, Percheron.

— Elle nous paye pour satisfaire son grand cœur, voilà tout. C'est son bonheur, sa joie, que de nous prodiguer ses trésors.

— Oui; mais crois-tu, Percheron, que cela puisse durer ainsi? Toujours tirer du sac et n'y rien mettre, c'est grave.

— Qu'est-ce que ça te fait?

— Ça me fait, ça me fait que je ne m'y habitue pas. L'idée m'en révolte. Ne pas donner en proportion de ce qu'on reçoit, ne pas faire un travail de conscience!

— Tu es bien bijoutier !

— Je suis ce que je suis ; c'est tout de même un tourment pour moi. Et quand je tends la main pour recevoir une paye que je n'ai pas gagnée, il m'en monte des rougeurs au front. Cet argent m'humilie, il me brûle les doigts.

— L'argent de la patrie? Est-il bijoutier !

— Tu as beau te moquer, Percheron, c'est comme ça. Quand l'ouvrier a fait de bon ouvrage, il est en paix avec lui-même : il touche un salaire avec orgueil ; il sent qu'il a accompli sa tâche, son devoir. Ce que le patron lui donne du produit de sa journée est moins que ce que lui-même en retirera. C'est l'ouvrier qui a le beau rôle ; c'est lui qui est le grand, le généreux. Il procure plus de profit qu'il n'en retient : il crée quelque chose du moins, il se rend utile ; mais ici, qu'est-ce que nous faisons ?

— Une œuvre d'hommes libres, bijoutier? tu ne vois donc pas?

— Une œuvre de fainéants, Percheron, ne mâchons pas les mots. Crois-le bien, et vous tous, les amis, croyez-le, nous sommes à une mauvaise école. Dieu veuille qu'elle ne gâte pas jusqu'aux meilleurs ! On a fait pour nous ce que l'on devait. Nous manquions de pain, on nous en a donné. Mais il ne faut pas se faire illusion : le sacrifice ne peut pas durer longtemps; nous ruinerions le pays; nous épuiserions ses ressources.

— Bah ! c'est le riche qui finance, bijoutier.

— Le riche et le pauvre, Percheron, et le pauvre plus que le riche. Il entre plus d'argent dans le Trésor par pièces de vingt sous que par napoléons. C'est le pauvre qui fait le nombre, et c'est le nombre qui produit les gros totaux. Par ainsi, sommes-nous dans une position juste? Notre salaire, tout le monde y concourt, et tout le monde a droit de savoir à quoi il passe. L'ouvrier de province, qui fait un travail sérieux, vous demandera s'il est équitable de lui faire payer un travail ridicule. Le laboureur qui se tue au sillon trouvera singulier qu'on prélève sur sa sueur de quoi nourrir des gens qui n'ont une pioche que pour la forme ! Tous sont en droit de dire au gouvernement : — Pourquoi disposez-vous de ce qui nous appartient en faveur de gens qui jouent au club et au bouchon, et passent leur journée à oublier ce qu'ils savent faire? N'est-ce pas indigne qu'il y ait deux qualités de Français et d'ouvriers? l'ouvrier et le Français de Paris, qui a le droit de prendre ses côtes en long et à qui la patrie doit la nourriture; l'ouvrier et le Français de province, qui a tout uniment le droit de s'abîmer de besogne pour nourrir et entretenir le Parisien? Vois-tu, Percheron, j'ai beau faire, je ne puis pas expulser cette idée-là.

— Allons! ne voilà-t-il pas que tu tournes à l'émotion? Bijoutier, que tu m'affliges!

— Et dire qu'il y en a parmi nous qui viennent ici en sournois, en faussaires, escamoter le pain du pauvre, qui mangent à deux râteliers, qui n'acceptent pas du travail sitôt qu'ils le peuvent, sitôt qu'on leur en propose, qui se servent de cette aumône pour rançonner le patron et l'empêcher de rouvrir ses ateliers! Tiens, alors, Percheron, je m'aperçois que nous vivons au milieu de gens qui manquent de bon sens et de justice, et je rougis plus vivement encore de me trouver parmi eux. Sans compter qu'il s'y est glissé des hommes dont la compagnie n'a rien de flatteur.

— Où as-tu vu une société sans mélange, bijoutier? Faut pas se montrer délicat.

— Quel beau jour, Percheron, que celui où je retrouverai mon établi, mes outils, mes lingots, mes moules et tout ce qui s'ensuit! C'est là mon rêve, vois-tu?

— Pauvre garçon! tu aimes mieux servir un particulier que ta patrie! Les goûts sont libres. Fais-toi exploiter, mon fils. L'exploitation de l'homme par l'homme, le tour est connu. Et tu en es là! Dieu du ciel, comme on s'abrutit quand on travaille dans le bijou!

Le Percheron venait de prononcer sa sentence, lorsqu'un bruit qui se fit vers la porte signala le retour des délégués. L'arrangement était conclu, le pacte signé. On obtenait du travail, c'est-à-dire une journée de quarante sous. Quant à la tâche, elle était des plus douces; il s'agissait d'une promenade aux environs. Un pépiniériste de Ville-d'Avray devait livrer des arbres destinés à repeupler les boulevards. La brigade avait pour mission d'aller les prendre et les replanter; besogne de bijoutier, comme on voit! Cependant l'idée eut du succès; le mouvement plaît toujours aux masses. A peine y eut-il, çà et là, quelques mécontents, et dans le nombre le Percheron.

— Tu nous vendras donc toujours, Comtois? dit-il à son camarade avec un accent de reproche.

— Fallait en finir, répliqua philosophiquement celui-ci.

Comme tous les hommes que la nature a doués d'une force de taureau, le Comtois était l'être le plus tolérant et le plus inoffensif du monde. On pouvait le plaisanter, l'attaquer même; il n'y opposait qu'une puissance d'inertie. C'était fort heureux; car ses poings, mis en mouvement, ne frappaient pas, ils assommaient. Le Percheron brillait moins de ce côté; mais il avait le cerveau le plus exalté et la plus mauvaise langue de la brigade. Ils représentaient l'un la force et la bonté du peuple, l'autre sa turbulence et sa causticité. Celui-ci formait le parti du mouvement; celui-là, de la résistance. On écoutait le Percheron avec plus de plaisir; on avait plus de confiance dans le Comtois.

La brigade s'ébranla sous la conduite d'un élève des Écoles. Le ciel était nuageux sans être très-menaçant :

— Si nous les suivions? dis-je à Oscar.

— Je le veux bien, répliqua-t-il; c'est un spectacle qui me va. Il est si curieux à étudier, ce grand et beau peuple!

Nous pouvions nous mêler à la bande sans y causer d'étonnement. On nous prenait pour des employés de l'administration, et tout au moins pour des chefs de service. Le trajet fut rapide et animé par des chants joyeux. Aucun ordre ne régnait dans la marche, aucune consigne n'était suivie. C'était un corps de partisans, et non une troupe réglée. Nous traversâmes le bois de Boulogne dans toute sa longueur, et par les hauteurs de Saint-Cloud nous arrivâmes à Ville-d'Avray, à la porte de la pépinière, où les arbustes étaient déjà disposés : à la vue de tant d'hommes, le maître du lieu ne put se défendre d'un mouvement de surprise :

— Pourquoi tout ce monde? demanda-t-il.

— Pour vos arbres, répondit le chef de brigade. La patrie nous charge de les enlever.

— Mais j'avais traité pour le port! Deux charrettes! c'était l'affaire de quinze francs.

— Nous en procurerons le bénéfice à la patrie, citoyen. Voici des gaillards qui valent bien vos chevaux.

— Et les emballages?

— Belle histoire! on les ouvrira. Ici, les enfants, et à l'œuvre !

Les ouvriers accoururent : en quelques minutes les toiles furent dépecées et les arbustes mis à nu. Le pépiniériste paraissait consterné ; il haussait les épaules et levait les yeux au ciel. Il semblait plaindre, du fond de son âme, ses rejetons de tomber en de telles mains. Il allait d'un ouvrier à l'autre pour raffermir et pétrir les mottes qui adhéraient aux racines et les préservaient de tout affront. Enfin, quand la brigade, chargée de ce précieux fardeau, se mit en marche pour descendre la côte, il la suivit longtemps de l'œil, et au moment de rentrer dans son clos :

— Mes pauvres acacias! dit-il.

Cependant nous avancions avec rapidité; une pluie fine commençait à détremper le sol et conseillait de hâter le retour vers Paris. Devant Sèvres, elle redoubla : on résolut d'y faire une halte et d'y déjeuner. Les arbustes furent déposés sur la voie publique, et les cabarets se garnirent d'amateurs. Mille cris s'élevaient à la fois; la question du menu soulevait quelques difficultés. Chacun voulait faire prévaloir ses combinaisons et ses goûts. Les marchands ne savaient à qui entendre. Une clientèle si nombreuse les rassurait médiocrement : peut-être doutaient-ils en outre de sa solvabilité. Enfin on s'entendit; l'omelette et le porc frais prévalurent. Pour les arroser, on eut un petit vin récolté sur les coteaux environnants. C'en fut assez pour mettre les estomacs en liesse et les cœurs en joie.

Oscar et moi, nous étions entrés dans l'établissement le plus distingué du bourg; l'exemple nous avait séduits. Nous eûmes une friture de goujons et des côtelettes, et je ne me souviens pas d'avoir fait un repas meilleur. L'appétit lui servait d'assaisonnement. Près de nous se trouvait une table entourée d'ouvriers, dont le Percheron était le sommet et le Comtois la base. Comme tribut de voisinage, nous leur fîmes passer quelques bouteilles de vin cacheté. Là-dessus les esprits s'animèrent; on nous porta des toasts pompeux, on nous offrit une candidature aux prochaines élections. Il y eut des discours prononcés, et l'on s'y plaignit en termes amers d'un régime qui négligeait les ouvriers. Comme conséquence naturelle, on se promit de le changer à l'occasion la plus prochaine. Chaque convive avait son programme en poche. Le Comtois, qui était un garçon de sens, comprit qu'il était temps d'intervenir :

— Ça ne peut pas se passer sans chanson! dit-il. Le vin cacheté appelle la chanson!

— C'est juste! s'écrièrent les convives.

— Eh bien, Percheron, mon fils, tu l'entends? reprit le colosse. Tu vois que la société fait un appel à tes moyens. Allons, serin, en avant! Pars du poumon gauche.

— Flatteur! Et que veux-tu que je chante, Comtois?

— Ce que tu voudras, mon garçon. Les *Girondins de l'atelier national*, par exemple; tu y files le son avec succès.

— A la bonne heure, et il commença :

Air *des Girondins.*

Autour de vingt canons à douze,
France, tu ranges tes enfants.
Allons, allons, qu'on en découse !
D'un gigot aussi tu te fends.
Nourris par la patrie,
C'est le sort le plus beau, le plus digne d'envie !
C'est le so...ort le plus beau...au,
Le plus digne d'envi...ie !

— Bravo, Percheron! bien touché, mon fils! dit le Comtois avec un épanouissement visible.
— Maintenant à vous, les amis! ajouta le chanteur. Un chorus, et soutenu!

Tous les convives reprirent ensemble le refrain :

> Nourris par la patrie,
> C'est le sort le plus beau, le plus digne d'envie,
> C'est le so...ort le plus beau...au,
> Le plus digne d'envie !

— Le fait est que la romance a du cachet! juste comme ce vin, dit le colosse en vidant son verre.

L'assemblée partagea cet avis, et le Percheron fut comblé à la ronde. On le pressa de nouveau :

— La *Marseillaise du travail!* la *Marseillaise du travail!* criait-on de tous côtés.

L'ouvrier n'était pas de ces virtuoses qui ont besoin d'être encouragés dans l'exercice de leur art : il s'exécuta sur-le-champ :

> Air *de la Marseillaise.*
>
> Allons, enfants de la brouette,
> Le jour de pioche est arrivé!
> Au premier chant de l'alouette,
> Combien de gens sur le pavé!
> Entendez-vous hors des barrières
> Chanter le môme et le voyou?
> Ils font à l'envi du caillou,
> Afin de combler les ornières.
> Aux pioches, citoyens! trimez par bataillons!
> Piochons (*bis*), c'est le moyen d'avoir des picaillons !

— Chorus, les enfants de la lyre!

> Piochons, piochons;
> C'est le moyen d'avoir des picaillons !

— Voilà, dit le Percheron en artiste qui a rempli sa tâche.
— Second couplet! second couplet! s'écrièrent les convives.
— Second et dernier, dit le chanteur; il n'y en a que deux.
— A la bonne heure! s'écria l'assemblée; mais, alors, avec accompagnement de drapeau! Comme aux Français, Percheron, comme aux Français!
— Tudieu, quels délicats! Vous aimez les morceaux de choix, à ce qu'il paraît, mes fils. Allons, c'est bien, on va vous en servir.

Il noua deux serviettes dont il se fit un étendard, et s'en enveloppa d'une manière pittoresque; puis, roulant ses yeux dans les orbites, il se jeta à genoux et prit les airs d'une pythonisse qui a longtemps posé devant son miroir.

— Couplet final, dit-il.

Et il reprit :

> Amour sacré de la cantine,
> Soutiens-nous au jeu du bouchon ;
> Fais que tous nos *uts* de poitrine
> Chantent la mère Godichon.
> Si le travail est une attrape,
> Si le cagne est sur le pavois,
> Mes amis, unissons, nos voix
> Pour le triomphe de la gouape.
> Aux pioches, citoyens! trimez par bataillons!
> Piochons (*bis*), c'est le moyen d'avoir des picaillons!

— Chorus des chorus, fils d'Apollon!

> Piochons! piochons!
> C'est le moyen d'avoir des picaillons !

— En route, maintenant; voici le brigadier qui se hérisse. Respect aux supérieurs!

La séance fut levée, et la bande joyeuse reprit le chemin de Paris. Chacun avait de nouveau chargé son épaule d'un des précieux arbustes destinés au reboisement des boulevards.

Ces végétaux n'étaient pas, il faut le dire, traités avec tous les égards que leur faiblesse méritait. L'exercice qu'on leur faisait subir devait accroître le regret qu'ils éprouvaient d'avoir quitté la terre natale. De Ville-d'Avray à Sèvres, leur condition avait été tolérable; mais de Sèvres à Paris, elle empira cruellement. Les vapeurs du vin poussaient les ouvriers à des jeux folâtres qui nuisaient à l'économie de leur fardeau. Ceux-ci changeaient leurs arbustes en espadons et les employaient à des assauts abusifs; ceux-là, les convertissant en mousquets, en usaient pour un maniement d'armes peu compatible avec leur destination. Toutes ces aménités concouraient au même résultat, celui de dépouiller ces végétaux de leur dernière défense, et de les frapper dans les sources mêmes de la vie.

Une plaisanterie les acheva : ce fut le Percheron qui en eut l'initiative. Se trouvant près de son ami le colosse, il se déchargea sur lui du poids qu'il portait :

— Tiens, Comtois, lui dit-il; tu manques de lest, en voilà.

Le robuste ouvrier prit la chose gaiement, et continua sa route avec un arbuste de plus. L'exemple eut des imitateurs, et bientôt douze ou quinze membres de la bande joyeuse dirent à leur tour :

— Tiens, Comtois.

L'athlète disparut bientôt sous cette masse dont on le chargeait. C'était plus gênant que lourd, et il marchait comme s'il avait eu les épaules libres. Seulement, dans ce frottement continu, les racines achevaient de se dégarnir et subissaient des entailles irréparables. Quand on arriva devant la barrière, ce n'étaient plus des baliveaux, c'étaient des fascines.

Telle fut cette journée mémorable où nous pûmes, Oscar et moi, juger ce qu'était un atelier national et quels services il rendait. Le compte en est facile. Deux cent cinquante hommes avaient effectué le transport de deux cent cinquante arbustes. A raison de quarante sous par journée d'homme et de trois francs par pied d'arbuste, c'étaient cinq cents francs d'une part et sept cent cinquante de l'autre, en tout, douze cent cinquante francs d'anéantis. Aucun des végétaux ne survécut aux suites du déjeuner, encore fallut-il les mettre en terre, comme il faudra plus tard les en extirper. Double besogne, doubles frais. Tel était l'atelier national; tels étaient les profits de l'institution.

Ce fut le sentiment que j'emportai de cette journée. En étudiant les dispositions de nos compagnons de route, j'y découvris un mécontentement d'eux-mêmes qui éclatait sous diverses formes et de mille façons. Chez les uns c'était du bruit, chez les autres les diversions du cabaret. Ceux-ci se répandaient en plaisanteries amères, ceux-là en sorties contre le gouvernement. Un secret malaise les dominait tous; ils se sentaient hors de la sphère des saines émotions, mal entourés, mal dirigés. Aussi leurs exigences n'avaient-elles pas de limites; leur besogne était sans valeur, et ils se plaignaient pourtant du salaire :

— Tiens, Comtois, disait le Percheron en rentrant à Monceaux, c'est la dernière que je te passe.

— De quoi ? répliqua le colosse, que ces mercuriales ébranlaient peu.

— Nous faire mouiller comme des rats, et pour quarante fichus sous ! Où avais-tu la tête quand tu as conclu ce beau marché ?

— Fallait bien faire quelque chose, répliqua le délégué avec sa philosophie inaltérable.

— Décidément, Comtois, je vous pénètre, dit le Percheron. Il y a là-dessous une œuvre ténébreuse, quelque pot de vin. Comtois, sois franc avec ton ami, j'aime mieux ça ! Avoue que tu nous vends.

XI

LES CLUBS AU VINAIGRE ET AU CAMPHRE.

Entre l'empirisme et l'atelier national, c'est-à-dire entre le désordre dans les idées et le désordre dans les actes, le gouvernement avait deux graves embarras; il en rencontrait un plus grave encore dans les clubs révolutionnaires, qui chaque soir le traitaient de haut et parlaient d'aller lui couper les oreilles.

Dès les premiers jours, la position se dessina. D'un côté, les ambitions parvenues, de l'autre, les ambitions à parvenir : à celles-là l'Hôtel de ville; à celles-ci les grands clubs. On traita dès lors de puissance à puissance; on se mesura de l'œil. L'Hôtel de ville ne voyait pas sans ombrage ces foyers d'action pleins de menaces contre lui ; les clubs ne songeaient pas sans s'indigner à cet assemblage incohérent d'individus et d'opinions, que le hasard et la bonhomie du peuple avaient investis de l'empire. Ici, c'était une secrète appréhension ; là, un frémissement visible. Le beau rôle appartenait plutôt à ces gouvernements libres qu'au gouvernement institué. Ils n'encouraient pas la responsabilité et partageaient le pouvoir. Aucune mesure grave qui ne fût jugée par eux et passée à un crible sévère. L'Hôtel de ville ne s'appartenait pas; il vivait sous la tutelle. Son désir secret était de rendre à Paris un aspect tranquille qui rassurât le crédit. L'intérêt des clubs était de maintenir l'agitation et d'arriver par la détresse au nivellement. Les clubs eurent raison. L'Hôtel de ville voyait dans le retour des troupes de ligne deux heureux effets : une garantie d'ordre et une réparation. Les clubs craignaient que l'armée n'eût le goût d'une revanche ; ils exigèrent que Paris demeurât sans garnison. Ce fut encore l'Hôtel de ville qui s'inclina : à peine poussa-t-il la révolte jusqu'à un défilé de théâtre.

C'était au nom du peuple que s'exerçait cette pression funeste. Oscar n'était pas le seul à se prévaloir du peuple et à se faire fort de son appui. Chaque club avait un peuple à ses ordres. Était-ce le même? ou comptait-on autant de peuples que de clubs? Si c'était le même, il se donnait de furieux démentis, car les clubs ne s'accordaient guère que sur un point, celui de perpétuelles contradictions. Si c'étaient divers peuples, restait à savoir où était le bon, où était le vrai. Quel qu'il fût, le peuple, au dire des clubs, avait chaque soir quelque chose à demander à l'Hôtel de ville. C'était ceci, c'était cela : marché fixe, sans rien rabattre. Pour peu qu'il tardât à l'obtenir, il fallait se porter sur le siége du gouvernement et l'enlever d'assaut. Point de délais surtout, point de mauvaises défaites. Le peuple ne s'en payerait plus, le peuple était las. Ce grand et noble peuple avait fait assez de révolutions stériles; il était résolu à veiller sur celle-ci, afin que rien n'en troublât la fécondité. Ainsi parlaient les clubs; Oscar n'eût pas mieux dit.

Toujours est-il que ce peuple, si universellement invoqué, n'avait pas les allures d'un maître accommodant. Que d'exigences! quel despotisme! Comme il parlait aux souverains qu'il s'était donnés! Comme il les rappelait aux conditions de leur origine! Vis-à-vis de commis, le ton n'eût été ni plus tranchant ni plus hautain. Vite, une armée à la frontière! c'est le désir du peuple. Un impôt forcé sur les riches, le peuple l'entend ainsi. Pourquoi des élections à court délai? le peuple n'en veut pas. Retardez-les, dit un club; rapprochez-les, dit un autre, tous deux au nom du peuple. Lequel croire? Puis venaient des opinions impératives sur les décrets rendus ou à rendre. Le peuple approuve, le peuple blâme, suivant les versions; il accepte l'ensemble, mais il proteste sur les détails. Jamais on n'en a fini avec ce peuple; il est vétilleux comme un huissier, fendant comme un matamore, soupçonneux comme un Othello, et raisonneur comme un valet de comédie. Sans compter que sa grande joie est de mettre son chapeau perpétuellement de travers, d'aiguiser sa moustache en pointe et de briser quelques vitres en manière de passe-temps. Tel était le peuple au nom duquel les clubs dictaient leurs arrêts. Un mot explique tout; ils le faisaient à leur image.

Me voici encore sur les clubs; c'était la grande curiosité. Le lendemain de la révolution, il s'en créa un; au bout d'une semaine, on en comptait cent cinquante. Tout propriétaire qui avait une pièce vide fondait un club; il se ménageait ainsi une influence et s'assurait un loyer. Beaucoup de ces établissements naquirent de ce calcul; ils ne s'élevèrent à la politique qu'après avoir passé par la spéculation. Le club avait la vogue, et à Paris c'est beaucoup. On allait y chercher la comédie ou le mélodrame, suivant le quartier. On avait le club sombre et le club rieur, le club pittoresque et le club fastidieux. En somme, c'était fort médiocre; pas un talent, pas une idée; des énormités sans fin, de vrais débits de pauvretés. Tous les lieux communs qui, depuis un demi-siècle, ont élu domicile dans les livres, s'étalaient de nouveau à ces tribunes, sans y être relevés ni par le geste ni par l'expression. Ces génies enfouis, ces grands hommes ignorés, qui n'attendaient, pour se produire, qu'un théâtre digne d'eux, venaient échouer un à un et le plus misérablement du monde. Là où l'on espérait rencontrer du bon sens et de la simplicité, on ne trouvait que le sophisme et l'emphase. Point de naturel, ni d'élans vrais; mais un mélange de trivialités et de boursouflures peu digne d'un peuple athénien.

J'avais pour voisin, dans l'hôtel où je logeais, un vieux baron vendéen que les événements avaient attiré à Paris et qui y assistait comme à un spectacle. Il avait traversé les orages de la première révolution et ne voulait voir dans celle-ci qu'une contrefaçon de l'autre.

— Êtes-vous libre, monsieur Paturot? me dit-il un soir que j'allai frapper à sa porte à l'issue de son repas.

— Tout à fait, baron, et à vos ordres.

— Vous aimez sans doute le spectacle?

— M'est-il permis de vous demander lequel?

— Un spectacle nouveau, ou plutôt renouvelé des anciens. J'ai là deux coupons.

— Et les acteurs, baron?

— Des doublures! Les chefs d'emploi sont morts il y a longtemps. Devinez-vous?

— Je le présume, baron, c'est un club.

— Vous l'avez nommé; mais pas un club ordinaire. On y joue au gouvernement.

— Comme aux Jacobins, lui dis-je avec un sourire.

— Comme aux Jacobins, monsieur Paturot! Vous avez beau me railler, nous y marchons! Venez-vous?

— Volontiers, baron; l'occasion est trop bonne pour que je ne la saisisse pas.

Le club vers lequel nous nous dirigions n'était pas fort éloigné ; en moins de dix minutes nous arrivâmes à la porte. Le baron avait eu raison de me parler d'un spectacle ; à voir la foule, on s'y fût trompé.

— Vos billets, messieurs ? disait un préposé à ceux qui se présentaient.

— Les voici, répondit mon compagnon.

Les personnes introduites prenaient deux directions ; on nous indiqua celle qu'il fallait suivre. Jusque-là rien de terrible, rien de révolutionnaire, si ce n'est un ou deux fusils qui brillaient aux issues : c'était la force armée du lieu et une mesure de police. Nous gravîmes l'escalier ; il nous conduisit vers un rang de loges où nous pûmes nous placer. Le club tenait ses séances dans une salle de théâtre, et les lieux avaient dû se prêter à leur nouvelle destination. Sur la scène s'élevait le bureau ; les membres du club occupaient l'orchestre et le parterre ; les loges étaient abandonnées au public.

— Eh bien ! les voyez-vous ? me dit le vieillard en s'asseyant. Les reconnaissez-vous ?

— Les reconnaître ? ce serait difficile, baron.

En effet, on ne distinguait, du point où nous étions, qu'un millier de blouses ou d'habits s'agitant dans les profondeurs du parterre. Des cris confus s'en élevaient, et il me sembla voir reluire quelques armes. Le bureau seul, mieux éclairé, livrait aux regards des curieux les personnages qui le composaient. Sur-le-champ l'un d'eux me frappa ; il était impossible de ne pas reconnaître en lui le chef et l'âme de cette foule. Sa pose était habituellement fatiguée, son air maladif : on eût dit que la prison pesait encore sur lui comme une chape, et ne fournissait à sa poitrine qu'un air insuffisant. Mais quand il s'animait, quand le débat l'entraînait, ses yeux prenaient un éclat sombre et sa parole pénétrait comme l'acier. C'était une sorte de transfiguration. La physionomie trahissait alors les secrets de cet esprit indomptable ; on voyait qu'il s'était proposé un but et qu'il n'en dévierait pas.

Ce personnage était le président du club ; il figurait au

premier rang parmi les héros de la captivité et de la conspiration. Malheureux temps! malheureux pays, que ceux où la politique crée de pareils titres de renommée! La persécution enfante les martyrs, et le martyre a plus d'attraits qu'on ne le croit. Il s'y attache on ne sait quoi de flatteur qui répand dans l'âme une volupté malsaine. On s'enivre de persécution comme on s'enivre de gloire, et dans les fumées qui s'en exhalent, on a devant les yeux ce Capitole lointain où l'on montera quelque jour. Dût-on rester à l'état d'opprimé, cette condition sourit encore. L'amour-propre y trouve de petits profits et d'amples dédommagements. On exerce une souveraineté sans bornes sur ces esprits exaltés, ces organisations inquiètes qui demandent un nom comme point de ralliement, comme cocarde, comme drapeau. N'y a-t-il pas pour le cœur un plaisir secret dans ce commandement terrible? N'est-ce pas une vie bien pleine que celle où les émotions du combat succèdent aux émotions de la geôle? Les régimes peuvent changer sans que de telles habitudes s'oublient. Ce que la nature n'avait fait qu'ébaucher, la prison l'achève; les âmes longtemps séquestrées du monde ne s'y rattachent plus que par un sentiment de courroux. Monarchie ou république, elles conspirent; c'est désormais leur titre et leur honneur.

Ces réflexions m'assaillaient sans que je pusse m'en défendre. L'aspect de la salle, les clameurs qui s'y élevaient, les ondulations de la foule pressée à nos pieds, tout éveillait en moi des idées tristes et une impression semblable à celle qu'éprouve un voyageur à l'aspect d'horizons inconnus. Avec de tels éléments y avait-il une société possible? Le bouffon et l'odieux s'y mêlaient de manière à partager l'esprit entre la colère et la pitié.

— Eh bien! me dit mon compagnon en reprenant son thème, les reconnaissez-vous, enfin?

Il y tenait.

— Qui donc, baron? répliquai-je.

— Mais nos anciens, monsieur Paturot! Voici Anacharsis Clootz, l'orateur du genre humain. N'avez-vous pas entendu qu'il demandait une croisade contre le Sardanaple du Nord?

Il y a soixante ans qu'il parle ainsi. Et son voisin ! impossible de s'y tromper; c'est le capucin Chabot. Voyez comme la tonsure paraît ! Ne parle-t-il pas d'aller savonner le pouvoir exécutif? C'est son expression favorite. Toujours les mêmes, ces vieux Jacobins !

Cependant un peu de silence venait de s'établir; un orateur occupait la tribune. Son texte était celui-ci : Le bourgeois a trop longtemps exploité le peuple ; il est temps que le peuple exploite le bourgeois.

— Citoyens, disait-il, on nous trahit. La patrie est en danger; veillons. On vend le peuple, veillons. Ceux qui, pendant des siècles, se sont engraissés de nos sueurs, ont conservé toutes les positions que nous aurions dû leur enlever. Qui voyez-vous dans la garde nationale ? des bourgeois ; dans les grades de l'armée ? des bourgeois ; dans la magistrature ? des bourgeois ; dans les administrations publiques ? des bourgeois; partout des bourgeois. Ce sont les bourgeois qui font les tableaux, les bourgeois qui font les livres. La banque est pleine de bourgeois, le commerce aussi. Ils s'emparent de tout, ces bourgeois. Où est le peuple alors? Il n'y a donc plus de peuple ? Oui, citoyens, il y en a un, mais pour servir d'esclave au bourgeois, pour lui cirer ses bottes, pour lui porter son eau, pour lui confectionner des chaussures, pour lui ouvrir la portière du fiacre quand il va, l'aristocrate ! aux deuxièmes loges de l'Ambigu. Voilà quelle est la part du peuple, d'être foulé aux pieds par le bourgeois.

L'assemblée, où la blouse dominait, écoutait ce langage avec un frémissement de plaisir. L'enthousiasme n'était comprimé que par la crainte de troubler l'orateur dans le cours de ses périodes. Çà et là s'échappaient néanmoins quelques témoignages d'une admiration mal contenue.

— Bravo! c'est cela ! très-bien ! disait une autre voix.

— Ainsi, poursuivit le tribun, voilà des siècles et des siècles que le peuple est à la discrétion du bourgeois. Tout le monde l'avoue, n'est-ce pas? tout le monde en convient?

— Oui! oui !

— Eh bien! puisque le peuple est vainqueur, c'est le tour

du peuple. La loi du talion, comme dans l'antiquité. Le peuple va être banquier, administrateur, magistrat, général, peintre, poëte et rentier ; c'est son tour. Quant au bourgeois, il lui faut une place, c'est trop juste. Pour lors, il sera décrotteur, porteur d'eau, marchand de chaînes de sûreté, savétier, tailleur et chiffonnier. Voilà le sort naturel du bourgeois. Il fera ce que faisait le peuple, et le peuple fera ce qu'il faisait. A tour de rôle, et en avant l'égalité ! Maintenant, si quelqu'un trouve que j'ai tort, qu'il le dise !

L'accent avec lequel ces derniers mots étaient prononcé témoignait, chez l'orateur, de quelque disposition à l'intolérance. Aussi personne ne prit-il la parole pour relever le bourgeois de la condition à laquelle on le condamnait. On eût dit que chacun, dans l'assemblée, se résignait à le voir chiffonnier et marchand de lorgnettes. Il y avait pourtant, dans le club, beaucoup de bourgeois, et l'orateur en était un. Le président n'était lui-même qu'un bourgeois; le bureau en comptait plusieurs. C'eût été le cas de demander à tout ce monde s'il vendrait du coco ou porterait la hotte.

Les motions se succédaient ; c'était à faire pitié ! Elles avaient à peu près le même caractère et le même à-propos. Quelles idées et quel langage ! Tous lambeaux d'emprunt et pas un sentiment vrai ! De la déclamation à froid, la pire de toutes !

— Partons, dis-je à mon voisin ; ils me font souffrir !

— Attendez, monsieur Paturot ; voici le bouquet.

En effet, les grands orateurs donnèrent ; il s'agissait d'aller présenter le lendemain une requête au gouvernement, et de lui exprimer à quel point le club était mécontent de sa politique. Cette requête fut délibérée et votée ; les termes en étaient injurieux jusqu'à l'insulte. On signalait des épurations à faire ; on interdisait certains actes, on en imposait d'autres. Les exigences se succédaient et s'accumulaient. Chaque membre du club voulait fournir son idée, enchérir sur l'expression et ajouter à la manifestation du dédain général celle de ses dédains particuliers. Pauvre gouvernement ! Il n'était là personne qui ne se crût en droit de lui faire la leçon.

— Eh bien ! me dit le baron en sortant, qu'en pensez-vous?

— C'est un vertige isolé, répliquai-je; un peu de délire dans un coin de Paris.

Nous gagnâmes les boulevards, puis les rues adjacentes. Il était tard, nous pressions le pas lorsqu'à la hauteur des arcades Rivoli une voix retentit à nos côtés.

— Qui vive? disait-elle.

— Amis, répondis-je en poursuivant mon chemin.

Un homme se plaça devant nous, de manière à obstruer le passage.

— Avancez à l'ordre, nous dit-il.

Je l'examinai avec attention. Ce ne pouvait pas être un garde national; il n'y avait là ni poste, ni rien qui y ressemblât; le costume, d'ailleurs, excluait cette supposition : le seul détail saillant était une cravate et une ceinture rouges. Que signifiaient ces insignes, et pourquoi cet homme était-il là? Je voulus en avoir le cœur net.

— De quel droit? lui dis-je en répondant à sa sommation.

— A l'ordre ! répéta-t-il.

— Mais encore? Et à l'ordre de qui? répliquai-je sans me laisser intimider.

— Des Montagnards, dit-il d'une voix rauque et chevrotante.

Je m'approchai : il était ivre. Nous passâmes outre après quelques mots échangés. C'était encore un gouvernement, le gouvernement des ceintures rouges.

— En voilà trois ou quatre ! me dis-je en rentrant chez moi ; mais où est donc le véritable?

Il était partout et n'était nulle part; on eût vainement cherché où il siégeait, et de quels noms se composaient ses listes. Pourtant il exerçait une puissance évidente et régnait sur les esprits. Au milieu de ces folies et de ces empiétements, seul il conservait le sentiment de la situation, seul il maintenait dans la foule cet instinct de l'ordre sans lequel il n'y a point de salut ni pour les empires ni pour les sociétés. Au premier danger, il accourait et déployait une force irrésistible. Cette action, il ne l'exerçait pas à toute heure et sans motif sérieux ; mais il ne faisait pas défaut à un péril grave, à une menace digne de châtiment.

Ce fut ce gouvernement qui sauva la France ; et quel était-il ? Le bon sens public.

XII

L'HÔTEL DE VILLE.

Berceau et boulevard de trois révolutions, je te salue ! Depuis la prise d'armes du prévôt Marcel jusqu'à nos alertes les plus récentes, que d'orages ont grondé dans ton enceinte et devant tes murs ! Tu as servi d'asile aux pouvoirs terribles et aux pouvoirs innocents, à la commune de Paris et au Gouvernement provisoire. Au moindre nuage qui s'élève à l'horizon, c'est vers toi que se dirigent le premier regard et le premier effort. On dirait que tu portes gravé sur ton écusson le véritable signe de la souveraineté, c'est-à-dire le consentement populaire.

Dans les premiers jours de leur règne imprévu, les hommes que le flot révolutionnaire avait portés si haut durent s'effrayer de leur succès et éprouver un moment d'angoisse. Ils restaient isolés au milieu d'une multitude en armes. Point de force organisée autour d'eux, point de rempart contre les importunités et les violences. Ils appartenaient au hasard, au destin. La même main qui les avait élevés dans un jour de combat pouvait les renverser dans un jour de caprice. On sait quelle mauvaise réputation se sont faite les républiques pour ce qui tient aux dettes du cœur. Ils avaient sous les yeux cette perspective. Après avoir sacrifié à la cause publique leur vie, leurs biens et leurs noms, peut-être ne recueilleraient-ils que le délaissement et l'ingratitude.

Un autre doute les assiégeait. Dans l'entraînement de la première heure, ils avaient franchi un pas bien hardi et assumé une responsabilité bien grande. Devant le pays et devant le monde, ils répondaient de la République, d'une république pure d'excès. Accompliraient-ils ce vœu de leur

cœur? C'était pour eux, comme pour tous, un problème.
Comment ces éléments de désordre concourraient-ils à former un ordre nouveau? Comment ces intérêts si divers se confondraient-ils dans l'intérêt général? Là commençaient leurs incertitudes. Puis sous leurs yeux quel spectacle! Des ruines, et pas une institution debout. La monarchie n'était plus, et de la république il n'existait guère que le nom. On avait le cadre, mais le chef-d'œuvre manquait encore.

Le gouvernement dut se poser ces redoutables questions; elles se posaient d'elles-mêmes. Quant à les résoudre, il n'y songea pas, d'autres soucis remplirent plus utilement ses heures. Comme à tous les pouvoirs nouveaux, les courtisans lui arrivèrent, et il fallut leur faire accueil. Ce furent alors compliments sans fin et assauts de tendresses : la magistrature, le conseil d'État, mirent successivement aux pieds de la République un dévouement que cinq régimes n'avaient pu entamer. La cérémonie fut touchante, l'hommage bien venu. On n'eût pas fait les choses avec plus d'apparat sous une monarchie. Il y eut des robes rouges et des hermines, des habits à palmes et des fracs français. La République au berceau s'essayait à la manie du costume : elle se décrétait des écharpes et empruntait à l'arc-en-ciel ses plus belles couleurs, pour les rendre dignes de l'institution nouvelle.

De tels soins passaient avant tout; puis d'autres survinrent. Le peuple demandait des comptes; il fallait transiger. A tout instant il lui prenait la fantaisie de voir ses souverains, afin de s'assurer qu'on ne les lui changeait pas, et il s'ensuivait des audiences sans trêve, accompagnées de ces poignées de main dont l'autre régime était si prodigue. Le peuple promettait son appui un peu brutalement et sous réserves; le gouvernement acceptait l'appui, et, pour le reste, se fiait au temps. On vivait ainsi dans une sorte de compromis qui n'était ni la paix ni la guerre. D'ailleurs rien n'était fini; quand on avait triomphé d'une prétention, il s'en élevait sur-le-champ vingt autres. Une députation s'en allait-elle satisfaite et l'esprit en repos, trois survenaient avec de nouvelles exigences. Pendant ce temps, le tumulte extérieur ne cessait pas, et des flots d'ouvriers se brisaient à toute heure contre l'Hôtel de ville. Aux harangues du dedans se joignaient les cris du dehors, et le gouvernement se trouvait ainsi placé entre une double émeute, celle qui envahissait les salons et celle qui grondait aux portes.

Contre ces graves empiétements, le pouvoir exécutif était sans défense; il le croyait, du moins. Longtemps ses seules armes furent l'impassibilité et la volonté de mourir à son poste. Pourtant il sut y ajouter, à l'occasion, quelques inspirations éloquentes, quelques accents du cœur, ce qui ne gâta rien. Il parvint ainsi à se maintenir, par un tour d'équilibre sans exemple dans les annales du monde. Point de rôle actif, mais seulement une force d'inertie. C'était un jeu plein de périls; à diverses reprises on le lui prouva. Ainsi, un jour cent mille hommes se prirent d'un beau zèle, et vinrent à l'Hôtel de ville s'informer de l'état de sa santé. En termes de l'art, cette visite s'appelait une démonstration, sans doute une démonstration de tendresse. L'infortuné gouvernement s'en serait bien passé; il ne redoutait rien tant que le zèle de ses amis. Ce fut donc avec une muette épouvante qu'il vit arriver sur la place cette masse innombrable d'hommes armés de drapeaux, et remplissant de leurs cris les deux rives de la Seine. La veille, une erreur de quelques bonnets à poil avait ébranlé le gouvernement; ces braves gens venaient le raffermir, et se donner la joie de voir s'il avait bon visage. Force était de s'exécuter, de paraître au balcon en bloc et en détail, de se prêter à une exhibition publique. Ce n'est pas tout; des délégués avaient franchi l'escalier, et entraient en maîtres dans les salles de réception. Leur langage fut hautain, presque menaçant, celui des cortès d'Aragon aux rois de Castille : le peuple n'entendait pas déplacer encore la souveraineté, mais à une condition, c'est que ses ordres seraient ponctuellement obéis, et son programme exécuté à la lettre. C'était un ajournement et une grâce, rien de plus.

A quelques semaines de là, une revanche eut lieu; mais on la dut au hasard. Les coryphées du peuple, ceux qui jetaient des défis en son nom, annonçaient bien haut qu'il allait faire une démonstration nouvelle. — Cette fois, se dit le gouvernement, c'est la dernière ; et il s'apprêtait à bien mourir. On parlait de trois cent mille hommes réunis au Champ-de-Mars. Trois cent mille contre onze! la partie n'était point égale. Que faire? se résigner. Il y eut de touchants adieux, des pleurs versés, enfin tout ce qui accompagne les sacrifices solennels. Cependant les choses empiraient : de trois cent mille, le chiffre des mécontents s'était élevé à quatre cent mille. Y avait-il une résistance possible? non. Les onze victimes n'y songeaient même pas ; elles étaient prêtes, elles attendaient, bandelettes au front, les sacrificateurs. — Mais si vous appeliez la garde nationale? leur dit quelqu'un. — Vous nous ouvrez une idée! s'écria le gouvernement. Et l'on fit battre le rappel. L'effet en fut magique : en moins d'une heure tout avait changé de face. Sur la place et l'étendue des quais, on ne voyait que baïonnettes. C'était une armée entière, une armée de défenseurs : la blouse y dominait ; l'ouvrier lui-même venait secourir ceux qu'en son nom on parlait de déposer. Il y avait là toute une révélation, toute une découverte : le pays ne s'abandonnait pas comme le gouvernement.

Ainsi marchaient les choses dans cette sphère des devoirs officiels. Le pouvoir exécutif comptait évidemment sur son étoile. D'ailleurs, comme à tous, les censures ne lui manquaient pas. On disait, par exemple, qu'il ne brillait pas par l'union, et qu'il faisait un ménage orageux. On ajoutait que plusieurs de ses membres étaient liés par un pacte mystérieux aux trente-six gouvernements épars dans la ville, et qu'ils donnaient la main, ceux-ci aux ceintures rouges, ceux-là au comité de salut public. Pour secrètes qu'on les tînt, ces petites combinaisons ne pouvaient échapper à ceux de leurs collègues qui demeuraient en dehors du marché. De là des tempêtes qui plus d'une fois troublaient l'atmosphère sereine du conseil, et avaient été poussées, disait-on, jusqu'à des arguments à balles forcées. Ce dernier détail était la part de la calomnie ; on sait qu'elle s'attache toujours à la grandeur.

La malignité publique ne s'arrêtait pas là ; elle voulait reconnaître au sein du pouvoir exécutif deux camps bien distincts : le camp des austères, le camp des sybarites. Dans la même politique auraient ainsi éclaté deux philosophies : celle d'Épicure, celle de Zénon. Le cas était grave. Encore si ces tendances étaient demeurées à l'état spéculatif ! Mais elles sortaient du domaine de la conscience pour passer dans celui des faits ; elles se traduisaient en menaces contre le Trésor. Comme on le devine, les épicuriens seuls donnaient dans de tels écarts. Seuls ils défrayaient les tables de l'Hôtel de ville sur un pied fastueux ; seuls ils ouvraient des crédits à des services qu'un budget ne peut reconnaître. Qu'on juge de l'accueil que faisait le camp des stoïques à ces énormités ! Ils éclataient en reproches, et il s'ensuivait des explications où la république couronnée de roses finissait toujours par réduire au silence la république du brouet noir. Zénon battait en retraite devant Épicure. Il ne restait aux stoïciens que la ressource d'un blâme silencieux, et ils en usaient largement. Quant aux autres, ils continuaient à monter à cheval, à boire du meilleur et à user de l'existence en gens qui en connaissent le prix.

La vie du gouvernement nouveau avait donc deux termes essentiels, les périls et les conflits : il faut maintenant y ajouter les corvées. Ce fut un chapitre sans limites ; voici comment. Trente années de paix n'avaient pu passer sur le pays sans y laisser un grand accroissement de richesses. L'abondance des bras, la diffusion des capitaux, concouraient à créer des valeurs nouvelles qui, jetées dans la circulation, y accéléraient encore ce mouvement fructueux. Ce spectacle avait dû frapper des yeux attentifs, et de là quelques hymnes en l'honneur de l'intérêt matériel. Au lieu d'en jouir simplement, on l'avait célébré ; c'était un tort. Les classes aisées accueillirent avec faveur ce tribut que l'esprit payait à la richesse ; elles s'en firent un aiguillon de plus pour l'acquérir. A leur tour, les ouvriers apportèrent dans le calcul et la poursuite de leur intérêt un soin et une chaleur que jusque-là ils n'y avaient point mis. Ils en vinrent, par voie d'induction, à examiner quelle loi préside à la répartition de la fortune, et, se voyant maltraités par elle, à la condamner.

Au moment de la révolution, tels étaient les sentiments dont l'esprit du peuple se trouvait imbu. Eveillé désormais sur ses intérêts, il crut le moment venu d'en assurer le triomphe. N'eût-il pas eu cette pensée et ce désir, que le gouvernement les lui eût inspirés par ses actes et par ses promesses. Personne qui n'ouvrît alors la bouche pour déplorer le sort de l'ouvrier et dire qu'il en était fortement préoccupé. Quand tout le monde tenait un langage pareil, l'ouvrier devait-il y rester indifférent? Pouvait-il négliger sa propre cause? On parlait de ses intérêts; qui mieux que lui était en mesure de les définir, d'en préciser l'étendue? Laisserait-il achever cette œuvre de réparation sans dire son mot, sans apporter son avis? Évidemment, non! Il devait intervenir comme partie et comme avocat : comme avocat, pour plaider sa cause; comme partie, pour s'en faire adjuger les conclusions.

Dès lors les rôles étaient tracés et les situations commandées. L'ouvrier devait avoir la voix haute, et on était tenu à l'écouter. On avait éveillé chez lui et exalté jusqu'à l'ivresse le sentiment de ses intérêts : quoi d'étonnant à ce qu'il ne vît pas autre chose dans sa victoire? On lui avait montré en perspective un horizon de bien-être presque infini, plus de salaire en échange de moins de travail, et ceux qui avaient rédigé ce programme étaient au pouvoir ; ils avaient dans le cœur le désir et dans les mains la force. Par un mouvement spontané, tous les ouvriers durent se dire : — Allons voir nos bienfaiteurs. Voici enfin qu'ils sont arrivés. Comme ils vont être heureux de nous entendre ! Nous pourrons leur raconter nos misères ; elles les toucheront. Et puis il n'y a pas à craindre avec eux qu'ils nous abusent. Ceux-là nous donneront plus qu'ils n'ont promis.

Cette fièvre de l'intérêt frappa les classes laborieuses avec une telle violence, elle fut si vive et si soudaine, que deux jours après le triomphe on pouvait lire dans Paris les plus étranges affiches, entre autres celles-ci :

I

« Les citoyens garçons limonadiers et restaurateurs sont
« priés de se réunir demain au Manége, pour délibérer sur
« ce qui concerne leur partie. »

II

« Les citoyens choristes sont prévenus que l'on se réunira
« lundi prochain pour s'entendre sur les intérêts de l'art
« des chœurs. »

III

« Les gens de maison éprouvaient le besoin d'avoir un
« point de réunion pour s'entendre sur les rapports qui doi-
« vent désormais exister entre eux et leurs ex-maîtres. Ils se
« réuniront, etc. »

C'était du vertige ; mais à qui s'en prendre, si ce n'est à
ceux qui avaient fait au sentiment de l'intérêt des appels si
réitérés et si pressants ? L'impulsion était donnée ; le peuple
ne faisait qu'y obéir. Aussi le vit-on bientôt déboucher sur
la place de l'Hôtel de ville, drapeaux en tête et par corps
d'état. Il ne voulait pas en avoir le démenti ; il venait demander compte au gouvernement des conditions de son
bonheur. Dans son esprit, ce malheureux gouvernement
était fort engagé ; car il le mêlait à tous les rêves dont l'empirisme avait enrichi sa mémoire. Il fallait voir avec quel
air glorieux et quelle tenue sévère se présentaient ces compagnies d'artisans, qui croyaient de bonne foi frapper aux
portes de leur paradis terrestre !

Cette revue des professions se prolongea pendant plus d'un
mois ; toutes y passèrent. Il suffisait d'un exemple pour
qu'aucune ne s'abstînt. Elle aurait eu trop peur de manquer
sa fortune. L'Hôtel de ville s'y était accoutumé et avait délégué la corvée à des secrétaires. C'était l'un d'eux qui recevait la députation, écoutait le discours et y répondait par
des assurances banales. Ces bonnes gens sortaient de là

enivrés ; ils avaient foulé les tapis de l'autorité, crié *Vive la République !* à pleins poumons, et recueilli quelques mots encourageants d'une bouche officielle. On ne leur aurait pas ôté de l'idée qu'ils avaient vu le gouvernement en personne, et qu'ils lui avaient touché la main. Quant au bonheur, ils croyaient le tenir ; ils l'emportaient avec eux.

Il faut le dire pourtant : ces démonstrations n'eurent pas toutes un caractère aussi naïf. Ici, du moins, le sentiment de l'intérêt prenait une forme inoffensive et bienveillante jusqu'à la crédulité. Mais, en d'autres circonstances, il revêtit un caractère odieux qu'on ne saurait trop flétrir. Je veux parler de ces proscriptions de nationalité à nationalité, de corps d'état à corps d'état, pour lesquelles l'opinion, à défaut du pouvoir, a eu des paroles sévères. L'histoire cite avec horreur ces peuplades de la Tauride qui offraient les étrangers jetés sur leurs rivages en holocauste à leurs divinités. C'est à ces mœurs qu'on voulait nous ramener ; c'est cette civilisation qu'on nous proposait en exemple. Des ouvriers, des mécaniciens anglais étaient attachés à nos chemins de fer ; quelques furieux ne craignirent pas de les expulser violemment. La Savoie envoyait à Paris une colonie de ses fidèles et laborieux enfants qui occupaient, dans les hôtels et les comptoirs, des postes de confiance. Les cris d'un petit nombre d'instigateurs suffirent pour que ces malheureux fussent obligés de quitter une ville en tout temps hospitalière.

Un jour que je traversais, en désœuvré, la place de l'Hôtel de ville, j'assistai à une scène de ce genre. C'était encore une question d'intérêts et d'industries aux prises. Jamais si grande foule ne s'était trouvée réunie sur le même point. Il y avait affluence de drapeaux et de tambours. Cinq ou six colonnes débouchaient en outre des rues latérales, et venaient prendre la file pour être introduites à leur tour.

— Qu'est-ce donc, citoyen ? demandai-je à un personnage qui occupait, grâce à son majestueux embonpoint, la tête entière de la colonne ?

— La députation des pâtissiers, citoyen, pour vous servir.

— Ah ! et que viennent-ils faire ici ?

— Ils viennent, citoyen, réclamer les droits imprescriptibles qu'ils tiennent de la nature et de la déclaration de feu Robespierre.

— Vraiment?

— Oui, citoyen; c'est ceci ou c'est cela; il faut que les boulangers choisissent.

— Les boulangers? et comment?

— Voici. Ils ont le privilége du pain, bien; on ne le leur conteste pas. Mais s'ils ont le privilége du pain, nous avons celui du petit-four. Est-ce clair?

— En effet!

— Si, au contraire, ils veulent toucher au petit-four, nous donnons dans le pain. C'est notre ultimatum. Nous allons le signifier au gouvernement provisoire.

— C'est trop juste!

— Ces messieurs, ajouta-t-il en se tournant vers sa suite, voulaient demander trois têtes de boulangers. Je m'y suis opposé, le moment n'est pas bon. Plus tard, je ne dis pas.

— Voilà de la fraternité, du moins, citoyen. On voit que vous connaissez votre devise.

La grille s'ouvrit, et la députation entra. Je perdais mon pâtissier au moment où l'entretien commençait à s'animer. Heureusement qu'une voix se fit entendre à ma gauche:

— En ont-ils pour longtemps, citoyen? me disait-on.

Je me retournai; c'était encore un homme d'une belle prestance, bien nourri, bien vêtu, et, comme l'autre, une tête de colonne:

— Qui cela? lui répondis-je?

— Ceux qui entrent, reprit-il.

— Je l'ignore, ajoutai-je; mais, vu l'objet, ça ne peut être long.

— Tant mieux, citoyen; car chaque minute de retard est pour nous une perte sèche.

— Le citoyen est banquier? dis-je en l'examinant.

— Crémier! et posé pour cela. Crème de Chantilly tous les jours et glaces tout l'été. Voici mes prix et mon adresse. Un mot par la poste, citoyen.

— Singulière façon de recruter des clients, pensai-je en mettant l'imprimé dans ma poche.

— Pourvu que le gouvernement nous reçoive! reprit le crémier avec un piétinement significatif.

— C'est donc bien urgent? lui dis-je.

— Il y va de notre ruine, citoyen. Voilà l'enseigne où nous sommes logés.

— C'est à peu près celle de tout le monde, citoyen.

— La nôtre surtout, si le gouvernement ne nous délivre pas d'un ennemi.

— Un ennemi des crémiers!

— Oui, citoyen, ou plutôt une ennemie!

— Une femme; alors le danger n'est pas grand!

— Des femmes féroces, citoyen, qui nous sucent jusqu'à la moelle des os! Féroces! féroces!

— Mais encore, qui donc?

— Les laitières, citoyen! Concevez-vous cela qu'on laisse subsister des laitières quand il existe des crémiers? Est-ce juste, voyons? Qu'est-ce qu'il leur faut, à ces femmes? une chaufferette et un coin de porte cochère; voilà leurs déboursés. Qu'est-ce qu'elles rendent à l'État? pas une obole. En convenez-vous?

— Puisque vous le voulez.

— Tandis que les crémiers, citoyen, supportent un loyer, payent une patente et font leur service de gardes nationaux. Demandez donc à ces damnées laitières de sauver périodiquement la patrie? Elles se contentent de nous ruiner.

— Un bien petit commerce, citoyen.

— Est-ce que vous songeriez à les défendre, môsieur? Il ne manquerait plus que cela. Pour mon compte, je suis parfaitement décidé; je vais mettre le marché en main au gouvernement.

Je m'éloignai; et en quittant la place une réflexion me poursuivit:

Comme les devises sont menteuses! me dis-je. Les Savoyards, proscrits! les Anglais, procrits! les tailleurs allemands, proscrits! tout cela par intérêt. Parmi nous, même lutte. Le crémier poursuit la laitière ; le pâtissier en veut au boulanger, le marchand sédentaire à l'étalagiste, la boutique à prix fixe à la vente à l'encan. Guerres de salaires ou d'industries. Est-ce un mauvais rêve ? Nous vivons pourtant sous le régime de la fraternité.

Hélas ! de cette fraternité, nous n'avions guère que l'enseigne, et c'était le cas de dire d'elle ce que l'illustre Romain disait de la vertu. Chaque jour m'en apportait un exemple. Au nom de la fraternité, on excluait les hommes, on songeait à briser les presses. Au nom de la fraternité, on poursuivait les riches d'affiches odieuses et de cris menaçants. Trente ans de repos avaient à la fois énervé et perverti les âmes : sans force pour le mal, elles l'étaient aussi pour le bien. Aussi s'agitait-on au hasard et dans un mauvais sens. Pour beaucoup la révolution n'était plus une conquête, c'était une affaire.

XIII

LE CANDIDAT DE MALVINA.

Au milieu de ces distractions, mes affaires n'avançaient pas. Malgré les instances d'Oscar, nous n'avions pu pénétrer jusqu'au ministre. Trois demandes d'audience, écrites coup sur coup, étaient demeurées sans réponse. Il y avait là un arrêt formel : le régime nouveau se montrait sans pitié pour moi. Je n'osais pourtant m'en ouvrir à Malvina ; j'espérais encore, j'attendais toujours le lendemain. Ce lendemain arrivait et ne changeait rien à ma situation. J'aurais préféré cent fois un coup mortel à cette longue agonie :

— Tu ne peux donc rien obtenir de lui ? dis-je à Oscar.

— Rien, mon cher, il est inabordable ! Je crois, Dieu me pardonne, qu'il m'a signalé aux huissiers ! Voilà les personnages politiques ; mais maintenant, c'est fini, vois-tu, c'est toisé ; du diable si je parle encore à aucun d'entre eux. C'est comme s'ils n'existaient plus pour moi.

— Et sensibles qu'ils y seront !

7.

— Je les désavoue, Jérôme, tu ne les trouves pas assez punis? On voit bien que tu es dans tes humeurs noires.

— Tant de guignon !

— Mon cher, l'excès est toujours beau ! C'est le moment de poser. Les grands malheurs sont l'attribut du génie. Vois-Napoléon. J'y ai passé, je sais ce que c'est.

— Et nos enfants ?

— Tiens, tu m'ouvres une idée. Allons voir ton Alfred ; cela te distraira de tes douleurs. Il y a plusieurs jours que nous n'avons paru à l'institution. Tu sais qu'on doit l'avoir culotté d'hier.

— C'est vrai, je n'y pensais plus.

— Bande orange ! style universitaire ! Les marchands de soupe doivent être bien fiers, et leur ministre aussi. Ils donnent dans le serin.

L'institution était fort éloignée ; nous prîmes une voiture qui nous y conduisit rapidement. La vue d'Alfred me fit du bien ; elle chassa les idées sombres qui m'assiégeaient. Mon Alfred n'était plus un enfant, mais un homme. Sans cesser d'être le premier thème grec du pensionnat, il avait obtenu dans les autres facultés des succès qui étaient de nature à enorgueillir le cœur d'un père. C'était, comme le disait l'instituteur, une éducation achevée ; il pouvait choisir entre toutes les carrières. D'ailleurs, il était grand et fort, avec l'œil hardi et le babil pétulant de sa mère. Peut-être péchait-il par un excès d'aplomb, c'était le défaut de ses qualités. Depuis la révolution surtout, il se croyait astreint à d'autres devoirs que ceux du collége... Pardon... du lycée ; le mot a changé avec les bandes des pantalons. Il raisonnait sur la politique et Dieu sait comment!

Oscar avait bien raison, les bandes jaunes n'embellissaient pas nos jeunes lycéens ; ils avaient l'air de voltigeurs manqués. Vus en bloc, c'était un parterre de jonquilles. Mon Alfred seul supportait cet accoutrement sans trop de dommage. Nous passâmes une heure avec lui, et, dans le cours de l'entretien, il trouva le moyen de me donner une idée sommaire de ses opinions.

— Que me chantes-tu là, lui dis-je?
— La chanson du jour, me répondit-il?
— Est-ce que cela te regarde?
— Si cela me regarde! Vous ne savez donc pas, père, que l'on veut des hommes nouveaux.
— Qui veut cela, Alfred?
— Qui? père. Cette question! le ministre. Lisez donc les circulaires qu'il envoie?
— Et toi, les lirais-tu?
— Si je les lis! Et que ferais-je? Des hommes nouveaux comme nous! C'est un devoir.
— Vous avez donc des journaux? Ils sont permis?
— Jusqu'en classe, père! Y a-t-il quelque chose de défendu en temps de révolution? Les pions n'ont qu'à bien se tenir! Un de ces jours, nous les envoyons tous au supplice!
— Fi donc! Alfred! Veux-tu bien ménager tes propos?
— Père, avec tout le respect que je vous dois, je ne puis laisser passer la réprimande. Vous parlez à un homme libre, entendez-vous?

Il avait, en disant ces mots, un air si capable et si mutin, il me rappelait si bien sa mère, qu'au lieu de le gronder, comme je l'aurais dû, je me mis à l'embrasser.

Il était écrit qu'il m'arriverait dans cette matinée toutes les compensations dont avait besoin une âme assombrie comme la mienne. En rentrant, je trouvai une lettre de Malvina : quand je dis une lettre, j'aurais pu dire un message, à cause de la dimension. Quel motif l'arrachait à ses habitudes laconiques? C'est ce qu'une lecture allait m'apprendre. Voici ce billet doux : il va sans dire que je n'en conserve pas l'orthographe :

« Mon chéri,

« Qu'est-ce que tu deviens dans ce Paris? pas de lettres, pas de nouvelles de toi. Si je te connaissais moins, cela m'inquiéterait, mais je te connais comme mes poches, et je sais ce que tu n'as pas fait. Tu ne m'as pas oubliée! tu ne m'as pas cessé d'aimer, c'est tout ce que je tiens à savoir. Quant au reste, carte blanche. Lorsqu'un homme est hors de la portée du bras d'une femme, il fait ce qu'il veut, et la femme en croit ce qu'elle en veut croire. En ce bas monde, il n'y a que la foi qui sauve. Tu l'as, je l'ai ; nous voilà dos à dos.

« A autre chose. Tu ne m'écris pas, donc les choses vont mal ; c'est clair comme une glace de Venise. Il faut qu'Oscar et toi, vous vous soyez jetés dans quelque guêpier. Tu as trop de confiance dans ce garçon ; tu prends trop au sérieux ce qu'il dit. Il tient de très-près à la famille des Ostrogoths et se donne des genres à faire suer une taupe. S'il s'est mêlé de nos intérêts, cela ne doit pas marcher. Je vois la chose d'ici. Il t'aura dit qu'il connaît tous les ministres, et cela avec un aplomb ! Il est incroyable quand il s'y met ! Eh bien ! note dans tes tablettes qu'il n'a jamais eu de rapport avec aucun d'eux, et tâche de faire ta besogne toi-même. On a toujours plus de profit à se servir d'un de ses doigts qu'à employer toute la main d'un autre.

« Pendant que tu t'endors là-haut, je veille ici. Sois tranquille ; ce n'est pas ta femme qui s'amuserait à des baguenaudes ; je n'ai jamais rien eu de commun avec cet arbuste-là. Comme je te l'avais annoncé, j'ai vu notre commissaire. Pauvre agneau ! il est dans ma main. Et ces Parisiens qui ont cru nous envoyer un tigre ! J'en ferais des biftecks de ce tigre-là ; il est vrai que je me dispenserais de les manger. Je l'ai donc vu, et en simple bonnet. On ne fait pas de frais pour de telles espèces. Il est à nous, Jérôme ; il écrira ce que nous voudrons, comme nous voudrons. Seulement, il faut que de Paris on lui demande un avis ; ça n'est pas bien malin d'obtenir cela. Dieu ! si j'y étais ! Mais je ne puis pas être partout. Tâche donc d'obtenir ce point : qu'on demande un avis ! Est-ce clair ? Je le ferai donner favorable par-dessus les toits, et avec de la bonne encre.

« Ce n'est pas tout : j'ai déjà pris la mesure de cette République ; je sais ce qu'elle vaut. On y fera ni plus ni moins que ce que l'on faisait sous la défunte monarchie. Il y aura toujours beaucoup de pourris et peu d'honnêtes gens. On cabalera pour les places comme on faisait naguère. Les cousines de ministres seront encore de bonnes recommandations ; les parents seront des parents, et les amis des amis. Ces gens-là ne changeront pas l'ordre de la nature ; d'ailleurs les codes s'y opposeraient, et avec raison.

« Ainsi, Jérôme, aujourd'hui comme avant, pour réussir il faudra être appuyé. Le plus haut c'est le mieux. J'ai toujours tablé comme ça. On va nommer des représentants, c'est-à-dire autant de rois. Neuf cents rois, le nombre les sauve ; autrement la République ne les épargnerait pas. Elle n'est pas commode tous les jours, la République. J'en reviens donc à dire qu'il nous faut un représentant ; mais, là, un représentant bien à nous, qui soit bien notre homme. Il comprendra les affaires de la République, ou il ne les comprendra pas, ça n'est point la question. Qu'il comprenne bien les nôtres, c'est tout ce qu'on lui demande. Enfin, comme je te l'ai dit, un homme à nous. Si j'avais pu le faire fabriquer, je l'aurais fait ; mais ça ne se livre pas de commande.

« J'y pensais l'autre soir dans mon fauteuil, avec un journal sous les yeux. Qui prendre ? qui choisir ? me disais-je. A quelle porte frapper ? Le temps presse, les élections vont venir. Cette idée me ramonait la tête, et je ne pouvais plus m'en délivrer. Machinalement je m'arrêtai à un passage de la gazette que j'avais sous les yeux. C'était une lettre du ministre d'Alfred, tu sais, celui qui est le chef de tous les pions de la République. Te dire ce que j'éprouvai à la lire serait embarrassant. Je bondis sur mon fauteuil comme si j'avais mis la main sur les diamants de la couronne. C'en était un de diamant, et des beaux ! Figure-toi, Jérôme, que ce ministre, général des pions, avec un sang-froid digne de cette belle âme, recommandait à tout son monde de nommer des paysans, non pas des paysans faux, des paysans dressés pour la chose, mais de vrais et bons paysans, des marquis du labour, des vicomtes de la charrue. Et de ceux-là n'en serait pas qui voudrait. Le ministre voulait qu'on se montrât très-difficile, on devait passer des examens ! Quiconque saurait lire, refusé ; écrire, encore plus. Et il ne fallait pas tricher à ce jeu : autrement la République eût montré les dents. Le trouves-tu assez curieux, ce ministre, mon chéri ? Te fais-tu une idée de ce qu'il doit être ? Moi, je me figure un sec ; après ça, il peut être gras, que je ne lui en aurais pas plus d'obligation. Ce qui m'a plu de lui, c'est son idée, elle peut se flatter d'avoir trouvé le chemin de mon cœur. Un représentant qui ne saura ni lire ni écrire, voilà un homme qu'on ne pourra point influencer. Il n'y a que par les oreilles qu'on puisse le prendre, surtout s'il les a longues.

« Eh bien ! Jérôme, cette idée coquesigrue m'en a suggéré une qui ne l'est pas du tout. Ah ! vous voulez des paysans, messieurs les Parisiens ! Ah ! vous voulez des êtres dénués de lecture ! Eh bien ! on va vous en fournir un au moins, un phénix, un oiseau rare, un phénomène comme on en voit peu. C'est ici, Jérôme, que je te demande toute ton attention ; il s'agit du berceau d'un représentant du peuple, et tout ce qui se rattache à l'origine de ces êtres privilégiés est digne de rester gravé dans la mémoire des hommes.

« Tu te souviens que, dans nos parties de campagne, nous faisions souvent une halte chez le meunier Simon, honnête garçon s'il en fût, et doué de ce gros bon sens qui fait que l'on distingue, à première vue, le foin de la paille. Il nous aime, Simon, et ce qui le prouve, c'est l'air joyeux avec lequel il nous accueillait, et les galettes de fleur de farine dont il nous régalait quand nous faisions près de son moulin notre déjeuner sur l'herbe. A peine eus-je lu la... cir... Comment dis-tu cela ? la circulaire en question, que je m'écriai : Je l'ai trouvé ! — Qui ? me demande la bonne. — Notre représentant du peuple, l'homme selon le cœur du ministre ! Je l'ai trouvé, c'est lui, il n'y en a pas d'autre dans les quatre-vingt-six départements. Qui ne sait pas lire ? Simon. Qui ne sait pas écrire ? Simon. Qui a l'âme aussi blanche que la neige ? Simon. Qui est bon comme le bon pain blanc ? Simon. Qui a toutes les vertus de la circulaire ? Simon. Et je ne te cache pas, Jérôme, qu'après cette addition des vertus publiques et privées de mon candidat, j'ajoutais, mais plus doucement et pour moi seule : Qui est-ce qui fera parfaitement notre affaire? Simon. Dam! quand on a tant fait pour la patrie, il est permis de songer un peu à soi. Simon est le phénix du ministre; seulement il a une qualité de plus. Qui oserait le lui reprocher?

« Maintenant, mon chéri, tu comprends mon plan de campagne. Faire de Simon un représentant du peuple, voilà le but; quant aux moyens, ça va à l'infini. J'ai d'abord caché le coup d'État; je suis devenue farouche sur l'article de la République. Il fallait ça. A moins de prendre le bonnet rouge, j'ai tout fait. J'ai parlé pour le peuple dans tous les salons; c'était à tirer des larmes des yeux. Ensuite, j'ai dit au commissaire que j'exigeais au moins deux cultivateurs parmi les représentants; mais, là, sérieux, pas fraudés et garantis bon teint. J'ai dit deux, afin d'avoir un peu de marge. Quand ils auront admis Simon, je coulerai sur l'autre. Affaire de tactique, tu comprends. Le principe étant admis, j'ai présenté l'homme. Simon ne voulait pas; il criait comme un geai et résistait comme un âne; mais je l'ai si bien tourné et retourné, qu'il a fini par se rendre. Cinq piastres par jour, mon chéri, ça brille à l'œil d'un meunier. C'est un honnête garçon, il est au-dessus de cela; mais enfin ça brille; n'y cherchons rien de plus.

« Ce n'était pas tout que d'avoir obtenu l'homme, il fallait le dresser. Avant de le présenter au club, je voulais qu'il fût à même d'y faire une figure passable. On n'exige pas qu'un paysan soit un grand clerc; mais s'il se montre trop gauche, trop embarrassé, s'il n'a pas au moins un peu de rondeur pour sauver son ignorance, ceux-là mêmes qui sont plus bâtés que lui se trouvent humiliés d'avoir un tel nom au bout de leurs doigts ou dans leurs poches. Ils lui faussent compagnie sans rien dire à personne, et en dessous, comme font les paysans. Il fallait donner à Simon un peu d'acquis, un peu de vernis, ça été l'affaire de quelques leçons. Il a appris comment il devait tenir son chapeau, comment il devait saluer l'auditoire. Je ne lui ai enseigné que deux ou trois gestes mais simples et naturels, et en lui interdisant les autres d la manière la plus formelle. Ma seule crainte était qu'une fois à la tribune du club, l'habitude ne reprît le dessus et qu'il ne manquât son entrée. C'était au petit bonheur.

« Après cette leçon sur la pose et le geste, il fallait lui meubler la tête de quelques phrases. Ça n'était pas bien malin, mon chéri. Les grands politiques ont des passe-partout qui leur servent à forcer tous les enthousiasmes. Il s'agit d'arranger cela d'une façon ou d'une autre, au moment décisif. C'est l'affaire d'un peu de pratique. — Simon, lui dis-je, écoutez-moi. Soyez sobre de paroles ; la sobriété est toujours un signe de profondeur. Il y a des gens qui sont sobres jusqu'à ne rien dire du tout ; ceux-là sont des génies. Ne poussez pas vos prétentions si loin. Ne soyez pas sobre à ce degré, mais soyez-le beaucoup. Un homme qui se tait a une force ; celui qui parle est livré. Si vous vous croyez en mesure d'ouvrir la bouche, mettez en avant le mot de patrie ; c'est un mot qui fait toujours bien. La patrie est en danger, veillons ; voici un modèle de laconisme. Mon bras au sillon, mon cœur à la patrie ; voilà un second modèle. Et quand vous ne trouverez rien et que l'embarras vous gagnera, n'hésitez pas à crier : *Vive la République !* C'est un cri capable de couvrir les plus fausses retraites.

« Voilà, mon chéri, par quels moyens je suis parvenue à obtenir un candidat d'un numéro très-distingué. Le commissaire le trouve charmant ; il est allé visiter son moulin, et a mangé de ses galettes. Bref, il est au mieux avec les autorités. Il ne lui reste plus qu'à subir l'épreuve du club ; mais d'ici là j'aurai si bien préparé le terrain, qu'il faudrait jouer du guignon le plus révoltant pour y échouer. Tu sais que je n'ai pas la main malheureuse, et que je m'entends à conduire un succès. Quand on a fait réussir une Fifine, on peut prétendre à tout. Simon est d'ailleurs un sujet qui a de l'avenir. Sa bonne figure plaît à l'œil, et il jouit d'une santé qui ne peut que faire honneur à la représentation nationale. Nous l'habillerons de pied en cap, et lui ferons laver les mains avec du son. L'article n'est pas rare chez lui.

« On ne peut rien augurer, Jérôme ; mais tout me permet de croire que je réussirai dans mon projet. J'ai déjà fait exécuter une grande affiche sur laquelle on lit ces mots :

SIMON, MEUNIER, *candidat du peuple*.

« La vue seule de cet objet nouveau a soulevé la ville en faveur de mon candidat. Nos dames ne veulent que Simon, ne portent que Simon ; il est le favori. On a écrit pour lui à douze lieues à la ronde. Les arrondissements voisins désarment presque tous ; ils acceptent Simon. Un meunier, personne n'y résiste ! Que j'ai donc été bien inspirée d'aller chercher cet homme au milieu de ses recoupes et de ses sacs de froment ! Le voilà lancé ; je voudrais l'arrêter que je ne le pourrais plus. Hier il était obscur ; aujourd'hui il est une notabilité. Pourvu qu'il ne nous échappe pas, une fois arrivé ! L'ingratitude se logerait-elle jusque dans l'âme d'un farinier ?

« En terminant ma lettre, mon chéri, je vous recommande la sagesse, comme un remède contre l'ennui. Ne touchons pas au fruit défendu, et songeons à notre petite femme. Une fois mon Simon proclamé, je l'enlève, et nous arrivons l'un portant l'autre. Adieu, Jérôme ; encore une semaine ou deux, et Paris me reverra. Ah ! nous sommes en république ! Eh bien ! elle comptera avec nous, la République, ou nous lui dirons son fait. Je les vois tous d'ici : d'autres figures sous les mêmes habits. Dieu ! qu'il me tarde d'aller leur débiter ce que je pense de leurs vénérables personnes !

« Et comme je leur lancerai mon Simon après les jambes ! Sois tranquille, mon chéri ; on t'a mis à la porte, c'est par la fenêtre que nous rentrerons.

« Ta femme peu soumise,

« MALVINA.

« *P. S.* J'ai gardé ma lettre deux jours, afin de pouvoir y ajouter quelque chose sur la séance du club et la présentation de Simon. Ça été merveilleux, mon mignon, ébouriffant, pyramidal : ajoute à ces épithètes toutes celles que tu voudras, toi qui connais à fond ta langue. J'étais dans un coin de la salle, avec quelques dames plus tremblantes que Simon. Je craignais les embûches, les piéges secrets ; je ne connaissais pas notre homme. C'est un roc, Jérôme, un véritable roc, inébranlable, à l'abri de la bombe et du boulet. Sa poitrine est une cuirasse, sa figure un bouclier. On l'interpelle, il ne s'émeut pas ; on l'interrompt, il reste impassible. Cette tête, image de la force et de la santé, dominait le club ; elle ressemblait à la statue du dieu du silence planant sur ses adorateurs. Je fais de la poésie, tu vois ; c'est ta faute, ton mal me gagne. Le fait est que je me suis divertie à cette séance comme une reine, et que ces dames en ont reçu la même impression que moi. Elles sont folles de Simon ; elles parlent de me le confisquer. Comme tu le penses, je me défends. Au fait, c'est mon œuvre, et j'y ai bien quelques droits.

« Tu sais que j'avais recommandé à Simon de se servir du mot de patrie à tout propos, sans crainte d'en abuser. Il a exécuté sa consigne avec une présence d'esprit rare. Dès qu'il a pu s'emparer du mot en question, il ne l'a plus quitté : la patrie par ci, la patrie par là ; il en écrasait, il en accablait ses adversaires. Nous le soutenions du geste et de la voix. — Bravo, Simon ! bravo, Simon ! Et lui de répéter : — La patrie ! mon cœur à la patrie ! mon bras à la patrie ! L'accent, la pose, le geste, tout était assorti, et l'enthousiasme a été grand.

« Bref, Simon a réussi, Simon sera nommé, Simon réunira cinquante mille suffrages. Le commissaire le traite déjà en homme important. L'autre jour il a dîné à la préfecture, et y a déployé un appétit dont la cuisine officielle se souviendra. A défaut d'autres succès, il aura ceux de l'estomac ; ce sont les moins trompeurs et les plus infaillibles. Il ne tient pas, d'ailleurs, à la qualité, mais au nombre. Deux progrès lui restent à faire, c'est de ne pas tenir son siége à trop de distance de la table, et de se servir moins obstinément de ses doigts. A part cela, de l'avis de tous, c'est un garçon fort présentable.

« Encore un adieu, mon chéri ; celui-ci est le dernier. Dis

à Alfred que sa mère l'embrasse, mais qu'elle ne veut plus entendre parler de son plan de gouvernement. A seize ans, voyez donc !

M. »

XIV

LES VERTIGES DANS L'AIR.

Depuis près de deux mois, la révolution était accomplie, et rien n'annonçait que le désordre répandu dans les esprits fût près de se calmer. La rue avait meilleur aspect, sans que l'état des cerveaux eût éprouvé une amélioration sensible. Paris ressemblait à ces villes de l'antiquité dont l'histoire raconte les vertiges. On l'eût dit livré à une tribu d'Abdéritains, parmi lesquels se retrouvaient quelques hommes honteux de leur raison, et moins jaloux de s'en prévaloir que de la faire oublier par le silence.

De tous ces fous, les plus dangereux étaient ceux dont l'état mental prêtait à l'illusion. On ne s'abuse pas sur une démence complète, elle éclate trop ouvertement. Les égarements partiels sont plus lents à se trahir, et il s'y mêle de tels éclairs de bon sens qu'on hésite à leur assigner leur véritable nom. Que d'aberrations se cachent ainsi sous des apparences de lucidité ! Écoutez cet homme : c'est bien à tort qu'on a pris quelques mesures contre les écarts de sa raison. Rien ne les justifie, rien ne les excuse. Les médecins lui en veulent, c'est l'unique motif du séquestre dont il se plaint. L'entretien s'engage, et en effet, c'est celui d'un être qui jouit de la plénitude de ses facultés. Il parle avec netteté, avec chaleur ; ses idées sont abondantes, précises, et il les revêt d'un langage qui s'élève jusqu'à l'éloquence. A peine s'imprègnent-elles d'un peu d'exaltation. Vous allez croire que cet homme est victime d'un complot ou d'une méprise ; attendez, sa marotte n'est pas loin, il n'y échappera pas longtemps. Le voici qui part : il est empereur du Mogol ou reine de Chypre ; il a inventé un système pour marcher sur le front ou mettre la foudre en bouteilles ; il a quinze gouvernements dans sa poche, et se dessaisira du meilleur, si on veut y mettre le prix.

Telle est la pire espèce de fous, celle qui trompe le plus facilement la surveillance ; c'est celle aussi dont le pavé abondait. Il en sortait de tous les coins, de toutes les issues ; ils remplissaient l'air de leurs projets et de leurs cris. Aux vertiges du gouvernement, ils voulaient à toute force ajouter les leurs. Aussi se multipliaient-ils par l'invention et par le bruit ; ni les affiches, ni les manifestes ne leur coûtaient. Aucun d'eux ne regardait à la dépense quand il s'agissait de sauver l'État. Ils arrivaient d'ailleurs les mains chargées de trésors. Ceux qui n'avaient à offrir qu'un milliard étaient considérés comme d'assez pauvres esprits ; vingt milliards formaient un contingent raisonnable. Vingt milliards ! quelle vétille ! En frappant du pied le sol, on devait les trouver. Un simple procédé y suffisait ; il s'agissait de tout *mobiliser*. O vertu d'un mot ! Mobiliser, mobilisation, enfants d'un vocabulaire qui n'est pas celui de Bossuet, que de qualités secrètes ne renfermez-vous pas ? Mobiliser, l'avenir est là ! Qui mobilisera le mieux, aura trouvé le secret de nos destinées ! Que d'affiches sur la mobilisation, sans compter celles qui touchaient à la réforme hypothécaire et aux assignats !

D'autres insensés avaient mis le doigt sur une découverte plus belle encore. Ils s'étaient imaginé qu'un gouvernement assis sur des ruines n'a pas une tâche suffisante pour employer tous ses instants. Restaurer l'ensemble des institutions, consulter le vœu du pays, maintenir, au milieu d'un désordre immense, le respect des droits, la sécurité des personnes, faire face aux périls du dehors, aux difficultés du dedans, défendre le Trésor contre le discrédit, les classes laborieuses contre les fluctuations du travail, la force armée contre l'indiscipline ; tout cela ne leur semblait qu'un prélude à des travaux plus sérieux, à une besogne plus vaste. A les entendre, un gouvernement doit tout concentrer, tout résumer, tout embrasser. Aucun grand profit ne doit avoir lieu hors de sa sphère. Il va tout entreprendre, et la nation n'aura plus qu'à se croiser les bras. Déjà, on désignait les victimes. Sur mille points, le gouvernement était mis en demeure de substituer son activité à celle des compagnies ou des individus. On l'invitait à faire main basse autour de lui, à s'emparer de ce qui était à sa convenance. Spoliation ou non, qu'importe ? A lui les tontines, à lui les assurances de tout genre. Plus de banque, plus de grand établissement de crédit qui ne fût dans sa main. Les chemins de fer et les canaux ne pouvaient rester hors du giron officiel, et pour donner plus d'extension à ce commerce, l'État devait y joindre une entreprise générale des transports. De la profession de voiturier, il passait le plus naturellement du monde à celle de marchand de sel, et rendait au pays enchanté les ineffables délices de la gabelle. Après la gabelle, paraissait le four banal, autre institution méconnue, puis le monopole de la pêche et de la chasse, enfin, une main-mise générale sur les forêts, en vue du reboisement.

Mais de tous ces vertiges, le plus fréquent et le plus obstiné était celui qui s'attaquait à la bourse des riches. Comment y atteindre ? Comment la vider d'un trait ? L'emprunt forcé, les taxes somptuaires, le retour des successions collatérales à l'État, la contribution sur le revenu, l'impôt progressif, rien ne fut omis dans cette nomenclature d'expédients, bien dignes de financiers aux abois. Un jour, prêt à se dessaisir de dix mille francs en faveur de la patrie, un rentier ou soi-disant tel invite tous les capitalistes à en faire autant, et convoque les ouvriers de Paris afin d'ajouter un poids de plus à son exemple et à son invitation. Un autre se souvient de l'indemnité payée aux émigrés, et demande qu'on la restitue au peuple, capital et intérêts. Celui-ci veut que le riche soit frappé dans sa vanité ; celui-là qu'il rende compte jour par jour de sa fortune, et qu'au delà d'une certaine somme on lui applique le procédé sommaire inventé par un malfaiteur de l'antiquité. D'autres dressent des listes d'opulents, qui ressemblent à des listes de proscrits, et désignent des noms comme point de mire aux plus mauvais instincts. Chez tous se retrouve le désir d'arriver aux coffres les mieux pourvus, et d'y exécuter de fréquentes et profondes saignées.

Atteindre la richesse! frapper la richesse! quel est le régime qui ne l'a point essayé? quel est celui qui, dans les heures de détresse, n'a pas franchi la limite qui sépare les moyens arbitraires des moyens réguliers? En toute occasion semblable, voici ce qui est arrivé : A mesure qu'on exerçait sur elle une pression plus forte, la richesse disparaissait comme un morceau de glace disparaît sous les doigts qui l'étreignent. On croyait la tenir encore, que déjà elle s'était évanouie. Il faut à la richesse, pour naître et se développer, des conditions de longue et constante sécurité. Elle ne supporte ni les essais ni les violences. En fait de prélèvements et de dîmes, elle n'accepte que ce qui lui convient, et trouve d'ingénieux moyens pour se dérober à ce qui lui répugne. Lorsqu'on l'épouvante et qu'on la froisse, elle quitte sa forme ostensible pour recourir à mille déguisements. Trop vivement pressée, elle va chercher dans un pays moins hostile des lois meilleures et un régime plus hospitalier. Ainsi l'arme dont on la frappe se retourne contre qui s'en sert, et le pays qui lui déclare la guerre est voué à l'appauvrissement. Tout s'y éteint : la vie de luxe d'abord, puis l'activité même. C'est une déchéance qui se prolonge jusqu'au retour d'un sentiment moins ombrageux et d'une politique plus tolérante.

Qu'on ne s'y trompe point : toute forme de progression dans l'impôt nous conduirait là. Dès que les fortunes arriveraient à cette limite où la part de l'État serait égale ou supérieure à celle de l'individu, l'ardeur d'acquérir s'éteindrait dans les esprits, et il n'y resterait que le désir de se soustraire par la fraude aux violences de la loi. De là une distribution anticipée des fortunes sur plusieurs têtes ; de là des fidéicommis sans nombre ; de là un fractionnement nouveau dans la propriété ; de là mille ruses qu'il est facile de prévoir. L'effet en serait doublement fatal; d'un côté, il élèverait outre mesure les valeurs insaisissables à l'impôt ; de l'autre, il frapperait de discrédit les valeurs qui ne peuvent s'y dérober, le sol et les constructions, c'est-à-dire la véritable et solide richesse. Et non-seulement le fonds serait déprécié, mais toute amélioration s'arrêterait à l'instant même. En aucun temps l'homme ne mit son intelligence et ses bras à la merci de l'exaction. Quand il ne protesta point par la révolte, il protesta par l'inertie. C'est ce qui arriverait. Élever le revenu quand le fisc doit s'en arroger la meilleure part, quel rôle de dupe ! et personne n'est dupe volontiers. D'où il suit que les grands efforts du génie humain tendraient à cesser ou à décroître, et qu'on verrait peser sur le pays, comme niveau, une médiocrité voisine de la misère.

Ainsi depuis deux mois nous vivions dans un cercle de vertiges et d'hallucinations. Le faux, l'absurde, l'impossible nous étreignaient de toutes parts, et ne laissaient point de place aux inspirations calmes et sensées. Les uns s'en allaient vers les régions des fées, les autres vers les abîmes de l'enfer. C'étaient des songes riants ou des cauchemars. Ceux qui ne conspiraient pas se promenaient dans la nue. Tous semblaient avoir perdu le sentiment de la vie réelle dans la fièvre et l'ivresse du succès.

Au dehors, cet état des âmes et des partis se trahissait par des symptômes évidents. Dix corps de prétoriens y promenaient leurs uniformes bigarrés. Les uns appartenaient à l'autorité régulière, les autres aux pouvoirs irréguliers. Chacun avait un chef, un mot d'ordre, une cocarde, un drapeau. Que de costumes divers ! Quels travestissements multipliés ! Chaque École eut le sien : l'École normale ceignit le glaive pour marcher à la conquête du professorat ; l'École centrale couvrit la poitrine de ses chimistes et de ses mécaniciens de gilets à la Robespierre ; les lycées eux-mêmes se transformèrent en pépinières de guerriers. On ne voyait que revers rouges, aigrettes, panaches et plumets. La ville était un camp, le citoyen un soldat. A la diane, le tambour s'éveillait pour agiter tout le long du jour, et dans la nuit même, ses baguettes infatigables. Plus d'affaires, si ce n'est celles du bivouac. On avait, pour varier ses plaisirs, le piquet, la patrouille ou la grande garde autour du gouvernement.

A ce mouvement militaire correspondait un mouvement formidable de publicité. Vingt, trente, cinquante journaux se partageaient l'empire de l'opinion et l'asphalte des boulevards. Ils naissaient avec les feuilles de l'arbuste, et ne duraient pas comme elles toute une saison. C'était un assemblage de titres effrayants et de politique véhémente. Plusieurs de ces organes allaient jusqu'à l'ignoble et s'en faisaient une condition de succès. Les plus mauvais instincts, les plus détestables souvenirs trouvaient des flatteurs et des interprètes. Jamais spéculation de scandale ne fut poursuivie avec une telle audace et une telle impudeur. Il n'était pas jusqu'au débit qui ne fût à la hauteur de ce cynisme de la pensée et de l'expression. Le crieur imaginait mille stratagèmes pour surprendre l'attention et la bourse du passant. C'était tantôt une nouvelle incroyable, tantôt un commentaire grossier. Quand ces moyens ne suffisaient pas, ils assaillaient les promeneurs, et les enfermaient dans un blocus si savant qu'on ne pouvait guère y échapper sans rançon.

Ces symptômes étaient tristes; ils témoignaient du désordre qui planait sur les esprits. Vertige dans les idées, vertige dans les actes, partout le vertige et la confusion. Puis rien à l'horizon où le regard pût se reposer; pas une lueur au milieu de cette nuit, pas un éclair qui sillonnât ces ténèbres. Il n'était personne qui n'en conçût un peu d'effroi. Deux mois écoulés n'avaient pas changé les termes du problème; il demeurait aussi sombre, aussi redoutable qu'au premier jour. Qu'attendre? Que désirer? Était-ce un homme? Était-ce un système? Homme ou système, il était temps qu'il arrivât; tout retard devenait fatal. Les choses empiraient; il y avait urgence.

XV

LE SCRUTIN DE LISTE.

La principale affaire du jour, c'étaient les élections.

Pour la première fois, le suffrage universel devait être mis à l'épreuve. Ce que nos grands révolutionnaires, même au fort de leurs sombres expériences, n'avaient pas osé essayer, allait être pour nous le premier pas, l'œuvre du début. Le peuple ne déléguait plus ses pouvoirs, il les exerçait d'une manière directe. Entre lui et ses représentants, point d'intermédiaires ; c'est lui qui devait les choisir et les nommer. L'investiture ainsi donnée et reçue avait un caractère plus solide et plus solennel. Un lien sérieux se formait entre le mandataire et le mandant, et les pouvoirs qui en résultaient semblaient être l'expression et l'émanation la plus vraie de la souveraineté de tous.

Aussi bien des aspirants s'offraient-ils aux chances du scrutin. Dans le nombre, il en était de naturellement désignés ; d'autres avaient plus d'efforts et de preuves à faire. On allait au-devant des ouvriers, à Paris surtout ; en province, quelques cultivateurs se mettaient sur les rangs ou s'y laissaient mettre. De toutes ces candidatures, la seule qui m'intéressât vivement était celle du meunier Simon. J'y voyais l'œuvre de Malvina, et, jusqu'à un certain point la base de nos combinaisons futures. Ma femme avait bien jugé les hommes nés dans ce siècle d'airain et grandis sous le règne des gens d'affaires. Leur vertu n'était guère qu'un vernis ; au premier frottement, on l'avait vue disparaître. L'abus des influences s'exerçait déjà, et il importait d'avoir dans la main un homme qui eût le crédit de se faire écouter. Plus je suivais Malvina, plus sa pénétration m'étonnait. Comme en un clin d'œil, elle avait tout compris, tout deviné, et avec quelle promptitude elle avait dressé ses batteries !

J'avais donc, dans ce moment électoral, le regard tourné vers la province, et m'inquiétais des incidents de la lutte qui s'engageait. Ma femme ne me laissait pas sans lettres ; elle avait soin de me tenir au courant. Rien ne se faisait dans l'intérêt de Simon qu'elle ne me l'écrivît. C'étaient de petits détails qui tous s'accordaient à présenter les chances comme favorables. Il ne restait plus qu'à fixer, entre les arrondissements, un scrutin de liste qui fût commun à tous, afin de porter l'effort sur les mêmes noms. Voici comment elle me rendit compte de ce résultat :

« Mon chéri,

« Nous triomphons sur toute la ligne des arrondissements;
« c'est enlevé, conclu, arrangé. Quatre tremblements de
« terre et deux choléras ne pourraient aujourd'hui empêcher
« Simon d'être représentant du peuple. La chose est faite ou
« à peu près; c'est comme un mariage auquel il ne manque
« que les formalités.

« Je vais maintenant te raconter comment cela s'est passé.
« Il s'agissait de s'entendre d'arrondissement à arrondisse-
« ment, et tu sais comme en général ils font bon ménage.
« Il suffit que l'un dise blanc pour que l'autre dise noir, et
« d'ailleurs ils ont toujours à se chamailler, qui pour une
« route, qui pour un ruisseau, sans compter qu'ils se préten-
« dent tous trop imposés, et les autres trop peu. Ça ira ainsi
« tant que vivra le monde, et ceux qui croient qu'on s'em-
« brassera un jour à l'unanimité doivent appartenir à la fa-
« mille des potirons et des concombres. Dans tous les cas, je
« n'irai pas me loger dans leurs établissements : j'ai la main
« vive, je leur donnerais trop de souci.

« J'en reviens à dire, mon chéri, qu'il fallait s'entendre
« avec les autres arrondissements, et composer ce qu'ils
« appellent un scrutin de liste. C'est à savoir que chaque
« arrondissement présenterait ses noms, et qu'en suite on
« ferait un triage. Rien de mieux; j'avais mon thème fait,
« comme je te l'ai marqué. Je présente Simon. Le nom ne sou-
« lève point de difficultés; seulement des autres arrondisse-
« ments on écrit: Va pour Simon, nous irons à Simon, mais il
« faut le connaître. Oui, mon mignon, voilà leur prétention,
« à ces gens-là. Un candidat qu'on leur donnait garanti et de
« confiance, ils ont voulu le voir. Juste comme les bêtes qu'on
« promène en foire. Vois-tu d'ici notre Simon obligé d'aller
« de village en village et d'y jaser avec les autorités? C'était
« inquiétant; mais comment faire ? Les arrondissements
« s'obstinaient; ils voulaient le voir. Peut-être tenaient-ils à
« s'assurer qu'on ne les faisait point voter pour un nègre.

« Quand j'ai vu cela, mon mignon, j'ai bien vite pris mon
« parti. Puisqu'il faut que Simon y aille, me suis-je dit, j'irai
« aussi. Je ne connais point les autres arrondissements, c'est
« une belle occasion pour les visiter. On les dit très-salubres ;
« il y a même des curiosités ; je verrai tout cela. Quant à
« lâcher Simon, merci ! on me le changerait en nourrice.
« Et puis, qui sait ? s'il avait besoin de conseils ? Il se forme
« sans doute ; mais les autres arrondissements vont se mon-
« trer bien autrement chipoteurs que celui-ci. Et s'il allait
« rester sur les dents ! Et s'il allait leur déplaire ! Pas de ça,
« Lisette, il faut que Simon réussisse partout, et j'y veillerai
« en personne. D'ailleurs, tant qu'il serait loin, j'aurais des
« papillons noirs dans la tête. Je rêverais des désagréments
« gros comme des maisons et des bêtises grosses comme des
« montagnes. Il me semblerait qu'à tout instant Simon se
« casse le nez, et il ne faut pas qu'un futur représentant se
« détériore cet organe. Bref, ni une ni deux, j'irai avec Si-
« mon, je servirai d'escorte à Simon. C'est un voyage d'agré-
« ment, et s'il y a quelque ennui à essuyer, j'y ferai face. Je
« suis bon cheval de trompette, je ne crains pas le feu.

« Aussitôt fait que dit ; j'embarque Simon dans un cabriolet
« avec quelques vivres, je me mets à côté de lui, il prend les
« guides et nous partons. Juste comme un préfet en tournée,
« mon chéri, ou, si tu l'aimes mieux, comme un voyageur de
« M. Farina, le véritable. Nous avions une jument qui allait
« un petit trot à nous enlever trois lieues à l'heure, et je sou-
« haite à Simon de tenir les rênes de l'État comme il tient celles
« d'un cheval. Cependant, tout en poursuivant notre chemin,
« je me mets à le styler, à le former. Il faut te dire, mon
« mignon, que l'une des prétentions des autres arrondisse-
« ments est d'être plus républicains que le nôtre, plus
« anciens, plus authentiques, plus foncés en couleur. Voilà
« un singulier goût ; c'est le cas de dire qu'il n'en faut pas dis-
« puter. Toujours est-il qu'ils ne nous regardaient pas comme
« assez purs pour eux. Nous n'avions ni leur date ni leur
« férocité. Dame ! que veux-tu ? le plus bel arrondissement
« du monde ne peut donner que ce qu'il a : on n'est pas

« féroce à son gré, et tout le monde n'a pas le goût dépravé
« d'accommoder les gens à la crapaudine.

« Il fallait pourtant sauver Simon, le sauver à tout prix.
« Avec de la prudence, c'était aisé. On ne repoussait pas mon
« candidat, un meunier souriait à ces purs des purs. Il flat-
« tait leurs goûts ; mais on exigeait qu'il se prononçât et
« qu'il donnât des gages. C'est là-dessus que je l'entrepris.
« — Simon, lui dis-je, quel est l'état de vos poumons? —
« Mais très-bon, madame, qu'il me répondit. — Avez-vous
« votre voix tout entière, la plénitude de vos moyens ? —
« Oui, madame, je le crois. — Eh bien ! mon ami, exercez-
« vous à crier : Vive la République ! — Vive la République !
« s'écria-t-il. Je n'ai jamais ouï un timbre plus net ; l'organe
« était en parfait état de service. — Maintenant, mon ami,
« ajoutai-je en poursuivant le cours de mes recommanda-
« tions, ménagez-vous pour l'instant solennel ; mais lorsque
« nous serons arrivés dans le chef-lieu de l'arrondissement,
« prodiguez vos moyens, envoyez-leur dans le conduit de
« l'oreille des : Vive la République ! qui ébranlent jusqu'à
« leurs cerveaux. Le succès est à ce prix, entendez-vous ? —
« Oui, madame. — Et vous n'y manquerez pas, Simon ? —
« Vous le verrez, madame.

« Cela n'a pas manqué, en effet ; mon Simon est un gogue-
« nard qui se tire des situations délicates avec un tact et un es-
« prit dont tu n'as pas d'idée. Il est parvenu à pousser vingt-
« deux fois le cri de : Vive la République ! et cela sans affec-
« tation. Je l'ai suivi de la croisée de l'auberge où j'étais des-
« cendue ; il n'a pas bronché, pas fait un faux pas ; il a gardé tout
« son calme, toute sa dignité. C'est décidément un homme
« parlementaire. Il est né pour la représentation. Sa méthode
« est de ne pas se prodiguer, mais de développer dans leur
« plus beau jour sa carrure athlétique et ses joues parées de
« vermillon. On voit là-dessous un cœur heureux dans une
« enveloppe florissante. C'est assez pour lui gagner les esprits.

« Aussi le premier arrondissement fut-il vite subjugué. Les
« autorités parlèrent de donner au candidat un dîner patrio-
« tique à vingt sous par tête ; mais Simon préféra se dérober

« à cet honneur dangereux. Il avait réussi ; c'était l'impor-
« tant. Pourquoi prodiguer ses vivats, au risque de les voir
« perdre de leur éclat dans les arrondissements voisins? Il
« prit donc congé, et fut reconduit avec tout le cérémonial
« dont la localité est susceptible. Il était entré dans la ville
« avec le titre de candidat imposé, subi; il en sortait escorté
« de l'enthousiasme qui s'attache aux candidats adoptifs.

« Voilà, mon mignon, l'histoire de notre début. Une affaire
« enlevée! Il a suffi que Simon parût pour tout subjuguer;
« c'est un rude vainqueur. Moi, je n'ai joué là dedans que le
« rôle de souffleur et de témoin; mais c'était curieux, je te
« l'assure. Il fallait voir les gros bonnets de l'endroit se réu-
« nissant pour dominer les vivats de Simon, et n'y pouvant
« parvenir. Dieu! la belle basse que cela va faire dans le par-
« lement! Pourvu que la salle y résiste; on bâtit si mal au-
« jourd'hui!

« Les autres arrondissements ne résistèrent pas davantage
« à notre assaut. Simon les aborda avec les mêmes moyens,
« et ils cédèrent avec la même bonne grâce. Il plaît généra-
« lement, c'est un fait acquis. J'ai eu la main heureuse. Au
« besoin, il parle, et pas mal, vraiment. Il a des images à lui
« qu'il emprunte à son moulin, et qui font un prodigieux effet
« sur l'auditoire.

« Maintenant, veux-tu, mon chéri, que je te dise toute ma
« crainte, là, franchement? J'ai peur que ce gros garçon ne
« nous échappe. Une fois représentant, s'il allait nous fausser
« compagnie? Et moi qui aurais fait en pure perte une tour-
« née de département avec lui! Moi qui l'aurais créé, porté,
« conduit jusqu'au pinacle! Ce serait dur. J'ai déjà eu plu-
« sieurs fois cette mauvaise pensée, et je m'en repens. Il ne
« faut pas supposer le mal à venir, c'est déjà bien assez de
« celui qui existe.

« Hier les arrondissements se sont assemblés ici pour s'en-
« tendre sur les listes à dresser. Chacun d'eux avait envoyé
« cinq délégués. On y a fort discuté, on s'y est même admi-
« nistré de petites poussées; mais j'ai eu la satisfaction de
« voir que Simon a été mis sur-le-champ hors de page. Tous

8.

« les arrondissements s'honorent de le porter. La lutte n'a
« eu lieu que sur les autres candidats, et je n'y prends qu'un
« intérêt fort médiocre. Simon est sur toutes les listes, et ce
« sera cet illustre nom qui sortira le premier de l'urne du
« scrutin. Quelle gloire pour un meunier! Le souvenir en
« vivra longtemps dans sa famille.

« En songeant au métier que je fais ici, il me prend par-
« fois, Jérôme, des accès de fou rire. J'aurais pu bouleverser
« le département et mettre le commissaire en compote; il ne
« m'a manqué que de le vouloir. Dieu du ciel, quelles ma-
« rionnettes que ces hommes! Je me suis butée à faire un
« représentant; j'aurais tout aussi bien fait un empereur.
« Ces moutons qui, dans quelques jours, iront déposer leur
« vote, ne sauront pas seulement qui ils portent ni pourquoi.
« Ils prendront un bulletin tout fait des mains du curé, ou
« du maire, ou du notaire, et le mettront dans l'urne sans
« seulement l'ouvrir. C'est une comédie, mon chéri, les mieux
« avisés sont ceux qui tiennent les ficelles. La pièce est la
« même, les masques seuls sont changés.

« Adieu; je compte partir peu de jours après l'élection ;
« je t'aviserai mieux. Alfred m'a écrit; je ne suis pas contente
« de lui. Il me dit, avec beaucoup de sérieux, qu'il ne sait
« pas si deux chambres valent mieux qu'une chambre uni-
« que, et si la magistrature doit procéder de l'élection. Ces
« scrupules l'arrêtent, ajoute-t-il. Je copie sa lettre, car tu
« n'y croirais pas. Ah çà! dis-moi, est-ce tout ce qu'on leur
« apprend dans l'institution? Dans ce cas, il faudrait le re-
« tirer, car on nous le gâte. On nous en fera un pédant et
« un raisonneur. S'il le prend ainsi avec moi, nous aurons à
« compter. J'aime qu'on marche, et qu'on marche droit.
« Voyez le beau morveux pour s'inquiéter des chambres et
« de la magistrature! Ah! si j'étais à Paris, quel galop j'ad-
« ministrerais à ses professeurs! Quand les enfants sont
« bien menés, ils ne tombent pas dans ces écarts! Donne-lui
« sur les doigts, Jérôme.

« Ton épouse triomphante,
« MALVINA.

« *P. S.* Attention, c'est toujours le dernier mot qui est le
« meilleur. Jérôme, on m'a tenu des propos sur votre compte.
« On dit que vous menez à Paris une vie de Balthazar. Je
« n'en crois rien ; mais si j'y croyais ! Enfin, n'importe ! Dans
« quelques jours, je te regarderai entre les deux yeux. »

Pendant que la province s'agitait dans un cadre restreint, Paris était le siége d'émotions plus vastes et plus sérieuses. Les candidatures se débattaient devant le public. Elles tapissaient les murs et couraient les rues sous forme de manifestes. Le titre le plus irrésistible était celui d'ouvrier ; c'était à qui s'en décorerait. Quand on n'y arrivait pas de front, on prenait des biais, des déguisements. On était alors fils d'ouvrier, ouvrier de la veille, ouvrier du lendemain. Ceux qui n'étaient ouvriers à aucun degré se rattachaient à une autre combinaison : ils n'étaient point ouvriers, mais ils auraient pu l'être. Ils étaient ouvriers de l'art, ouvriers de la pensée. A défaut de la chose, ils jouaient sur le mot. D'autres allaient plus loin ; ils endossaient la blouse et se croyaient du peuple parce qu'ils en avaient le vêtement.

Les circonstances ajoutaient à cette disposition un aliment de plus. L'élection approchait ; et sous l'empire du suffrage universel, le peuple allait y jouer un grand rôle. L'avoir pour soi, c'était le succès. De quelque côté qu'il portât ses cent cinquante à deux cent mille voix, il était sûr de faire fléchir le plateau de la balance. Aussi, que de candidats à ses pieds ! que de phrases alignées en son honneur ! Les sultans de l'Asie n'ont pas de cour plus servile que celle dont le peuple était alors entouré ; pour le mieux séduire, on empruntait à l'Orient les magnificences de son langage. En lui toute sagesse et toute vertu ; il alliait la force du lion à la prudence du serpent. Ainsi du reste ; on devine jusqu'où va un instrument monté sur ce ton, et quelles fantaisies brillantes il exécute. Le refrain seul variait peu ; c'était toujours : Me voici, nommez-moi.

Nommez-moi, nommez-moi ! ce cri de l'âme couvrait les murs de Paris. Huit cents candidats éprouvaient à la fois le besoin d'être élus et adressaient au peuple ce vœu éploré.

L'expression n'en était pas toujours la même ; elle comprenait plus d'une nuance. Suivant le besoin, la circulaire se transformait ; elle avait le ton digne ou suppliant, visait à l'éloquence ou à la profondeur. Les contrastes abondaient ; le trivial près du sublime, l'humble faute de grammaire près de l'antithèse épanouie dans toute sa majesté. Jamais le genre ne s'était élevé à cette hauteur et n'avait fourni un si grand nombre de modèles. Je les suivais avec attention et les recueillais avec un soin curieux : il est des choses qui ne doivent pas être perdues pour la postérité. Dans l'intérêt de nos neveux, voici quelques échantillons, entre mille.

CIRCULAIRE DE CONSPIRATION.

« Citoyens,

« Nommez-moi, nommez l'homme qui vous parle. Il a le
« droit de parler haut ; il porte les stigmates des fers de la
« royauté : il a connu les oubliettes de la monarchie. Tandis
« que d'autres pactisaient avec le pouvoir et se laissaient
« corrompre en secret par l'or des tyrans, lui ne savait qu'opposer sa poitrine au fer des séides. Ce qu'il a souffert pour
« le peuple, demandez-le aux cabanons du mont Saint-Michel
« et à cette paille humide qui recevait son corps exténué.
« Entre nous, peuple, les preuves sont faites, les gages sont
« donnés. Je suis un des martyrs de ta cause ; vois mes plaies.
« Pendant que tu souffrais, je conspirais. Tu souffres encore,
« je conspire encore. Je conspirerai tant que tu souffriras.
« La prison, ça me connaît ; elle est l'orgueil et le délasse-
« ment des âmes en dessous et des existences méditatives.
« Nommez-moi ! »

CIRCULAIRE D'ORIGINE.

« Citoyens,

« Je suis fils d'un constituant et par conséquent du bois
« dont on les fait. Mon père a vécu dans l'intimité des Mira-

« beau et des Lameth ; c'est assez vous dire que je manquerai
« à l'assemblée si vous ne m'y envoyez pas.

« Permettez-moi de rappeler un seul fait pour mieux éclai-
« rer votre choix. Après l'événement de Varennes, lorsque
« le roi fugitif fut ramené à Paris, mon père, qu'unissaient
« à Barnave des rapports d'amitié, crut remarquer chez ce
« constituant un secret retour vers la famille royale. L'i-
« mage de la reine poursuivait le jeune tribun. — Tiens-toi
« bien, Barnave, s'écria mon père avec un stoïcisme digne
« de cette âme pure. Le mot est resté.

« C'est assez vous dire ce que nous sommes, ce que nous
« valons. Nommez-moi ! »

CIRCULAIRE D'UN DIEU INACHEVÉ.

« Citoyens,

« Les temps sont venus. Trop peu d'hommes vivent du
« produit net. La loi de la production n'est point fixée. Le
« vieux monde et la vieille économie politique s'écroulent.
« Malthus a fait son temps. Il est urgent de prendre un
« parti.

« Nommez-moi !

« Je pourrais vous dire sur-le-champ mon secret, j'aime
« mieux vous le faire attendre indéfiniment. Je suis prêt à
« recevoir vos adorations ; c'est tout ce que ma dignité me
« permet. Quant à prononcer mon dernier mot, impossible.
« Jamais ça ne se fait. Demandez aux dieux de l'antiquité.
« Toujours des nuages autour d'eux. C'est humide, mais on
« s'y fait. J'ai mon nuage ; serais-je dieu sans cela ?

« Nommez-moi ! »

CIRCULAIRE EN OURAGAN.

« Citoyens,

« Tête et sang ! mort et damnation ! On trahit le peuple,
« on dépouille le peuple. Oui, peuple, on te dépouille, on te

« trahit. Aux armes, citoyens ! Ouvriers, aux barricades !
« Voyez les promesses et voyez les faits ! Comparez. C'est le
« parjure, c'est la déloyauté érigée en système. On veut en-
« core s'engraisser des sueurs du peuple ; rien n'est changé,
« si ce n'est quelques noms. Fondons des balles! soulevons
« les pavés ! O peuple ! peuple, que vas-tu devenir ? Tes élus,
« ces hommes de ton choix, qui te trompent ! Tête et sang !
« mort et damnation !

« Heureusement me voici ! Je me porte pour ton salut.
« Nomme-moi ! »

Ainsi s'exprimaient les circulaires; on voit quelle échelle d'idées, quelle variété de tons elles parcouraient. Puis, dans ces variétés mêmes, que de nuances ! La catégorie des dieux inachevés en fournissait huit ou dix et se multipliait par les symboles. Une part en revenait également aux souvenirs impériaux : c'était alors le ton et l'allure de nos plus glorieux bulletins ; l'odeur de la poudre, les roulements du tambour, l'œil et les serres de l'aigle. Les Alpes étaient franchies, l'Europe frémissait sous notre pied conquérant. Évocations d'un passé presque mythologique ! La circulaire y puisait à pleines mains, et jetait ses prestiges aux passions du moment. Tout servait d'enseigne et de levier. Aucune fibre du cœur qui ne fût réveillée ; aucune croyance, aucune religion qui ne fussent mises en jeu. La circulaire n'omettait rien, n'oubliait rien. Elle avait des notes désespérées pour les âmes sensibles, des notes violentes pour les esprits impatients; elle passait des images sombres aux douces fantaisies, et variait ses perspectives au gré des événements et suivant les besoins de la candidature.

C'est dans cette sphère de prétentions et d'efforts que s'agitaient les individus; en dehors d'eux, les partis cherchaient à se reconnaître et à se grouper. Sur un terrain si nouveau, l'allure était incertaine, le pas hésitant, on pouvait s'attendre à toutes les erreurs, à toutes les surprises. Elles ne manquèrent pas.

XVI

LES GRANDS JOURS.

Sous la pression des événements, il s'était opéré dans le pays un déplacement soudain de positions et de rôles. Quel que soit le régime en vigueur et quelque exclusif qu'on le suppose, il est rare que le mouvement naturel de l'opinion ne mette pas en relief, pour le combattre ou le soutenir, les hommes les plus éminents, les intelligences les plus exercées. Consacrée par le choix, cette élite y ajoute les bénéfices et la sanction de l'expérience. Vieillie aux affaires, elle s'y forme et les étudie. Qu'elle approuve ou qu'elle censure, c'est avec un entier discernement. Si elle se trompe, ce n'est pas faute de lumières.

D'un trait de plume, la révolution prétendait exclure des conseils du pays cet ensemble de forces et de facultés. Elle préludait par l'ostracisme. De l'ancien personnel législatif elle n'acceptait rien : tout au plus en ajournait-elle l'emploi à des temps éloignés. C'était une proscription en masse, un interdit universel. Point d'exception, pas même pour ceux qui avaient conduit le siége contre les pouvoirs déchus, un siége aussi long que celui de Troie. Point de grâce, ni pour le caractère, ni pour le talent. Le pays devait trouver, en dehors de ceux qu'on repoussait brutalement, assez d'esprits dévoués, assez de mérites réels, assez de nobles cœurs, assez de bras capables de porter le poids des affaires. C'était la fable du rameau d'or ; aux tiges coupées allaient succéder d'autres tiges d'un métal plus pur.

Ce fut à propos des élections que se manifesta, dans son plus beau jour, ce système issu de la loi des suspects. Plus d'anciens ! c'était le mot d'ordre, répété à l'envi. Place aux capacités nouvelles ! place surtout aux opinions vérifiées et pour la date et pour la couleur ! Rien en dehors, rien qui n'eût ce cachet. Afin de réaliser ce vœu fraternel, on eut des bureaux d'épuration, et un dans le nombre qui entreprit de dicter des choix à la France entière. Il prenait les candidatures à l'entreprise, et expédiait au besoin des commis-voyageurs pour aider au placement. Il avait à sa main des moyens de publicité, des journaux, des prospectus, des affiches. Tout candidat revêtu de son étiquette circulait franc de port, et au besoin le gouvernement ajoutait à cet avantage l'autorité d'un parchemin et le prestige d'une écharpe. C'était une industrie bien montée; seulement elle eut des malheurs.

J'eus l'occasion de voir de près cette manufacture de candidats, et c'est une justice à lui rendre, que l'article s'y traitait en grand et avec une certaine facilité. Ainsi, quand j'eus témoigné le désir de voir notre Simon figurer sur la liste générale :

— Un meunier! dit un membre du cénacle : cela ne fait pas un pli! Accepté!

Je me souviendrai toujours du spectacle plein d'intérêt que me donna cette entreprise d'élections. On était alors au fort de la besogne. Les départements pressaient les commandes; il fallait se hâter de faire les envois. Comment, dans un travail si pressé, ne se serait-il pas glissé un peu de camelote? C'était ma crainte; je vis qu'autour de moi personne ne la partageait. Le bureau comptait sur son infaillibilité et sur la vertu de sa marque. Tout candidat fabriqué par lui, livré par lui, devenait à l'instant même une marchandise à l'abri du soupçon. La province devait le recevoir de confiance. Les procédés de fabrication étaient d'ailleurs d'une grande simplicité. Chaque département passait à tour de rôle sous les yeux du bureau. Un membre lisait les noms à haute voix, et, pourvu que le nom fût parfaitement inconnu, que personne dans le conclave n'en eût entendu parler, il se voyait consacré par le baptême de l'adoption :

— Admis, disait le président.

— Admis, répétait le bureau.

Se présentait-il en revanche un nom connu, célèbre, d'une notoriété incontestée, à l'instant les fronts se ridaient. Devant moi, on cita un homme illustre dont personne n'eût osé récuser les titres. On ne pouvait méconnaître en lui un caractère sans tache uni à un talent éprouvé. Cependant, à entendre ce nom, il n'y eut qu'un cri et qu'un mouvement de dédain au sein de l'assemblée.

— Un dynastique ! s'écria le président.

— Un dynastique, ajouta le bureau. Fi donc !

Et cela avec un accent de pruderie inimitable.

— Fi donc ! fi donc ! répétait-on à l'envi.

Le grand nom fut écarté : il expiait un tort irrémissible, celui d'être connu. Pour être pur il fallait être obscur. Parmi ces modèles de pureté offerts au choix du pays, peut-être s'en trouvait-il plusieurs qui avaient servi douze maîtres, changé vingt fois d'opinion et commis quelques erreurs de conduite; l'obscurité couvrait tout cela. Un obscur était cru sur parole ; quant aux illustres, on ne les voyait qu'à travers les nuages de la calomnie et du dénigrement ; on les livrait en pâture à la médiocrité jalouse. Revanche savoureuse, et bien digne de si grands cœurs !

Je n'avais pas à me plaindre de cet aréopage souverain : il avait admis Simon. Ce choix, la voix du peuple devait d'ailleurs le confirmer ; on fut moins heureux avec les autres. De cette pacotille de candidats, expédiée à grand bruit, le pays n'accepta que la fleur ; il résilia le reste. Les prétextes ne manquèrent pas : sur bien des points la marchandise était de rebut. De là à un discrédit complet il n'y eut qu'un pas. La marque de la fabrique fut vite dépréciée: en être revêtu devint une présomption d'échec.

D'ailleurs les clubs s'en mêlaient, et revendiquaient une part dans l'industrie des candidatures. Or, Paris comptait alors cent soixante clubs, et tous se montraient sans pitié pour les hommes qui négligeaient de comparaître devant leurs quinquets. Cent soixante apparitions et cent soixante discours, quelle tâche, quelle corvée ! Est-il poitrine humaine capable d'y résister ? Pour se promener sur ces flots tumultueux, d'écueil en écueil, de tempête en tempête, il fallait un grand esprit d'aventure ou une ardeur immodérée du succès. Il est cependant des candidats au cœur d'airain, aux poumons de bronze, qui accomplirent cet itinéraire effrayant.

On les vit passer, dans la même soirée, du club des Tranche-lards au club des Brise-montagnes, et y ébranler l'appui de la tribune de coups de poing dignes de ces deux établissements. Il est vrai que, pour se remettre de cet exercice forcé, ils prodiguaient, une heure après, au club des Fraternels, les yeux en coulisse et les gestes arrondis. Allaient-ils chez les socialistes ? ils remplissaient les voûtes du droit au travail, de l'organisation du travail, du minimum de salaire, et autres fariboles à l'usage de l'institution. Paraissaient-ils devant des gardes nationaux et des bourgeois ? ils foudroyaient l'utopie, et adressaient à l'esprit de désordre des réprimandes sévères et de solennels défis. Selon le vent la voile, disent les marins ; suivant le club la parole, disaient les candidats.

Depuis quelques jours je remarquais chez Oscar les symptômes d'une préoccupation profonde. Sa pétulance ordinaire semblait l'abandonner ; il était en proie aux tourments de la rêverie. Parfois, aux angles des rues, il m'échappait pour aller poursuivre, devant les affiches de toutes couleurs, une station interminable. Il s'y abîmait dans ses réflexions, puis revenait vers moi avec les allures d'un homme livré à des assauts intérieurs. Cette barbe éplorée cachait une âme en peine, rien de plus évident. Cependant je me gardais bien de le presser. Oscar n'était pas homme à retenir longtemps le trop-plein de son cœur, et d'un moment à l'autre je devais m'attendre à ses épanchements. En effet, un matin il accourut, l'œil en feu, avec les airs d'un hérisson en révolte :

— Mon cher, s'écria-t-il en jetant son chapeau à l'aventure et se précipitant sur un fauteuil, c'est trop fort, je n'y tiens plus !

— Que t'arrive-t-il ? lui dis-je ; quelque peine, quelque chagrin ?

Il me prit la main et la rapprocha avec vivacité de sa poitrine :

— Du chagrin, Jérôme, non, répondit-il ; un souci, plutôt un de ces grands soucis qui marquent les veilles d'Ulm et d'Iéna ! le souci de l'enfantement ! le souci de la victoire !

— N'est-ce que cela ? dis-je plus rassuré.

— Mon cher, je n'en dors plus, je n'en mange plus. Voici huit jours que ma tête est en travail. Mardi dernier, je m'arrête devant une affiche ; mouvement machinal, rien de plus, j'en ai lu mille sans danger. Qui l'eût cru? Cette affiche est encore là, ajouta-t-il en se frappant le front avec une vigueur alarmante, oui, là, là. Je ne peux plus l'en arracher.

— Voilà une affiche tenace !

— Comme chiendent, Jérôme, et qui va jeter de l'éclat. Attends quelques jours.

— Et que contenait cette affiche ?

— Une révélation, Paturot, rien de moins. Mon Dieu ! une chose simple, pourtant : l'œuf de Colomb, et je n'y avais pas songé. Figure-toi que c'est un tailleur, un modeste tailleur, qui a soulevé chez moi ce monde de pensées. Peut-être un Teuton : le hasard est si bizarre ! Enfin voici : ce tailleur fait un appel à ses collègues de la doublure et du sous-pied. Il leur dit : Camarades, comptez-vous, comptons-nous. Il y a vingt mille tailleurs à Paris, tailleurs à la journée, tailleurs à leurs pièces ; c'est un total de vingt mille voix. Les donnerez-vous sans profit pour le corps ? Naïveté pure. Non, sachez mieux calculer. Portez un tailleur, ayez un tailleur, le plus digne sans doute, le plus législatif de tous les tailleurs, mais un vrai tailleur, un tailleur authentique ! On ne peut pas laisser les entournures sans représentant.

— Peste, voilà un tailleur ingénieux !

— N'est-ce pas, Jérôme ? Eh bien ! c'est de son idée que je suis frappé. Mille autres l'ont été aussi, à ce qu'il semble. Les ouvriers du bâtiment ont un candidat, les gens de maison un candidat, et, ce matin, devine qui se déclare et aspire aux honneurs d'une candidature ? Devine !

— Il y a tant de corps d'état !

— Les portiers, mon cher, les portiers ! Ils sont trente mille à Paris, c'est-à-dire une armée. Ils ont des enfants et des perroquets, tout ce qui peut servir à propager un nom ; et puis, ils tiennent la capitale sous clef, et règnent par le cordon. J'ai admiré cette idée, Jérôme. Un portier, un tailleur, un ouvrier du bâtiment ! et un cri soudain, un cri involontaire m'a échappé : Pourquoi pas un peintre ?

— En effet !

— Pourquoi pas un peintre ? me suis-je répété. Un peintre, ou, en d'autres termes, l'expression la plus élevée de la nature et de la société : de la nature par le paysage, de la société par le portrait. Quoi ! le cordon aurait un représentant, le fond de culotte aussi, et le pinceau n'en aurait point, la brosse non plus, ni l'art, ni le cinabre, ni le vermillon, ni la terre de Sienne ! Un portier et pas de peintre ! Honte et pitié !

— Je comprends tes douleurs, Oscar.

— Se plaindre, à quoi bon, Jérôme ? Plaindre l'art, lui qui est si fier et qui en a tant le droit ! Mieux vaut le venger ! Si les portiers ont leur candidat, les peintres auront le leur. Me voici prêt !

— Toi, Oscar ?

— Oui, mon cher, je m'immole à la dignité de l'art ! J'ai hésité longtemps, je voulais déléguer ce soin à un autre. Mais la réflexion a prévalu. Il faut des noms qui rallient, me suis-je dit, quelque chose d'éclatant et d'inspiré ; une brosse d'avenir, en un mot. Il faut ensuite un républicain qui ait du cachet, un ancien, un authentique. Autre condition du moment. Or, un véritable cachet républicain, il n'y a que moi qui l'aie. C'est connu dans les ateliers. Quant à l'idée artiste, c'est mon terrain. Je suis la représentation la plus exacte de la brosse moderne ; il n'est pas un rapin qui n'en soit convaincu. J'ai ouvert les grands horizons et frayé la voie dans les espaces. L'école du passé le sait bien, elle me poursuit de ses interdits. Ainsi je suis le seul en ligne, le seul possible, le seul vrai. Si je succombe, l'art succombe. C'est une lutte, Jérôme, c'est un combat ; mais pour l'art, au nom de l'art, avec l'art, en honneur de l'art, que ne ferait-on pas ?

— La cause est belle.

— A qui le dis-tu ? Jérôme, et bonne aussi ! et sûre ! et solide ! Je ne suis pas un enfant ; j'ai fait mes calculs. Nous sommes quinze mille peintres à Paris, en y comprenant ceux qui exécutent des Bacchus, ornés de pampres, pour les panneaux des commerces de vins. Il y a aussi les décorateurs en bâtiments, qui sont des nôtres, dix autres mille. Il y a les broyeurs de couleurs, il y a les brossiers, il y a les entoileurs, il y a les marchands d'encaustique. Puis nous tenons aux naturalistes par le cobalt, aux chimistes par le vernis, aux droguistes par l'huile, aux ébénistes par la sculpture, en tout cinquante ou soixante mille voix dans le métier même, sous la main, des votes sûrs, de vrais mameluks. J'aurai d'eux plus que le suffrage, j'aurai l'acclamation. C'est forcé.

Je crus d'abord que l'artiste ne parlait pas sérieusement et voulait essayer sur moi l'effet d'une plaisanterie d'atelier. A ma première sortie, je fus détrompé. Le manifeste d'Oscar s'étalait orgueilleusement sur toute la longueur des boulevards, et avait le privilége d'exciter, par l'originalité de ses formes, les rires unanimes des curieux. On sait quel sentiment de sa propre valeur professait mon ami le peintre. Il s'y était abandonné sans mesure, et avait trouvé, pour l'exprimer, les mots les plus pittoresques et les plus pompeux.

L'affaire essentielle, je l'ai dit, était celle des clubs; il fallait s'y présenter et y déclarer sa candidature. Au lieu de voix éparses, on recueillait là des suffrages collectifs. Oscar ne négligea pas ce moyen d'action : il produisit sa barbe sur tous les points, dans toutes les zones : on la vit à Montrouge, on la vit à Clichy; un jour elle se montrait à l'horizon de Charenton, le lendemain dans les perspectives des Batignolles. Sceaux la connut, Saint-Denis aussi; elle traversa Villejuif et inonda Belleville de ses reflets. Nul quartier intérieur, nulle salle essentielle ne furent privés de sa visite et de son aspect; elle charma le Palais-Royal et le Conservatoire, Valentino et Montesquieu, la Sorbonne et le Marais; tous les centres actifs, tous les foyers en crédit. En moins de huit jours, ce fut la barbe la plus notoire et la plus populaire de Paris.

Pour tous ces clubs, Oscar n'avait qu'un discours, mais un discours à effet. Il l'avait longuement médité et extrait des profondeurs de sa pensée. La première épreuve en fut faite au club des Têtes-de-Requin, sur les sommets d'un de nos faubourgs; le personnel de la réunion se composait d'ouvriers et d'étudiants hors d'âge. On y était fort difficile sur la politique, et, en fait de couleur, on y allait jusqu'aux plus foncées. C'est de ce club que s'échappaient les motions incendiaires destinées à troubler l'épicier dans ses fonctions et le bourgeois dans son repos. Dès qu'on y voyait le commerce reprendre un peu d'essor et les bonnes d'enfant reparaître sur le pavé, un placard foudroyant apprenait à la population de Paris qu'elle n'avait plus que vingt-quatre heures pour se mettre en état de grâce et recommander son âme à Dieu.

Lorsqu'on nous introduisit dans le club, l'assemblée était en proie à une émotion violente. Quelques paroles tombées de la tribune avaient fait éclater un schisme intérieur et les opinions en étaient aux prises. La vue d'Oscar amena une division heureuse ; il était rare que sa barbe n'exerçât pas quelque action sur les esprits. Le silence se fit, et le président en profita pour appeler l'artiste au bureau :

— Le candidat Oscar demande à être entendu, dit-il, en accompagnant ces mots d'un magnifique coup de sonnette.

— Oui, oui ! Non, non ! s'écria le club en se partageant de nouveau.

Cependant la majorité penchait évidemment pour l'affirmative. La curiosité s'en mêlait. On voulait savoir ce qu'une pareille barbe contenait d'éloquence, et quel jeu de lumière s'y établirait sous la réverbération des quinquets. Sans doute, le club était pourvu de barbes ; mais aucune n'avait ce port démesuré, ni ces couleurs changeantes. Le peintre dut à cette circonstance un premier succès. La parole lui fut accordée sur-le-champ. Il s'approcha de l'estrade, et jetant sur l'auditoire un regard fascinateur, il commença ainsi :

« Citoyens,

« Je suis Oscar, ma naissance est connue. Je suis le fils d'un simple chapelier. Que n'ai-je, hélas ! d'un robuste ouvrier à vous offrir la blouse et la tenue ! »

Ce début, qui frappait l'oreille comme un souvenir, arracha au club un murmure de surprise et de satisfaction.

— Bravo ! dit une voix.

— Bravo ! bravo ! répétèrent les autres.

L'artiste se sentit approuvé et son aplomb s'en accrut. Au genre léger il fit succéder le genre grave et s'empara de plus en plus de l'attention. Il poussa les choses jusqu'à l'antithèse, cette arme des forts et ce caprice de la foule. Bref il eut un succès prodigieux. Le club des Têtes-de-Requin l'inscrivit sur la liste de ses candidats ; les plus farouches n'osèrent lui refuser cet honneur. Dès lors ses affaires furent en bon chemin ; sa réputation était assise. On le citait comme un orateur original. Le club des Désossés voulut l'entendre, puis celui de Bric-à-Brac. D'un club à l'autre, il fit son tour de Paris et de la banlieue. Il ne se ruinait pas d'ailleurs en frais d'invention : vingt fois je l'entendis, et vingt fois il reproduisit son début :

« Citoyens,

« Je suis Oscar, ma naissance est connue. Je suis le fils d'un simple chapelier. Que n'ai-je, hélas ! d'un robuste ouvrier à vous offrir la blouse et la tenue !... »

S'il se livrait à des modifications, elles étaient insignifiantes, par exemple, une épithète ou un substantif. Aussi son discours, passant de bouche en bouche, arriva-t-il bientôt à une notoriété populaire, et les membres des clubs, en se rencontrant, aimaient à se dire, en guise de salut :

— Je suis Oscar, ma naissance est connue.

A quoi l'interlocuteur répondait :

— Je suis le fils d'un simple chapelier.

Et ainsi de suite. Oscar était enorgueilli de ce genre de succès.

— Paturot, me disait-il, c'est un fait acquis. Je vivrai dans la mémoire des peuples.

Le scrutin approchait, et il ne semblait pas que la nation eût, dans toute son étendue, le sentiment de l'acte qui était à la veille de s'accomplir. Quoi de plus grave, néanmoins ! La dictature touchait à sa fin, et le pays rentrait en possession de lui-même. Encore une semaine, et il allait s'appartenir. Il était temps ; assez de ruines jonchaient le sol. On se débattait au milieu d'essais ruineux et dans une détresse croissante. Le jugement et la volonté du peuple allaient s'étendre sur tout cela. A lui le droit de condamner ou d'absoudre. Quelle heure solennelle ! et pourtant aucune émotion extérieure ne s'y attachait. Les élans du pays étaient comprimés, ses ardeurs éteintes ; la main du malheur pesait sur lui.

Oscar seul s'avançait au combat avec toute sa fougue et toutes ses illusions. Il portait le front haut et posait sur le pavé un pied majestueux. Cette disposition n'excluait d'ailleurs aucun des soins nécessaires pour assurer le succès. Il veillait à tout, songeait à tout. Une légion entière, sortie des ateliers, parcourait la ville sous son inspiration et y exécutait ses derniers ordres. Les uns distribuaient des listes, les autres défendaient les affiches contre les malveillants. Au moindre avis, il se portait de sa personne vers les points menacés. Jamais général ne se prodigua tant et ne déploya plus de ressources. Il se multipliait par l'activité.

Le jour décisif, aux premières lueurs de l'aube, le peintre était sur pied ; un quart d'heure après, il forçait ma porte.

« Debout, me dit-il ; Jérôme, voici le moment solennel. Si tu savais quels rêves j'ai faits cette nuit !

— C'est pour cela sans doute que tu viens me couper les miens, répondis-je en me frottant les yeux.

— Bah ! une fois par hasard ! Tu prendras ta revanche la nuit prochaine. Puis, Jérôme, c'est l'heure de l'engagement. Nous y voici, nous y sommes ; le scrutin est ouvert. Quels battements de cœur ! Je commence à comprendre Napoléon.

— Bah !

— Oui, mon cher, on vit dix fois avec ces émotions, et quand on en a goûté, on y revient. As-tu une idée de cela, Paturot ? Au moment où je te parle, quatre cent mille hommes pensent à moi ! s'occupent de moi ! une véritable armée ! Armée de purs volontaires ! Merci, mes amis, merci ! Vous me comblez.

Pendant qu'Oscar se livrait à ces démonstrations dans le vide, je m'étais levé et procédais à ma toilette, en laissant échapper de loin en loin des bâillements très-accentués. Une heure ou deux de sommeil m'auraient mieux convenu que cette expédition matinale. L'artiste ne l'entendait pas ainsi; il ne me laissait pas de trêve, et me tendait une à une les pièces de mon vêtement. C'était une véritable obsession; il ne restait plus qu'à se résigner. Nous allions sortir, quand on frappa doucement.

— Entrez, dis-je.

C'était l'homme de confiance d'Oscar, son élève favori, son chérubin. Dans le baptême de l'atelier, on l'avait nommé Mistigris, et je ne le connaissais que sous ce nom. L'artiste ne lui en donnait pas d'autre, ses camarades non plus. Mistigris était d'ailleurs pourvu, au plus haut degré, de la malice particulière aux enfants de la charge. Longtemps en butte à la persécution, il avait habitué son esprit à la pensée d'éclatantes représailles.

— Bravo, mon petit! lui dit Oscar en le reconnaissant; voilà qui est exemplaire. Sitôt debout!

— Oui, m'sieu.

— Et as-tu fait ce que je t'avais recommandé hier?

— Il n'y manque rien, m'sieu. Vous pouvez aller voir.

— Et tout est prêt?

— Prêt et posé, m'sieu! Un coup d'œil magnifique! Vous perdez bien à n'y pas aller.

— Tu l'entends, Jérôme, tu le vois? Ce sont mes maréchaux! Il n'y a pas à craindre qu'ils m'abandonnent quand je les aurais gorgés d'or. C'est bien, Mistigris; tu peux te retirer. Je suis content de toi.

— Ça sera drôle, allez! ajouta l'élève en disparaissant! Oh! oui, ça sera drôle!

Ce départ me frappa; Mistigris devait avoir la conscience de l'échec réservé à son maître. Son œil pétillait de ruse et sa voix trahissait une sorte de ricanement. Il me sembla même qu'au moment de nous quitter, il avait exécuté à l'intention d'Oscar un de ces gestes irrespectueux qui sont l'arme familière et la sentence de l'atelier.

Nous sortîmes, et le premier aspect de la rue remplit le cœur de l'artiste des plus douces émotions. Les manifestes étaient encore intacts; un sentiment de curiosité les avait préservés de l'outrage. A peine sur le nombre deux ou trois se trouvaient-ils recouverts par les confidences d'un autre candidat. Le peintre observait cela avec satisfaction, lorsqu'un bruyant cri de joie sortit de sa poitrine.

— Ah! mon Dieu! s'écria-t-il, que cela fait bien! Oh! divin! divin! divin! Regarde donc, Jérôme!

C'était une pancarte colossale sur laquelle on lisait ces mots :

NOMMONS OSCAR

ARTISTE PEINTRE.

— Dieu! que c'est donc bien! répéta-t-il avec un contentement visible.

Plus loin, l'appel était plus formel, moins vague, et s'adressait à des classes spéciales. Voici ce qu'on lisait :

Ouvriers!

NOMMONS OSCAR

LE PÈRE DU PEUPLE.

Cette qualification toucha le cœur de l'artiste et lui arracha quelques larmes. Cependant des préférences pour une catégorie d'électeurs n'étaient pas sans quelque danger. C'était une sympathie trop exclusive. Comme pour répondre à ce scrupule, peu d'instants après une affiche nouvelle étala ces mots en caractères monstrueux :

GARDES NATIONAUX,

NOMMONS OSCAR

L'ennemi de l'émeute.

— Décidément, se dit le peintre ému jusque dans les profondeurs de sa barbe, ce Mistigris est un adolescent d'une rare distinction. Et moi qui laissais périr ces belles facultés ! C'est un tort, Jérôme, je veux le réparer.

— Tu feras bien.

— Dès demain je pose les bases de sa fortune.

En échangeant ces mots, nous arrivâmes aux portes du collége. La foule n'était pas grande ; cependant, vers l'entrée même, un groupe s'était formé, et l'on y entendait résonner les éclats du rire le plus franc. Un sentiment de curiosité nous poussa de ce côté. La bonne humeur du groupe était provoquée par une affiche qui couvrait le mur et où l'on pouvait lire :

Citoyens !

NOMMEZ OSCAR

ET VOUS AUREZ :

Des décrets au vert,
Des lois au vert,
Des ministres au vert,
Un président au vert.

C'est sa couleur !

Oscar demeura atterré ; ce placard était pour lui la tête de la Gorgone. Il n'y pouvait ajouter foi, même en le voyant, même en le touchant. Enfin, lorsqu'il ne put plus douter de son malheur, sa colère se fit jour, et brandissant son jonc dans le vide :

— Petit drôle ! s'écria-t-il, si je te tenais ici, je te briserais les reins.

Les élections s'achevèrent. Des quatre cent mille voix sur lesquelles il comptait, Oscar n'en recueillit que cinq cent quatre-vingt-quatre, demeurées fidèles à sa fortune. C'était bien peu de charpie pour une aussi large blessure. Mais ce qu'on ne lui eût pas arraché de l'esprit, c'est qu'en dehors de ce fâcheux incident, la victoire lui était acquise, et que la responsabilité de son échec devait peser tout entière sur la tête de l'odieux Mistigris.

XVII

L'ASSEMBLÉE.

Depuis deux jours, je suivais avec une impatience très-vive les nominations que le télégraphe annonçait à Paris, et je me refusais à comprendre pourquoi le nom de Simon n'y figurait point encore. J'accusais tout le monde de ce retard, le commissaire, le ministre, le gouvernement; je ne pouvais croire qu'une élection si naturelle ne fût pas sur-le-champ accomplie et connue. On sait quelles chimères se crée une imagination en travail; je voyais là dedans un complot et une nouvelle rigueur de ce destin si acharné contre moi.

A la suite d'une course sans résultat, je venais un matin de regagner l'hôtel, lorsqu'à ma grande surprise, je vis ma chambre ouverte et occupée. Je crus à un abus de confiance et entrai précipitamment. Une femme était installée chez moi ; les paquets, les malles encombraient la pièce et une partie du palier. J'allais demander une explication, quand je reconnus Malvina. Elle se jeta dans mes bras, tandis que mon jeune fils se suspendait aux basques de mon habit. C'était ma famille, c'était ma maison. J'eus un moment de félicité sans mélange. Nous étions réunis, et pouvions, serrés l'un contre l'autre, porter des défis au malheur :

— Enfin, lui dis-je, te voici! qu'il me tardait de te voir!

— Vrai, bijou ! Bien vrai ? répondit-elle en m'embrassant encore. Au fait, je te trouve maigri.

— C'est si triste de vivre seul !

— Tu as raison, mon homme, il faut quelqu'un pour se dégonfler. Ça me manquait aussi ; quand ce ne serait que pour passer ses colères.

— Et puis quand tu n'es pas là, je n'ai du cœur à rien. Il me semble que tu me remontes, Malvina.

— Oui, chéri, oui, il y a des hommes comme ça ; s'ils ne

sont pas bourrés, ils s'endorment. N'aie pas de peur, nous rattraperons le temps perdu. Mais j'y pense, tu ne me demandes pas seulement des nouvelles de Simon ?

— Eh bien !

— C'est comme je t'avais dit : il est notre représentant. Le représentant Simon ! Je trouve que ça fait bien. Et toi ?

— Parfaitement !

— Une majorité immense, mon chéri ! Le premier numéro du département ! Un succès fou, fou ! On voulait le porter en triomphe, il s'y est refusé !

— Voilà du sens !

— Oh ! c'est qu'il en a ! et du choisi ! J'ai peur, ajouta ma femme à demi-voix, qu'il n'en ait trop ! Il s'est perfectionné que j'en prends l'alarme !

— Et où est-il ?

— Ici, à côté : j'ai voulu l'avoir sous la main. Il doit se débarbouiller. Tu ne croirais pas qu'avant de nous laisser partir, on nous a assassinés de pétards et de fusées volantes. J'en ai eu une robe roussie. Voilà des hommages dont on se passerait. Ah ! çà ! et notre affaire ici ?

— Rien ! rien !

— C'est vite soldé. As-tu vu le ministre, au moins ?

— Pas moyen !

— Voilà bien Oscar ! Dieu ! que je le reconnais ! Enfin, n'importe. J'arrive à temps. Maintenant, mon bijou, laisse-moi mettre un peu d'ordre dans cette chambre. V'a-t'en voir Simon, la pièce à côté, au n° 14, et dis-lui citoyen. Ils sont fous de ça en province.

— Ici de même. N° 14, n'est-ce pas ? J'y vais.

— Écoute, ajouta ma femme en me rappelant, il ne peut pas rester vêtu comme il est : la veste grise et le chapeau à ailes de moulin. Tu le feras coiffer et culotter par tes fournisseurs. Il est à la tête de cinq piastres par jour. Ses moyens le lui permettent. Ainsi, qu'on le culotte et qu'on le coiffe, et cela proprement. Tu m'entends, Jérôme ?

— Oui, Malvina.

— Un meunier, ça a des préjugés et de la carrure ; prends

un drap fort. Maintenant déguerpis, car je perds mon temps.

J'entrai chez Simon, qui se livrait à des ablutions copieuses. A chaque instant il plongeait, dans une cuvette pleine d'eau, sa figure rubiconde et la relevait ruisselante comme celle d'un dieu marin. C'était bien toujours le même homme, bon et jovial. Quoi qu'en dît Malvina, je le trouvai peu dégrossi. Il montrait seulement plus de réserve. Quand il fut prêt, je lui proposai de le conduire chez mon tailleur et mon chapelier; il y consentit. De lui-même, et c'était encore de sa part une preuve de sens, il comprit qu'il fallait renoncer aux singularités du costume. De mon côté, je fis disposer les choses de manière à ce qu'il n'eût pas l'air trop emprunté sous ses nouveaux vêtements.

Simon offrait un curieux objet d'étude; je me proposai de l'observer sans prévention et de le juger avec impartialité. C'était un élément nouveau dans la vie parlementaire; il était utile de préciser quel rôle cet élément y jouerait, essentiel ou secondaire, humble ou élevé. Notre élu n'éprouvait alors d'autre sentiment qu'un embarras naturel chez un homme jeté hors de sa sphère. Toutes les surprises l'avaient assailli à la fois. Il avait à s'accoutumer au bruit et au luxe de Paris en même temps qu'aux grandeurs de sa position. Rien qui ne fût nouveau pour lui; et, dans cette région des nouveautés, la fortune le portait du premier bond aussi haut que possible.

Je m'y pris avec Simon comme on s'y prend avec un frileux que l'on pousse à l'eau. Dès le premier jour, je le jetai en plein monde parlementaire. De divers points, les représentants accouraient au palais de l'Assemblée, y désignaient leurs places et se faisaient inscrire à la questure. J'y conduisis Simon et y remplis avec lui ces formalités. Il choisit son banc et donna son adresse. En échange, il obtint une carte qui forçait les consignes et lui servait à se faire reconnaître au besoin. Il vit la salle, essaya son siége et embrassa d'un œil curieux ces bancs déserts et ces tribunes vides. Ce fut un itinéraire complet, une exhibition sur la plus grande échelle. Simon connut tout, même le temple suspect ouvert aux limonades et aux orgeats.

En livrant sur-le-champ ma victime, je ne savais pas quels assauts je lui préparais. Le lendemain, au petit jour, Simon achevait à peine de se vêtir, lorsque deux coups discrets furent frappés à sa porte. Il ouvrit, et un personnage vêtu de noir se glissa comme une ombre dans l'appartement. On voyait à ses allures, à son œil chargé de supplíques, à son organe caressant, que ce genre d'invasion lui était familier. Sa physionomie ne l'eût-elle pas trahi, qu'un portefeuille de maroquin lui eût assigné son véritable caractère. Mais Simon n'en pouvait rien savoir ; il allait payer à l'inexpérience un tribut obligé. Dans le personnage qui entrait il ne vit, il ne put voir qu'un visiteur poli et bien couvert ; aussi répondit-il à ses saluts par le salut le plus profond :

— N'est-ce pas au citoyen représentant Simon que j'ai l'honneur de parler? dit l'importun en s'inclinant jusqu'à terre.

— Lui-même, citoyen, répliqua Simon en se prodiguant de son mieux.

— Le citoyen représentant n'a fait partie d'aucune des anciennes législatures, à ce qu'il me semble, ajouta l'interlocuteur.

— D'aucune, dit laconiquement Simon.

— Dans ce cas, que le citoyen représentant me permette de lui exposer l'objet de ma visite. Une réunion d'hommes d'État, qui se sont adjoint l'élite de nos hommes de lettres, a conçu le projet de livrer à l'admiration de l'univers les noms des neuf cents représentants du peuple. Il importe, en effet, que ce produit de l'élection la plus large qui ait jamais eu lieu, soit apprécié convenablement et ne soit pas perdu pour la postérité. Comme représentant, vous avez votre place marquée, citoyen, dans ce mémorable ouvrage, et je viens vous inviter à nous fournir les documents nécessaires pour qu'aucun de vos titres ne soit omis ni perdu. Consciencieux et bienveillants, voilà notre devise. Auriez-vous déjà figuré dans quelque biographie, citoyen ?

Qu'on juge de l'embarras de Simon devant une provocation si directe : malgré lui il en ressentit un peu d'humeur, et répliqua avec vivacité :

— Ma foi, non, citoyen.

— Beaucoup de vos collègues sont dans ce cas, citoyen représentant, reprit l'orateur avec une inaltérable politesse. L'Assemblée se compose surtout d'hommes nouveaux, et, Dieu merci, cela n'en vaut que mieux. Point d'engagements antérieurs, point de passé à faire oublier; c'est inappréciable. Puis donc que rien n'est imprimé sur son compte, que le citoyen représentant veuille bien nous fournir quelques notes, un abrégé succinct, des dates seulement, ce qu'il voudra. Nous avons des rédacteurs qui se chargeront d'y mettre les développements. Si le citoyen représentant désire voir une épreuve, nous sommes à ses ordres.

La situation de Simon devenait intolérable; il ne comprenait pas le premier mot de ce qu'on attendait de lui, et il n'osait avouer cette ellipse dans ses notions élémentaires.

— Mon Dieu, ce n'est pas la peine, dit-il brusquement.

Le hasard l'avait bien servi ; il tombait juste. Le biographe prit un mot si formel pour un refus. Cependant il voulut essayer son dernier trait, le trait du Parthe : tirant de son portefeuille quelques livraisons déjà publiées, il les mit sous les yeux de sa victime.

— Voyez, citoyen, ajouta-t-il, c'est pourtant exécuté avec soin, papier de luxe, vignettes et culs-de-lampe ! vingt francs l'ouvrage complet, un marché d'or.

— Et que ne parliez-vous plus tôt, citoyen ? Vingt francs, dites-vous ? tenez, les voici vos vingt francs, et n'en parlons plus.

Simon n'était point un prodigue ; les meuniers le sont peu; mais son amour-propre avait été mis à une telle torture, qu'il eût porté sa rançon au double s'il l'eût fallu. Le biographe était aux anges; il précipita son butin dans les profondeurs de son gousset :

— Représentant Simon, dit-il en prenant congé, je vous laisse les livraisons qui ont paru, vous recevrez les autres plus tard. Quant à ce qui vous concerne, nous vaincrons votre modestie, citoyen, nous la forcerons dans ses retranchements. Vous manqueriez à notre ouvrage, représentant Simon ; les éditeurs ne le souffriront pas : ce sont des amis trop sincères de leur pays.

En achevant ces mots, l'homme vêtu de noir gagna la porte à reculons, en prodiguant des saluts démesurés que Simon s'efforçait de lui rendre. Enfin il partit, et le meunier se jeta sur un fauteuil en faisant entendre un *Ouf !* de détresse. Je suis convaincu qu'une journée de moulin l'eût moins fatigué que cette audience. La sueur ruisselait sur son front ; il était sous le coup d'une prostration générale.

A peine commençait-il à recouvrer ses esprits, qu'il entendit le même bruit se reproduire, et un appel nouveau retentir du dehors. O terreur ! Il sortait à peine des mains d'un exécuteur : était-il destiné à tomber sur-le-champ entre les mains d'un autre ? Que signifiait cette succession de visites et d'importunités ! Il arrivait seulement, et déjà tout Paris prenait le chemin de sa demeure. Que serait-ce quand il y serait plus connu ? Cependant, par une sorte d'instinct, il ne se rendit pas sans résistance à cette seconde démonstration. Il garda le silence et ne bougea pas de son fauteuil. Hélas ! il avait affaire à une race qui s'acharne après la proie et ne perd pas la piste facilement. Les coups redoublèrent et devinrent plus pressants, plus forts. Il fallut capituler et ouvrir de nouveau.

C'était encore un habit noir, et sous cet habit noir un portefeuille. Les habits noirs se succédaient ; les portefeuilles aussi. On eût dit la scène où Molière détache ses matassins à la poursuite du gentilhomme de Limoges. Seulement on abordait le représentant Simon par un autre côté. Quant à l'objet de la visite, notre pauvre ami n'avait fait que changer d'art : le piége était le même.

— Citoyen, dit le personnage introduit, une réunion d'artistes vient mettre ses crayons aux pieds de l'Assemblée nationale. Elle entend et veut reproduire à tout jamais les images des sauveurs de la patrie, de ceux que le peuple a investis de sa souveraineté. C'est là une prétention légitime, n'est-ce pas, représentant Simon ?

— Sans doute, répondit celui-ci en balbutiant.

— Cependant, citoyen, je vous prie d'écouter ce qui suit. Si nous avions dû exercer indistinctement nos crayons sur tous les membres de l'Assemblée, pour ma part je n'y aurais pas consenti. C'est une galerie choisie que nous voulons faire, un ensemble des notabilités. A ce titre, représentant Simon, vous êtes l'un des premiers portés sur ma liste. Il serait fâcheux qu'un nom comme le vôtre demeurât étranger à une collection destinée à figurer dans tous les musées et dans toutes les iconographies. Vous nous appartenez de toutes les manières; et, afin que vous ne puissiez reculer, nous allons prendre séance.

En même temps, avec un incroyable aplomb, l'artiste tira de son arsenal tout ce qui lui était nécessaire pour mettre à exécution sa menace. Simon était livré ; il n'avait plus de force pour se défendre. Tout ce qu'il voyait le frappait de stupeur ; il se croyait le jouet d'un rêve. L'artiste cependant taillait ses crayons et disposait son papier :

— Un quart d'heure à peine, représentant Simon, vous allez voir cela. Votre figure est facile à saisir. Vrai, j'éprouve du bonheur à vous croquer de nature. J'ai rarement eu sous le rayon visuel une figure aussi pleine, une si belle image de la santé. Un homme de mérite comme vous, se porter aussi bien, c'est de luxe. La tête un peu droite, citoyen, que je saisisse la ligne des trois quarts, elle est heureuse ! En pleine face, nous aurions trop de ressemblance avec un astre que la pudeur me défend de nommer. Bien ! bien ! Comme ça, voici juste le point. Je compte livrer un chef-d'œuvre à l'admiration de l'Europe. Combien vous en faut-il, citoyen ?

— Mais ce que vous voudrez, répondit Simon, n'ayant plus la conscience de ce qu'il disait.

— Alors, un cent ? Et sur papier de Chine, n'est-ce pas ? c'est mieux.

— De Chine, dit Simon.

— C'est cela, poursuivit l'artiste sans quitter le crayon : la planche, quinze francs; cent papiers de Chine, vingt-cinq francs. Pour la somme de quarante francs, citoyen Simon, vous pourrez faire jouir cent amis de votre portrait. C'est vraiment pour rien. Et quel portrait? vous aurez un chef-d'œuvre. Je vous soignerai, allez. Ceux à qui nous en voulons, nous leur prodiguons les nez de travers et les yeux louches. Mais vous, vous me convenez, représentant. Tenez, faut-il vous le dire? vous me faites l'effet d'un bon garçon. Eh bien! ça me va! Et vous?

A ce flux de paroles, le meunier n'opposait qu'une contenance stoïque. Il s'était livré à cet homme, il avait posé, il n'attendait plus sa délivrance que du ciel. Enfin l'artiste se leva avec l'esquisse, et la fit passer sous les yeux du modèle. Simon trouva tout au mieux, et, pour s'épargner un nouvel assaut, il obligea le dessinateur à emporter son salaire. Quelle manne pour cet infortuné, et comme il dut bénir le ciel de sa découverte !

En moins d'une heure, Simon s'était donc dessaisi de soixante francs en faveur de deux oiseaux de proie. De la part d'un campagnard, c'était un oubli étrange, une dérogation, une surprise. Il ne se l'expliquait pas lui-même, et demeurait stupéfait devant sa bourse vide.

J'arrivai dans sa chambre au moment où le dessinateur venait d'en sortir. Simon me raconta les deux scènes où il avait joué un rôle si malheureux.

— Mais, bon garçon que vous êtes, m'écriai-je, il fallait donc m'appeler!

— Appeler, c'est aisé à dire, répliqua le représentant du peuple; comme si l'on pouvait se tirer des mains de vos Parisiens!

Ce fut pendant deux jours la fable de la maison; Malvina ne pouvait s'en consoler.

— Il faut les faire pendre! disait-elle avec un sentiment d'exaspération. Tromper un représentant, c'est tromper le peuple.

Puis s'adressant à son élève, elle entreprit de le dresser aux grands devoirs et aux petites exigences de la vie. Elle lui enseigna que Paris, plus qu'aucune autre ville du monde, abonde en bêtes féroces qui cherchent quelqu'un à dévorer, et lui conseilla surtout de se défier de celles qui cachent leurs griffes afin de mieux dépecer les gens. Le représentant écoutait ces avis avec confiance, et les suivait avec docilité. Le temps acheva ce que ma femme avait commencé, et Simon put bientôt défendre sa bourse contre les entreprises les mieux conçues, par exemple, les billets de concert, les colonies philanthropiques et les bals de charité. Arrivé là, on pouvait l'abandonner à son impulsion : il entrait dans la classe des invulnérables.

Cependant, de tous les horizons de la France on voyait les représentants accourir. L'Assemblée se complétait; elle allait ouvrir ses séances. Simon s'y préparait en secret ; il voulait, dès le premier jour, se créer une position qu'aucun collègue ne pût lui disputer. Il ne s'en ouvrit à personne, pas même à Malvina. Il est vrai que c'était un de ces desseins que le succès justifie, et qui ont besoin d'être mûris dans le silence pour éclater au sein de l'imprévu. Voici à quoi se rattachait cette combinaison :

Dans son voyage autour de nos arrondissements, Simon avait eu l'occasion de constater quelle était sa force essentielle, celle dont il pouvait user en tout temps, en tout lieu, sans réserve comme sans crainte. Il avait obtenu avec trois mots, trois mots bien simples, un de ces triomphes qui laissent de longs souvenirs. Il est vrai qu'il avait mis au service de ces trois mots un des organes les mieux nourris qu'il soit donné à la nature de produire. On ne savait qu'admirer le plus, dans cet instrument vocal, du timbre ou de la vibration, du creux ou du velouté. C'était le bourdon ou la foudre, au choix, mais avec des cordes infatigables et soutenues.

Tel est l'instrument que notre représentant ménageait pour le jour de l'inauguration. Quelques pâtes onctueuses tenaient le larynx libre, tandis qu'un système de rasades donnait aux parois cette vigueur sans laquelle les émissions sont douteuses et le registre incomplet. Tant de soins n'étaient pas surabondants. Il s'agissait d'un service extraordinaire et d'un dessein arrêté de pousser l'expérience jusqu'à la limite des forces humaines. Simon s'était dit ou qu'il placerait son organe au-dessus de tous les organes connus, ou qu'il éraillerait sa voix dans la tentative. Ainsi il offrait en holocauste à la patrie ce qu'il avait de mieux, le signe le plus incontesté de sa puissance, son moyen d'action dans les tempêtes du parlement. Il exposait tout cela en un jour pour l'honneur des institutions nouvelles, et Malvina n'en savait rien! C'était un dévouement à la romaine, profond et secret.

La solennité arriva ; les représentants de la France prirent possession de leur domaine. Devant ce pouvoir nouveau, émanation du souverain, s'inclinèrent les autres pouvoirs. La dictature désarmait, la rue fit silence. Les partis mêmes parurent se résigner à une trêve d'un jour. J'étais présent à cette séance ; j'assistais avec Malvina à ce réveil du droit et de la loi. On ne pouvait, sans un certain frisson, envisager l'avenir qui attendait cette chambre souveraine. L'insulte grondait déjà à ses portes, et à peine, dans un ciel sombre, était-il permis d'entrevoir quelques points lumineux. Ceux mêmes qui marchaient le front haut et l'espoir au cœur vers la contrée de leurs rêves, ne pouvaient se dire par quels chemins ils y arriveraient, et cherchaient en vain à l'horizon la nuée qui devait leur servir de guide.

L'assemblée se réunit sous cette impression; et, aux frémissements qui s'en échappaient, il était aisé de distinguer dans son sein bien des éléments révolutionnaires. A cette agitation des esprits se joignaient le trouble et la confusion du premier moment. Pour beaucoup, une assemblée délibérante était une nouveauté, et ils ne savaient quelle contenance prendre. Chacun s'asseyait à l'aventure, sans tenir compte des affinités. Le hasard porta Simon vers les sommets de la gauche, et sur un banc qui devait bientôt acquérir quelque renom. A peine installé, il nous chercha du regard, et nous adressa un salut majestueux. Malvina ne reconnaissait plus son élève; il avait le port et la gravité d'un mandarin. Déjà il comprenait la distance qui sépare le spectateur de l'acteur, le curieux des tribunes des personnages qui peuplent l'enceinte.

La séance d'inauguration n'avait guère qu'un but d'apparat. Il s'agissait de se voir et de se compter; puis de se manifester au pays et de faire acte de puissance. En de telles occasions, chaque membre s'efface devant la grandeur de l'assemblée. Tout a un caractère général, collectif. Simon en avait le sentiment; il comptait sur les effets d'ensemble et s'y était ménagé un rôle. Aussi surveillait-il avec attention le mouvement des débats, afin d'intervenir au moment opportun. Son regard inquiet trahissait les secrets de son âme. Enfin il se livra. Un orateur discourait à la tribune sur la forme du gouvernement, et en prenait occasion pour exhaler son enthousiasme. Simon comprit qu'il fallait se dessiner; et, réunissant tous ses moyens, il poussa un des cris les plus brillants qui fussent jamais sortis d'une poitrine humaine :

— Vive la République! dit-il.

Vainement essayerais-je de rendre l'impression que produisit cet élan inattendu. Dans aucune assemblée la voix de l'homme ne s'était manifestée avec un tel accent et sous un tel volume. Les vitres de la salle en ressentirent un ébranlement. L'effet en fut prodigieux.

— Vive la République! répéta l'Assemblée par voie d'entraînement.

Quel succès pour Simon! tous les regards étaient tournés vers lui : il régnait, il triomphait. On se demandait dans chaque tribune quel était l'élu du peuple doué d'un timbre si sonore et de dehors si florissants. On voulut savoir son nom, connaître son origine. Les femmes l'enveloppèrent de regards curieux et de prunelles ardentes. Tout autre y eût perdu son sang-froid; lui ne s'en émut pas; il resta maître de son terrain. Quelques minutes après, un prétexte s'offrit; et se recueillant dans un nouvel effort :

— Vive la République! s'écria-t-il.

C'était un autre registre, plus puissant que le premier; on eût dit tout un orchestre. La salle en fut frappée : jamais les théories du son n'avaient reçu une application plus formidable. Dès ce moment, Simon fut classé; l'Assemblée comprit qu'elle avait un maître : le sceptre vocal lui échut. L'occasion était belle; il en usa. Il devint la note dominante de la journée :

— Vive la République! s'écriait-il à chaque instant.

Et l'Assemblée de répéter avec lui :

— Vive la République!

Cependant une dernière épreuve l'attendait. Simon avait proclamé dix-sept fois la République dans l'enceinte des délibérations; mais au dehors et à l'air libre, cet instrument victorieux conserverait-il ses avantages? Les lois de l'acoustique varient suivant l'espace, suivant les lieux. L'organe garderait-il son rang en changeant de théâtre? C'était à vérifier. Sur l'inspiration de quelques membres, l'Assemblée venait de décider qu'elle s'offrirait solennellement aux regards du peuple, avide de la voir. L'exhibition avait pour siége le perron du palais. Le regard planait de là sur la ligne des quais et des ponts; il embrassait les Tuileries et les Champs-Élysées, deux massifs verdoyants, au milieu desquels s'élevait l'obélisque égyptien, pareil à un gnomon solaire. Le soleil s'abaissait à l'horizon et changeait le feuillage en un crible lumineux. L'air était doux, la nature calme. Elle semblait inviter au repos ces cœurs agités de passions tumultueuses.

L'Assemblée se rangea sur les marches du monument, au milieu de cris divers et des ondulations de la foule. Les baïonnettes étincelaient au loin, l'hymne patriotique éclatait dans les rangs et se mêlait au roulement des tambours et aux fanfares des clairons. Les grilles du palais cédaient sous la pression d'une multitude désordonnée. On attendait de l'Assemblée une manifestation publique, un engagement pris à la face du ciel, devant le peuple réuni. Cet engagement se résumait en un seul cri que répétèrent huit cents voix :

— Vive la République!

L'expérience fut décisive pour Simon; il s'éleva plus haut qu'il ne l'avait fait. Il domina tout, ses collègues, les tambours, les clairons, les corps de musique. On put l'entendre de la Madeleine. Désormais il n'avait plus de rivalité à crain-

-dre dans l'échelle des sons humains; le canon des Invalides pouvait seul se mesurer avec lui.

Malvina avait donné à la représentation du pays la plus belle voix de la république.

XVIII

LES SECRETS DES COULISSES.

L'Assemblée qui venait de se réunir n'était pas homogène : divers éléments avaient concouru à la former. Les hommes se connaissaient peu; l'esprit n'était pas le même. Il s'ensuivit, au début, beaucoup d'impuissance et d'hésitation. On s'observait; on ne se livrait pas. Point de grands partis qui eussent le dessein et la force de se disputer l'empire. Les opinions se formaient par groupes, par nuances et sur des points de détails. Le sentiment qui dominait était une adhésion passive aux faits accomplis, et le désir sincère de les faire incliner vers le repos et la sécurité de la patrie.

Si dès le premier jour on eût pu arracher à tous les cœurs leur secret, à toutes les intelligences leur programme, nul doute que l'Assemblée souveraine n'eût marché d'un pas ferme vers la liberté, et n'eût épargné au pays bien des orages. La circonstance pesa sur ces bons instincts et les comprima. Il n'y eut d'ardeur et d'élan que dans les partis complices des violences de la rue. Les autres doutèrent de leur ascendant. Ils voyaient devant eux un pouvoir constitué ; et, disposés à le haïr, ils manquaient de force pour le détruire. Les malentendus compliquaient cette situation et en aggravaient le péril. Au sein d'une réunion aussi nombreuse, le moindre incident suffisait pour renverser les plans les plus sages, les desseins les mieux arrêtés. Une défiance mutuelle s'y mêlait et jetait le trouble dans le débat. De là bien des erreurs de conduite.

Deux grandes nuances se partageaient surtout l'Assemblée, celle des anciens parlementaires et celle des parlementaires nouveaux. Malgré beaucoup d'efforts, le pays n'avait pas voulu s'associer au système d'exclusion professé par le gouvernement. Il renvoyait dans les conseils souverains beaucoup d'hommes honorés par d'anciennes luttes. L'esprit de haine s'était en vain déchaîné contre eux ; le pays résista. Il sut les défendre contre le dénigrement et les violences. La République eut beau déshonorer son berceau en exerçant sur les élections une influence coupable, ce crime ne profita point à ses auteurs. Ils ne trouvèrent pas la nation disposée à subir l'insulte de leurs choix. Ni les surprises du suffrage universel, ni l'action directe exercée sur les consciences ne purent la détourner de ses sympathies réelles, de ses vrais penchants. Elle n'écarta ni les noms illustres, ni les noms éprouvés, et y associa des noms nouveaux, dignes d'elle et digne d'eux.

Cependant au sein de l'Assemblée, ces éléments ne purent d'abord se confondre. A côté des affinités d'opinion, il y eut des affinités d'origine. Les nouveaux parlementaires affectaient de voir dans les anciens des maîtres superbes, des vétérans fiers de leurs chevrons. Ils s'en écartaient pour faire acte d'indépendance. De leur côté, les anciens s'effaçaient de leur mieux, afin de désarmer ce sentiment jaloux. En toute chose ils abandonnaient aux nouveaux le soin du débat, la responsabilité du vote. Ils attendaient du temps une fusion nécessaire, un concert des volontés. Au milieu de ce conflit d'amours-propres, tout empirait, tout allait à l'aventure. L'ennemi commun s'en aidait pour se maintenir au pouvoir, et disperser au vent les derniers lambeaux de la fortune de la France.

Pour les hommes que la révolution de Février avait investis de la dictature, c'était un moment décisif; d'eux-mêmes ils se résignaient à une épuration partielle. Un ou deux de leurs membres devaient se retirer devant l'Assemblée. Le navire était chargé trop lourdement; on jetait à l'eau une partie de la cargaison, afin de sauver le reste. L'Assemblée acceptait le sacrifice ; seulement elle demandait qu'il fût complet. Entre le souverain de la veille et le souverain du jour, ce fut le premier dissentiment, le premier conflit. Plus unie, l'Assemblée eût triomphé; divisée, hésitante, elle fut vaincue.

Je rappelle cet incident, car pour nous plus d'un mécompte s'y attacha. Depuis quelques jours, Malvina sentait notre ami Simon s'échapper de ses mains; une influence mystérieuse s'exerçait sur lui sans que nous pussions ni la conjurer ni la détruire. Calme le matin, il revenait le soir dans un état voisin de l'exaltation, et nous avions toutes les peines du monde à le ramener vers de meilleurs sentiments.

— Simon, lui disait ma femme, prenez garde; vous faites de mauvaises connaissances, cela se voit.

— Comment le pourrais-je? répondit le meunier; je ne quitte pas l'Assemblée!

— C'est possible, Simon, mais vous devez y fréquenter les dépenaillés; c'est clair comme le jour.

— Parler ainsi de nos collègues, de représentants du peuple! Oh! madame!

— Il n'y a pas d'affront, Simon! l'habit peut être râpé et le cœur parfait; cela s'est vu. Tous les fripés ne sont pas dangereux. Mais n'empêche qu'il y en a de peu cossus parmi vos collègues, et que la patrie ferait bien de leur acheter des chapeaux neufs.

— A quoi bon?

— Quand ce ne serait que pour faire aller le commerce! D'ailleurs la tenue en impose, Simon. Ne quittez pas les gens bien couverts; il n'y a qu'à profiter dans leur compagnie.

— Des aristocrates!

— Comment dites-vous cela, Simon?

— Je dis des aristocrates, madame Paturot; c'est assez connu qu'ils le sont.

— Tu l'entends, Jérôme! s'écria ma femme en se retournant vers moi, tu l'entends! Qui l'eût imaginé il y a quinze jours! Un homme qui sortait des mains de la nature, un être naïf, primitif! Tu vois où il en est!

— Madame Paturot!... dit le représentant, qui se sentait touché dans sa dignité.

— Oui, Simon, vous vous gâtez. Vous êtes l'élu du peuple ; mais je ne puis retirer le mot. Vous vous gâtez, je le répète, et beaucoup. Voyons, soyez sincère. Que signifient ces bouts de cigare qui traînent sur les consoles de votre chambre? Où auriez-vous appris à fumer, représentant?

— Mais à l'Assemblée.

— A l'Assemblée! dit ma femme en bondissant sur son siége ; vous êtes fou! mon garçon.

— Et pourquoi? madame.

— On fume à l'Assemblée? l'Assemblée serait une tabagie? Simon, vous n'y pensez pas!

— C'est pourtant comme je vous le dis. Vous parliez de bouts de cigares; il n'y en manque pas. Le sol en est jonché.

— Vrai? bien vrai?

— Tout ce qu'il y a de plus vrai.

— J'aurais dû m'en douter, dit ma femme avec un geste expressif. La France appartient aux culotteurs de pipes. Ils en disposent, ils l'arrangent à leur façon. Mais, malheureux! ajouta-t-elle en prenant le bras du meunier, savez-vous bien qu'avec ces habitudes-là vous nous perdrez dans l'estime du monde!

— Pour un peu de fumée?

— Merci ! comme si ce n'était point assez! Simon, retenez bien ce que je vais vous dire. Je connais la France, voyez-vous ; je sais qu'elle aime ce qui est délicat et de bonne compagnie. Toujours il en a été ainsi. C'est la patrie des troubadours et des chevaliers. Elle a pu être, dans le cours des temps, un peu Pompadour, un peu Régence, mais avec des manchettes et du bon goût. On ne se refait pas. Maintenant s'il est vrai qu'elle devienne mauvais genre, c'est qu'elle est destinée à périr. La France mauvais genre! Je ne m'accoutumerai jamais à cette idée-là.

Malgré ces entretiens, souvent reproduits, l'élève de Malvina lui échappait. Il devenait l'un des membres les plus assidus de la tabagie parlementaire. La buvette l'attirait aussi; avec les habitudes apéritives que donne la vie des champs, Simon supportait mal le jeûne forcé qu'entraînent de longues séances.

Il ruinait alors la questure en bouillons et en petits pains. Son éducation politique s'achevait ainsi aux frais de l'État. Il est vrai que notre ami avait à nourrir la plus belle voix de l'Assemblée, et qu'il ne la ménageait pas pour les grandes occasions. L'excès de dépense se justifiait par un excès de service.

Simon fut réservé à d'autres assauts. Son vote en valait un autre, et il y avait quelque intérêt à se l'assurer. Dès lors il se fit autour de lui un siége en règle, dans lequel il devait succomber. Comment aurait-il pu se défendre? Jusqu'à l'heure où le vœu du peuple et Malvina le firent représentant, il n'avait rien connu hors de son moulin et des soins qui s'y rattachaient. Pourvu que la farine eût du débit et qu'il y trouvât de quoi se payer de sa mouture, il ne demandait rien à ceux qui tenaient les rênes du gouvernement. Blancs ou tricolores, il les avait vus passer avec le même désintéressement et le même sang-froid. Son instinct lui disait qu'aucun régime ne se passerait de meuniers, et que, république ou monarchie, le grain n'en arriverait pas moins sous ses meules pour nourrir des hommes libres ou des êtres assujettis. Cette pensée suffisait à son orgueil.

C'est vers cet homme que la politique allait diriger ses pièces de siége. La capitulation était prévue; il devait se rendre sans combat. De pareilles conquêtes sont, il est vrai, plus faciles que sûres, et passent volontiers de main en main. Simon trompa plus d'une fois ses vainqueurs au moment où ils croyaient le tenir, et ne leur épargna pas les mécomptes. Il y avait en lui deux hommes, celui qui ignore et celui qui se méfie. En apparence il cédait; mais il se dérobait sans scrupule à des engagements pris sans conviction. Dans ses votes, la part de l'imprévu était grande. Un mot, un rien le décidaient au dernier moment; et avec cette ruse qui n'abandonne jamais le villageois, il gardait la neutralité toutes les fois qu'elle était possible. Il faut d'ailleurs lui rendre cette justice, qu'il cherchait à s'éclairer. Les débats le trouvaient attentif, le travail des bureaux assidu. Il essayait de suppléer par un effort soutenu aux lacunes d'une éducation incomplète. Zèle inutile! soins infructueux! Simon n'était point dans sa sphère, et il avait assez de tact pour en convenir. On parlait autour de lui de choses qui n'étaient pas de son ressort, dans une langue qui n'était pas la sienne. Il en éprouvait une sorte d'humiliation. Il se voyait jeté hors de son élément, comme cette créature sans queue égarée dans les royaumes sous-marins dont parlent les Nuits arabes.

Les premières embûches qu'on lui tendit vinrent du côté des importants. C'est sous ce nom que l'on désigne, dans une assemblée, les hommes qui veulent la remplir de leurs actes et de leurs discours. Jamais plaie d'Égypte ne fut plus cruelle et ne sévit plus durement. Les importants ne prennent rien comme les autres. Tout est prétexte pour leur vanité. Un siége au parlement leur est un piédestal; ils y posent. A eux la tribune, à eux les commissions, à eux les journaux. Les affaires du pays ne passent qu'après les soins de leur orgueil. Dans toute question, ils ne voient qu'une chose, le point par où ils pourront y briller. Prononcent-ils quelques mots, ils veulent qu'à tout prix le pays les recueille. Font-ils quelques pas au dehors, ils en saisissent la postérité. Mille notes émanées d'eux vont assaillir les organes de la presse. C'est l'écho d'un comité ou d'un bureau, commenté et arrangé par le héros lui-même. Le public n'ignorera rien de ce qu'il a dit, de ce qu'il a fait. S'il n'a pu mettre en jeu, dans l'intérêt de son nom, toutes les fanfares de la célébrité, il exhalera sur sa journée perdue des regrets dignes d'un empereur romain. Il lui faut de l'encens, il lui faut des hommages. C'est lui qui a imaginé les insignes et s'en décore à tout propos. C'est lui qui multiplie les démonstrations extérieures afin que la foule se pénètre de ses traits et prenne goût au culte de sa personne.

Dans les assemblées que le temps a mûries, la part laissée à ces parasites de l'orgueil est bien moindre. Il s'y opère un travail de classement qui met à leur place les vanités subalternes. La discipline les dompte, le dédain en fait justice. Mais une assemblée nouvelle est une sorte de proie livrée aux importants. Ils y mènent un tel bruit et soulèvent tant de poussière autour d'eux, que l'attention en est forcément maîtrisée, et qu'on finit par admirer un peu ceux qui s'admirent tant eux-mêmes et avec une si grande candeur. La bonne opinion que l'on a de soi se communique si aisément aux autres, et fait si souvent des victimes! C'est la force des importants, et c'est aussi leur calcul. Ils arrivent ainsi à une sorte de notoriété qui prend les uns par l'admiration et les autres par la lassitude.

Tels étaient les hommes entre les mains desquels notre pauvre Simon était tombé. Ils s'efforcèrent de l'enrôler dans leur régiment et d'en faire l'appoint de leur parti. Le meunier ne sut pas résister, et chacun d'eux enrichit sa liste d'un nom de plus. Tous s'en crurent maîtres ; l'orgueil est peu clairvoyant. De loin en loin, ils laissaient tomber sur leur client un mot affectueux, et l'admettaient dans le groupe d'auditeurs qu'ils éclairaient de leur auréole. Simon se prêtait à ces honneurs, et en échange ne livrait rien. Il n'était ni ébloui ni subjugué ; il discernait ces prétentions et les frappait d'un jugement sévère. Il sentait qu'il n'y avait là ni une force réelle ni une véritable supériorité.

Un jour, pourtant, l'assaut fut plus rude et vint de plus haut. Aux capitaines obscurs succéda un général d'armée. Le moment était grave, il s'agissait d'un vote décisif. Un gouvernement allait sortir du scrutin de l'Assemblée. Tout suffrage avait de la valeur : c'était une question de nombre. Mille influences se croisaient sur les bancs ; ceux-ci conduisaient l'attaque, ceux-là veillaient à la défense. Au dehors, les esprits en étaient vivement préoccupés; Malvina avait concentré sur ce point son principal effort. Elle pardonnait tout au meunier, elle couvrait le passé d'une amnistie sans réserve, mais à une condition, c'est qu'il voterait ce jour-là comme elle le désirait.

— Simon, disait-elle, vous savez ce que j'ai fait pour vous, pour votre succès. Vous savez si je m'y suis prodiguée?

— Oui, madame, répondait-il.

— Eh bien! je ne vous demande qu'une grâce, c'est celle-là. Plus tard, vous en ferez à votre tête, je sais que les hommes aiment à avoir la bride sur le cou ; mais pour cette fois, il faut naviguer dans mes eaux, là, bien franchement et sans détour.

— Puisque vous le voulez, madame.

— Oui, certes, je le veux, Simon ; et n'allez pas broncher, au moins, mon petit doigt me le dirait.

— N'ayez pas peur, madame.

Cette promesse, dix fois renouvelée, ne suffisait pas pour désarmer les soupçons de Malvina. Elle craignait que Simon ne lui manquât de parole. Qu'on juge du degré où arriva cette crainte, lorsqu'elle apprit, de la bouche du meunier, qu'il était invité à dîner chez l'un des membres les plus illustres du gouvernement. Elle comprit que sa proie lui échappait, et fit un effort désespéré pour la ressaisir.

— Vous n'irez pas, Simon ! lui dit-elle avec son accent le plus irrésistible.

C'était s'exposer à un échec gratuit. On détournerait le cours d'un fleuve plutôt que d'arrêter un villageois qui a un bon repas en perspective et en savoure d'avance les raffinements. Aussi le meunier se mit-il, sans hésiter, à l'état de révolte :

— J'irai, ne vous en déplaise, madame Paturot.

— Vous vous prostituerez alors, monsieur Simon, reprit ma femme en le prenant au vif. Mais ne voyez-vous pas, malheureux, qu'on veut vous séduire, vous suborner ?

— Bah ! un homme si haut placé !

— Raison de plus, Simon ; plus on est en haut, plus la corruption est grande.

— Si vous voyiez comme il est poli, madame Paturot, comme il est bon pour le petit monde ! Celui-là pourrait être fier, il a un nom qui va loin ; eh bien ! fier, il ne l'est pas du tout. Figurez-vous qu'il m'a pris par le bras, là, comme je vous prends, et que nous avons fait ensemble huit à dix tours de salle. Comp res, compagnons, ni plus ni moins. Au bout d'un moment je n'étais plus gêné, mais plus gêné du tout ; il a une façon à lui pour mettre les gens à l'aise.

— C'est cela ! avouez-le, Simon : dites que vous avez fait

votre marché. Vous êtes-vous bien défendu, au moins? En affaires il faut jouer serré.

— Oh! madame Paturot, fi donc! soupçonner ainsi les gens!

— C'est que tout y prête, Simon. Pas moyen de vous comprendre depuis que vous êtes ici. Vous êtes comme la couleuvre : on croit vous tenir, et vous glissez entre les mains. Voulez-vous que je vous dise toute ma pensée, Simon, là; toute ma pensée?

— Dites, madame.

— Eh bien! je commence à croire que vous êtes une de mes erreurs.

— Vous ne m'épargnez guère, madame.

— Et j'ai raison, monsieur, de ne plus vous épargner. Il y a terme à tout. Ah! vous avez votre couvert mis chez le gouvernement?

— Pour une fois!

— Le goût vous en viendra, Simon; vous êtes volontiers sur votre bouche. Maintenant souvenez-vous de mon dernier mot. Si vous êtes assez goinfre pour céder, je n'en fais ni une ni deux, je vous retire ma confiance. Vous vous arrangerez ensuite comme vous pourrez.

Cette menace solennelle ne changea rien aux déterminations du meunier. Il s'était dit qu'il goûterait des sauces du gouvernement, et rien au monde n'aurait pu le détourner de ce dessein. Il tenait à s'élever dans l'échelle des cuisines, et à s'assurer par lui-même des jouissances que la fortune réserve à ses favoris. Le souvenir des pains de seigle qu'il avait dévorés ajoutait à ce désir un aiguillon de plus. Pourquoi fuir une revanche qui s'offrait à lui dans les plus belles conditions et le plus naturellement du monde?

— Madame Paturot est une folle, pensait-il en lui-même; un bon dîner se refuse-t-il jamais?

Le dîner fut excellent, en effet, et le vin choisi. L'homme illustre du gouvernement en fit les honneurs avec une grâce et une aménité parfaites. Il se mit en frais pour le meunier, et ne craignit pas d'épuiser son arsenal de séductions. Ce fut pour Simon une date mémorable. Tant d'honneurs, tant de prévenances, et venues de si haut! Il rentra au logis, enchanté, mais confus et presque soucieux. Cet indice ne pouvait tromper ma femme ; elle était trop clairvoyante pour cela :

— Jérôme, me dit-elle, Simon nous échappe.

— J'en ai peur, répliquai-je.

— Gâté en si peu de temps, lui ! un enfant du moulin ! Sur qui compter, bon Dieu ?

— C'est triste, repris-je.

Deux jours après, la bombe éclata. Dans le scrutin décisif, le meunier vota pour l'homme illustre et avec le gouvernement. Il en acceptait les erreurs, il en prenait la livrée. Malvina était furieuse ; elle cria à la trahison. Moi, je rejoignis le coupable, et, du plus loin que je l'aperçus :

— Simon, lui dis-je, tu es un nouvel Esaü ; tu nous as vendus pour un plat de lentilles !

XIX

LES PRÉPARATIFS D'UN RÈGNE.

On se souvient du vote où Simon manqua à tous ses engagements ; ce fut celui qui donna au pouvoir exécutif une forme nouvelle. Devant l'Assemblée, le Gouvernement provisoire tombait de droit ; il fut remplacé par une commission de cinq membres en qui se résumaient la puissance et l'action extérieures. Ils allaient être les bras du pays tandis que l'Assemblée en serait la tête. Un peu d'union, un peu de concert, et tout devenait aisé, et le plus beau spectacle était donné au monde.

Les révolutions se ressemblent toutes par un point, celui d'une fluctuation incessante dans la faveur publique. En aucun temps on n'élève plus promptement les hommes, en aucun temps on ne brise plus vite leur piédestal. Un caprice a créé l'idole, un caprice aussi la détruit. Sous cette loi du moment point d'illustration qui résiste, point de grandeur qui ne soit vaincue. Les noms se succèdent par hécatombes.

La fatalité les dévore, le temps les use à vue d'œil. Ne demandez à l'opinion ni équité ni mesuré, elle ne saurait vous les accorder. Ne lui demandez pas non plus des retours, elle n'en a point. On ne juge pas, on exécute. On exécute sans instruction et sans procès. On condamne sur un mot, sur un bruit, sans entendre. Et quand l'heure est venue, rien ne sert de lutter ; les titres les plus glorieux, les services les plus grands ne sauveraient point un homme.

Ce moment était arrivé pour ceux qui depuis les derniers jours de février avaient gouverné et administré le pays. La défaveur pesait sur eux ; l'impopularité s'attachait à leurs actes. Ils voyaient la force s'en aller de leurs mains et la tempête s'amasser sur leur front. Dans le sein de ce gouvernement, produit du hasard, il y avait des cœurs élevés et de nobles caractères. Ils leur manqua un plan arrêté et le désir ardent de le faire prévaloir. Rien ne supplée ici-bas l'esprit de conduite, rien, pas même le talent et les dons de l'esprit. Surtout rien ne supplée le bon sens, cette qualité plus rare qu'on ne l'imagine. Au milieu de tant d'écarts et de vertiges, une inspiration judicieuse, hautement proclamée et fermement suivie, eût suffi peut-être pour tout sauver. Les transactions avec le désordre ne réparent rien ; elles ajournent le mal et l'aggravent.

C'est là le grief le plus sérieux encouru par ce gouvernement, produit d'un orage ; il manqua de volonté lorsque la volonté était le plus nécessaire ; il demanda aux transactions un repos trompeur et prit le sable mouvant pour un terrain solide. Amis et ennemis, chacun attendait de lui un dernier mot, une pensée ; cette pensée ne vint pas. On ne savait avec qui il était, ni contre qui. Il semblait prendre à tâche de ne rien exclure et de ne s'appuyer sur rien. A ce jeu, il devait rester seul. Toutes les ressources du tacticien ne valent pas une politique sincère appuyée sur des convictions. Les expédients n'ont jamais sauvé les empires. Celui que fonda Franklin, sur l'autre bord de l'Océan, ne fut protégé au berceau que par quelques doctrines nettes, populaires et précises. Cette société sut d'abord sous quels auspices elle se formait, et puisa dans sa simplicité même un caractère ineffaçable de grandeur. On apprit ce qu'était le gouvernement nouveau, ce qu'il permettrait, ce qu'il réprimerait. Les bons virent qu'ils pouvaient compter sur lui ; les méchants, qu'il se ferait craindre et respecter d'eux. Tous eurent le sentiment que ce pacte ne couvrait ni des haines de classes ni des fureurs de partis, et que le maintien de tous les droits se concilierait avec des institutions libres.

C'était un exemple concluant ; on ne la suivit pas de ce côté des mers. Est-ce dédain ? est-ce impuissance ? Qui peut le savoir ? L'existence de ce gouvernement de hasard ne fut qu'un ouragan continuel, et sous un ciel courroucé, au milieu d'ondes menaçantes, la main la plus ferme peut faiblir au gouvernail. D'ailleurs, pour des desseins précis, il faut un concert, un accord, et cet accord n'existait pas. Le gouvernement avait deux défauts, défauts d'origine : il était trop nombreux et se composait d'éléments disparates. Trop nombreux, il était réduit à une action languissante ; divisé, il s'affaiblissait par des mesures contradictoires. Je ne parle pas des petites trahisons d'intérieur et de ces conflits d'autorité qui s'exhalaient en paroles amères jusqu'à la violence. Je ne parle que des démentis publics et des constrastes ostensibles. Que de politiques dans une seule ! Que d'initiatives individuelles subies ou désavouées ! C'étaient des récriminations sans fin, une guerre de tous les instants. Partout le désordre, et l'unité nulle part. A côté des écarts des membres du gouvernement, il y avait les écarts des ministres, et près des écarts des ministres, ceux de leurs familiers. Et quand le cri public dénonçait un scandale ou un acte malheureux, le gouvernement réuni prononçait, dans un désaveu formel, l'exécution d'un de ses membres, et mettait ainsi à nu la plaie secrète de ses dissentiments.

J'ai parlé des familiers ; c'est par eux surtout que les membres du gouvernement se perdirent. Tout pouvoir nouveau voir accourir une nuée des ces insectes qui le dévorent en le caressant. Les hommes vieillis aux affaires savent les écarter et s'en défendre ; il n'en est pas de même de ceux qui affrontent pour la première fois les ivresses de la grandeur. L'essaim s'acharne sur eux, et s'ils cèdent un instant, ils sont envahis. Dès lors tout appartient aux familiers ; ils distribuent les faveurs et poussent leurs empiétements jusqu'à la politique. Ils imposent aux bureaux leurs protégés et au public leurs manifestes. Au dehors et au dedans on ne connaît le maître que par les valets. S'il résiste, on le trompe ; s'il se fâche, on l'encense. Il est l'idole, et ils sont les prêtres. A l'idole les hommages ; aux prêtres les profits du casuel. Cela dure ainsi tant que le dieu est debout ; le jour où il tombe, les familiers vont mettre leurs services aux pieds de son successeur.

Dans de telles conditions, un gouvernement demeurait sans force pour le bien. Il devait laisser en chemin toutes les adhésions sincères, toutes les sympathies honorables, et ne trouver près de lui, au bout de sa course, qu'un immonde cortége de flatteurs. Pourtant il avait eu entre les mains une puissance sans limite, sans contrôle, presque égale à celle d'un monarque absolu. Tous les bienfaits, toutes les prospérités dont il avait la conscience et l'instinct, il pouvait les répandre à pleines mains sur la patrie. Le moment, la mesure, étaient à son choix. Il ne relevait que de sa propre autorité et ne devait de comptes à personne. Eh bien ! cette faculté si grande, cette puissance si vaste, au lieu de l'appliquer au soulagement et à la gloire du pays, le gouvernement l'usa dans des luttes sans dignité, dans des choix sans pudeur, dans des exclusions sans justice ; il l'usa dans de petites mesures et de petits moyens, dans des projets faux ou incomplets, dans des campagnes insensées contre la fortune privée et la fortune publique. Cette arme était trop pesante pour son bras ; à la manier, il se blessa lui-même. Qu'au bout de cette suite d'entreprises l'impopularité l'attendît, c'était dans l'ordre. Elle arrivait en guise de châtiment et d'expiation.

Cette pensée était déjà celle du pays, et pourtant l'illusion régnait encore dans les régions du gouvernement. Cinq de ses membres venaient de recevoir l'investiture de l'Assemblée, et, réunis au Luxembourg, ils s'occupaient d'y réveiller les souvenirs du voluptueux Barras. Une pareille résidence convenait en effet à un nouveau Directoire, et il ne s'agissait plus que de rendre le vieux palais digne de ses hôtes nouveaux. Le partage des logements ne fut pas un médiocre souci. Les femmes s'en mêlaient et cherchaient à faire prévaloir leurs petites combinaisons. Les jardins réservés convenaient à plusieurs ; elles auraient des fleurs sous la main, et à quelques pas la laiterie. Enfin on s'entendit tant bien que mal, on affecta le rez-de-chaussée à l'un, le premier étage à l'autre. Avec un peu de soin, avec quelques ménagements, la question domiciliaire ne fut pas changée en question d'État.

Dans ces divers arrangements perçait néanmoins une pensée, c'est que ce Directoire nouveau, ou la Commission des cinq, comme on la nommait, entendait prendre possession de l'avenir et se berçait de l'espoir d'un long règne. Cette installation solennelle dans un monument public, cette répartition des étages et des rez-de-chaussée, des ailes et du corps de logis, tout indiquait le dessein formel de s'abandonner le plus longtemps possible aux charmes de cette résidence. L'air y était sain, la perspective pleine d'attrait. Ces massifs de verdure invitaient l'âme au recueillement ; ce bassin peuplé de cygnes reposait le regard et avait toutes les grâces de l'idylle. Et ces parterres embaumés ! Et ces serres garnies de plantes rares ! Que de jouissances sous la main ! Que de richesses ! Que de beautés ! Il n'était pas jusqu'aux astres dont on ne pût avoir des nouvelles à tout instant : l'Observatoire était à deux pas, prêt à fournir jour par jour le bulletin des révolutions célestes.

L'ancien Directoire avait eu ses fêtes ; le Directoire nouveau ne voulut pas se laisser éclipser sur ce point. Il savait quel rôle le luxe joue dans les grands États et quelle utile production il y alimente. Son dessein était pris, son programme arrêté. Il comprenait dans sa politique les buffets et les violons. C'était se séparer formellement de la République du brouet noir, des partisans du pain sec et de la démocratie sévère sur l'aliment. Il y avait là un danger réel, peut-être une lutte. Le Directoire ne s'en laissa point ébranler. Il admettait le luxe comme élément, et l'admettant, il voulait le sanctifier par l'exemple. Quant aux Spartiates du brouet noir, il les tenait pour arriérés et leur jetait un solennel défi. Il mourrait au besoin sur ses buffets et ses violons.

Un programme ainsi conçu, combiné sur une pareille échelle, ne pouvait se passer de cuisinier. Ce fut, pour le Luxembourg, une affaire aussi grave que celle du turbot romain. J'ai parlé tout à l'heure de question d'État. Le choix d'un cuisinier s'éleva à cette hauteur; elle agita la politique jusque dans ses bases. Parmi les chefs qui aspiraient aux fourneaux du gouvernement, il s'en présenta beaucoup dont les opinions n'offraient pas de garanties suffisantes. Les uns avaient figuré dans la bouche du roi déchu; d'autres se faisaient gloire d'avoir appartenu à la branche aînée. Toutes ces nuances furent écartées; le nouveau Directoire ne voulait pas qu'on pût l'accuser d'avoir trempé dans des coulis que la loi bannissait du territoire. Il n'admettait que des menus purs des erreurs du passé. Là-dessus il se montra inflexible. En vain essayait-on de le désarmer par des protestations voisines de l'apostasie; il résista; il lui fallait des marmitons irréprochables et à l'abri du soupçon. Aucun de ceux qui avaient tenu la queue des poêles de la monarchie ne trouva grâce auprès de lui. A peine trouvait-t-il les chefs de bouche des banquiers déchus dignes d'une amnistie conditionnelle. Ils tenaient à l'aristocratie financière par trop de liens et de mirotons pour n'être pas suspects aux estomacs démocratiques. Enfin, de guerre lasse, il choisit un cuisinier recommandé par le club des jockeys. Il ne voulait à aucun prix de la royauté; il se décida pour l'écurie.

C'est par ces graves soucis que le nouveau Directoire préludait à ses plans d'organisation sociale. Pour assurer la paix de son intérieur, il avait obtenu de l'Assemblée nationale la faculté de s'isoler de ses délibérations et de se retremper dans le recueillement. Quand il n'agitait pas ces problèmes délicats, il vivait avec la nature, et se plaisait à écouter, dans les quinconces du Luxembourg, le bruissement des marronniers et les ariettes des rossignols. Sur tous les points de la ville s'agitaient des clubs qui éprouvaient le besoin de couper le gouvernement en morceaux. Chaque soir des appels furieux étaient adressés au peuple pour qu'il rompît les fers dont on le chargeait. On eût dit que ces frémissements lointains venaient expirer au pied de la résidence officielle. Les loisirs s'y partageaient entre l'étude de la botanique et les merveilleux spectacles de la création. Les journées s'écoulaient de la sorte, sans trouble comme sans ennui. Quand le ciel était beau, les enfants allaient s'ébattre au sein des jardins réservés, et les dames montaient dans les carrosses officiels. Des piqueurs formaient l'escorte, et le tambour battait aux champs.

Parmi les affidés du Luxembourg figurait en première ligne le représentant Simon, l'orgueil et le désespoir de Malvina. Il avait ses petites entrées au palais; il y dînait souvent, et y était reçu sur le pied de l'intimité. Ma femme n'assistait pas sans un ennui profond au progrès de ce subornement. Milles symptômes trahissaient la gravité du mal et faisaient craindre qu'il ne devînt incurable Simon ne jurait que par le Directoire, ne voyait que par ses yeux. Tout ce que le Directoire faisait était bien fait; tout ce qu'il disait était bien dit. Il acceptait tout de sa main, sans réserve et aveuglément. C'était une sorte de fascination. Malvina essaya de le ramener vers une meilleure voie et de réveiller chez lui le sentiment de l'indépendance. Vains efforts! toute son éloquence y échoua. Entre le Luxembourg et Simon il y avait désormais trop de vol-au-vent pour que le pacte pût se rompre. Lorsque Malvina fut convaincue de ce fait, elle se prit à réfléchir et eut des scrupules. Simon était son œuvre; elle en répondait devant le pays. Cette situation l'effraya; elle se dit qu'elle en sortirait, fût-ce au prix d'une esclandre.

Il n'était pas facile de rejoindre Simon. S'armant, comme prétexte, de la question des distances, il avait quitté l'hôtel et s'était ainsi soustrait à notre contrôle. Il occupait depuis lors, dans le faubourg Saint-Germain, une chambre modeste, louée en garni. Dans les premiers jours de sa défection, il se faisait un devoir de nous rejoindre à l'heure du dîner; et, quand l'Assemblée ne le réclamait pas, nous passions la soirée ensemble. Plus tard, et à mesure que sa conscience se chargea d'un poids lourd, il se montra moins assidu et peu à peu finit par nous vouer au délaissement le plus complet. Pour rejoindre le volage, il fallut perdre bien des pas ; ce fut presque un voyage de découvertes. Vingt fois nous frappâmes à sa porte, Malvina et moi, sans pouvoir le rencontrer. C'était trop tôt ou trop tard ; des consignes étaient données. A l'Assemblée, mêmes mécomptes, mêmes échecs : Simon devenait inaccessible. Ma femme ne savait à quel expédient recourir. Elle avait fourni au meunier la recette pour écarter les importuns ; il en abusait contre elle.

Le hasard vint à notre secours. Un jour que nous traversions les Tuileries, nous aperçûmes de fort loin, sous l'ombre des grands marronniers, une poitrine d'Hercule que recouvraient deux panneaux d'une blancheur éclatante. On eût dit une muraille crépie à neuf. Cette muraille marchait vers nous, et en se rapprochant prenait un caractère plus distinct :

— Dieu du ciel ! c'est notre homme ! s'écria Malvina.

— Qui cela ? répondis-je, trompé par le clair-obscur de la perspective.

— Simon !

— En effet, c'est lui ; quel air méditatif !

— Et quel costume ! reprit ma femme. Et quel couvre-chef !... Voilà du nouveau ! Où a-t-il pris cet équipement ?

— Il vient droit à nous.

— Vite, Jérôme, à l'abri de cet arbre, pour qu'il ne nous aperçoive pas ! Autrement, il serait capable de tourner court et de nous échapper.

La manœuvre eut un plein succès. Cachés derrière le tronc d'un marronnier, nous pûmes voir Simon s'avancer majestueusement et sans défiance. Ce n'était plus le même homme ; il avait subi une complète transformation. Au lieu du costume que je lui avais fait confectionner, il portait l'habit à queue de morue, le chapeau en cône, et le gilet à revers épanouis qui caractérisaient les membres de la nouvelle Montagne. Bref, il avait suivi à la lettre un décret ridicule dont les autres représentants avaient eu le bon esprit de s'affranchir. Rien au monde ne saurait donner une idée de Simon dans cet accoutrement. Avec une fraise et une plume, on l'eût pris pour un maillotin. Puis il avait su se donner des airs assortis au vêtement. Il avait une manière de poser le pied et de balancer sa tête sur ses épaules. Ce fut sous cette allure qu'il arriva près de l'arbre où nous l'attendions :

— Vous voilà donc, beau fugitif! dit Malvina en se démasquant.

Simon ne pouvait prévoir l'embuscade ; aussi éprouva-t-il un moment de trouble et d'embarras.

— Ah ! c'est vous, madame Paturot, répondit-il machinalement.

— Et qui voulez-vous que ce soit, Simon? A moins que ce ne soit mon ombre ! Suis-je si changée en quelques jours ?

— Je ne dis pas cela, madame ; bien au contraire, répliqua le représentant confus.

— A la bonne heure ; mais c'est vous, mon garçon, qu'on aurait peine à reconnaître. Où diable avez vous pris ce pain de sucre qui vous décore le chef ? Et ces battants de gilet, et tout cet étalage ? Sortez-vous de chez Babin, par hasard ?

— Je ne fréquente pas ce représentant du peuple, madame Paturot.

— Babin? un représentant ! s'écria ma femme avec un éclat de rire. Le quiproquo est ingénieux ! Babin est un costumier, Simon. Il vous reste à apprendre bien des choses en politique. Vous êtes moins avancé que votre accoutrement.

Malvina n'épargnait pas son disciple; évidemment elle poursuivait contre lui une revanche, et voulait lui faire expier les mécomptes dont nous avions à nous plaindre.

— J'obéis à la loi, madame, dit Simon, qui ne savait quel maintien prendre.

— Raison de plus pour vous en faire compliment. C'est un peu Courtille ; mais l'intention sauve tout. Il n'y a que le gilet qui m'offusque ; on dirait l'étendage d'un blanchisseur.

— Conforme au décret !

— Je le sais, mon Dieu ! je le sais, tout le monde vit de son commerce. Et puis, les goûts sont libres. Dès le moment que vous avez voulu vous procurer cette satisfaction !... elle en vaut une autre. C'est une façon de manifester vos sentiments.

— Comme vous le dites, c'est un drapeau.

— Tu l'entends, Jérôme, un drapeau ! Il en convient ! Cet excès de linge, un drapeau ! Ce feutre pointu, un drapeau ! Et, sans vous commander, Simon, peut-on savoir quel est ce drapeau ?

— Le drapeau des amis du peuple !

— Bah ! Tant de choses dans un gilet ?

— Oui, madame, dans un gilet.

Ma femme se contenait mal ; je le voyais au jeu de sa physionomie. Derrière cette ironie se cachait une tempête ; elle éclata :

— Assez, Simon ! s'écria-t-elle. Brisons là, s'il vous plaît. Jérôme, ajouta-t-elle en se retournant vers moi, je te défends désormais de le voir. C'est un garçon perdu ; tu l'abandonneras à son sort. Ah ! vous endossez le gilet extravasé ! Ah ! vous donnez dans les queues de morue et les chapeaux tyroliens ! Eh bien, Simon, notez sur vos papiers ce que je vais vous dire.

— Mon Dieu, madame Paturot, comme vous le prenez !

— A dater de ce jour ma main se retire de vous, poursuivit solennellement ma femme. Je vous abandonne à vos liaisons. Mais entendons-nous bien. J'acquiers le droit de vous désavouer à la face du ciel, et j'en userai pleinement.

— N'est-ce que cela ?

— Vous verrez ce que c'est, Simon. Vraiment, j'admire vos airs dégagés ; ils vont bien avec votre gilet. Vous avez puisé le tout à la même source. Fi, monsieur ! vous devriez en rougir ! Si vite oublier et se pervertir si vite ! Simon, je vous renie à tout jamais.

— Voyez le beau malheur !

— Vous n'êtes qu'un factieux, Simon !
— Et vous, madame, une réactionnaire !

Ce fut sur ces gros mots que l'on se quitta. J'eus beau intervenir ; les esprits étaient trop montés. Malvina frémissait de colère, et Simon commençait à prendre les choses au vif.

Ainsi, le Directoire n'avait conquis une âme que pour la livrer aux ravages de l'opinion la plus exaltée. Des séductions du Luxembourg Simon en était arrivé, le plus naturellement du monde, aux enivrements de la Montagne. Tous les partis tenaient à s'attacher un organe si puissant. Il faut dire, à la louange du meunier, que les sauces du gouvernement n'avaient pas tout fait. Un sentiment plus élevé venait de s'y mêler. Simon était du peuple, et il allait vers ceux qui parlaient du peuple avec le plus d'emphase, avec le plus de fracas. Volontiers il se payait de mots et se ralliait aux plus sonores. Ce n'est pas qu'il manquât de bon sens ; mais il avait été transporté d'une façon si brusque au milieu d'un monde nouveau pour lui, il s'y était vu en butte à des assauts si divers et si nombreux, qu'il avait perdu en partie la conscience de son état. C'était le vertige de la première heure. Avec l'habitude et le temps cet éblouissement devait cesser. Plus tard, rendu à ses bons instincts, Simon allait reprendre possession de lui-même, se mieux défendre de l'entraînement, et se livrer à des actes plus réfléchis. Il n'était pas acquis sans retour au parti des gilets à revers et des chapeaux en cône.

En attendant, il était perdu pour nous, et, comme le disait Malvina, nous avions rompu la paille. L'essentiel, c'était que l'on sût bien et partout que désormais il agissait de son chef et relevait de ses inspirations. Il fallait que la province pût démêler, dans la conduite de son élu, la part qui revenait à ses conseillers et celle qui lui était propre. Voilà pourquoi nous avions voulu le rejoindre à tout prix ; voilà pourquoi Malvina avait eu avec lui une explication catégorique. Son but se trouvait atteint : elle n'en répondait plus devant l'univers.

XX

MALVINA AU CLUB DES FEMMES.

Depuis quelques jours, une idée fixe s'était emparée de Malvina. Elle avait appris, par la voix publique, qu'un club des femmes venait de se fonder et répandait un certain éclat. Il faut le dire, cette institution réveillait le souvenir le plus glorieux de sa jeunesse. Elle ne pouvait oublier le jour de ses débuts et le moment solennel où elle avait occupé, avec un rare bonheur, la tribune de la salle Taitbout. Le temps, qui emporte si vite nos illusions, avait respecté celle-là. Ma femme ne croyait plus aux dieux qu'elle adorait alors; mais l'enivrement du succès, les incidents de cette joute oratoire, avaient laissé dans son âme des vestiges profonds.

On ne pouvait donc parler du club des femmes sans exciter chez elle un vif désir d'y aller, d'y assister. Elle y résistait pourtant de toutes ses forces. Sa crainte était de ne pouvoir se contenir, et d'échanger le rôle de témoin qu'elle voulait garder, contre celui d'acteur dont elle entendait se défendre. Quoique Malvina fût prompte et prît volontiers des airs délibérés, elle avait le sentiment vrai et juste des choses. Ce club des femmes lui répugnait; elle y voyait l'indice d'un désordre moral; aussi n'épargnait-elle pas les personnes qui avaient fondé l'établissement. Cette disposition d'esprit l'obligeait encore à plus de réserve. Mieux valait s'abstenir, dès le moment qu'elle ne pouvait pas répondre d'elle.

Cependant Oscar, qui venait nous voir de loin en loin, ne tarissait pas sur ce club et sur les prouesses dont il était le théâtre. C'était la fable de Paris et le sujet de tous les entretiens. On racontait là-dessus les scènes les plus curieuses et les incidents les plus bouffons. La faveur publique s'y attachait. Au début, l'entrée était gratuite et la société un peu mêlée. En vue d'une épuration, une redevance fut frappée sur les curieux : cinquante centimes d'abord ; l'affluence ne cessant pas, on porta les places à un franc. Cette hausse mit le feu aux billets ; on se les arracha : la grande société voulut voir de près ces jupons qui levaient l'étendard de la révolte ; il y eut des reventes et des spéculations sur les coupons d'entrée. Si le club des femmes avait vécu huit jours de plus, on l'eût coté à la Bourse.

Ces détails arrivaient à l'oreille de Malvina, et livraient à sa raison des assauts terribles. Laisserait-elle un pareil spectacle s'évanouir sans en avoir joui une fois ? L'établissement rencontrait une vogue qui allait jusqu'au scandale ; raison de plus pour croire qu'il ne durerait pas longtemps. Toute séance pouvait être la dernière. Cette perspective agissait sur ma femme comme un aiguillon.

— J'en ferais une maladie ! s'écria-t-elle. Nous irons au club, Jérôme ; nous y irons ce soir ! Tiens-toi prêt.

Cette comédie bourgeoise se jouait sur les boulevards, dans une salle louée à la séance. Après un dîner rapide, nous nous dirigeâmes de ce côté. Les abords étaient garnis de monde ; on n'y arrivait pas sans efforts. Une double haie de curieux s'était formée, et, avant de pénétrer jusqu'au sanctuaire, il fallait courir les chances et subir l'outrage d'une sorte d'inspection. Les femmes étaient ainsi passées par les armes. Loin d'intimider Malvina, cette épreuve ne fit que l'enhardir : elle aimait les aventures. Nous nous engageâmes donc au milieu de cette garde d'honneur, composée d'étourdis et de mauvais plaisants. Les quolibets, les allusions voltigeaient de toute part ; on allait jusqu'aux propos graveleux. Malvina ne sourcillait pas. Quand les choses allaient trop loin, elle se retournait du côté du coupable, et d'un seul mot savait l'écraser.

— Le malhonnête ! disait-elle.

Il faut que, sur un point, l'insulte ait été plus grave encore, car il me sembla, au milieu de cette foule qui nous comprimait, entendre un bruit sec, suivi de rires universels :

— Bien touché, s'écria une voix.

Je regardai Malvina ; sa joue était écarlate, sa narine frémissante, son œil chargé d'éclairs. Elle venait de se faire justice.

L'espace s'ouvrit enfin devant nous, et, après avoir gravi l'escalier, nous pénétrâmes dans la salle. Elle était nue ; à peine quelques chaises, et dans le fond une estrade pour le bureau. En général, les clubs ne brillaient pas par le mobilier ; celui-ci ne faisait point exception. Malvina parvint à se procurer un siége ; moi, je m'adossai à la muraille, afin d'être prêt, en cas d'événement. Les séances passaient pour être orageuses ; un protecteur n'était pas de trop. Malvina en eut deux ; Oscar se trouvait là. Il était l'un des clients les plus assidus du club des femmes : il prétendait qu'elles n'avaient jamais posé aussi bien que dans cet établissement, trop heureux, ajoutait-il, d'avoir à si peu de frais le modèle vivant, et de poursuivre cette étude d'après nature.

La salle se remplissait peu à peu ; les femmes arrivaient toutes avec leurs chaperons. Les pécheresses se groupaient à part et semblaient moins jalouses de s'instruire que de s'apparier. Aussi, tant que dura la séance, la présidente promena-t-elle sur ce troupeau déchu ses lunettes indignées. Faute de mieux, elle protestait par le geste et par le regard. Il faut dire que la fleur des visages se trouvait plutôt de ce côté. On y rencontrait du moins les sourires gracieux et les dents pures de la jeunesse. Sur les autres points, les matrones abondaient et formaient des ombres peu favorables au tableau. Les toilettes n'atteignaient pas un niveau élevé : beaucoup de cabas, et trop de chapeaux issus des champignons du Temple. Quant aux physionomies, on pouvait les caractériser en deux mots : des yeux garnis de verres de couleur, et des nez acquis de temps immémorial aux préparations de la régie. Sans les pécheresses, bon Dieu, qui donc eût osé affronter de tels périls ? Et ne fût-ce que dans l'intérêt de la recette, la présidente aurait dût prendre, vis-à-vis d'elles, des airs moins courroucés.

J'ai nommé la présidente ; il est temps d'en parler. Ses lunettes étaient dignes de respect ; c'est tout ce qu'on pouvait dire d'elle. Par l'état de ses formes, elle se dérobait à toute autre appréciation. L'âge et peut-être le malheur lui avaient enlevé les caractères extérieurs de son sexe. Il est vrai qu'elle faisait siéger à ses côtés une vice-présidente vouée à un embonpoint monstrueux. Ce contraste ne réparait rien. L'œil ne fait point de moyennes ; il ne transporte pas les excédants du côté des manquants, afin de rétablir cette loi d'équilibre qui gouverne les mondes. Ces dispositions dominaient l'assemblée, composée en grande partie de connaisseurs. La critique s'exprimait sur le personnel du bureau avec une liberté qu'il serait difficile de traduire ; elle signalait d'une part une insuffisance notoire, de l'autre une profusion intolérable. Ces opinions ne s'échangeaient pas à demi-voix ; elles éclataient tout haut, et venaient forcer la présidente jusque dans ses lunettes ternies par la confusion.

Il fallait résister néanmoins, tenir tête à l'orage, sous peine d'en être emporté. La présidente l'essaya ; elle agita l'airain, expression de son pouvoir ; et, d'une voix légèrement émue, elle déclara que la séance était ouverte. Ces mots, où respirait une certaine dignité, furent suivis d'un silence. Le programme allait suivre son cours, la partie était gagnée, si un mauvais plaisant ne fût intervenu.

— Ne sommes-nous pas au club des femmes ? dit-il avec l'accent d'un doute.

— Oui, oui ! s'écria-t-on de toute part.

La présidente voulut couper court à l'incident, en ajoutant d'un ton doctoral :

— Oui, monsieur, vous êtes au club des femmes.

On crut l'interrupteur démonté, et la réunion allait en faire justice, quand il reprit la parole :

— Si c'est un club de femmes, dit-il, qu'on mette donc des femmes au bureau.

Le coup était rude ; les deux dignitaires en furent profondément atteintes. Mise en veine par cette saillie, la réunion fut implacable :

— Des femmes au bureau ! nous voulons des femmes !

La présidente se leva, secoua vingt fois sa sonnette, offrit héroïquement sa poitrine à la tempête des quolibets ; ce fut en vain :

— Des femmes au bureau ! criait-on toujours ; nous voulons des femmes !

— Mais il me semble... citoyens, dit la présidente émue.

— Ma foi, non, répliqua un mécontent ; il ne nous semble guère !

Ce fut au tour de la vice-présidente d'opposer à la révolte une surface plus étendue.

— Mais, messieurs, il me semble... dit-elle en répétant une expression malheureuse.

— Oh ! cette fois, s'écria le mauvais plaisant, il ne nous semble que trop !

Le tumulte était à son comble ; aucune force humaine n'aurait pu l'apaiser. La liberté des propos avait atteint sa dernière limite, et la liberté du geste s'y joignait déjà. Les jeunes gens parlaient d'éteindre les quinquets, les pécheresses riaient comme des folles. Il y avait là un danger réel ; je me rapprochai de Malvina. Au début elle avait pris cette scène par le côté plaisant ; mais quand les choses eurent dégénéré, elle fronça le sourcil et promena sur les cabaleurs des regards dignes du souverain de l'Olympe. On voyait qu'elle cherchait à les contenir en se domptant elle-même. C'était à la fois une lutte au dehors et un combat intérieur. Enfin, au moment le plus critique, elle m'échappa pour ainsi dire des mains, fendit cette foule en désarroi, et gravit comme un trait les marches de l'estrade. Ce mouvement impétueux, cette apparition, amenèrent un retour soudain dans l'état des esprits.

— Vous voulez des femmes au bureau ? s'écria Malvina avec un geste victorieux ; en voici une !

Un murmure d'assentiment accueillit cette déclaration ; l'assemblée s'avouait vaincue. Malvina ne portait pas la tête comme tout le monde, et il y avait dans son air et dans sa voix de quoi en imposer aux plus turbulents. On se tut donc, on écouta :

— Et maintenant, ajouta-t-elle, que pas un ne bouge ! c'est moi qui fais la police du local.

Grâce à cette diversion imprévue, le club put retrouver un peu de calme et reprendre le cours régulier de ses travaux. La présidente, sauvée par un prodige, se confondait en remercîments auprès de Malvina. Elle crut que l'ange de ses théories venait de descendre du ciel.

— Ma sœur, lui dit-elle, que ne vous dois-je pas ?

— C'est bien, lui répondit ma femme ; faites votre commerce avec ces messieurs ; plus tard nous réglerons nos comptes.

Le programme eut son libre cours ; on divagua sur les femmes et sur leur condition dans les sociétés modernes. La présidente avait une homélie soigneusement préparée ; elle la versa à longs flots sur le club réduit à merci. Plus d'une fois il se révolta, il demanda grâce. Malvina maintint le droit de l'orateur, envers et contre tous. Seule, elle pouvait l'amener à une condescendance si grande. Elle le sentait frémir sous sa main, et ce n'était pas sans un secret orgueil qu'elle lui imposait sa volonté. Mieux qu'une autre, elle jugeait ce que pouvaient valoir ces discours que ne relevaient ni le débit ni l'expression. Mais plus l'entreprise était difficile, plus elle avait à cœur de la conduire jusqu'au bout. Bon gré, mal gré, le club fut forcé de tout entendre ; il connut à fond l'existence des chambrières, le sort des brodeuses et la destinée des modistes. On ne lui fit grâce de rien, ni d'une récrimination, ni d'un chiffre, et il put même goûter les charmes d'un projet de colonisation, applicable aux fileuses des provinces de l'Ouest. Amener une assemblée jusqu'à la limite de cette résignation, c'était le comble : un dompteur de bêtes féroces n'eût pas mieux fait.

Quand la présidente eut ainsi abusé du public, l'ordre du programme appela d'autres orateurs. C'étaient des femmes, hors d'âge pour la plupart. La tribune les intimida, et aucune d'elles ne retrouva la liberté d'esprit nécessaire pour fatiguer longtemps le club. La séance allait donc finir faute d'orateurs, quand un jeune homme se détacha de l'enceinte et se dirigea vers l'estrade avec une lenteur étudiée. Il était blond; ses joues se paraient du duvet de l'adolescence. Dans l'expression de ses yeux bleus, dans ses gestes arrondis, perçait on ne sait quoi d'efféminé qui semblait justifier sa présence à cette tribune. Il ne s'y maintint pas néanmoins sans opposition :

— Des femmes! nous voulons des femmes! répétèrent les voix turbulentes.

— Je suis le chevalier des femmes, dit l'orateur avec un sourire assorti à la déclaration.

Un éclat de rire général accueillit ce commentaire; il se prolongea si irrésistiblement que la cabale en fut désarmée.

— Je suis le chevalier des femmes, ajouta l'orateur, et à ce titre je demande qu'on m'écoute. Je viens parler des femmes aux femmes. Par la même occasion, j'en parlerai aussi aux hommes. La femme! Dieu! la femme, c'est un sujet sur lequel on ne saurait trop s'étendre!

— A l'ordre, dit une voix.

— Silence! s'écria Malvina d'un ton sévère.

— J'accepte l'interruption, poursuivit le blondin, et je sais ce qu'elle m'impose. Je parlerai donc des femmes aux femmes et aussi aux hommes. Je dirai aux hommes ce qui touche les femmes, et aux femmes ce qui touche les hommes. Je les révélerai les uns aux autres, car ils s'ignorent, car ils n'ont pas assez de points de contact.

— Joli, dit la même voix.

— Silence donc! reprit Malvina avec un regard foudroyant.

— Ces critiques ne me troublent pas, reprit l'orateur; je les ai prévues et je les accepte. En me déclarant le chevalier des femmes, je savais bien que la persécution m'attendait. Cette persécution, je la brave; j'irai jusqu'au martyre, s'il le faut. Pour les femmes, que ne ferais-je pas! N'est-ce pas dans leurs rangs qu'il faut aller chercher nos épouses et nos mères, nos cousines et nos tantes? Défendre les femmes, vanter les femmes, célébrer les femmes, c'est pour moi un culte, une tradition, un devoir; c'est mon titre, mon héritage. O femmes!

femmes! que ne puis-je mettre votre sort à la hauteur de mes
vœux! vous seriez les reines de l'univers comme vous en êtes
les anges!

Ce dithyrambe aurait pu durer longtemps; la lyre du blondin était montée. On l'avait vu, en d'autres séances, prolonger indéfiniment cet hymne chevaleresque en l'honneur de la merveille de la création. Il avait pris la femme à son origine même, au moment où elle entre nue et innocente au sein de son paradis, pour en sortir vêtue et coupable; puis il l'avait montrée, dans le cours des siècles, rachetant une première faute par un dévouement sans limites et sans fin, préservant l'homme de lui-même, heureuse de sa gloire et secourable à sa douleur, s'effaçant devant lui comme une esclave, et bénissant jusqu'à la main égarée qui payait tant de bienfaits par la violence. Tel était le thème habituel du jeune blond; à peine en variait-il la forme d'une séance à l'autre. Il y revint encore cette fois et insista sur la dernière image, en y déployant tout son art.

Ma femme s'était résignée jusque-là; elle gardait son sérieux et observait son rôle. Je voyais toutefois aux mouvements de ses pieds que sa patience était à bout; et, rapproché de l'estrade, je pouvais l'entendre dire :

— Dieu! que cet homme me porte sur les nerfs!

Le vase était plein; à la première goutte il déborda. A travers les brouillards de sa poésie, l'orateur venait de parler des mauvais traitements infligés à la plus belle moitié du genre humain. Malvina n'entendait pas raillerie là-dessus; elle ne souffrait pas que l'on dît d'une femme qu'elle baisait la main qui la frappait. C'était d'un mauvais exemple. Aussi en prit-elle occasion pour rompre ouvertement avec l'orateur et avec le bureau.

— Assez, dit-elle en se levant; à mon tour de parler.

Le blondin protesta, essaya de maintenir son droit; mais d'un cri unanime le club l'obligea à quitter l'estrade. Un discours de Malvina était de bien plus haut goût; elle plaisait déjà, elle tenait son monde dans la main. Quand elle eut promené sur l'auditoire un regard profond et sûr, elle commença.

— Je n'en ai pas pour longtemps, dit-elle ; il faut seulement que j'explique pourquoi je suis ici. C'est l'occasion qui l'a fait. Je ne connais point ces dames, ajouta-t-elle en se tournant vers les deux dignitaires ; je ne connais point monsieur, et elle désignait le blondin. J'ajoute que je ne tiens en aucune manière à prolonger nos relations. On se prenait aux cheveux ici ; j'y ai fait un brin de police. J'ai eu les honneurs de la séance ; on m'a rendu cela en procédés. Partant quittes.

— Eh bien ! alors, dit le blondin essayant de reprendre sa position à la tribune.

— Attendez, muguet ; quand j'aurai fini, vous vous dédommagerez. Pour l'instant, c'est moi qui ai le dé : laissez-m'en découdre. Patience, ça ne sera pas long, et je ne vous mâcherai pas les mots. Vous jouez ici une pitoyable comédie. Comment ! ce n'est pas assez que les hommes aient la cervelle sens dessus dessous, il faut que les femmes s'en mêlent !

— Voilà de singuliers propos ! s'écria le blondin en se révoltant.

— Taisez-vous, muguet, c'est aux femmes que je parle. Oui, il est honteux qu'on en soit venu jusqu'à nous embaucher. Comment ! vous, ajouta Malvina en se retournant vers les dignitaires du bureau, vous, des personnes d'âge et qui avez l'expérience de la vie, vous donnez dans ces godans-là ! Un club ! voyez la belle avance ! Livrer des femmes en spectacle, les faire monter sur les planches, comme si elles descendaient en ligne directe des mémorables tricoteuses du club des Jacobins ! Mais, malheureuses que vous êtes, si vous aviez des filles de quinze ans, les amèneriez-vous ici pour se prostituer aux yeux du public ? Et ce que vous ne laisseriez pas faire à vos filles, vous voudriez que d'autres le laissassent faire aux leurs et le fissent elles-mêmes ? Songez-y donc !

— Mais, citoyenne, vous ne pouvez pas dire ces choses-là ici ! s'écria le chevalier des femmes ; vous allez contre le but de l'institution.

— A la porte, le blondin ! s'écria l'assemblée d'une seule voix.

Les sympathies de l'auditoire étaient évidemment pour

Malvina; les lunettes irritées de la présidente n'y pouvaient rien. Elle continua.

— Voyons, dit-elle, écoutez un bon conseil. Fermez les portes de ce club; que cette séance soit la dernière. Il y a ici une occasion de scandale, ne la prolongez pas. Laissez ce rôle aux dévergondées. Si les hommes aiment à bavarder entre eux, à briser des vitres en enfants qu'ils sont, à se parler l'écume à la bouche, que les femmes soient plus sages; qu'elles leur donnent l'exemple du bon sens et de la modération. Sommes-nous donc ici-bas pour nous dévorer les uns les autres? Vos droits! on vous parle de vos droits! Un beau venez-y voir! N'en avez-vous point assez, de droits? Vous avez celui de faire faire à un homme tout ce qui vous passe par la tête, et vous ne trouvez pas que ce soit déjà joli? Vous avez celui de tenir en ordre votre maison, de raccommoder les chausses de vos maris, de surveiller et d'élever les enfants, de commander aux bonnes et de veiller à ce que le dîner soit cuit à point! N'est-ce pas là des droits suffisants? Et qu'aurez-vous gagné lorsque vous serez venues ici exercer vos langues pendant trois heures consécutives? Vous aurez gagné que la maison ira à vau-l'eau, que les enfants seront mal tenus, les nippes en mauvais état, et les bonnes maîtresses chez vous. Voilà votre compte clair et net; demandez la monnaie maintenant.

— Bravo! dit l'assemblée en guise d'assentiment; c'est bien cela.

— Ainsi, c'est convenu, nous allons fermer ce club, et les honnêtes gens nous applaudiront. Si vous ne le faites, voulez-vous savoir ce qui vous arrivera? Aujourd'hui on vous hue sur votre passage, on vous insulte, et j'en ai eu ma part; on vous déshonore par des propos. Si vous persistez, on ira plus loin; on vous fouettera au coin des rues. En avez-vous le goût? Continuez! sinon, fermez cet antre. J'ai dit.

Ce dernier trait enleva l'auditoire; Malvina descendit de la tribune au milieu d'acclamations sans fin. On voulait la porter en triomphe; elle se refusa à cet honneur. Du reste, elle obtint celui dont elle était le plus jalouse : le club fut fermé.

XXI

LES VICTIMES DES ÉVÉNEMENTS.

Les récits de voyages nous ont appris ce qu'est un ouragan sous l'équateur, et en ont fait des descriptions terribles. Nulle part le désordre des éléments n'acquiert plus d'intensité et ne se signale par des ravages plus profonds. Dans le ciel, les nuages se choquent avec fureur tandis que le vent passe sur le sol comme une faulx tranchante. Rien n'échappe, rien ne résiste à cet effort, ni les récoltes, ni les bestiaux, ni les habitations. Aux ruines qu'il laisse, on reconnaît le passage du fléau.

C'est ainsi que les révolutions sévissent; elles jonchent le sol de débris. Les hautes existences sont frappées d'abord; puis vient le tour des existences plus modestes. Dans cet ébranlement général, nul abri n'est sûr; il faut subir la loi commune. Aussi, que de victimes autour de nous! Que de chênes foudroyés! que de roseaux brisés à la racine! Tout sert de litière aux révolutions, les priviléges de la naissance et ceux de la richesse, les palmes du talent et la splendeur des arts; point de grandeur qui se dérobe à leur implacable niveau.

Au nombre des existences que les événements avaient le plus cruellement froissées, il faut compter celle des hommes de style. C'était à faire pitié. On sait quelle gloire et quel profit s'attachaient naguère à ce titre. Un homme de style était un capitaliste ou peu s'en faut. Ses substantifs avaient cours forcé; on mettait un prix jusqu'à ses virgules. Le fond de ce commerce égalait en solidité un immeuble à Paris ou une terre dans l'Anjou. Rien n'en troublait le rapport, ni les inondations, ni la grêle. Pourvu que l'homme de style eût la main prompte au badigeon et se prodiguât en arabesques, il était sûr de maintenir ses revenus au niveau de ceux d'un financier et de faire une très-grande figure.

Ainsi favorisé pour le profit, un homme de style n'était pas moins heureusement partagé du côté du bruit. Il remplissait l'Europe de ses alinéas; il tenait les populations sous le charme. D'écho en écho son nom était allé surprendre le Samoïède dans ses glaces et l'Arabe dans ses déserts. Un brevet d'homme de style, bien exploité, conduisait là. C'était peu au début : quelques voix d'amis, une industrie limitée. Avec le temps, ces voix gagnaient du terrain ; l'admiration mutuelle a tant de ressort! Se traiter d'homme de style, à l'envi, à tout propos, en apparence c'est un mince résultat ; en réalité, c'est ainsi que se construisent les grandes gloires. Il en est d'elles comme des fleuves à leur source. C'est un filet de talent, d'esprit, comme on voudra, qui s'échappe de la base du rocher et murmure dans un vallon discret, à l'ombre de quelques sureaux : alimenté en chemin par les affluents de l'éloge, il voit ses rives s'étendre, et s'accroître son lit, jusqu'à ce qu'il se jette par sept bouches dans les eaux profondes de la célébrité.

A l'aide d'un procédé si simple, bien des hommes de style avaient fait leur chemin, et dans toutes les nuances de l'emploi. Les uns avaient réussi par la voltige littéraire et les jeux folâtres exécutés sur l'herbe du feuilleton. D'autres avaient abordé les grands moyens et construit leur nid sur les hauteurs de l'antithèse. Ceux-ci marchaient à la gloire par le vermillon, et, se sentant vieillir, en usaient comme d'un fard pour cacher leurs rides. Ceux-là employaient l'histoire en guise de balancier, et en frappaient une monnaie de très-mauvais aloi. Il en était qui inclinaient au pire et poursuivaient leur fortune à travers les décombres. Ils fomentaient au sein des masses les instincts violents et les conviaient à des révoltes sacriléges. Ou bien pour flétrir notre civilisation, ils n'en montraient au peuple que les impuretés, et le conduisaient à la colère par le dégoût. Ainsi procédaient les hommes de style : grâce à l'emploi de ces modes variés, ils arrivaient le plus naturellement du monde à la richesse et aux honneurs. Pour être acquise à peu de frais, la couronne n'en était pas moins belle, et semblait être solidement posée sur le front des élus.

Qui eût pu croire à un revers éclatant? Qui eût présagé une déchéance prochaine ? L'empire de la forme ne devait-il pas survivre à tous les ébranlements de l'opinion ? Ses sphères sereines n'étaient-elles pas au-dessus de la région des orages ? Hélas! non. L'événement le prouva. Au premier souffle, ces gloires s'effeuillèrent et jonchèrent le sol de leurs débris ; ces noms, adoptés par la foule, se perdirent dans le bruit immense que soulèvent les révolutions. Les vanités d'auteurs durent en éprouver un choc terrible. Un tel délaissement après une vogue si grande ! Tant de fanfares remplacées par un silence absolu! C'était à s'ouvrir le ventre de désespoir, à la manière des Japonais. La fortune se vengeait durement. En un jour, sur le premier prétexte, elle jetait dans le fleuve d'oubli des hommes qui avaient fait les délices des deux hémisphères ; elle obligeait ces condors de la pensée et de la forme à quitter les hautes cimes et le commerce du soleil, pour descendre à des abris indignes d'eux et à des relations plus obscures. Triste retour des grandeurs ! Spectacle fécond en découragements! Les républiques abondent en traits pareils ; elles aiment à dévorer les hommes. Celle-ci s'en prenait aux hommes de style ; c'était d'un goût plus relevé.

Pour comble d'amertume, l'honneur ne demeurait pas seul sur ce champ de bataille calamiteux ; les billets de banque y succombaient également. Il fallait en conduire le deuil. Adieu, dès lors, à ces raffinements mêlés de créanciers dont se composait la grande vie littéraire. Plus de château mauresque, voué d'avance à l'expropriation. Plus de pavillon sur le lac offert en holocauste au génie de l'inventaire. Plus de mobilier et plus d'huissiers, deux objets qui se suivent et se complètent si bien. Du même coup, la révolution avait tout supprimé, splendeurs et misères. Qui l'eût dit aux jours opulents, lorsqu'au bout de chaque ligne se trouvait une pièce d'or, comme le produit naturel d'un filon inépuisable ? Qui l'eût dit aux heures de succès, au milieu des enivrements du luxe et de ces mille fantaisies dignes d'un prince d'Orient! Il n'était point d'état de maison que l'imagination, de ses doigts de fée, ne pût soutenir. Elle assurait tout à ses favoris, carrosses et gens, table ouverte et train de seigneur. Que ce temps était loin! et quel déchet dans cette existence asiatique!

En face d'une telle ruine, quelle âme n'eût été ébranlée? quel cœur n'eût défailli? L'homme de style ne fléchit pas. Devant ces foudres déchaînés, il garda le front haut et jeta au malheur d'orgueilleux défis. Le destin pouvait le ruiner, mais non l'abattre. L'Europe le délaissait; tant pis pour l'Europe. C'était une éclipse; quel astre n'en a pas? Le soleil disparaît dans la brume; en est-il moins le soleil? Ainsi pensait l'homme de style. Dans sa conviction, le globe ne pouvait, sans dommage, se passer longtemps de ses soins. Sans vouloir nuire au soleil, il croyait jouer un rôle plus essentiel encore dans l'évolution terrestre. Le flambeau de l'âme n'est-il pas supérieur au flambeau du corps? Singulière prétention que celle d'effacer, d'amoindrir l'homme de style, c'est-à-dire le souffle qui vivifie, le pinceau qui colore, la voix qui résonne, l'œil qui sonde les abîmes, la main qui tient le gouvernail et dirige sur un océan plein d'écueils nos générations éplorées et flottantes!

L'homme de style se crut donc un élément nécessaire dans l'économie de l'univers, et il persista. Il brava l'abandon; il se remit à l'œuvre. Seulement, à l'exemple des divinités indiennes, il eut le soin de se transformer. Jusqu'alors la politique ne lui avait paru qu'un objet secondaire, abandonné aux plumes d'un degré inférieur. Longtemps il l'avait couverte de ses dédains. En présence des événements, cette opinion devait se modifier. Ils avaient fait à la politique une telle place que les grands pinceaux de l'époque étaient mis en demeure d'y concourir.

— Ah! ils l'ont voulu, se dit l'homme de style; ah! ils nous y forcent; eh bien! ils vont voir. Les écoliers avaient seuls donné; c'est le tour des maîtres. Le journal était livré aux doublures; place aux premiers sujets, et attention!

Ce fut ainsi que l'homme de style entra dans la politique, la férule en main et sans quitter ses éperons. La suite répondit à ce début. Son premier soin fut d'entreprendre l'éducation des lecteurs et d'initier le pays à une histoire pittoresque de son invention. Faut-il le dire? un si vaste dessein fut mal servi par les événements. Le génie vint se briser contre la force des habitudes. Ce public que l'on espérait éblouir se refusa aux excès de couleurs ; il préféra le vol du passereau au vol de l'aigle ; il se montra insensible aux fantaisies historiques dont on l'inondait. Triste et dernier échec! Décidément l'homme de style entrait dans une veine malheureuse. De ce naufrage universel, il ne lui restait qu'une épave, et elle venait de disparaître en le livrant sans défense au flot orageux du discrédit.

Était-ce justice? Je n'oserais pas dire non. Toute fausse gloire s'expie ; toute surprise a des retours. Jeune, j'avais pu assister à l'éclosion de ces renommées, et j'en avais baptisé plusieurs de mes mains. Elles avaient toutes reçu l'eau lustrale de la réciprocité. Les choses se faisaient d'ailleurs dignement et de la meilleure foi du monde. On s'admirait en famille ; on y échangeait l'expression d'un enthousiasme naïf. Jamais plus de ferveur ne régna dans le culte des lettres ; on croyait aux idoles consacrées d'hier; on serait mort pour elles, s'il l'eût fallu. De pareilles dispositions sont contagieuses ; bon gré, mal gré, le public les subit. Les mêmes noms lui sont répétés tant de fois, entourés d'hommages si grands et d'épithètes si sonores, qu'il cède de guerre lasse et désarme devant le bruit. Sous cette pression, les grands hommes ne se discutent pas, ils s'imposent.

Une origine pareille entraînait à sa suite de nombreux inconvénients; ils se révélèrent bientôt. Ces parvenus de la gloire avaient tous les défauts des parvenus. Les airs fanfarons ne leur manquaient pas, et ils tranchaient volontiers du matamore. Ils apportaient dans les lettres un élément à la fois fécond et fatal, la jeunesse, c'est-à-dire beaucoup d'audace et point de maturité. Aussi quel empire turbulent et quelle orageuse puissance ! J'ai raconté ailleurs ces débuts qu'accompagnèrent de puériles exécutions. Il est superflu d'y revenir. Je ne parlerai pas non plus des violences que les maîtres nouveaux exercèrent sur la langue, et de la sentence portée contre son génie abstrait au profit d'un retour vers de grossières réalités. Ce sont là pourtant des erreurs dignes de châtiment ; car c'est quitter le ciel pour la terre, et sacrifier l'idéal à l'enluminure et au relief.

Mais ce que je reproche surtout à ces esprits enivrés d'eux-mêmes, ce qui donne à leur chute le caractère d'une expiation, c'est l'influence funeste qui s'est attachée à leurs travaux. Chacun d'eux a choisi librement son rôle, et l'on ne saurait dire quel a été le plus fâcheux. Les uns étaient pour la société des baladins ; les autres des empoisonneurs. Il était de mise de répéter à la ronde que l'art ne doit compte qu'à lui-même de l'action qu'il exerce et des moyens qu'il emploie. On célébrait de toute part la fantaisie, et sous le couvert de ce mot il n'était pas d'impureté, pas d'extravagance qui ne pussent se donner carrière. Les plumes frivoles se jetaient hors de toute voie ; les plumes violentes allaient jusqu'aux plus sombres écarts. Le faux, le monstrueux, composaient la monnaie courante des lettres. Pas un sentiment vrai, naturel, sensé ; partout un excès de pensée et de forme. Au lieu du mot juste, le mot outré ; tout pour l'oreille, rien pour le cœur. Au théâtre et dans les livres, ces déviations se retrouvaient ; point d'art qui n'en fût atteint jusqu'au pervertissement. Les âmes s'en allaient éperdues et comme sous l'empire d'un mauvais rêve. On se demandait avec effroi ce qu'était devenue la sainte mission de l'écrivain au milieu de ce désordre des consciences et de cet égarement des esprits. On se demandait si c'était là une déchéance irrémédiable, et s'il ne fallait voir désormais dans la phalange des lettres qu'une tribu de bohémiens, chargés de vermine et d'oripeaux.

Dans la sphère des arts, ces victimes n'étaient pas les seules. La détresse s'étendait à tout ce qui manie le pinceau ou le crayon, à tout ce qui tient l'ébauchoir ou le ciseau. A l'aspect de tant de douleurs, Oscar lui-même était ébranlé. Il avait envisagé la République à un point de vue plus substantiel, il en avait fait une mère attentive et pourvue de mamelles fécondes ; il l'avait crue incapable de réduire ses enfants au régime de l'inanition. L'évidence était là pourtant : impossible de s'y refuser. Des artistes célèbres, des hommes d'un vrai talent, ne trouvaient plus dans le travail accoutumé de quoi suffire à leurs plus urgents besoins. La faim les assiégeait devant leur chevalet vide ; le désespoir habitait leurs ateliers. Les plus forts résistaient seuls ; les autres prenaient en dégoût une carrière ingrate et demandaient à la pioche ce que le crayon leur refusait. Il fallait vivre ; le chantier national s'ouvrit devant eux. La République n'avait qu'un seul hospice pour les blessés de l'industrie et de l'art : le règne de l'égalité commençait, de l'égalité dans la misère.

N'était-ce pas là une autre et une nouvelle expiation ? Aucun des arts n'avait échappé au désordre introduit dans les lettres. Le faux et l'obscène, l'outré et le hideux y tenaient une grande et large place, et nulle part on n'avait fait plus beau jeu aux intempérances de la forme et de la couleur. Il se trouvait, de par le monde, des brocanteurs et des critiques habitués à toutes les prostitutions de l'encan et de la plume. On les voyait prendre des réputations à l'entreprise et se mettre au service des talents les plus équivoques et des noms les plus obscurs. Rien de mesuré, rien de sincère dans cet ordre de relations. Une toile ne valait que par le bruit qui se faisait autour d'elle. La bête était toujours assez belle pourvu que le maquignon fût adroit. Il est vrai qu'on n'y épargnait pas les grands éclats de voix, ni les enthousiasmes de commande. L'enchère était conduite avec une vigueur qui désarmait le soupçon et ne laissait point de prise aux clauses rédhibitoires. Quel œil pénétrant que celui de ces critiques et de ces brocanteurs ! Quelle vigilante amitié ! Comme ils savaient faire valoir les coloristes qui les honoraient de leur confiance ! Que de beautés cachées ils découvraient là où le public ne voyait que des masses confuses ! Le mot de chef-d'œuvre ne leur coûtait rien ; à tout propos ils l'avaient à la bouche. Un pâté de couleurs, chef-d'œuvre ; quelques coups d'estompe, chef-d'œuvre. Puis ils y mettaient le prix en hommes qui visent au solide et savent ce que vaut une apologie de leur façon.

C'est par de tels procédés que les arts avaient préparé leur ruine ; c'est cette période de maquignonnage qu'ils expiaient. La mystification la plus effrontée y avait établi son siége ; on n'y voyait que gloires surprises et noms imposés. Les talents sérieux se tenaient à l'écart et protestaient par le silence ; ils désertaient ce champ de foire où le succès se mesurait au bruit, et regardaient comme indigne d'eux de faire les frais d'un orchestre. La place restait donc libre aux célébrités de la fantaisie et de la couleur et aux champignons qui poussaient à leurs pieds et sous leur ombre. Ce commerce en plein vent dura tant que le ciel se maintint d'azur ; mais un ouragan suffit pour tout emporter, industriels, queues rouges et public. Sur ce terrain, naguère si animé, la solitude régna. Justice était faite.

Ce sort fut aussi celui des comédiens ; ils passèrent par les mêmes épreuves. Certes, si quelqu'un pouvait se croire à l'abri de coups pareils, c'était le comédien, ce favori du siècle. Naguère encore il régnait, il faisait la loi. Ses notes de poitrine ou de tête étaient hors de prix ; ses gestes avaient cours forcé. Pour lui, la banque n'avait pas assez de billets ; la renommée pas assez de trompettes. Les populations se pressaient sur son passage comme sur celui d'un prince du sang. Vienne et Saint-Pétersbourg se l'enviaient ; les deux mondes étaient son domaine. Comment croire qu'une pareille idole serait tout à coup renversée de son piédestal, qu'une industrie si achalandée perdrait en un jour sa clientèle ? C'est ce qui arriva néanmoins ; la révolution sévit contre le comédien, cet enfant gâté de l'art et de la fortune. Resté en face de bancs déserts et d'une caisse vide, il résigna l'empire, il entra dans la catégorie des dieux déchus. La vie des planches conduit à l'imprévoyance, et l'ombre des jours prospères ne s'étendit pas longtemps sur les mauvais jours. Le comédien connut la détresse ; elle vint s'asseoir à son foyer.

Peut-être alors se souvint-il des défis jetés au destin et de tant de richesses dispersées aux vents. Ce fut un examen de conscience où rien ne fut omis. Qui sait si le remords ne s'y mêla point? Le comédien n'avait-il pas abusé de tout, de sa santé et de son talent, du public et de lui-même? N'avait-il pas abondé dans cette veine du faux et du monstrueux qui fit du théâtre une école de perversité, et de l'art un instrument de désordre? N'avait-il pas dégradé la scène par des grincements de tabatière et des hoquets transposés? Ne s'était-il pas joué, dans un type célèbre, des instincts les plus sacrés, les plus dignes de respect? Non, de pareils excès ne restent point impunis. On ne saurait sacrifier à des effets violents sans essuyer, au jour de l'explosion, quelques atteintes de ces violences. C'est ce qui était arrivé. Les comptes se réglaient et embrassaient un passé onéreux. Tout ce théâtre de clinquant et d'oripeaux, ces verroteries que l'on offrait comme des pierres précieuses, ces cheveux dénoués où les doigts se promenaient en guise de peigne, ces attitudes de saule pleureur, ces premiers sujets vus de dos, ces tirades haletantes, ces imprécations empruntées au moyen âge comme le décor, ces spectacles où le bruit suppléait l'idée, et où le sifflet du machiniste remplaçait avec avantage les grandes passions du cœur, tout cet ensemble de formes véhémentes et de sentiments outrés ne pouvait pas demeurer sans châtiment, sans expiation. Il fallait que le comédien apprît, comme l'écrivain, que les arts ont leur dignité, et qu'ils se vengent tôt ou tard de ceux qui la méconnaissent. C'était une leçon : peut-on dire qu'elle fût imméritée?

Ainsi, dans toutes les branches, l'art portait la peine d'excès antérieurs : il était mis en demeure de rentrer dans des voies plus saines et plus vraies. Le malheur des temps avait fait justice de toutes les prétentions, de toutes les vanités. Des fronts altiers se courbaient devant la loi commune : plus d'un Homère était près de tendre la main. Le gouvernement compatit à ces souffrances et les secourut à sa façon. Pour les sculpteurs, il eut les statues en plein vent; pour les comédiens, il eut les représentations populaires. Nous jouîmes, pour notre argent, de ce spectacle gratuit, et il n'est pas sans intérêt d'en consigner ici le souvenir.

XXII

UNE REPRÉSENTATION POPULAIRE.

Aux jours de sa grandeur, Rome avait prononcé un mot qui causait à notre gouvernement de cruelles insomnies. Attentive aux besoins du peuple, elle les avait énergiquement résumés : Du pain et les jeux du cirque, disait-elle. C'était un programme simple et court, mais grand comme tout ce qui est simple, et fécond comme tout ce qui est court. Du pain et les jeux du cirque ! notre gouvernement en rêvait chaque nuit, entre deux insurrections. Il s'était dit qu'il ne resterait point au-dessous de Rome, et qu'il ne ferait pas pour le peuple moins que Rome n'avait fait. Malheureusement, en étudiant sous tous les aspects les termes du programme, il restait au dépourvu de la moitié. Il avait le pain ; il n'avait pas le cirque. C'était le désespoir des membres du gouvernement, et surtout de celui que l'imagination portait sur ses ailes :

— Si nous donnions des représentations populaires ? s'écria-t-il un beau matin. Faute de cirque, on a des théâtres.

L'avis passa. Il fut convenu que l'on dompterait le peuple à l'aide de spectacles gratuits, qu'on le désarmerait par les chefs-d'œuvre de notre scène. Au contact du tendre Racine, la multitude ne pouvait que s'adoucir, et Molière agirait sur ses hypocondres dans un sens favorable à l'ordre public. Le gouvernement espérait retrouver ainsi des nuits tranquilles et des jours moins sombres. Le commerce des grands auteurs a tant de vertu ! Rome avait eu le cirque, Paris aurait la tragédie ; c'était le remède à petites doses. Il était impossible qu'un régime d'hémistiches bien appliqué, bien suivi, n'amenât pas dant l'état des masses un notable changement.

L'esprit de désordre ne pouvait résister à un traitement si héroïque.

— Va pour la tragédie, dirent les membres du gouvernement. Que désirons-nous, après tout? quelque chose de romain. Tout chemin mène à Rome.

Cette considération philosophique termina le début; dès le lendemain, la représentation populaire fut annoncée sur les murs de Paris. On dit, à la ronde, que, pour la première fois, nos maîtres de la scène allaient trouver leurs juges, et qu'à un auditoire blasé succéderait la fleur des intelligences primitives. Les illustres morts en tressailliraient d'aise dans leurs tombeaux. En même temps on ajoutait que les billets d'entrée se distribuaient aux diverses mairies, et qu'on avait eu le soin de répartir entre elles, d'une manière équitable, le nombre de places que la salle pouvait contenir. Ainsi le faubourg Saint-Marceau n'aurait rien à envier au faubourg du Roule, et dans ce système d'apaisement fondé sur la tragédie, les divers quartiers fourniraient un contingent égal de passions et participeraient au traitement d'une manière uniforme. On ne pouvait procéder ni avec plus de prudence ni avec plus de justice.

Un incident trompa ces sages calculs. Il existe à Paris une tribu qui vit du théâtre et en connaît parfaitement les détours. Elle se compose de marchands de lorgnettes et de contre-marques, auxquels se réunit, dans les grandes occasions, le double commerce des pastilles du sérail et des chaînes de sûreté. Ces vertueux spéculateurs constituent, en matière de spectacles, une force à laquelle rien ne résiste. Plus d'une fois on a voulu les briser. Prétention vaine! Cinq préfets de police y ont échoué. C'est dans les rangs de cette milice que se recrute le personnel de l'entreprise des succès, industrie digne de tous les respects, et qui confine à celle des lettres par tant de points. Ainsi le théâtre se trouve enlacé dans une organisation savante à laquelle il lui est difficile de se dérober. Prétoriens aux abords de la salle, janissaires sous le lustre, ces hommes semblent tenir dans leurs mains son existence et son repos. Ils s'identifient à ses misères et vivent de sa prospérité. Ils ressemblent à ces cristallisations parasites qu'aucun effort humain ne saurait détacher de la masse où elles adhèrent.

Tel était le peuple promis aux représentations gratuites. Il se trouvait sur son terrain et n'entendait pas le céder sans combat. Quiconque a suivi de près ces brocanteurs en plein vent, a pu s'assurer des ressources qu'ils déploient en matière stratégique. C'est un talent voisin du génie. Aux allures d'un homme, ils devinent s'il désire un billet de spectacle et quel prix il y mettra. L'état du ciel, la composition de l'affiche, tout limite et modifie leurs prétentions. N'ayez pas peur qu'ils fassent grâce à qui porte un bouton en brillant ! Ils pénètrent jusque dans ses entrailles pour y lire son dernier mot, et ne se relâchent que de ce qu'ils ne peuvent victorieusement défendre.

C'est à ces vétérans du péristyle que le véritable peuple avait à disputer ses entrées de faveur. Le résultat ne pouvait être douteux. Dans toutes les mairies s'organisa un système d'embûches qui fit tomber la plus grande partie des billets gratuits entre les mains des spéculateurs. Noms supposés, substitutions de personnes, rien ne leur coûta pour arriver à leurs fins. Le point d'honneur s'en mêlait ; ils voulaient rester maîtres de leur domaine. Ainsi le gouvernement manquait son but. Ce peuple qu'il espérait captiver par les prestiges de la tragédie était un mélange de marchands de contre-marques et de pastilles du sérail. La seule littérature à laquelle ils fussent sensibles était celle des lorgnettes et des chaînes de sûreté. Leurs vues ne se portaient point au delà. C'était un véritable échec pour les hommes d'État qui avaient rêvé l'équivalent des jeux du cirque, et une rude atteinte portée à leur programme.

Je ne parle pas de cette circonstance par ouï-dire et sur un simple bruit. Le hasard m'en fit acquérir la preuve personnelle. Nous passions un soir, Oscar et moi, dans la rue Richelieu, sans dessein arrêté et en curieux. Il y avait foule aux abords du théâtre ; nous allâmes aux enquêtes : c'était un spectacle gratuit :

— Viens voir l'entrée, me dit le peintre. La pièce qui se joue au dehors vaut mieux que celle qu'on représente au dedans. Viens, Jérôme.

— Tant de blouses?

— C'est le plaisant! Ils s'administrent des poussées à démolir les murs. Viens donc.

J'allais le suivre, lorsqu'un tiers survint. C'était un homme sur le retour, exhalant une odeur infecte où dominaient le rhum et le tabac, et accommodant le français à la façon des juifs d'Allemagne :

— Monsir, disait-il, un pillet de sbegdàcle! un pon pillet!

Ce dialecte avait un tel cachet d'originalité que je n'y démêlai rien d'intelligible :

— Qu'est-ce donc? lui répondis-je, et pourquoi m'arrêtez-vous en chemin?

— Un pon pillet, monsir, un pon pillet, répéta-t-il en m'inondant de vapeurs malsaines. Un tézième loche dé vasse!

Je compris, avec un violent effort, qu'il m'offrait des deuxièmes loges de face. Un coupon jaune qu'il avait à la main me favorisa beaucoup dans cette interprétation.

— Qu'est-ce à dire? m'écriai-je. Il s'agit de représentations gratuites, et l'on vend des billets sur le pavé? Voilà qui est curieux.

— Oh! voui, monsir, pien qirieux, reprit l'Allemand en s'emparant de mon dernier mot. Pien qirieux, mein gott! La coufernment brofissoire et zon vamille?

Je commençais à m'y reconnaître. Cet homme me proposait en spectacle le gouvernement provisoire et sa famille. La proposition n'eût rien perdu à ne point passer par sa bouche, car elle infectait. Je me détournai avec dégoût et allais quitter la partie, lorsqu'un jeune homme arriva, svelte, élégant, le jonc en main, la lèvre ornée de petites moustaches. Administrer un royal coup de poing sur l'épaule de notre interlocuteur, et lui faire exécuter deux pirouettes sur lui-même, fut l'affaire d'un instant.

— File, Isaac! ajouta-t-il d'une voix de maître.

L'Allemand vida les lieux en homme dressé à cet exercice; après quoi le nouveau venu tira de sa poche un portefeuille de maroquin:

— Voici, messieurs, dit-il; il y a là de quoi vous arranger. Prenez, choisissez.

Le portefeuille renfermait des coupons de toute couleur, verts, jaunes, bleus. Le jeune homme les faisait papilloter entre ses doigts avec une grâce et une aisance incomparables.

— Ces messieurs veulent-ils des galeries? j'en ai. Des premières de côté? j'en ai. Des balcons? des baignoires? j'ai de tout cela. Mais qu'on se presse? l'article est au feu.

Tout en poursuivant ce dialogue avec nous, le jeune industriel surveillait du regard toutes les avenues et détachait quelques avis à l'adresse de ses lieutenants.

— Attention, Michel! le trottoir à gauche! il y a là une mine de clients. Et toi, Joseph, vite sur la chaussée, voici une voiture de remise. Offre des loges de face.

C'était plaisir de voir comme ce garçon se multipliait et suffisait à tout. Un général d'armée n'a pas le coup d'œil plus sûr, le geste plus bref, le commandement plus rapide. Il nous tenait en arrêt comme une proie qui ne pouvait lui échapper. Jamais je ne vis tant de confiance éclater dans le maintien. Nous hésitions encore, que déjà pour lui c'était une affaire conclue:

— Je vois ce qu'il faut à ces messieurs, nous dit-il: deux stalles d'orchestre et numérotées; 66 et 68, voilà; à deux pas du gouvernement provisoire. Dix francs par stalle; en tout vingt francs. C'est donné. J'ai vendu les pareilles quatre-vingts francs à un Anglais. Tout l'Hôtel de ville y sera; les dames du gouvernement honorent les premières loges de leur présence. Numéros 66 et 68, ce qu'il y a de mieux, des stalles à souhait. Enlevé.

Pas moyen de résister à cet homme; d'une main il introduisait les deux coupons dans notre poche; de l'autre il réclamait le prix du marché. C'était de la violence ; nous y cédâmes en riant.

La salle offrait le plus étrange coup d'œil. Sur quelque point que se portât le regard, on n'apercevait qu'une immense couronne de blouses. C'était le vêtement en faveur ; il tenait dans la cour nouvelle la place que l'habit français occupait dans l'ancienne cour. On m'assura que plusieurs de ces blouses cachaient du linge fin et des bottes vernies. Je le crois sans peine. Il est des gens qui vont vers le succès et qui ont un penchant invincible pour les partis qui triomphent. Néanmoins, dans l'ensemble, le marchand de contre-marques dominait. Il occupait les places qu'il n'avait pu vendre, comme le détaillant dévore ses rebuts de magasin. C'est sur ce public que le gouvernement poursuivait ses expériences; c'est sur lui qu'il voulait essayer la puissance des grands tragiques.

La représentation suivit son cours au milieu d'incidents variés et romanesques. Cet auditoire d'artisans eut des manières de troubadour. Il se prodigua vis-à-vis du gouvernement en témoignages d'approbation, demanda la *Marseillaise* à tout propos, et n'établit pas entre le parterre et le paradis un cours suivi de dialogues. Une pièce de circonstance lui fut offerte ; il eût pu dormir, il eût pu bâiller ; il s'abstint de ces deux genres de manifestation. On lui adressa à brûle-pourpoint des compliments excessifs jusqu'à l'injure ; il ne sourcilla pas. La flatterie glissait sur lui comme le dénigrement. Il se montra admirable en toute chose. Il est vrai que la salle comptait bien des athlètes vieillis sous les feux du lustre et dont le cœur était inaccessible à l'émotion. Ils avaient assisté, dans la même enceinte, aux combats orageux de l'art, et de ces souvenirs ils s'étaient composé à leur usage une philosophie voisine du stoïcisme.

Cependant il y eut, même pour ces caractères de bronze, un moment d'épreuve, c'est celui où la tragédienne s'avança vers la rampe, un drapeau tricolore à la main. Elle avait une manière de comprendre et de chanter l'hymne républicain qui entraînait et révoltait les âmes. On eût dit le rugissement de la lionne quand elle pousse le mâle au combat. Cet accent n'était pas de notre époque; rien n'en motivait l'énergie et la férocité. Il respirait la vengeance ; où était l'injure à venger? Il respirait la conquête; où était le sol à conquérir ? Même comme étude d'artiste, l'effet en aurait dû être plus mesuré, plus contenu. Cet effet était grand néanmoins, et personne dans la salle n'y échappait. Sous l'éclair de ce regard, sous la puissance de cette voix, un frémissement sourd parcourait les bancs et n'était interrompu que par une acclamation universelle. L'enthousiasme se soutenait ainsi jusqu'au dernier couplet, qui formait à lui seul une scène et un tableau.

La tragédienne venait de l'achever, quand un dénoûment imprévu attira l'attention de la salle. De l'un des côtés de l'orchestre, venait de se détacher un ouvrier en blouse porteur d'un énorme bouquet de fleurs rares et choisies. Jeune et agile, il franchit la rampe d'un bond et marcha vers l'actrice troublée et surprise. Arrivé près d'elle, il mit un genou en terre, comme eût pu faire un chevalier, et lui présenta son tribut parfumé aux applaudissements de l'assistance. Au bouquet était attaché un billet, et, bon gré, mal gré, il fallut que le régisseur vînt en donner lecture. C'était un acrostiche ; voici ce qu'il disait :

R eine de l'empire tragique,
A vous ce don de l'ouvrier ;
C harmez-nous par votre art magique,
H éroïne au royal cimier,
E t chantez d'un accent guerrier
L 'hymne ardent de la République.

— Bravo ! s'écrièrent mille voix.

— Pas mal pour un ouvrier ! dirent les membres du gouvernement.

L'auteur de cet incident avait quitté la scène comme il l'avait abordée, c'est-à-dire en franchissant la rampe et en passant sur le corps des instruments à vent. Dans ce second trajet, son visage mieux éclairé me frappa. Je craignais de me tromper, d'être le jouet d'un souvenir confus ; au témoignage de mes yeux je voulus joindre celui d'Oscar :

— Ne le reconnais-tu pas? lui dis-je.

— En effet, j'ai un soupçon vague, reprit le peintre. J'ai vu cette figure quelque part. Mais dire où...

— Décidément, c'est lui, Oscar, c'est notre homme; plus de doute à présent !

— Quel homme?

— Notre marchand! celui des coupons d'orchestre.

— Tu as, ma foi, raison ; c'est bien lui. Où diable la galanterie va-t-elle se nicher ?

Je n'écoutais plus Oscar; mon attention s'était portée ailleurs. Le héros de l'incident avait repris sa place à l'orchestre, et un groupe d'amis l'entourait.

— Diable de Mitouflet ! disait l'un d'eux, y a-t-il mis de la grâce !

— N'est-ce pas, fiston, que c'était filé un peu proprement?

— En troubadour, en vrai troubadour ! On dirait que tu n'as fait que ça toute ta vie.

— Et le bouquet, donc? reprit un autre interlocuteur. Voilà qui est d'un genre un peu cossu ! Plus que ça de tubéreuses ! merci !

— Des tubéreuses, fiston ! pour qui me prends-tu? Pour un étudiant ? Toutes fleurs de serre, mon petit, et des noms latins ! Ah bien ! oui, des tubéreuses ! Pourquoi pas des coquelicots?

Le groupe poussa de joyeux rires et se dissipa. La salle se vidait peu à peu ; le gouvernement avait regagné ses carrosses. Sans doute la nuit fut plus calme et des songes riants visitèrent son chevet. Le peuple évidemment s'accoutumait au commerce des grands auteurs, et son caractère ne pouvait que gagner à ce contact. Encore quelques représentations gratuites, et cette éducation s'achevait; il arrivait par l'hémistiche au perfectionnement absolu. Heureux peuple ! On le comblait de pain et de tragédies ! Que pouvait-il désirer de plus ?

XXIII

LES MAINS CACHÉES.

Il est temps que je fasse un retour sur moi-même et dire quelle était, au milieu de ce chaos, la situation de mon esprit.

Je l'avoue, le spectacle déroulé sous mes yeux trompait tous mes calculs et sapait par la base l'édifice de mes illusions. Une foi moins robuste que la mienne y eût succombé. C'était mon rêve pris au rebours. A voir de près les choses, je sentais mon âme se briser de douleur. Tous les reproches que nous avions faits à la monarchie, on pouvait désormais les retourner contre nous. Il n'en était point que nous n'eussions pris à tâche d'encourir. Les mêmes abus se reproduisaient obstinément comme ces plantes parasites qui trompent les mains les plus vigilantes. L'intrigue, que l'on voulait bannir du gouvernement, s'y était seulement déplacée. Avec d'autres noms, c'étaient les mêmes errements. Elle descendait plus bas, et n'en était pour cela ni plus décente ni plus légitime.

L'esprit humain est-il donc destiné à s'agiter dans le même cercle, et ne serons-nous conséquents que dans nos inconséquences? Nous avions blâmé la mendicité organisée autour des fonctions publiques, et jamais cette mendicité ne s'était produite avec plus d'ensemble et plus d'impudeur. Nous avions attaqué, et à juste titre, ces envahissements de famille qui s'exécutaient à l'abri d'un nom illustre et tendaient à faire de la France un territoire conquis. Ces usurpations n'avaient point cessé, et quelques chefs de race disposaient encore des emplois comme d'autant de fiefs en faveur des membres de leur maison. Nous avions chargé d'anathèmes les gouvernements qui usaient de la menace ou de la faveur pour peser sur la conscience publique, et portaient atteinte à la liberté des choix. Ces procédés étaient toujours les mêmes, et jamais l'influence du pouvoir ne s'était exercée d'une manière plus apparente et plus éhontée. Nous avions reproché aux employés d'un ordre supérieur d'avoir un pied dans leurs fonctions et un autre dans le parlement, et plus d'un s'obstinait à garder une situation qui ne convient guère qu'au colosse de Rhodes. Nous avions demandé aux gardiens du Trésor des exposés sincères et un équilibre sérieux, et nous en étions réduits à attendre encore ces deux garanties financières. Nous avions, par un décret, interdit la sollicitation aux représentants, et pour la plupart ce décret demeurait une lettre morte. Ainsi, sauf quelques noms, rien n'était changé ; les mœurs avaient été plus fortes que les institutions. Nous avions la République, nous n'avions pas les sentiments républicains.

Aussi éprouvai-je un découragement profond à l'aspect de ce qui se passait dans les régions politiques ; involontairement j'en détournai le regard. La moitié de mon rêve était détruite ; il n'en restait que l'autre moitié ; c'était mon idéal de société, à laquelle j'ajoutai de loin en loin quelque perfectionnement nouveau. Tout ce que je voyais, tout ce que j'entendais, justifiait un peu de circonspection dans cette poursuite. Mille plans de réforme étaient offerts au public, et à chacun de ces plans correspondait une secte qui s'en servait d'enjeu pour tenter le hasard. Une fois engagée elle ne reculait plus. Au début, le ton était mesuré ; on sondait le terrain. Plus tard, l'aigreur s'en mêlait ; le langage était celui de gens qui sont las d'attendre. Enfin les blessures de l'orgueil achevaient ce que l'impatience avait commencé, et la secte entrait à pleines voiles dans les eaux de la violence et de la colère. Ainsi animée, elle ne voyait dans la résistance de l'opinion qu'un embarras, et dans la société qu'un obstacle. Les ruines ne l'effrayaient pas : elle espérait bâtir à nouveaux frais et fournir les matériaux. Elle croyait à son règne prochain : il y a toujours quelque conscience au fond de la vanité. De ce mélange de jactance et de ferveur, d'espérances et de mécomptes, naissait peu à peu une haine sourde et sauvage, qu'animaient une pensée et un désir de destruction.

Pourquoi me serais-je engagé dans cette mêlée? Aucun de ces drapeaux n'était le mien; je ne me ralliais à aucun de ces symboles. Il était facile de voir à quels abîmes couraient ces sectes, et quels malheureux elles y entraînaient. Entre elles, rien de commun, si ce n'est la soif de détruire. Triomphantes aujourd'hui, elles se fractionneraient demain pour se livrer bataille, et s'anéantiraient l'une l'autre dans le choc des rivalités. D'accord pour renverser, elles se divisaient sur ce qu'elles allaient mettre en place; c'est-à-dire qu'à une guerre civile succéderaient à l'instant, en cas de succès, cinq guerres civiles d'autant plus affreuses qu'elles seraient sans motif appréciable et sans issue possible. Oh! les sectes! les sectes! jamais fléau plus grand ne pesa sur la terre. Elles sont sans bonne foi comme sans pitié, sans pudeur comme sans entrailles. Chacune d'elles avait un organe, distribué par milliers sur la voie publique, et qu'animait le souffle des plus mauvaises passions. Tous les matins, ce poison était versé à la foule, qui y puisait une sorte d'ivresse. Parmi ces sectaires, il en était un qui élevait l'outrage jusqu'au ciel, et se répandait en impurs blasphèmes.

— Je suis l'égal de Dieu, disait-il dans son égarement. Je suis le chef de la création! Dieu, esprit menteur, ton règne est fini. Jusqu'ici j'ai eu pour toi quelques égards, il fallait ménager les vieilles femmes et les bonnes d'enfants. Mais, à partir d'aujourd'hui, toute relation cesse entre nous. Je suis très-décidé à rompre; nous réglerons nos comptes avant peu. Tu es trop vieux; il faut à la terre du nouveau. Je me charge d'établir devant le public cette thèse en douze points.

Si ce n'étaient pas les paroles expresses de l'impie, c'en était du moins le sens. Je les atténue plus que je ne les exagère. Un pareil langage n'était pas celui d'un homme qui jouit de toute sa liberté d'esprit : il devait manquer dans quelque hospice un pensionnaire qui avait trompé la surveillance. C'était le cas d'y ramener celui qui parlait ainsi du ciel, et qui ne le prenait pas avec la terre sur un ton moins cavalier. A ses yeux, la propriété était une infâme, et quand il rencontrait un propriétaire sur son chemin, il fallait voir comme il le redressait :

— Ah ! te voilà, lui disait-il. Te voilà, vil criminel ! Viens ici que je te caresse les épaules ! Ah ! tu es propriétaire, et tu oses l'avouer ! Tu ne connais donc pas les corrections que j'ai infligées aux propriétaires ? Gardez-vous bien, flibustiers, vous n'avez pas affaire à un manchot. Je vous réserve des lessives où je ferai entrer du bleu à vous décorer les omoplates. Ah ! oui, vraiment ! vous croyez qu'on vous laissera piocher en toute liberté, greffer vos arbres, faucher vos prés, pousser vos charrues, écheniller vos vergers, manier la houe et le râteau à souhait ! Merci ! Vous nous la baillez belle. Videz-moi les lieux, tas de fainéants et de sans cœur ! Voici un citoyen qui passe, un être pétri de grâces, qui culotte les pipes comme pas un, et prend ses côtes au long avec une volupté incomparable. Eh bien ! c'est ce mortel qui va vous enseigner vos devoirs. N'ayez pas peur qu'il ait l'envie de se déclarer propriétaire. Lui propriétaire ! vous ne le connaissez pas. Il mangera les pêches de votre verger, les côtelettes de vos étables, le pain de vos huches, les légumes de votre jardin, les fromages de vos laiteries, le miel de vos rayons, le tout avec un appétit digne des âges antiques. Mais pour se dire propriétaire, jamais ! il ne se laissera point déshonorer par un substantif pareil. Propriétaire, lui ! il est bien trop fier pour cela.

Chez aucun sectaire, les systèmes n'atteignaient ce degré de violence. Il en était même qui affectaient de garder plus de mesure et de se renfermer dans un langage patelin. Ce n'était ni les moins opiniâtres ni les moins dangereux. Voyez celui-ci ! Ne dirait-on pas, à ce vêtement négligé, à cette chevelure inculte, un de ces moines espagnols que Ribeira anima sous son pinceau ? Il croise les bras sur sa poitrine, et leur imprime ensuite un mouvement circulaire, comme s'il avait à fendre les flots écumants. Son œil inspiré va chercher au ciel la vérité absente :

— Citoyens, dit-il, il faut que je vous exprime ce que j'ai

sur le cœur. Les misères qui se pressent autour de nous, à nos portes, sont si grandes, que je ne puis me remettre du coup que j'en ai ressenti. Consultez les médecins, consultez les psychologues; ils vous diront si l'âme humaine peut suffire à de telles émotions. Non, citoyens, l'âme humaine n'y saurait suffire, les psychologues vous le diront. Figurez-vous que sur trente-cinq millions d'âmes dont se compose la grande famille française, il y en a un million à peine qui mange de la viande d'une façon régulière. Consultez les hommes de l'art; ils vous diront si la viande que consomment les opulents profite à l'estomac des pauvres. L'âme humaine peut répondre à ces questions. Il en résulte que trente-quatre millions d'âmes ne mangent pas de viande, et que huit millions au plus mangent du pain. Consultez les physiologistes, consultez les médecins; ils vous diront si c'est là un régime satisfaisant. L'âme humaine n'y résisterait pas. Songez-y donc! Descendez dans vos entrailles d'être humain, d'être social, et demandez-vous pourquoi vos frères, pourvus des mêmes organes que vous, jouets comme vous du monde sensible, n'auraient pas, pour lutter contre le besoin, les mêmes ressources que vous, comme ils ont les mêmes facultés. Consultez les psychologues, et ils vous diront si c'est un régime de justice. Sur trente-cinq millions d'âmes, un seul million participe à une nourriture substantielle; c'est-à-dire, citoyens, que ce sont là des outrages au droit naturel, contre lesquels la conscience antique s'est toujours révoltée. Consultez les médecins, consultez les physiologistes; ils vous diront si l'âme humaine.

. . . .

. . . .

Il convient de s'arrêter ici; ce discours est de ceux qui ne finissent pas. Il a deux pages, il pourrait en avoir vingt, il pourrait en avoir cent. C'était un procédé particulier à l'auteur : jamais il n'avait fini un discours ni un livre. Il n'a point pris de brevet pour cela. Et quels airs bénins! quelle peau de brebis! Prenez garde! les griffes ne sont pas loin! Homélies, soit; mais c'est du fiel qu'elles distillent! Toujours le pauvre en présence du riche, toujours ce redoutable rap-

prochement! Les uns mangent, les autres ne mangent pas!
Pourquoi ce contraste? C'est ainsi que s'amassent dans les
cœurs des réservoirs de colère.

Chez d'autres sectaires, le style était plus magistral, l'appel
plus direct. On conseillait la révolte de la manière la plus
explicite, la plus formelle :

— Peuple, lui disait-on, un problème s'agite. On se demande si, par l'exercice de tes droits, tu t'es dessaisi de la souveraineté, ou si cette souveraineté réside en toi, avec toute sa vertu, toute sa force, toute son étendue? D'une question ainsi posée, c'est le second terme qui est le vrai, c'est le premier qui est le faux. Tu es toujours, et en toute chose, le seul souverain, le seul juge des limites de ta souveraineté. Ce caractère est inaliénable; il ne dépend pas de toi de le laisser prescrire. Ce caractère est universel, et à quoi qu'il s'applique, il domine tout. Tu es souverain; pénètre-toi bien de ce mot, qui implique un droit absolu. Ni le temps, ni l'espace ne le limitent. Ce que tu donnes, tu peux le retirer; ce que tu délègues, tu peux le reprendre. La souveraineté a cette valeur, ou elle n'est rien. Être souverain trois jours en un an, quelle dérision! Qui donc oserait dire que cette part est celle du peuple, et que des barricades arrosées de son sang il n'est sorti que ce pouvoir précaire épuisé presque aussitôt qu'exercé? Qui donc essayerait de réduire sa souveraineté à l'exercice illusoire de son droit de suffrage? Peuple, souviens-toi que tu es le souverain, et agis comme tel! Tu ne peux pas laisser amoindrir en tes mains la puissance que tu tiens de la victoire. Si on discute, parle; si on résiste, frappe. Il n'y a pas pour toi deux manières de procéder. Puisque tu es fort, il faut que tu restes le fort. Puisque tu es le maître, il faut que tout ploie devant ta volonté. Une majorité de surprise ne t'enchaîne pas; tu la respectes, tu la brises à ton gré. Au besoin tu fais de grands exemples, et à cette majorité, produit de l'intrigue et du hasard, tu substitues une force bien plus éclatante, bien plus radieuse, celle de l'unanimité.

Sous des termes ornés, c'était là un acte de révolte contre

les pouvoirs issus du suffrage universel. Chaque jour des protestations pareilles s'échappaient de plumes plus obscures. Il s'y mêlait des torrents d'invectives ou de sombres pronostics : chacun se croyait en droit de prodiguer l'insulte à des idoles désarmées. Toutes les sectes agissaient à la fois, et les clubs recrutaient leurs soldats. C'était une conspiration immense, poursuivie impunément et à la face du soleil. Il était impossible que le gouvernement l'ignorât; on ne cherchait même pas un abri dans le mystère. La question des prises d'armes se débattait ouvertement au sein des clubs, et à peine, dans les cas graves, avait-on recours au huis-clos. Personne ne semblait douter que ce pouvoir sans racines ne disparût devant le premier souffle de l'opinion, et qu'il ne s'élevât sur ses débris une initiative en harmonie avec les instincts du siècle et les tressaillements de l'humanité.

Les sectaires triomphaient; c'était leur heure, leur jour. Ils avaient semé le vent, ils recueillaient la tempête. Toutes les idées malsaines qu'ils avaient jetées çà et là, un peu au hasard, venaient de germer à la fois, et ils se promettaient bien de surveiller la moisson. En hommes prudents, ils ne se livraient pas; toute chance leur répugnait. Ils laissaient aux autres les émotions du combat, et se réservaient celles de la victoire. Ils menaient la partie et cachaient la main. Leur rôle était celui des dieux d'Homère, qu'un nuage dérobe à propos et tient en réserve jusqu'au dénoûment. En attendant, ils jetaient des aliments nouveaux dans cette ardente fournaise où bouillonnaient les laves populaires. A des grondements sourds, aux langues de flammes qui s'échappaient du foyer, on pouvait suivre les progrès intérieurs et prévoir le jour où, brisant son enveloppe, ce cratère verserait dans la ville sa pluie de cendre et ses rivières de feu.

XXIV

LES INSTRUMENTS.

Nous venons de voir la main ; passons aux instruments. Il n'y en avait qu'un seul de sérieux ; c'était l'atelier national, foyer de toutes les manifestations et de tous les désordres. S'il est vrai qu'on eût à dessein constitué cette armée de prétoriens afin de maintenir dans les esprits une agitation salutaire, il faut avouer que l'attente avait été dépassée et la faute suivie d'un prompt châtiment. C'est surtout pour le gouvernement que cette cohue d'ouvriers fut un embarras et un péril : on ne saurait mieux appliquer l'image d'une épée toujours menaçante.

Les clubs avaient là des alliés naturels, et chacun d'eux s'y était ménagé de précieuses affiliations. Pas de mouvement sur le pavé, dans lequel l'atelier national ne jouât un rôle ; et il ne s'en cachait guère, en vérité. Il arrivait drapeau en tête, comme eût pu le faire un corps régulier, et troublait l'ordre avec une confiance que donne seule l'impunité. Les sectes sociales exerçaient aussi de grands ravages parmi ces ouvriers enrégimentés. Nulle part on n'avait plus de soif du chimérique et de l'impossible. Nulle part on ne prenait tant au sérieux ces républiques imaginaires, pleines de ruisseaux de lait, ou ces dictatures violentes qui préludaient par la spoliation.

Depuis quelques jours, il était question d'une prise d'armes, et les ateliers nationaux s'en préoccupaient vivement. Mais, au sein des ateliers, personne n'y songeait avec plus d'ardeur que notre ancienne connaissance le Percheron. Attaché au chantier de la porte Maillot, un matin, il prit à part le Comtois, et l'entraînant dans un fourré du bois de Boulogne :

— Mon fils, lui dit-il, j'ai une grande nouvelle à t'annoncer. Mais viens plus loin : j'aperçois un garde au bout de l'avenue.

— Plus loin, à quoi bon? répondit l'Hercule, se refusant à changer de place.

Tout effort pour l'ébranler eût été superflu : un roc a moins de solidité. Le Percheron se résigna.

— Victoire, dit-il, c'est décidé.

— Quoi donc? dit l'athlète.

— Ah! tu en es là! M'est avis qu'il faut te mâcher les mots. Eh bien! on s'insurge! Y es-tu, maintenant?

— Vrai? répondit le robuste ouvrier sans en être ébranlé. On s'insurge, et quand cela?

— Lundi, ajouta le Percheron en étouffant sa voix. Et motus.

— N'aie pas peur! Ah! c'est pour lundi, poursuivit l'Hercule en secouant philosophiquement la tête. Ça va bien. Allons faire du caillou.

— Déjà, Comtois? que tu es donc pressé! Écoute, vieux, on fait fond sur toi.

— A la bonne heure!

— Il y aura des portes à enfoncer! et des solides!

— On verra, répondit l'athlète avec un profond sentiment de confiance. Ah ça, Percheron, si j'enfonce, encore faut-il savoir pourquoi. En as-tu une idée?

— Si je l'ai! Y serais-je sans cela? Voici, Comtois. Le gouvernement manque à tous ses devoirs; il n'y a plus moyen de tolérer la chose. C'est déjà la quinzième fois que les ateliers nationaux lui ont pardonné. Pour lors, ça va de fièvre en chaud mal. On a été trop bon pour eux. Je le disais dès février; on nous sert des gants jaunes, ils nous perdront. Faut tout de suite les confier à la Seine. On n'a pas voulu m'écouter : voilà. Aujourd'hui ils sont à démolir. Il en cuira peut-être, tandis qu'en février ça allait comme de cire. La Seine s'en serait chargée avec plaisir.

— Tu crois, Percheron?

— Oui, Comtois; mais n'importe; c'est à reprendre : il en coûtera ce qu'il en coûtera. On ne peut plus garder cette drogue de gouvernement; faut en purger le pays. D'abord, moi, il y a là dedans un homme qui ne m'a jamais convenu.

— Et lequel?

— Un petit gros ; assez louche. Et puis un nez! De ma vie je n'ai vu un nez comme celui-là ! c'en est humiliant!

— Adjugé! Percheron, le nez y passera. Maintenant, viens faire du caillou.

— Est-il tannant avec son caillou! Ton bon sens, Comtois! Du caillou la semaine qu'on s'insurge! c'est bien d'autres cailloux que nous allons manier si la chose réussit! Tu verras, mon fils, tu verras! J'ai là un plan, ajouta-t-il en se frappant le front avec un geste expressif.

— Tiens, c'est juste, dit le colosse après s'être adossé à un tilleul qui fléchissait sous son poids! Je vois bien ceux qu'on démolit; mais les autres?

— Les autres! s'écria le Percheron, dont l'œil pétillait; ah! tu veux les connaître les autres?

— Je n'y serais point indifférent, répondit le Comtois sans se départir de sa tranquillité; puisque j'aide à démolir, c'est bien le moins que je sache ce que je fais.

— Curieux!

— C'est comme ça, Percheron.

— Attention, Comtois, reprit l'ouvrier en jetant à droite et à gauche des regards soupçonneux, tu vas tout savoir. Seulement, n'en parle à âme qui vive!

— N'aie pas peur.

— Nous ne sommes que six dans les brigades à connaître le fin du fin. Tu es le septième.

— C'est comme si tu le déposais dans un tombeau, Percheron.

— A la bonne heure, Comtois! Eh bien! tu sauras qu'on a traité avec nous. Il faut se tenir ferme, mon garçon, et ne pas se laisser peloter comme en février. C'est moi qui conduis l'affaire, et ne va pas nous vendre comme tu fais toujours!

— Par exemple! dit le colosse.

— Pas volontairement, mon fils, qui ne le sait? mais tu es bon! tu es facile, et l'on te joue. Ainsi, cette fois, j'ai carte blanche, n'est-ce pas?

— Carte blanche, soit!

— Tu n'y perdras rien, Comtois. Figure-toi qu'ils sont déjà venus sept ou huit au chantier; des messieurs bien couverts, bonne tenue, gants frais, enfin très-bien. On s'est abouché, on a causé. Sais-tu ce qu'ils nous ont offert tout de suite, là, du premier mot?

— Non!

— Un sort à la campagne, rien que ça. En bon air! une vie de seigneur!

— Ça me va, Percheron, s'écria le Comtois arraché à son impassibilité ordinaire. La campagne! c'est mon rêve de tout temps. J'accepte, vois-tu?

— Voilà bien comme tu es, mon garçon! Qu'est-ce que je te disais tout à l'heure? Tu ne sais pas résister. Pour un rien tu te rends.

— C'est qu'il fait si bon à la campagne, Percheron!.

— On nous offrira mieux, mon fils! Où as-tu vu les gens dire tout de suite leur dernier mot? Ils se réservent, ils finassent. Voyons-les venir.

— Une campagne, juge donc, moi qui en raffole!

— Ah! pour ça, faut être juste, Comtois, il paraît qu'il n'y manquerait rien. Ils arrangent les choses le mieux du monde, ces messieurs. Il y a abondance de tout, des eaux magnifiques, un parc superbe, de belles constructions. Il y a du bétail, il y a des pouliches, il y a des cygnes sur les étangs. Enfin une véritable vie de seigneur.

— Ne me dis plus rien, Percheron, ou je vais me vendre.

— Ah ça, crois-tu, par hasard, Comtois, qu'en retour, nous ne leur donnions rien à ces messieurs en habit noir? Un gouvernement comme celui-ci! Un pays comme la France! Nous autres du peuple, nous sommes de vrais moutons. Voici deux fois que nous gagnons le gros lot à la loterie des émeutes, et que nous en est-il revenu? Une misère plus grande. Quand j'y pense, ça me butte, vois-tu, ça me jette hors des gonds. Je ferais quelque esclandre si je ne me retenais. Mais cette fois ça tournera autrement : j'aurai l'œil à la victoire. Il faudra compter avec moi, et je compterai serré.

— Tu feras bien, Percheron.

— Primo, d'abord, point de gants jaunes, point de bottes vernies; condition de rigueur. Les bottes vernies et les gants jaunes, c'est la mort aux révolutions. Secundo, ensuite, quarante-huit heures au peuple; mais, là, bien franches, et sans qu'aucun habit 'y vienne faire ses embarras. Par exemple, Comtois, un homme comme toi, un carré, un puissant, est-ce qu'il ne serait pas bien placé à la guerre?

— Ah! Percheron, ne me raille pas.

— Je ne te raille en aucune façon. Tu as l'étoffe de la chose. Je voudrais te voir avec les broderies et le chapeau monté. La belle figure que tu ferais là-dessous! Est-ce que tu crois, par hasard, qu'il y en ait beaucoup dans la troupe qui aient des épaules comme les tiennes et des voix de commandement d'une qualité aussi rare? Que diable! Comtois, il ne faut point être comme ça. Ce n'est pas le frac qui fait l'homme, mais la nature. Et mets-toi dans la tête que lorsqu'on est fabriqué dans ton genre, on est bien placé partout. Ainsi, voilà qui est entendu, tu seras chargé de la guerre.

— Tu y tiens!

— Sans doute, j'y tiens; tu fais partie de ma combinaison. Ah! t'imagines que j'irai encore m'exposer à des jeux malsains sans y être intéressé pour mon propre compte? Je vise aux finances, Comtois, et j'y arriverai. J'y arriverai comme tu arriveras à la guerre.

— Puisque tu le veux, Percheron.

— Que de bien nous allons faire, Comtois! Que la France va être fortunée! Plus d'exploitation de l'homme par l'homme; c'est la première réforme à introduire dans nos lois. Étions-nous exploités! L'étions-nous! Mais cela va cesser. Plus de salaires! A bas les salaires! C'est trop humiliant! Il n'y aura plus que des associés sur le beau sol de France.

— Comme pour le caillou, dit mélancoliquement l'athlète.

— Un ouvrier, reprit le Percheron, aura toujours vingt-cinq francs dans sa poche; l'État les lui garantit. C'est au plus juste, il n'y a pas à marchander. L'ouvrier aura un palais pour ses vieux jours, situé dans un canton salubre. Il pourra jouir du spectacle de la nature et du parfum des fleurs.

Ce n'est pas les fracs qui feront jamais cela. Avant d'arriver, les fracs promettent monts et merveilles : l'ouvrier aura ceci, l'ouvrier aura cela. Ils n'ont pas la bouche assez grande pour dire tout ce qu'ils feront pour lui. Une fois nommés, adieu les promesses, adieu les bienfaits. Ils nous faussent abominablement compagnie. Ainsi, plus de fracs, c'est entendu. Comtois, rien de tel que de traiter ses affaires soi-même. Je me charge du sort de l'ouvrier, et tu verras ce que j'en ferai. Il aura le couvert assuré et tout ce qui s'ensuit. Devant les tribunaux, il aura toujours raison. Dans les grandes cérémonies, c'est lui qui aura le pas. Il faut donner une leçon aux bourgeois. Le bourgeois a assez fait e fendant, c'est au tour de l'ouvrier.

— Mais personne ne voudra plus être bourgeois alors.

— Quand cela serait, Comtois ? vois donc le beau mal ! Qu'est-ce que le bourgeois, après tout ? un champignon malsain ; une société sans bourgeois n'en serait pas plus malade. Pourquoi sont-ils là, dis-le-moi ? pour pomper notre substance, pour s'engraisser de nos sueurs. C'est assez connu qu'ils n'ont pas d'autre emploi, et celui de monter leur garde. Il n'y en aurait plus demain, que les choses n'en marcheraient ni plus ni moins que d'habitude. Le bourgeois n'est qu'un parasite, on lit cela dans tous les papiers.

— Il est sûr et certain, dit sentencieusement le colosse, qu'on s'en passerait au caillou.

— Et le riche, voilà un préjugé ! Aussi, comme je le supprime ! Oh ! là-dessus, vois-tu, je serai de fer. Plus de riches ! Plus de riches ! Et tant qu'il y en aura un, il n'y aura rien de fait. C'est notre plaie que les riches, Comtois. Les papiers publics nous le disent assez. Tout homme qui aura plus de cent francs chez lui sera fusillé ; il faut des mesures de rigueur. Cent francs, c'est encore un joli denier. Et plus de beaux meubles, entendons-nous !

— Bien ! Et les ébénistes, Percheron ?

— Ils feront autre chose ; l'ouvrage ne manquera pas. Plus de beaux carrosses à livrée, avec des cochers tout battant neufs.

— Et les carrossiers ? Et les gens de maison ? Et les marchands de chevaux ?

— Ils feront autre chose ! Ne sois pas en peine pour eux ! Plus de services d'argent surtout ! Plus de vermeil ! Un peu de Ruolz, et encore, encore !

— Ah ça ! mais Percheron, voilà bien des gens à qui tu fais du tort. Les orfévres, les bijoutiers, les plaqueurs, les tourneurs, les monteurs ! Qu'est-ce que tout cela va devenir avec toi ?

— Ils feront autre chose, Comtois, ils feront autre chose, n'aie point de souci là-dessus.

— Il est sûr et certain, pensa le philosophe, qu'ils pourront toujours faire du caillou.

— L'essentiel, vois-tu, c'est d'aller au cœur du riche, de frapper le riche. A quoi servent ces beaux hôtels avec des cours et des jardins ? N'est-ce pas trop de place pour si peu de gens ?

— Et les architectes, Percheron, et les maçons, les tailleurs de pierres, et tous les gens du bâtiment ?

— Ils feront autre chose ! Tu t'arrêtes à des futilités. C'est comme aussi les fanfreluches, les brimborions qui garnissent ces hôtels. Des bronzes, des tableaux, des statues, des gravures ! Je te demande à quoi cela répond ?

— Dame, Percheron, répondit l'ouvrier de plus en plus scandalisé, cela répond à faire travailler des peintres, des doreurs, des dessinateurs, des graveurs, des sculpteurs, enfin tous les hommes de l'art ! Ce n'est pas toi qui leur donnerais de l'ouvrage, n'est-ce pas ?

— Ils feront autre chose ! Tu as des vues étroites, Comtois, tu ne prends pas les questions de haut. Voyons, il n'y a qu'un mot qui serve. Veux-tu, oui ou non, que la société reste ce qu'elle est ? Es-tu pour l'exploitation de l'homme par l'homme ?

— Mais non, Percheron, mais non.

— Eh bien, alors, faut sangler le riche. Tant que le riche ne sera pas sanglé, la société sera ce qu'elle est. L'homme sera exploité par l'homme. Et à sangler le riche, il faut que ce soit vigoureusement fait. Des mains de fer, des poignes solides ! Tu ne lis pas les papiers publics, Comtois ; autrement, tu verrais qu'il s'est dit d'assez bonnes vérités là-dessus. Le riche ! oh ! le riche ! c'est ma bête noire, mon cauchemar. Tant qu'il y aura un riche ici-bas, je m'y croirai déplacé. A bas le riche !

— N'empêche qu'ils font vivre bien des gens, dit le colosse en forme de conclusion. Tous les hommes de métiers puisent un peu dans leur bourse.

— Mais ils feront autre chose, malheureux, ils feront autre chose ! On ne peut donc te sortir de là ? Tu en deviens monotone.

— Oui, je sais, dit le Comtois : du caillou ! Ils feront du caillou ! Mais ça n'est pas toujours gai, le caillou ! M'est avis qu'il serait temps d'aller s'y remettre. Qu'en dis-tu, Percheron ?

La séance fut levée, et les deux amis regagnèrent leurs chantiers. Le Percheron était heureux ; il avait développé ses vues et ses plans d'avenir. Ces succès le touchaient, le charmaient. Il apportait dans les questions politiques autant d'ardeur que le Comtois y mettait d'insouciance. Il s'honorait d'être là-dessus le plus fort de sa brigade ; il était ce que l'on appelle un meneur, c'est-à-dire le fléau et la honte des ateliers. Personne ne faisait plus de sacrifices que lui à l'achat de ce poison à un sou la dose qui se distribuait chaque matin dans les rues. Il avait les poches garnies de journaux de toutes les nuances, et surtout des plus foncées. Il les lisait à haute voix, les commentait, les propageait d'un chantier à l'autre, et s'y ménageait de la sorte un certain ascendant. Il était le Démosthène des brigades, comme le Comtois en était le Milon.

La journée se passa sans autre incident. Seulement, le soir, à l'heure de la paye, les deux compagnons se retrouvèrent sous une hutte de branchages qui servait de cantine aux ouvriers :

— Eh bien, dit rapidement le Percheron à l'oreille de son ami ; ça tient toujours, Comtois ?

— Ça tient, répliqua celui-ci.

— Tu sais que nous passons ministres du coup. Ainsi apprête tes poignes, et mets-les à la hauteur des événements. A lundi.

— A lundi, répéta notre stoïcien.

XXV

LE VIOL.

Plus on allait, plus le ciel se chargeait d'orages. Le peuple était ivre ; les fumées du pouvoir lui troublaient le cerveau. Il lui tardait de s'emparer du rôle auquel de tous côtés on le conviait ; il se promettait de ne plus l'amoindrir par des délégations abusives. Tout par le peuple, c'était le mot des clubs, et le Percheron leur servait d'écho. Au peuple le soin de régler désormais les conditions de son bonheur. Il ne devait compter que sur lui-même, et se payer de ses mains. Ces théories de violence trouvaient, il faut le dire, parmi les ouvriers, bien des consciences rebelles ; mais, à l'aide du bruit et d'une sorte de pression, le mal gagnait du terrain. Il n'était pas jusqu'au Comtois, ce sage et prudent Comtois, qui ne cédât à cet entraînement et n'eût livré son âme au démon de la révolte.

De fâcheux symptômes frappaient les yeux les moins attentifs. L'Assemblée nationale, issue du suffrage universel, ne convenait déjà plus à ces masses égarées. Elles n'y trouvaient pas, à un degré suffisant, l'expression de leurs sympathies et de leurs vœux. Autour de l'enceinte législative s'élevait un concert de récriminations qui allaient jusqu'à l'outrage. A la sortie des séances, les élus du peuple avaient à affronter une double haie de mécontents, qui semblaient prendre à tâche de tempérer chez eux les joies du triomphe et les enivrements de la grandeur. L'insulte volait de bouche en bouche, et la menace s'y mêlait.

— Nos commis, voici nos commis ! disait une voix.

— Des commis à vingt-cinq francs par jour ! reprenait un autre. Si ce n'est pas de l'argent volé !

— Et nous qui ne gagnons que vingt sous ! ajoutait un troisième. Quelle pitié !

— A la porte nos commis ! répétait la foule à l'unisson.

Un jour, l'un de ces malheureux posa à haute voix le problème suivant :

— Vaut-il mieux faire passer la Seine dans l'Assemblée, ou l'Assemblée dans la Seine ?

Ces imputations, ces propos, ces insultes présageaient un éclat prochain. Dans les clubs et dans les ateliers nationaux, tout s'y préparait. Il ne s'agissait plus que de trouver un prétexte ; le plus léger devait suffire. A point nommé, la Pologne le fournit. On sait qu'à défaut d'autre appui, les discours n'ont pas manqué à ce malheureux pays. Si les paroles valaient des coups de canon, il y a fort longtemps que l'indépendance lui serait rendue, et qu'il disposerait de lui-même. En son honneur, l'Assemblée allait ouvrir un nouveau tournoi ; c'était le trentième. Ceux qui aimaient ce thème ne cachaient pas leur ravissement. Les uns mettaient à neuf d'anciennes phrases ; d'autres croyaient devoir en préparer de nouvelles. Tous éprouvaient le besoin de dire une fois de plus à ce royaume infortuné que son sort était l'objet de vœux sincères, mais impuissants, et de lui expédier, par la voie de la tribune, plus de consolations que de baïonnettes.

On avait fait tant de bruit de cette séance où la Pologne allait reverdir, qu'à aucun prix Malvina n'eût voulu y manquer. Les craintes d'une agitation extérieure, loin de tempérer ce désir, y ajoutaient un aiguillon de plus. Elle se mit donc en quête d'un billet, et à force d'instances elle l'obtint. J'en cherchai un de mon côté ; ma poursuite fut moins heureuse ; le feu était aux entrées ; partout j'arrivai trop tard, il fallut dès lors abandonner ma femme à un huissier sur le seuil du palais. Ces séparations n'étaient pas rares, et cette fois pourtant je ne m'y décidai qu'à regret. J'avais comme l'instinct et le pressentiment d'un danger.

— Si tu y renonçais? lui dis-je au moment de la quitter.

— Et pourquoi, mon chéri ?

— Que sais-je? Il y aura peut-être du bruit.

— Bah ! eh bien, au petit bonheur ! N'aie pas peur, mon mignon, on a bec et ongles.

Je la quittai, et rejoignis Oscar, qui m'attendait sous l'obélisque, à l'ombre de ce monument. La vue des ibis charmait ses loisirs, et il remerciait le grand Sésostris de nous avoir procuré cette heureuse distraction. La seule objection qu'il élevât, c'est que le bloc de pierre ne répandait pas précisément une grande fraîcheur, et qu'en fait d'abri contre le soleil, on aurait pu trouver quelque chose de plus efficace. Ce grief écarté, il n'avait que des éloges à donner au granit de Thèbes, et se plaisait à reconnaître dans les oiseaux des Pharaons un sentiment primitif qui les rattachait aux meilleures époques de l'art.

Rien aux abords de l'Assemblée n'était de nature à causer de l'alarme. Le pont, les quais, la place, tout était libre. Point de foule, point de bruit. Un bataillon de garde mobile occupait seul les avenues ; son attitude était celle de la sécurité et du repos. Quelques aides de camp allaient et venaient ; les représentants se rendaient à leur poste. Il n'y avait dans tout cela que le mouvement habituel et la physionomie ordinaire des lieux. Comment croire qu'en un ciel si pur couvât une tempête ? J'avais beau jeter les yeux sur tous les points de l'horizon, je n'y découvris pas même de nuages lointains, siége de la foudre et des éclairs. Partout une population tranquille et clair-semée ; des oisifs sous les marronniers, et à peine dans les angles des rues quelques groupes inoffensifs qui se dispersaient au premier mot.

— Viens, dis-je à Oscar ; il fait un soleil à mettre l'asphalte en fusion ! Tu admireras tes ibis un autre jour.

Nous prîmes par les boulevards, en gardant le côté de l'ombre. Même calme sur notre chemin, même tranquillité. Chacun était à ses affaires ou à ses plaisirs ; les visages ne témoignaient d'aucune préoccupation. Les devantures des magasins portaient leur assortiment accoutumé ; les changeurs étalaient leurs sébiles pleines, les joailliers, leurs parures de brillants ou de rubis. On eût vainement cherché un panneau fermé ou un étalage en désordre. Cet état de choses se prolongea jusqu'à la porte Saint-Denis : là nous eûmes un autre spectacle. Un changement de décor ne procède pas plus brusquement. On eût dit que la scène se transformait au coup de sifflet du machiniste. Des milliers de têtes couvraient la chaussée et s'y déroulaient jusqu'aux limites de l'horizon. A des ondulations uniformes, on voyait que cette multitude obéissait au même sentiment et marchait du même pas. Des rameaux verts formaient au-dessus d'elle un panache de verdure, qui s'agitait au gré de la brise. Des chants, des cris s'échappaient du sein des groupes les plus lointains, et arrivaient jusqu'à nous. Le nom de la Pologne y dominait.

— Voici nos hommes, pensai-je ; mes pressentiments ne me trompaient pas.

Oscar s'animait à ces accents familiers : je m'en apercevais aux frémissements dont sa barbe était le siége.

— Vive la Pologne ! s'écria-t-il, jaloux de s'associer à la manifestation.

C'était un esprit révolutionnaire; les artistes le sont volontiers. La misère même ne les corrige pas.

— Veux-tu te taire ! lui dis-je en accompagnant ces mots d'un geste assez vif. Tu vas nous compromettre horriblement.

— En criant : vive la Pologne ! Allons, mon cher ! c'est mon cri de nature, j'ai été bercé avec ce cri-là. La Pologne, elle repose dans les abîmes de mon cœur.

Lutter contre Oscar était du temps perdu ; d'ailleurs la colonne arrivait avec ses trophées de feuillage. Elle inondait les boulevards et menait un formidable bruit. Les premières lignes se composaient de membres des clubs, qui montraient, en guise d'insignes, leurs cartes fixées sous la boucle de leurs chapeaux. Puis venaient les corporations d'ouvriers précédées de leurs bannières, et les brigades des ateliers nationaux avec leurs guidons. Le Percheron et le

Comtois figuraient aux premiers rangs de cette élite. D'autres drapeaux, créés pour la circonstance, portaient les mots : Vive la Pologne ! grossièrement charbonnés sur la zone blanche. Cette multitude obéissait à des chefs, et, dans sa confusion même, gardait un certain ordre. Les files étaient régulières, et les corps d'états disposés en échelons. Çà et là, aux angles des rues, se montrait l'un des grands ordonnateurs de la manifestation. C'était ou un président des clubs, ou un personnage que la captivité avait rendu célèbre. Il assistait, le front radieux et la voix haute, au dénombrement et au défilé de son armée, la réchauffait par une courte allocution, par un cri jeté à propos, par des poignées de main distribuées avec discernement. Oscar connaissait tous ces princes de l'émeute, tous ces héros de la prison.

— Bien, disait-il, voici Doullens ; ça commence à se dessiner. Doullens, c'est un joli début. Pourvu que le mont Saint-Michel s'en mêle, nous rirons. Dieu me pardonne ! je l'aperçois. Tiens, Jérôme, envisage-moi ces boussoles : comme c'est frappé ! comme c'est conforme à l'emploi ! Toutes jetées dans le moule de l'exaspération. Vois donc, l'œil allumé et la menace aux lèvres. Quand ils marchent, le pavé frémit ; quand ils chantent, la boutique se ferme. Tu as raison, mon cher, c'est du sérieux. L'état-major donne, il y aura du bruit.

— Que te disais-je ?

— Ces gens-là ne sont pas d'un tempérament à travailler pour la Pologne ; je te l'accorde, je le reconnais ; ils ont trop de prison pour cela. Dès lors, tout est possible, la chance est à l'imprévu.

— Il faut les suivre, ajoutai-je inquiet.

— Sans doute, sans doute, reprit Oscar, en proie à une certaine préoccupation. Mais je ne me trompe pas, ajouta-t-il après un court silence ; c'est lui, c'est bien lui ; mon œil n'est pas le jouet d'une illusion. Jérôme, ceci devient très-grave. Ne quittons pas la partie ; descendons avec cette multitude le fleuve des événements.

— Aurais-tu quelque indice nouveau, Oscar ?

— Tours s'en mêle, Jérôme, c'est tout dire. Si Tours descend dans la rue, le grès de Fontainebleau va se déraciner de lui-même et se former en barricades. Oui, c'est bien Tours. Ne l'aperçois-tu pas ? Si chétif en apparence et si indomptable en réalité ! Il promène sur ses légions un regard plein de défiance et d'orgueil. Vois comme on l'accueille sur le front de bataille ? Que leur dit-il ? quelques mots seulement ; mais avec quelles acclamations ils sont reçus ! Décidément, la terre des Jagellons n'est qu'un vain prétexte : il n'y a de Pologne ici que sur les drapeaux.

— Hâtons le pas, lui dis-je, il faut les devancer.

A mesure que la colonne envahissait les quartiers opulents, on voyait les magasins se fermer précipitamment devant elle. Cette portion des boulevards, si calme naguère, cédait à un effroi soudain. Depuis quatre mois, Paris s'était mis à ce régime ; il passait de l'alarme au repos, et du repos à l'alarme, avec une aisance égale et une sorte d'abandon. Aux émotions extérieures il opposait la manœuvre des panneaux, toujours prêt, suivant l'état du pavé, à les ouvrir ou à les clore. En cette circonstance, la précaution n'était pas de trop. Animée par la présence de ses chefs, la multitude contenait mal ses ardeurs. Les chants avaient une âpreté qui trahissait l'état des esprits. Les cris s'élevaient, de minute en minute, à un diapason plus élevé. Ce rassemblement tumultueux recevait, comme autant d'affluents, des groupes qui débouchaient de chaque rue et lui donnaient des proportions formidables. Des milliers d'Italiens et de Polonais venaient s'y joindre avec l'étendard de leurs pays. Les uniformes abondaient, et les épaulettes des grades supérieurs n'étaient pas rares. Les corps même chargés de la police avaient fourni un contingent. Tout ce monde marchait avec la confiance de gens qui disposent de l'empire. Devant eux, la force publique semblait disparaître et s'évanouir. Ils s'avançaient vers le but sans embarras, sans obstacles. Jusqu'aux portes même de l'Assemblée il en fut ainsi. Sur un seul point on put croire à une répression sérieuse : le pont qui conduit au palais était gardé par quelques baïonnettes.

— Enfin, me dis-je, on va les arrêter. Gagnons les quais, Oscar, il se peut qu'une collision s'engage.

Vain espoir ! une avant-garde se détacha du rassemblement, et, après quelques mots échangés, força violemment les consignes. En un instant, le palais fut cerné par des groupes furieux : l'imprévoyance ou la trahison leur en livrait l'accès. Peu de troupes dans les cours et dans les jardins, pas un préparatif de défense. C'était à se voiler le front de honte et de douleur. Quelques milliers d'énergumènes allaient profaner une enceinte consacrée par le suffrage universel, attenter à la majesté du peuple dans la personne de ses élus. Cet acte impie n'était pas le résultat d'une surprise de nuit ; il ne s'accomplissait pas à la faveur des ténèbres : c'est en plein jour qu'il se consommait, en face d'un soleil éclatant, et dans une ville gardée par deux cent mille citoyens en armes. Page honteuse pour tous ! triste et fatal début ! Le temps même n'effacera pas cette souillure : il restera dans l'histoire ce fait digne d'une horde de barbares, que, pendant trois heures, une Assemblée sortie de l'urne populaire est restée exposée sans défense, en toute impunité, aux outrages d'écoliers turbulents et au contact d'aventuriers impurs.

Des sommets du pont, nous pûmes suivre de l'œil ces odieuses scènes. Je ne pouvais croire à une trahison, et je m'attendais à un exemple terrible. Les grilles cédaient pourtant ; encore un effort et l'enceinte était violée. Elle le fut, grâce au poignet du Comtois, qui opérait au premier rang. L'issue une fois ouverte, cette foule s'y engagea en poussant des cris confus. Ce fut un tourbillon devant lequel tout céda, gardiens, huissiers, sentinelles, vétérans. Le drame changea de théâtre ; le vide s'opéra aux abords du palais, pendant que l'enceinte se peuplait d'hôtes inattendus. A cette vue, une réflexion m'assaillit : ma femme était dans cette salle livrée à l'envahissement. Elle y était seule ; point de bras pour la défendre ou la secourir.

— Oscar, m'écriai-je, veux-tu me suivre ?

— Volontiers, me répondit-il.

— Courons vers le palais et tâchons de pénétrer comme les autres. Je veux tirer Malvina de ce guêpier.

— Allons, dit Oscar.

Au moment où nous arrivâmes, la grille se refermait ; un membre des clubs avait remplacé le gardien et faisait la police de l'entrée.

— Vos cartes ? Montrez vos cartes.

— Quelles cartes ? répliquai-je ; il me semble qu'on s'en passe aujourd'hui.

— Cela dépend, reprit le cerbère. Êtes-vous des Droits de l'Homme, ou du Conservatoire, ou du Palais-National ? A ce compte, l'entrée est libre ; autrement, non. La carte au chapeau, c'est l'ordre.

J'eus beau insister, on m'opposa une consigne inflexible. A toutes les issues elle se reproduisait. Les affiliés des clubs avaient seuls la faculté de circuler. L'émeute se gardait ainsi contre les surprises :

— C'est une charge d'atelier, me dit Oscar. Vois, mon cher, comme tout est calme au dehors. Pas un fusil, pas une barricade : la population de Paris se repose sur la foi des traités. Personne ne se doute qu'à trois cents personnes, on escamote ici une assemblée et une république.

Oscar avait raison ; le gros du rassemblement demeurait sur la place, ignorant ce qui se passait et attendant en silence l'issue de la manisfestation. Pour beaucoup, il ne s'agissait que de la Pologne ; les chefs n'avaient livré leur dernier mot qu'aux affidés. Ainsi s'explique cette attitude tranquille, à quelques pas du théâtre où se consommait le plus incroyable attentat. C'était une véritable journée des dupes, pleine de surprises sans motif et de trahisons par ricochets.

Au milieu de ces hésitations, la force publique grossissait à vue d'œil ; elle couvrait les places et les quais ; le palais même eut bientôt une ceinture de baïonnettes. On avait sous la main tous les moyens d'action, et personne n'osait s'en servir. Les épées restaient dans le fourreau, faute d'un ordre qui les en fit sortir. En attendant, l'Assemblée demeurait sous le coup des plus abominables insultes. Le mal et le remède étaient voisins, à peine séparés par quelques murs ; et pendant une heure encore on laissa empirer l'un sans user de l'autre. Ce fut en vain que je m'y prodiguai. J'allai de légion en légion, de bataillon en bataillon, indiquant la salle comme le théâtre d'une profanation flagrante. Rien n'y fit. Les ordres manquaient ; pas un soldat ne s'ébranla. On eût dit que l'émeute avait des complices sur tous les points, dans tous les rangs. Pour plusieurs, c'était un dilemme fatal ; ils n'avaient de choix qu'entre la connivence et le vertige.

Je gardai mon poste jusqu'au bout ; on ne m'en eût pas arraché vivant. Oscar surveillait une issue et moi l'autre ; Malvina ne pouvait nous échapper. Cette attente fut un long supplice ; les minutes y prenaient les proportions des heures. Mille fantômes m'assiégaient ; je ne rêvais que deuil et catastrophes. J'allais jusqu'à me reprocher de n'avoir pas forcé des consignes arbitraires, et pénétré dans l'enceinte au prix d'un combat. Peut-être eussé-je affranchi mon esprit de tout regret en essayant ce moyen extrême, si le bruit du tambour n'eût retenti sous les voûtes du palais. C'était le pas de charge, grossi par mille échos et accompagné de clameurs violentes. A ce mouvement intérieur répondirent des opérations autour du monument. En quelques minutes l'investissement fut complet. L'effet de cette double combinaison fut prompt et décisif. Chassée du théâtre de ses violences, la foule vint se heurter contre les baïonnettes et eut quelque peine à se faire jour.

— A l'hôtel de ville ! à l'hôtel de ville ! criait-on de tous côtés.

Ce flot était si impétueux, qu'il m'entraîna ; Oscar n'y résista pas mieux, et ce fut à grand'peine que nous nous rejoignîmes.

— C'est trop curieux, me dit-il ; il faut que je suive l'affaire jusqu'au bout.

— Où vas-tu ? lui dis-je.

— Où je vais, Jérôme ? Qui le sait ? Demande-le à ces enragés. Je vais où ils me conduisent.

— A l'hôtel de ville ! ils le crient assez haut.

— Eh bien ! va pour l'hôtel de ville ! Ce n'est guère le chemin de la terre des Jagellons? mais qu'importe ! Quels êtres curieux ! Il faut qu'ils prennent l'hôtel de ville tous les huit jours.

— A l'hôtel de ville ! répéta la foule.

— C'est cela, à l'hôtel de ville ! reprit Oscar. On ne saurait le prendre trop souvent.

Je voulus le retenir, il trompa mes efforts. Au contact de cette foule, le vertige l'avait ressaisi. Tout le témoignait, l'éclat de ses yeux et les grands effets de sa barbe. Il fallait l'abandonner à son destin. J'avais d'ailleurs un devoir plus impérieux à remplir. Rien n'était éclairci sur le sort de Malvina. Était-elle encore dans le palais? Avait-elle suivi la foule ? J'essayai d'entrer ; les consignes les plus sévères s'y opposaient. Après celles des clubs, je rencontrais celles de la force publique. C'était à se désespérer. Je parcourus les abords du monument, visitai les cours intérieures, jetai les yeux dans les jardins et sous les colonnades : point de Malvina.

— Elle aura regagné l'hôtel, me dis-je ; la salle est vide, les tribunes sont évacuées. Que ferait-elle ici ?

Ce fut sur ce sentiment que je quittai les lieux. En toute hâte je repris le chemin de mon domicile. Dans ma pensée, elle devait s'y trouver. Depuis longtemps elle m'y attendait, pendant que je m'obstinais à sa recherche. J'entrai dans l'hôtel avec cette persuasion. Qu'on juge de ma surprise et de mon effroi : personne n'avait vu ma femme. Pour le coup, je la crus morte ou perdue. Une sueur froide se répandit sur tous mes membres ; je me sentis défaillir. Que faire ? Où la chercher encore? A qui m'adresser ? J'essayai de regagner le palais de l'Assemblée : impossible de s'y frayer un chemin ; les abords en étaient gardés militairement, Paris se couvrait de troupes. Mille bruits circulaient, et dans le nombre, des bruits sinistres. On disait que l'hôtel de ville était le siège d'un gouvernement nouveau, et qu'avant deux heures la loi martiale serait proclamée et le régime de la terreur inauguré par trois mille arrestations. Ces récits accroissaient mes angoisses et mon effroi. J'avais pris l'hôtel comme dernier centre d'opérations : adossé à la porte, j'en surveillais les mouvements. Vivante ou libre, ma femme devait y chercher un abri naturel. J'y passai vingt minutes dans les tourments de l'attente. Enfin un commissionnaire passa brusquement devant moi et alla frapper aux vitres du concierge.

— Voici, monsieur, voici, dit à l'instant ce dernier en soulevant le loquet de la loge et faisant quelques pas de mon côté.

Il tenait un papier à la main et l'agitait avec un geste triomphant.

— Qu'est-ce ? lui dis-je.

— Une lettre à l'adresse de monsieur, ajouta-t-il.

Je m'en emparai. O surprise ! c'était l'écriture de Malvina ; je l'ouvris, c'était son orthographe. Elle vivait, je respirai plus librement. Cette lettre pourtant soulevait un nouveau problème. Elle m'écrivait, au lieu d'accourir. Pourquoi cela ? Qui la retenait donc ? Était-elle captive ? A ces heures et par un tel jour, pourquoi n'était-elle pas à mes côtés ? Évidemment cette absence n'avait rien de volontaire. Ce fut sous cette impression douloureuse que je jetai les yeux sur la lettre de ma femme et que j'y lus ce qui suit :

XXVI

RÉCIT DE MALVINA.

« Mon chéri,

« Sois sans crainte ; je jouis de tous mes membres. Rien de brisé ni de disloqué ; toujours au complet. Ça n'a pas été sans peine, il est vrai ; la journée a été furieusement chaude. Quels mal appris ! Quels brutaux ! Il y a des gens qui laissent beaucoup à désirer sous le rapport de l'éducation.

« Il faut te dire d'abord que je suis hors de danger. J'ai

quatre mobiles autour de moi, et Simon, qui s'est très-bien conduit. Je t'écris sur la table d'un huissier dont on ne saurait trop faire l'éloge. Ce porte-épée est plein de nobles sentiments ; il m'a donné un asile au moment de la bagarre, et va me faire replacer dans la tribune quand la séance recommencera. Tu comprends, mon chéri, que des occasions comme celle-ci sont chose rare. La nature n'en produit pas tous les jours ; quand on y est, il faut en profiter. Tu vas donc faire ton deuil de me voir avant deux ou trois heures. On n'a sauvé la patrie qu'à moitié ; dans quarante minutes d'ici on va la sauver définitivement. Ça ne peut pas se passer sans moi ; il faut que j'assiste à ce spectacle. Qu'est-ce que je risque, d'ailleurs, entre quatre mobiles et Simon par-dessus le marché, sans compter un huissier qui m'honore de sa confiance ? La belle au bois dormant n'était pas mieux gardée.

« Ainsi, mon mignon, faites vos ongles ou jouez du cure-dent ; toujours est-il que j'en ai encore pour une partie de la soirée. Et point de moue, surtout ; songez au pays qui nous contemple. Je n'ai pas cherché l'objet ; mais puisque j'y suis, il faut que j'en prenne mon plein. J'ai passé le plus dur, il est naturel que je me dédommage. Quant à toi, Jérôme, pour te maintenir l'âme en paix, je me suis décidée à t'écrire. Je veux que tu saches que je vis, que je suis en bon état, et qu'on ne m'a pas mise en compote. Voilà l'essentiel. Comme j'ai du temps devant moi, j'y ajoute le récit de l'événement. Écoute ça. C'est à déraciner les cheveux de ceux qui en ont.

« Je suis arrivée à l'Assemblée de fort bonne heure, comme tu sais ; j'y ai donc eu une excellente place. Un coin de tribune, et sur le devant, tout ce qu'il y a de mieux. On nous promettait une séance de choix, et à grand orchestre. Les premiers orateurs devaient y donner, et on allait parler de la Pologne. Tu sais, mon chéri, que j'ai un faible pour les Polonais ; j'ai dansé tant de fois à leur sujet qu'il m'en est resté un bon souvenir. Au fait, me disais-je, tout le monde devient libre à qui mieux mieux. L'Italien, l'Autrichien, le Prussien ! Pourquoi pas de Polonais ? C'est un peuple doué de trop de guignon pour n'être pas intéressant. Il monte bien à cheval et sait se tenir auprès des dames. De toutes les façons, il mérite qu'on songe à lui. En aucun temps ça ne lui a manqué. Il a eu des concerts, il a eu des bals de charité, puis un nombre infini de séances publiques. C'en était une de plus, et autour de nous chacun s'en promettait de l'agrément. Hélas ! on comptait sans les clubs et leurs soutiens : ces gens-là gâteraient tout, même la Pologne.

« Le Polonais est bonne compagnie ; les toilettes s'en ressentaient. Rien de chargé, mais du goût et du soin. Quelques robes de choix et des guimpes distinguées. Mon chapeau grenat y faisait très-bien. Notre tribune surtout était assortie à merveille ; toutes personnes du monde et parfaitement vêtues. Il n'y avait que des goujats qui pussent leur manquer de respect. Mais réservons ce point, il ne faut pas aller plus vite que les violons. Tu me connais, Jérôme, tu sais que je me dégonfle volontiers. Dame ! quand on a quelque chose sur le cœur, ça part tout naturellement. Je reviens donc ; chacun aura son compte en temps et lieu. On ne perdra rien pour attendre.

« Bien, voici la séance qui s'ouvre. Le président monte au fauteuil, escorté des secrétaires en habit noir et des porteflamberges que l'on nomme des huissiers. C'est une institution qui gagne à être connue, mon mignon ; elle occupe désormais une place très-avantageuse dans mon esprit. De la politesse, des fracs français, des gants quelquefois, rien n'y manque. Il est bien que l'usage s'en conserve. Nous tournons trop au sans-façon. Vis-à-vis des dames surtout, ce sont de vrais chevaliers ; ils leur assurent les premiers bancs, et veillent au maintien de la décence et des mœurs. Puis, quelle guerre aux malotrus ! — Chapeau bas, messieurs ! chapeau bas ! Et si l'on résiste, expulsé. Oh ! point de grâce là-dessus. Il faut de la tenue avec eux. A moins pourtant que les clubs ne donnent. Alors, mon chéri, les huissiers se voilent le front et s'enveloppent de leurs fracs. On en a vu briser leurs épées. Je te l'ai dit, ce sont des chevaliers.

« Une fois le président assis, les représentants arrivèrent.

Ils avaient l'air sérieux, et gagnaient lentement leurs places. On voyait bien qu'il y avait du grabuge dans l'air et qu'ils s'attendaient à quelque événement. Vrai, mon chéri, vus de la tribune, ces messieurs n'inspirent pas un grand respect. S'ils étaient seulement vêtus comme les huissiers, avec la Durandal au côté, ça produirait un effet d'ensemble ; mais il y en a qui portent un paletot gris, d'autres un habit marron. J'en ai remarqué en redingote chocolat. Un élu du peuple en drap chocolat ! Si ce n'est pas abuser du suffrage universel ! Je ne parle pas des gilets, qui sont d'une incohérence incroyable ! Quant au reste, je puis te dire que c'est l'assemblée la plus mal culottée que j'aie vue ? La culotte, voilà où se distinguent les gens comme il faut ! C'est le détail où la distinction est le plus rare ! Eh bien ! ici, pas la moindre. Mauvaise coupe, tissus fanés, couleurs grotesques ! On peut dire que, de ce côté, la France est représentée horriblement. C'est un aveu pénible ; mais le culte de la vérité me l'arrache.

« Ensuite, faut-il l'avouer, mon chéri ? on pèche un peu par le maintien sur les bancs de ces messieurs. Je veux bien qu'ils ne s'astreignent pas à poser pour nous et à se donner des attitudes comme dans les tableaux vivants. Non, je ne vais pas jusque-là. Mais puisque la galerie est disposée à les admirer, il faudrait au moins qu'ils fissent quelques frais. Du tout, les voilà qui s'étalent à la légère sur leurs siéges, prennent leurs genoux dans leurs mains ou se grattent abominablement la tête. Si c'est permis ! Ils sont souverains, cela est vrai ; mais un souverain est astreint à quelque dignité. Il est bon qu'il garde son quant à soi, qu'il s'observe, qu'il se dessine. Au lieu de cela, que font ces messieurs ? Ils papillonnent à droite et à gauche, entrent et sortent sans motif, causent entre voisins, jouent avec leurs couteaux de bois, abusent enfin des huissiers au point d'en faire des facteurs à la poste ou de simples audienciers. Traiter ainsi des hommes d'épée ! Fi donc !

« Mais je jase, je jase, au lieu de raconter. Que veux-tu ? j'ai une heure devant moi et j'en profite pour remplir du papier. Ce que j'en fais, c'est également pour donner le change à ma colère. Je suis si montée contre les clubs, que j'en viendrais tout de suite aux gros mots. Pas de ça. Soyons sévères, mais polis. Qu'on les pende, mais avec toutes sortes d'égards. Ah ! vous croyez, tribuns de la borne, qu'on vous rendra injures pour injures, procédés pour procédés ! Non, vraiment ! Vous avez foulé aux pieds un sexe sans défense, et porté à mon chapeau grenat un dommage dont il se souviendra longtemps. N'importe, je n'en suis pas à une coiffure près : vous serez jugés sans haine. Il faut qu'à la rigueur du châtiment se joigne la majesté de la sentence. Comment trouves-tu cela, mon mignon ? Ne dirait-on pas une de tes phrases, quand tu en faisais ? On se forme à ton école, à ce qu'il semble ! N'était la grammaire que je maltraite un peu, je pourrais aller loin. Bah ! on est ce qu'on est. Je suis venue sous un chou et me suis élevée toute seule. J'ai eu la tête près du bonnet et je l'ai encore, j'en ai peur. Pour un rien je pars. Mais bon cœur, vois-tu, et amour du bien, voilà mon lot à moi, et je n'en veux point d'autre. Oh ! pour le cœur, je mets tout le monde au défi. J'en ai autant qu'une reine, et il n'est rien de grand et de bon qui ne puisse s'y loger. J'ai cet orgueil du moins.

« Nous voici loin de la séance, Jérôme ; revenons-y. Les représentants avaient fini par s'asseoir ; presque tous les bancs étaient garnis. Le silence fut plus long à venir ; enfin, en s'enrouant un peu, les huissiers l'obtinrent. Le président y aidait avec son bourdon. Il sonnait la cloche à toute minute, et Dieu sait de quelle façon. Cette cloche est une invention qui se perd dans la nuit des temps. On la conserve par préjugé ; pour ma part j'aimerais mieux une crécelle. A faire du bruit, il ne faut pas s'y épargner. On aurait encore le canon qui serait plus décisif. Bref, jusqu'à nouvel ordre, on a la cloche. Ce malheureux président en usait à se désarticuler le bras. Cette manœuvre eut du succès ; l'Assemblée éprouva quelque compassion pour l'homme qui se livrait à cet exercice fatigant. Elle se tut ; les discours commencèrent. On s'attendait à la Pologne ; son moment arriva. Elle devait, dans la même séance, être mise à divers ingrédients. Vingt orateurs étaient inscrits ; rien que ça d'éloquence.

Mais on le savait, on en avait fait son deuil. C'était convenu, arrêté. La Pologne méritait ce sacrifice : on y allait de bon cœur.

« C'est ici, Jérôme, que les événements se dessinent. Prête-moi un peu d'attention. Un orateur en habit noir occupait la tribune ; il y réveillait les souvenirs de l'empire, et parlait avec chaleur des lanciers polonais, quand un bruit épouvantable arriva jusqu'à nous. Ce bruit semblait venir tantôt du dehors, tantôt d'un souterrain. Je crus que des faux monnayeurs avaient établi leurs opérations dans les caves du palais, ou que les alliés étaient rentrés à Paris pour faire sauter le pont d'Iéna. Le bruit n'avait rien de fixe ni de régulier : c'étaient de grands éclats, suivis d'un silence. Il faut dire les choses ce qu'elles sont, mon chéri ; rien ne sert de flatter les gens. La première impression qu'éprouva l'Assemblée fut assez désagréable : il y eut quelques élus du peuple qui ne l'avouaient pas, mais qui auraient tout aussi bien aimé être ailleurs. Simple question de préférence !. Plus d'un songeait à la vie des champs, à ce qu'elle a de doux et de paisible, quand les prés reverdissent et que la fauvette chante sur le bord de son nid. On a beau être représentant, on n'en est pas moins homme, et ces hurlements poussés aux portes du palais n'avaient rien de flatteur. Cependant, la première émotion dura peu ; le sentiment du devoir l'emporta. Tu m'as quelquefois parlé, mon mignon, des sénateurs romains qui se firent égorger sur leurs fauteuils. Les élus du peuple sont exposés au même inconvénient ; c'est une partie de l'emploi. Ils se rassirent donc et attendirent l'événement. Je ne dis pas qu'ils eussent l'oreille à la Pologne et non au dehors ; mais enfin la tenue était convenable et le maintien bon. On peut m'en croire, je m'y connais.

« Pendant quelques minutes encore, la Pologne revint sur l'eau. Pauvre pays ! qu'il a donc peu de chance ! Comme si ce n'était pas assez de la botte de la Russie, les clubs allaient y ajouter leur talon. Toujours écrasé ! toujours victime ! Enfin, c'est comme cela. Dieu le veut sans doute ; les hommes n'y peuvent rien. L'orateur s'y prodiguait néanmoins ; il

14.

s'exprimait sur le compte des lanciers polonais dans les termes les plus flatteurs ; il protestait en faveur de ce corps si honorablement connu. Les bruits du dehors lui importaient peu ; les lanciers polonais ne devaient point en souffrir. Malheureusement tout ne devait pas se borner à de simples bruits. Au moment où je m'associais aux éloges prodigués à nos fidèles auxiliaires, la porte de la tribune vola en éclats, et une légion de blouses y fit irruption. — Les malhonnêtes ! m'écriai-je en me levant. Cette apostrophe ne les arrêta point ; ils avaient pris leur parti. J'eus beau réclamer et les menacer de la colère des autorités, ils persistèrent et nous prirent comme à l'assaut. En un clin d'œil ce fut un champ de bataille. Ils foulaient odieusement les chapeaux et piétinaient sans ménagement sur les robes. Nul respect ni pour les personnes ni pour les étoffes. Vils soudards ! Il m'en souviendra de leur passage. Mettre à sac une tribune garnie de dames, est-ce français ? Des cosaques auraient eu plus d'égards.

« Retranchée dans un coin, j'avais seule échappé au désastre, quand je sentis une lourde main se poser sur mon chapeau grenat. Je me retourne, et que vois-je ? un pompier ; oui, un vrai pompier, un pompier authentique, avec son casque dénué de crinière. Il marchait comme à l'incendie, l'intrigant ! Toucher à mon chapeau grenat, c'était une grosse affaire ! Je lui administre un temps de vigueur et dégage ma propriété. — Pompier, lui dis-je, quel est ce genre ? Ne pourriez-vous pas respecter les meubles d'autrui ? — Vive la Pologne ! s'écria-t-il. Sa voix trahissait l'état de ses organes, et à la manière dont il portait la tête, on ne pouvait s'y tromper. — Pompier, lui dis-je, vous avez besoin d'eau : allez vous en inonder ; ça vous remettra. Quant à la Pologne, elle n'a que faire de vos ustensiles. Le feu n'y est pas, gardez vos moyens pour une autre occasion. J'eus beau le prendre sur ce ton, il persista à se servir de mes épaules comme d'un point d'appui. Je jouai du poignet, mais j'avais affaire à un maître. Le vin n'avait pas nui à la qualité de ses muscles, et ils brillaient par la vigueur. Impossible de le contenir ; il criait à tue-tête. Je pris un biais. — Pompier, lui dis-je, si vous alliez rejoindre vos camarades qui sont là-bas ? Vous feriez très-bien au milieu d'eux. — Au fait ? répondit-il. — Vrai, repris-je, vous manquez à la collection. Et puis, prenez-y garde, ils vont tout finir sans vous. — Vous avez raison, s'écria-t-il. Mon stratagème avait réussi ; mes épaules étaient dégagées. Mais au moment où je croyais en être quitte, le bourreau m'écarta brusquement et se mit à califourchon sur la balustrade. Au lieu d'entrer dans la salle par la porte, il voulait y entrer par la tribune. Le vin l'exaltait. — Va, lui dis-je en m'effaçant, va ; si seulement tu pouvais te casser un peu les reins ! Ce vœu ne fut point exaucé ; il y a un Dieu pour les pompiers. Celui-ci tomba d'aplomb sur ses jambes, se secoua comme un animal précipité d'un toit, et donna bientôt à l'assemblée le spectacle d'un casque infidèle à sa devise et livré à tous les égarements.

« Tu juges, mon chéri, que si les choses se passaient de la sorte autour de nous, il devait y avoir de bien autres désordres dans la salle. Quel spectacle, bon Dieu ! Je vivrais mille ans, que je n'en perdrais pas le souvenir. Les portes avaient cédé ; des blouses, des uniformes, des habits remplissaient l'enceinte. Les clubs y entraient avec leurs drapeaux, les ateliers nationaux avec leurs guidons. C'était la place publique ou quelque chose d'approchant. On y poussait des cris à renverser les murailles. Chacun avait le sien, et la victoire restait aux meilleurs poumons. Dans cette foule, personne n'aurait su dire pourquoi il était là, ni ce qu'il venait y faire. Les uns allaient dans un sens, les autres dans l'autre, le tout au hasard. On se heurtait, on se renversait. La majesté de l'Assemblée était souillée. Entre les tribunes et la salle s'engageaient des colloques et d'odieux propos. Tu ne te fais pas une idée de cela, Jérôme. Un vrai carnaval ! une courtille dans le sanctuaire des lois ! Le cœur en était navré.

« C'est le bureau du président qu'il fallait voir. Le pauvre cher homme était gardé à vue. A ses côtés se tenait un artilleur avec son grand sabre, et à chaque instant on agitait sur sa tête les drapeaux des clubs. Ses moindres mouvements étaient épiés ; on le conservait sous cloche. S'il jetait les yeux à droite, il rencontrait le farouche artilleur ; à gauche, un ouvrier peu endurant. Président vertueux ! à quelles épreuves il fut mis ce jour-là ! Je le suivais d'en haut et le plaignais de toute mon âme. Ses deux amis ne l'abandonnaient pas et lui faisaient de temps en temps signer de petits papiers. Je présumais que c'était dans un intérêt de salubrité publique. Quelquefois on le serrait de si près, qu'à peine lui restait-il un coin de son fauteuil. Les orateurs populaires se mettaient à cheval sur le dossier, ou montaient sur sa table même. En pareil cas, tout est bon ; l'éloquence n'y regarde pas de si près. J'ai vu le moment où la tête des secrétaires servait de trépied à ces tribuns. J'ai dit trépied, mon chéri, c'est un mot à toi ; je te le rends. Tu comprends que c'est l'occasion ou jamais de se servir de ce qu'on a de mieux. Un tel tumulte et des scènes si étranges ! Il y aurait de quoi inspirer un ménétrier. Je ne me possédais pas. J'avais à la fois envie de rire et de pleurer. Si j'avais eu un pistolet, il me semble que je l'aurais déchargé sur cette foule. Juge donc, Jérôme ! Tant d'indignités en un jour ! Mais à ce prix, il n'y aurait rien de possible dans ce beau pays de France, et il ne nous resterait plus qu'à vendre nos pauvres nippes pour aller vivre chez les Hurons et les Iroquois. Ils respectent du moins ce qu'ils ont fait, ces sauvages ! Ils ne changent pas d'idoles chaque jour ! Ils ne se donnent pas un chef pour le plaisir de le déshonorer !

« La colère me gagne : J'y vais mettre ordre, mon chéri. Autrement, j'irais trop loin. Pour nous remettre, parlons un peu des représentants. Ils ne quittaient pas leurs siéges, et faisaient assez l'effet de sénateurs romains. Les gens des clubs ne les inquiétaient pas trop, sauf deux ou trois qui se prirent au collet avec les meneurs. Simon fut du nombre. Sa place est adossée aux tribunes, et dans les sauts périlleux qui s'exécutaient de ce côté, il lui tomba un homme sur les reins. Notre meunier n'était pas habitué à ce traitement. Un sac de farine, à la bonne heure; mais un homme c'était trop. Il prit celui-ci par le collet et le secoua à le démolir. L'individu compromis cria à l'aide ; mais Simon en imposait. L'affaire en resta là. D'autres élus du peuple furent moins heureux; ils reçurent de ses mains un nouveau baptême, en dehors de la constitution. Que veux-tu, Jérôme? qui aime bien châtie bien. Ces souverains de la rue témoignaient leur affection à leur manière. Chacun a son genre ; c'était le leur.

« Sur un autre point, il se passait quelque chose de bien plus curieux. Tu connais, mon mignon, la tribune aux harangues, cette plate-forme ornée d'une rampe et d'un double escalier, où monte l'orateur qui a la parole. C'est de ce côté que se dirigeait l'effort des chefs. A tout prix, ils voulaient y arriver. Ils se culbutaient les uns les autres, et se disputaient la place avec acharnement. Jamais gourmades plus soutenues ne furent distribuées avec plus bel unisson. Le spectacle en était plein d'intérêt. En bien se pressant, on aurait pu tenir vingt dans cet espace; ils s'y étaient retranchés plus de cent, à pied, à cheval, en long, en travers, de mille manières. On comptait plusieurs étages d'occupants qui se servaient mutuellement de supports. Il y en avait de plaqués contre les boiseries et sur lesquels la foule passait comme un laminoir. Il s'agissait d'arriver à la tribune, de s'y poser en chef de parti ; tous avaient cette ambition. Tous également voulaient lancer leur petit manifeste, et résoudre le difficile problème de parler cinquante-deux à la fois. C'était une vraie parade; moins atroces, ces gens-là auraient été bien bouffons.

« Il faut le dire, il n'y avait d'agitation réelle que vers cet endroit. Le reste de la salle était occupé par des ouvriers en blouse qui assistaient à ce spectacle en curieux. Leur grande joie était d'exécuter une promenade avec guidon et bannières. Toutes les fois qu'un nouveau drapeau paraissait dans les tribunes ou dans l'enceinte, ils poussaient un long cri et se portaient en foule de côté. De vrais enfants, mon chéri, mêlés à des hommes pervers! Des moutons à côté de tigres! On les avait abusés pour la plupart. Il y avait là des apprentis de quinze à seize ans, incapables de savoir ce qu'ils faisaient. Si j'étais le gouvernement, je condamnerais deux fois les scélérats qui font de semblables recrues, une fois pour eux-mêmes, une autre fois pour les innocents qu'ils embauchent. C'est le pire des crimes ; je les frapperais sans pitié.

« Que te dirai-je, Jérôme ? Le siége de la tribune ne finissait pas ; pour un qui montait à l'assaut, il en dégringolait cinq de l'autre côté de la rampe. Mon pompier fut merveilleux. Avec l'opiniâtreté de l'ivrogne, dix fois il tenta l'escalade, dix fois il fut culbuté. On ne voyait que son casque : l'homme disparaissait, mais la calotte de cuivre surnageait toujours. J'ai vu la minute où, à bout de ressources, il montait sur les épaules du président. Un vice d'équilibre s'y opposa. A défaut du pompier, il y eut d'autres orateurs. Ils débitèrent à la file des bêtises grosses comme des maisons. L'un parlait pour la Pologne, l'autre voulait frapper sur les riches un impôt d'un milliard. C'était un joli denier ; mais je ne pouvais m'arrêter à des questions d'argent. J'étais toute à mon pompier ; il maîtrisait mon attention. J'avais eu des relations avec lui ; c'était un motif pour le suivre avec intérêt. Et puis, faut-il l'avouer ? son casque me donnait dans l'œil. On ne voyait que ça ; j'en avais des éblouissements. J'aurais sacrifié un napoléon pour le voir monter à la tribune et y débiter son affaire. Ce n'était pas faute d'envie ; il s'y donnait assez de tourment. Malheureusement il rencontrait des obstacles infinis. On semblait le craindre ; son casque faisait des jaloux. Qui sait, en effet, ce qui serait survenu si cet homme eût rempli l'Assemblée des reflets de son cimier, et dirigé sur elle, à jet continu, tous les tuyaux de son éloquence ? L'éloquence d'un pompier, juge donc !

« On n'en finissait pas ; c'était toujours le même bruit, les mêmes poussées. A trois ou quatre, ils se disputaient les applaudissements. L'un avait les cheveux en filasse, l'autre était chauve, le troisième ratatiné, le quatrième béquillard. Tous héros de la captivité et médiocrement cousins. Il fallait les entendre ; ils avaient les mains pleines de bienfaits ; rien qu'à les ouvrir, tout changerait de face. La plupart du temps leurs voix étaient étouffées. Les cris, les chants, les apostrophes prenaient le dessus. Le canon même eût été moins fort. Tu n'as pas d'idée de ce vacarme, mon chéri. Je ne sais pas comment la salle y a résisté. Nos portes étaient forcées à chaque instant ; je manquais d'air, j'étais pressée contre la cloison à en perdre le souffle. Comme tu penses, je me révoltais. Les épithètes voltigeaient, et j'y employais les plus épicées. Peine perdue ! Une poussée nouvelle détruisait l'effet de mon discours. Il fallait s'y résigner ; c'était la fin de mon chapeau grenat. Heureuse de n'y laisser que cet accessoire !

« A force de se presser, la foule avait fini par tout envahir et combler tous les vides. L'enceinte regorgeait de monde, les tribunes aussi. On n'y eût pas introduit une épingle. C'était à se mettre nu ; on tombait asphyxié. Et quels parfums ! Dam, ces gens-là n'usent guère de lavande. Du reste, le coup d'œil était beau. Figure-toi, Jérôme, un océan de têtes, et, au moindre choc, un mouvement dans un sens ou dans l'autre, suivi d'un bruit infernal. Jamais je n'ai rien vu de semblable, même chez Musard. Ce n'est pas tout, voici le bouquet. A un moment donné, cette troupe joyeuse reconnaît un ami parmi les représentants. Un ami des clubs, c'est l'oiseau rare, mon chéri. Aussi, avec quel enthousiasme cette découverte fut accueillie ! On le réclame à grands cris. C'est un saint, dit-on, un martyr. Pour un rien on se serait partagé ses vêtements, et on en eût fait des reliques. Il avait bu l'hysope en l'honneur du peuple et monté au Calvaire pour le sauver. Encore une phrase que je te vole, mon mignon. La foule l'appelait donc et le voulait, coûte que coûte. Un tout petit homme, je ne sais si tu l'as vu, mais guilleret et bien pris dans sa taille. Lui se refusait à tant d'honneur ; il faisait le discret ; il se défendait de son mieux. Alors, Jérôme, grand coup de théâtre. Un mécanicien enlève le favori à la force du poignet et le jette à son voisin ; le voisin le repasse au voisin, et ainsi de suite jusqu'à l'extrémité de la salle. Wagon d'un nouveau genre, n'est-ce pas ? C'était trop curieux de le voir. Il nageait sur les têtes, et exécutait sa petite coupe à sec. On se le transmettait comme un objet empaillé, avec la même facilité et la même aisance. Voilà un triomphe, j'espère; et avec quel accompagnement de cris! Il n'y a que le peuple pour ces inventions. Quand on se dévoue pour lui, il vous offre sa tête en guise de matelas. N'empêche, Jérôme, qu'après cette course au clocher, le favori des clubs fut enchanté de remettre le pied en terre ferme, et de retrouver un point d'appui. L'exercice est glorieux, mais il a ses inconvénients.

« La société était montée ; les choses pouvaient aller loin. Les anciens des clubs virent que le moment était venu. D'ailleurs, il fallait en finir : toute pièce a un dénoûment. L'un d'eux s'élance à la tribune pour déclarer traître à la patrie quiconque fera battre le rappel ; l'autre lui succède et signifie à messieurs les représentants un congé dans toutes les formes. Sur ce mot, Jérôme, il se fit comme une débâcle autour de nous : une tempête, un coup de vent. La foule ne criait plus, elle hurlait. Le président protestait encore ; on monta à l'assaut de son fauteuil. Tout fut balayé en un instant ; la force brutale régnait désormais dans le sanctuaire de la loi ; la profanation s'achevait. Le bureau de l'Assemblée se remplit d'ouvriers qui y prirent des poses héroïques ; ils s'y entassaient par groupes et brisaient tout sous leurs piétinements. Les représentants n'avaient plus rien à faire dans cette enceinte dévastée ; ils se retirèrent un à un. Les clubs restaient maîtres du champ de bataille. Peu d'instants après, la mesure était comblée : le drapeau rouge flottait sur le bureau. — A bas! m'écriai-je, à bas! Ma voix se perdit dans le tumulte. J'étais hors de moi. D'un geste de défi, je poursuivais l'homme qui agitait l'emblème fatal, quand une voix frappa mon oreille. — De la prudence, madame Paturot, disait-elle.

« Je me retournai, c'était Simon : il n'avait pas voulu quitter la place sans m'offrir son appui. — Voyez comme on nous observe, ajouta-t-il. En effet, un groupe menaçant s'était formé dans la tribune ; le drapeau rouge venait d'y être déployé. — Encore? m'écriai-je avec dégoût.— Calmez-vous, de grâce, me dit le représentant. — Les misérables! ajoutai-je plus bas. —Assez, madame, reprit-il; quittons la place, vous vous compromettriez. — Non, dis-je avec chaleur, je resterai jusqu'au bout; je veux voir la fin de cette orgie. — A la bonne heure, répliqua-t-il avec calme. Alors, je resterai aussi. Cette attention me toucha; en demeurant près de moi, Simon courait un danger réel. Il n'était pas de grief qui pût tenir devant cette preuve d'affection. Je lui tendis la main. — Eh bien? lui dis-je. — Eh bien! répéta-t-il tristement. — Qu'en pensez-vous? — Hélas! — Êtes-vous guéri, du moins? — Oh! oui, madame, me répondit-il avec un accent douloureux, et bien guéri. — Quels infâmes! — Infâmes, c'est le mot. Ces paroles avaient été échangées à demi-voix et sans qu'autour de nous on pût les entendre. D'ailleurs la présence de Simon avait suffi pour contenir nos voisins. Sa personne était un bouclier; il avait des bras qui en imposaient et des épaules qui commandaient le respect.

« La scène était arrivée au dernier degré de la confusion. Les clubs avaient le pouvoir, Jérôme, ils croyaient du moins le tenir, et ils ne savaient qu'en faire. On dressait des listes et on les déchirait. On prononçait des noms et on les sifflait. C'était la tour de Babel. Qui sait comment cela eût fini si la mobile ne s'en fût mêlée? Brave mobile! au moment où on s'y attendait le moins, voilà que le pas de charge résonne à peu de distance. — Entendez-vous? me dit Simon. — C'est le tambour, lui répliquai-je. En effet, c'était lui qui se rapprochait. Il fallut voir alors nos gens des clubs, mon chéri. Changement à vue; vraie scène d'opéra. Ils couraient vers les portes comme des daims effarouchés. Jamais on ne mit tant d'enthousiasme à montrer les talons. Le pompier lui-même s'évanouit comme une ombre et sans dire s'il reviendrait. En moins de dix minutes l'enceinte fut libre. Les tribunes furent vidées aussi, et sans Simon, j'aurais été forcée de quitter les lieux. — Représentant du peuple, dit-il aux mobiles qui arrivaient. Et il fixa sa carte à son chapeau. — Madame est de ma compagnie, ajouta-t-il. Les mobiles s'inclinèrent. Ceux-là, du moins, connaissaient le prix d'un représentant.

« Voilà comment les choses se sont passées, Jérôme. Tu les as avec détail et comme si tu y avais assisté. Conçois-tu cela ? nous laisser quatre heures à la merci de deux mille vauriens, comme si nous étions en pleine forêt et loin de toute habitation ! Il y a quelque manigance là-dessous. Je ne sais pas au juste ce que c'est, mais il y a quelque manigance. Tant de gens qui allaient et venaient, quatre mille baïonnettes à la porte, et on a laissé envahir la salle, détériorer le président, et jeter l'Assemblée par les fenêtres : c'est trop violent, parole d'honneur ! Je ne suis qu'une femme, mais si l'on m'insultait ainsi jusqu'à la bride, Dieu ! la belle revanche que je me donnerais ! Qui sont-ils, après tout ? Un tas de vantards ou d'imbéciles ! Des êtres fous d'orgueil, ou bêtes à manger du sainfoin. Un beau venez-y voir ! Demande donc à Bonaparte quel salmis il en eût fait ? Non, mais c'est que ça me passe, vois-tu ! Depuis trois mois il n'y en a plus que pour la canaille. C'est elle qui fait tout, qui règle tout. A quatre ou cinq pelés, ils se réunissent et disent que la France leur appartient. On les croit sur parole. Ils ramassent quelques fainéants, quelques va-nu-pieds, et veulent faire composer tout le monde, les riches, les banquiers, l'Assemblée, le pays, et jusqu'aux commissaires de police ! Et l'on appelle cela un gouvernement ! S'il dure, il n'aura pas longtemps à me posséder. J'irai en Tartarie plutôt que d'en jouir.

« L'affaire en est là, mon mignon. Dans quelques minutes on va rentrer en séance. Je te l'ai dit, ça ne pouvait pas se passer sans moi. J'ai vu le commencement, il faut que je voie la fin. Il est essentiel que je sache ce qu'on fera des coupables et à quel supplice on les condamnera. Quant au danger, je te le répète, il n'y en a plus. J'ai quatre mobiles autour de moi, et Simon, qui les vaut à lui seul. Nous l'avons reconquis, il nous revient. Cette bagarre lui a ouvert les yeux. Il voit trop bien d'où cela part. Déjà il était sur ses gardes. Il se défiait des fontaines de lait et des alouettes toutes rôties. C'était un pas de fait. Il se défiera maintenant des gilets extravasés et des chapeaux en côrie.

« Ainsi, mon chéri, prenons patience. Dans deux heures j'en aurai fini avec ces criminels. Un peu de calme, je te revaudrai ça. L'huissier me presse, j'achève brusquement. Ce porte-épée s'est conduit avec trop de grandeur pour que je ne respecte pas ses scrupules. Il entend le bourdon du président, et éprouve le besoin de montrer son frac dans l'enceinte. Rien de plus juste : la journée a été chaude; il convient de se compter. Je l'abandonne donc à ses destins et aux mouvements de sa brette. Adieu, mon mignon ; à bientôt.

« MALVINA. »

XXVII

LES AVENTURES D'OSCAR.

Cette lettre dissipa les visions dont mon esprit était assiégé. Malvina se trouvait hors de péril ; encore quelques heures, et j'allais la revoir. Simon veillait sur elle et lui servait de cavalier. Dès lors, plus d'inquiétude, plus de souci. Ce qu'elle disait pour s'excuser n'était guère qu'une précaution oratoire. Elle disposait d'elle-même assez librement, et sans y mettre un scrupule excessif. L'essentiel, c'est qu'elle fût en sûreté ; tranquille sur ce point, j'oubliai bien vite les inquiétudes dont j'avais été la proie.

Je venais de regagner mon appartement, afin d'y prendre quelque repos, lorsqu'un bruit violent retentit sur les marches de l'escalier. J'ouvris ma porte ; elle livra passage à un homme qui se précipita vers moi avec une sorte d'égarement et alla retomber sur le canapé qui meublait la pièce d'attente. Je portai la lampe de ce côté : c'était Oscar. L'œil seul d'un ami pouvait le reconnaître. Jamais sa barbe n'avait eu des reflets si mornes et si douloureux ; il était aisé de voir qu'une grande catastrophe avait pesé sur son existence.

Je m'approchai de lui ; il me serra mélancoliquement la main:

— Jérôme, me dit-il, tu es ma seule providence désormais ; il faut que tu me sauves.

— Bah, répliquai-je en riant, encore une plaisanterie d'atelier. Tu veux me faire poser.

— Non, mon cher, non ; il faut que tu me sauves ; je ne plaisante pas, c'est sérieux.

— Vraiment?

— Très-sérieux ! N'as-tu pas quelque cabinet sans jour ? une cave ! un bûcher ! quelque chose de bien sombre, de bien secret ?

— Tu plaisantes !

— Moi ! Mais vois donc mon air, Jérôme ! vois mes vêtements ! Y a-t-il à s'y tromper ? Au moment où je te parle, je voudrais être dans le creux d'un arbre, dans les entrailles de la terre, partout, excepté ici. Je marche sur des charbons ardents.

— Explique-toi, alors.

— Bah ! explique-toi, explique-toi ! Voilà qui est aisé à dire. Cache-moi d'abord, c'est le plus pressé. Pendant que nous causons, cinquante estafiers sont peut-être à mes trousses. N'entends-tu pas du bruit sur l'escalier ?

— Pas le moindre !

— Ça ne peut pas tarder ; ils vont venir. Cette police a tant de moyens cachés ! Jérôme, je te le répète, précipite-moi dans un lieu sûr ; autrement, un grand malheur va m'arriver.

— Mais lequel? Oscar. Parle donc !

— Eh bien ! mon cher, je suis un criminel d'État, ni plus ni moins.

— Pas possible !

— Indubitable ! et, qui plus est, Jérôme, ma tête est mise à prix. Voilà où j'en suis.

— Tu m'étonnes !

— Maintenant, me cacheras-tu, ou me livreras-tu aux sbires ? dis-le franchement.

L'accent avec lequel ces mots furent prononcés désarma mes défiances. Je vis qu'il y avait là-dessous quelque événement où Oscar se trouvait compromis. Le désordre de sa toilette ajoutait un poids de plus à cette supposition. Il fallait se porter sur-le-champ au secours de cette âme en peine :

— Je te sauverai, lui dis-je ; seulement avoue-moi tout : où es-tu allé ? qu'as-tu fait depuis que je t'ai quitté ?

— Tu vas le savoir ; mais veille aux surprises ! Ton concierge est-il sûr ?

— Tout ce qu'il y a de plus sûr. Parle donc.

— Tu sais, Jérôme, ajouta-t-il avec mélancolie, que nous fûmes séparés par un flot d'ouvriers. Ces malheureux m'entraînèrent. Il faut que ma physionomie leur ait plu, car sur-le-champ je fus au mieux avec eux. Ils me demandaient des ordres, ils voulaient m'élire leur général. De leur bouche, j'appris qu'ils appartenaient aux ateliers nationaux, et il s'en trouva deux dans le nombre qui prétendirent m'avoir déjà vu. J'eus beau m'en défendre, ils n'en démordirent pas.

— Leurs noms ? lui dis-je.

— L'un d'eux se nomme le Percheron.

— Et l'autre le Comtois, n'est-ce pas ?

— En effet.

— Nos hommes de Ville-d'Avray, le Comtois et le Percheron.

— C'est juste, ce souvenir m'avait échappé. Enfin, n'importe ! Je marche avec eux tout le long du quai. De vrais artistes, Jérôme, des artistes achevés ! Tu crois peut-être qu'ils étaient passionnés pour quelque chose ou pour quelqu'un ? Pas le moins du monde. Ils criaient : Vive ceci ! ou : Vive cela ! indistinctement. Je leur aurais fait pousser des cris en faveur du Grand Turc, si je me l'étais mis en tête. Il n'y a que de l'art dans le peuple de Paris, rien de plus. En veux-tu la preuve ? Au bout de dix minutes, ils criaient : Vive Oscar ! et s'en tenaient à ce vœu. Je les avais fascinés ; il m'en coûtera cher.

— Tu visais donc à l'empire ?

— Moi, allons donc ! il n'y a pas un poil de ma barbe qui y songeât. Mais que veux-tu ? j'exaltais ces ouvriers, je les enchaînais à ma personne ! Il y a de ces phénomènes-là ; la couleuvre et l'oiseau, par exemple. Eh bien ! entre eux et moi c'était ainsi : il y avait un fluide. Je les aurais fait marcher sur des charbons ardents.

— Sans raillerie ?

— Non, il y a des exemples : témoin Napoléon. Vois ses grognards, il les enlevait rien qu'en les regardant. Eh bien ! j'ai produit un effet de ce genre sur ces ouvriers. Une fois qu'ils m'ont eu rencontré, impossible de les arracher d'à côté de moi ; ç'a été fini, ils ne m'ont plus abandonné. Il faut que j'aie des vertus secrètes ; ça ne s'explique que de cette façon. Qu'en penses-tu ?

— Raconte d'abord ton histoire.

— C'est que tout est là, mon cher. Ces ouvriers, une fois séduits, ne m'ont plus lâché ; il a fallu aller partout avec eux : Mon général par-ci, mon capitaine par-là ! Pas moyen de s'en défendre. Et puis, c'étaient des vivat à tout bout de champ, avec mon nom à la suite. Oh ! les imprudents ! les imprudents !

— N'est-ce que cela ? La peccadille est bien légère.

— Patience, Jérôme, ça se gâtera toujours assez tôt. Je poursuis. Voilà donc que nous marchons de compagnie, ces ouvriers et moi : le Comtois à ma droite, le Percheron à ma gauche. Un gaillard solide que ce Comtois ! Et ce Percheron, quel être fûté ! Nous nous avançons donc en masse tout le long des quais. Une armée, une véritable armée ! il y en avait sur les deux rives. On criait : A l'hôtel de ville ! et la foule se dirigeait toute de ce côté. On n'y allait pas d'ailleurs en se cachant ; les bannières s'agitaient au vent et les cris remplissaient l'espace.

— Jusque-là, où est le mal ?

— Oui, mais c'est la suite qu'il faut voir. Devant l'hôtel de ville il y avait quelques piquets de garde bourgeoise, mais peu nombreux. Les grilles étaient fermées et les croisées garnies de monde. Cependant le Percheron me prit à part. —Général, dit-il, il y a sur l'un des côtés une porte qui nous mènera là dedans. En même temps, il me désignait le monument municipal. — Là dedans ? lui répliquai-je, et pourquoi faire ? — Nous vous suivons, général, reprit-il ; venez;

et ils m'entraînèrent vers la porte en question. — Elle est fermée, dis-je en la voyant. — Oui, général, dit l'ouvrier ; mais le Comtois est là. Ici, Comtois? L'athlète accourut. — Pèse-moi là-dessus, dit son collègue. Les gonds cédèrent, le panneau sauta. — Bien touché, mon fils ; maintenant, en avant. Général, que vous avais-je dit ? C'est ainsi, Jérôme, que pour la cinquante-deuxième fois l'hôtel de ville a été enlevé.

— Et tu les as suivis, Oscar ?

— Que voulais-tu que je fisse ? Je les fascinais. Impossible de s'y dérober. Des artistes pareils, je les aurais conduits au bout du monde. Ce Comtois surtout, il fallait le voir. Il restait trois portes à forcer ; il les coucha sur le carreau successivement : c'est un être prodigieux. Et tout cela avec un calme !... Bref, nous arrivâmes sur le grand escalier.

— Je comprends, te voilà en pleine sédition. Continue.

— Nous n'étions pas les seuls, Jérôme ; il y avait foule. Les degrés étaient pleins : on ne savait plus où poser le pied. Les blouses, les habits, tout était mêlé. On se précipitait dans les salles, on s'installait sur les canapés de l'autorité. Le Percheron seul ne se livrait pas. Il jetait à la ronde des regards défiants et ne semblait pas content de cette rapide enquête. — Encore comme l'autre fois, murmurait-il, encore comme l'autre fois. Comtois, attention ; tu lèveras le pied quand je t'avertirai. Fais passer le mot aux autres. Cependant le nombre des vainqueurs grossissait toujours. Que de costumes et de drapeaux divers ! Bonnets phrygiens et ceintures rouges ; drapeau tricolore ou étendard écarlate, l'assortiment des républiques était complet. Il ne restait plus qu'à choisir la meilleure.

— L'embarras fut grand, je le parierais.

— Énorme, mon cher ; chacun voulait faire prévaloir ses couleurs et ses gens. On discuta les programmes, on discuta les hommes. Il y avait là un pompier qui entendait composer un gouvernement à lui tout seul : on eut toutes les peines du monde à le contenir. Comme dernier moyen, il fallut que le Comtois lui mît la main sur l'épaule.

— Encore le pompier, dis-je en songeant au récit de Malvina.

— Il fut maté, reprit Oscar, et renonça à sa combinaison. Mais il en restait vingt-deux autres. Ce fut un véritable écheveau à dévider. Pour le fond des choses on s'entendait passablement. On s'entendait pour dépouiller les riches et mettre la fortune individuelle en coupe réglée. On s'entendait pour désarmer le bourgeois et armer l'ouvrier. On s'entendait pour brandir l'épée et pourfendre l'Europe jusqu'à ce qu'elle se constituât en République. Mais, quand il s'agissait de noms propres, il n'y avait plus moyen de marcher d'accord. Chacun avait ses affections et ses antipathies. Enfin, après d'orageux débats et un tumulte effrayant, on dressa une liste de transaction, dont plusieurs copies furent jetées par les fenêtres de l'hôtel.

— Et tu as vu tout cela, Oscar ?

— De mes yeux, Jérôme. Et ce que je ne puis peindre, ce sont les cris, les mouvements de cette foule turbulente. Une partie était ivre de vin, l'autre ivre d'exaltation. Tous les visages étaient allumés, toutes les lèvres frémissantes.

— Comment as-tu pu t'en tirer ? demandai-je au peintre.

— Dieu le sait, et à quel prix ! Jusqu'ici ce n'est rien ; mais c'est la suite, la suite !

— Ah ! il y a une suite, Oscar ?

— Hélas ! oui : autrement, serais-je si inquiet ? Prête l'oreille, mon cher, nous voici au plus scabreux.

— Je t'écoute.

— Pendant que ceci se passait dans l'une des salles de l'hôtel de ville, le Percheron n'avait pas cessé de froncer le sourcil, et sa bande s'était tenue dans une sorte de réserve.

— Encore une affaire manquée, répétait l'ouvrier. Comtois, ne va pas nous vendre. Ça ne peut pas s'en aller toujours en eau claire. Attention, Comtois. L'athlète écoutait impassible, attendant qu'on lui donnât quelque chose ou quelqu'un à détruire. Il se tenait prêt à tout événement. Le Percheron observa la neutralité tant que les listes ne furent pas arrêtées d'une manière définitive ; mais, ce travail achevé, il leva l'étendard de la révolte. — Toujours des gouvernements de fracs ! s'écria-t-il ; je n'en veux plus ! Je proteste ! Enfants, on nous livre, ajouta-t-il en se retournant vers les siens. — Plus de gouvernement de fracs, répéta la bande avec un formidable unisson ! — C'est bien, mes amis, reprit l'ouvrier. Laissons ces messieurs à leurs affaires ; nous ferons les nôtres tout seuls. Viens, Comtois ; il y a des portes à soulever. Et vous, général, poursuivit-il en se retournant vers moi, pas moyen de s'entendre, n'est-ce pas ? Des fracs, toujours des fracs : c'est insoutenable ! Allons chercher notre combinaison ; et point d'aristocrates surtout. Ici, dans la pièce à côté. Vous nous ordonnez de vous suivre.

— Et tu ne t'es pas retiré ?

— Quand je te dis que je les fascinais. J'ai marché en tête. Comtois forçait les entrées, je les traversais. Nous choisîmes un salon reculé. Coussins de velours, tapis d'Aubusson, rien n'y manquait. Des trumeaux peints, des tentures superbes ; enfin un grand goût. On me donna un fauteuil comme au président. Nous étions près de mille. L'autre gouvernement restait presque seul ; le vide s'y était fait à vue d'œil. Toutes les blouses étaient à nous. Je les fascinais. Cependant il fallait agir ; le temps pressait ; l'empire était à dix minutes près. Notre combinaison était simple ; toute d'ouvriers. J'étais le seul frac excepté. On me faisait cet honneur, et on y ajoutait la présidence. Je m'inclinai en guise de remercîment. Le Percheron avait sa liste ; il la lut à haute voix, elle fut reçue par acclamations, et un ouvrier ébéniste la consigna sur une ardoise pendue au mur. La voici :

OSCAR, président du conseil.

PERCHERON, ministre des finances.

COMTOIS, ministre de la guerre.

CASMAJOU, ministre de la justice.

PESSOLIVE, ministre des affaires étrangères.

PASTICHON, ministre de la marine.

DARNAGAS, ministre de l'instruction publique.

Baricot, ministre des travaux publics.
Arléri, ministre de l'intérieur.
Loubelaï, ministre de l'agriculture et du commerce.

— Voilà une liste de choix, dis-je à Oscar. Belle collection de noms propres !

— Point de fracs ; c'était toute la combinaison. Les amours-propres s'effacèrent pour l'obtenir. Quant au programme, il fut d'une formidable simplicité. Tout pour les ouvriers, tout par les ouvriers ; hors des ouvriers, point de salut. Aux ouvriers les armes ; aux ouvriers les capitaux. Il ne devait plus y avoir désormais d'autre influence, d'autre richesse que la leur.

— Et tu écoutais cela de sang froid ?

— J'aurais pu m'y opposer : je les fascinais. Mais que veux-tu, Jérôme ? c'était leur marotte, à ces chers amis. Qu'est-ce que ça me coûtait de la leur laisser ? De ce qu'on fascine les gens, ce n'est pas un motif pour abuser de ses moyens et les contrarier dans leurs idées. J'en faisais ce que je voulais, cette pensée devait me suffire.

— Ils ont donc publié ce programme monstrueux ?

— Publié, non, mon cher, il est resté à l'hôtel de ville, le séjour des programmes perdus. On peut y trouver aussi sur la fatale ardoise la liste de notre gouvernement.

— Comment n'avez-vous pas anéanti tout cela ?

— Tu en parles à ton aise, Jérôme. J'aurais voulu t'y voir. Anéantir cela ! Dieu ! si je l'avais pu, Jérôme ! Je ne suis pas riche, mais je donnerais tout ce que j'ai au monde de plus précieux, ma palette, ma boîte à couleurs, mon meilleur pinceau et ma plus jeune maîtresse, pour pouvoir détruire ces vestiges d'une souveraineté éphémère. J'ai des ennemis au pouvoir ; ils vont en abuser contre moi.

— On t'a donc surpris ?

— Surpris, cerné, traqué, bloqué, presque confisqué, Jérôme. Un odieux guet-apens. Que diable ! On fait des sommations aux gens. On exécute trois roulements de tambour. C'est dans la loi. Ici, non. Figure-toi, j'allais ouvrir les croisées pour proclamer ma combinaison et haranguer le peuple, quand la garde bourgeoise paraît en armes à la porte de notre salle de conseil. Je veux parlementer ; tu sais qu'ordinairement ma barbe en impose. Elle y échoua cette fois, je le dis à son humiliation. Les gardes marchèrent la baïonnette en avant et nous cernèrent dans un angle de la pièce. J'étais pincé sans retour ; j'allais coucher à Vincennes, comme d'autres fabricants de gouvernements, lorsque je vois une porte derrière moi, et près de cette porte, le Comtois qui jouait de l'épaule. Avec lui, c'est à coup sûr ; la porte s'affaisse, et je m'esquive par la brèche qui vient de s'ouvrir. La force armée nous suit, nous serre de près. Mais le Comtois est là ; une, deux, trois portes tombent coup sur coup. Quel homme ! Dieu du ciel ! Quel être ingénieusement doué ! Clôturez-vous donc en présence de muscles pareils ! Nous arrivons, toujours pourchassés, devant un escalier en spirale qui semblait plonger dans les abîmes de l'édifice. — Mille morts plutôt que la captivité ! m'écriai-je en me précipitant dans le colimaçon. Les ténèbres y régnaient : on n'osa pas nous y suivre. Le Comtois seul demeurait près de moi ; c'était une précieuse ressource. Nous descendîmes encore soixante marches au milieu d'une profonde obscurité. C'est le puits de Grenelle, me disais-je ; cinq cents mètres au-dessous du niveau de la mer. Enfin l'escalier cessa, et je posai le pied sur un sol humide. Nous arrivions à la limite des soubassements ; nous étions dans les catacombes de l'hôtel de ville.

— Ceci tourne au roman, Oscar ; n'y mettrais-tu pas un peu du tien ?

— Non, Jérôme ; j'en appelle au Comtois ; il viendra te le certifier. Trop heureux encore d'être en sûreté dans ce cinquième dessous. On entendait le tambour battre d'une façon atroce. L'édifice municipal était cerné de toute part ; on y commettait des arrestations en masse. Décidément la journée était mauvaise pour les fabricants de gouvernements. Cette industrie entrait dans une période ingrate. J'y songeais dans les souterrains de la municipalité. Les ténèbres invitent à la méditation. Le Comtois devait s'y abandonner aussi, car il poussait des soupirs à ébranler les catacombes. — Ce damné Percheron ! murmurait-il entre ses dents. Il accusait son camarade, et sans doute à bon droit. Les caves de l'hôtel de ville renfermaient ainsi deux infortunés que les leçons du malheur ramenaient dans les bras de la philosophie.

— Me diras-tu enfin comment tu t'es tiré de là ?

— Pas sans coups de fusil, Jérôme. Écoute la fin. Quand j'eus passé dix minutes dans cet asile caverneux, l'ennui me gagna. Le Comtois ne devait guère s'amuser aussi. — Camarade, lui dis-je, si nous cherchions notre chemin ? — A la bonne heure, me répondit-il. — Vous sentez-vous les poignets en état ? ajoutai-je. — Oui, dit-il. — Même vis-à-vis de barreaux en fer ? — En fer, répéta-t-il. Je remarquai que, dans ses réponses, mon compagnon faisait éclater un laconisme digne de l'antiquité. Cela dénotait une nature forte et un esprit égal. — Eh bien ! lui dis-je, puisque les barreaux ne vous font pas peur, cherchons des barreaux à forcer. Les ténèbres étaient complètes ; il fallait marcher à tâtons. Des légions de rats circulaient entre nos jambes et les flairaient comme un régal qui n'était point indigne d'eux. J'avais beau leur prodiguer les coups de talons, ils revenaient à la charge avec un acharnement qui donnait la mesure de leur appétit. Enfin j'aperçus, à hauteur d'appui, des croisées qui devaient s'ouvrir sur la place ou sur l'une des rues ordinaires. — Voici l'obstacle, dis-je à mon compagnon. — C'est bien, répondit-il. A l'aide d'une saillie du mur, il parvient jusqu'aux barreaux et les ébranla de sa main d'athlète : — L'affaire est faite, dit-il : ils sont descellés. Je le rejoignis sur l'appui de la croisée. — Attention à la sentinelle, ajouta-t-il ; et sitôt qu'elle aura le dos tourné, soyez prêt à franchir le pas. Il y a dix pieds de hauteur. — C'est bien, lui dis-je. L'occasion se fit attendre : peut-être la sentinelle avait-elle des soupçons ; enfin elle s'éloigna, et les barreaux disparurent comme une paille. — Vite, engagez-vous là dedans ! s'écria le Comtois ; il y a le passage d'un homme. J'obéis et me laissai tomber sur le sol. Presque au même instant, le robuste ouvrier était à mes côtés et poussait un cri d'alarme. — On nous a aperçus ; dare, dare, détalons, et du côté des rues ! Au moment où je tournais l'angle du carrefour, un coup de fusil retentit et une balle siffla près de moi. — Plus de bruit que de mal, dit l'ouvrier en me jetant ces mots à l'oreille : A droite, monsieur, je prendrai à gauche. — Merci, mon camarade ! m'écriai-je ; je vous dois la vie et la liberté. — Il était déjà loin. Voilà mes aventures, mon cher ; que t'en semble ?

— Je te le disais tantôt ; c'est du roman.

— Du roman historique, alors, car tout cela est bien réel. Tel que tu me vois, je te représente, mon cher, une puissance découronnée. Pendant une demi-heure, j'ai fonctionné à l'état de gouvernement. J'ai eu ma combinaison ; elle s'est écroulée. De toute cette grandeur, de toute cette gloire, il ne reste plus qu'un souverain fugitif, obligé de demander un asile à ses amis.

— Le voici, Oscar, jouis-en.

— Très-bien, Jérôme ; mais la police ? Est-ce que tu supposes qu'elle va respecter mon incognito ? Ton bon sens...

— Que ferait-elle de toi ? je te le demande.

— Voilà que tu railles. Eh bien ! Jérôme, c'est très-mal. Voyons, parlons sérieusement. On est aux enquêtes à l'hôtel de ville ; les agents de la préfecture y sont déjà. Le juge d'instruction s'y est transporté.

— Tu vois les choses en noir, Oscar.

— Et toi en rose, Jérôme. Dam ! ce n'est pas toi qui iras gémir sur la paille humide des cachots. A Vincennes, juge donc ! Connais-tu le donjon de Vincennes ? On en dit des horreurs. Et penser que j'ai été gouvernement pendant trente-trois minutes ! De si haut tomber si bas ! Il me semble que j'entends du bruit au pied de l'escalier. Un sbire, sans doute !

— Tu deviens fou !

— Jérôme, je réclame de nouveau un réduit quelconque ! Je ne veux pas que cette infâme police me mette la main dessus. Donne-moi une cave, un grenier, un trou à charbon, une soupente, ce que tu voudras ; mais sauve-moi, de grâce, sauve-moi ? Tu me calfeutrerais dans une armoire, que je ne t'en voudrais pas. J'entrerais au besoin dans un conduit de cheminée. Tout me semble préférable aux quatre murs d'une prison. J'ai toujours détesté ce genre d'édifices.

— Que tu es donc terrible, Oscar ! Voyons, ne te monte point ainsi. Je suis sûr que ton affaire n'est rien, qu'elle tombera dans l'eau.

— Oui, tu le supposes.

— Je t'en réponds.

— Tu m'en réponds, j'accepte le mot, je l'accepte en plein. Tu es désormais responsable de ce qu'il y a de plus sacré au monde, la liberté d'un être pensant. Tu m'en réponds ! Touche là. Tu es un noble ami. Maintenant, donne-moi un conseil.

— Parle !

— Faut-il couper ma barbe ? on dit que ça donne le change aux gendarmes et déroute les signalements.

— Oui, Oscar, oui, et tes cheveux aussi ! Tu seras en état de subir un traitement dont tu me parais avoir besoin. Dès demain, nous t'administrerons des douches.

XXVIII

LES INFORTUNES D'UNE ÉGÉRIE.

Oscar put enfin respirer : les foudres dont il se croyait menacé s'arrêtèrent à mi-chemin. Il s'était fait, dans cette courte usurpation, tant de listes de gouvernement, que la justice fut obligée de choisir. Elle s'appesantit sur les chefs notoires et négligea le troupeau des conspirateurs. Tout renfermer eût été une entreprise difficile : les prisons de la République n'y eussent pas suffi. Notre ami échappa à la faveur du nombre.

Parmi les victimes de ce drame étrange, il en est une qui se détache à part et demanderait un Homère pour être célébrée dignement. Seul il pourrait dire, sur le mode ionien, à quelles vicissitudes elle fut en butte depuis le jour où, quittant le foyer domestique, elle chercha, de philosophe en philosophe et de système en système, un idéal qui semblait fuir dans les profondeurs de l'horizon. Que d'écueils dans cette existence! que d'aventures! L'Odyssée est complète, sauf un personnage, celui de Pénélope tournant le rouet en guise de préservatif. Hors ce détail, rien n'y manque. Jamais sujet ne fut plus digne d'un cistre magistral : je le signale aux poëtes des âges futurs.

Il s'agit d'une Muse qui, dès le berceau, eut la conscience d'une impérieuse mission. Le souffle d'en haut l'animait ; en vain eût-elle essayé de s'y soustraire. En d'autres temps on lui eût demandé peut-être de revêtir l'armure et de monter à l'assaut. Notre Muse n'y prétendit pas ; elle était de son siècle avant tout. Pas de lance au poing, mais une plume. Au lieu de remparts à franchir, une société à détruire, et, sur l'oriflamme, ces deux mots simples, mais expressifs : *réforme sociale*. Tu vaincras par ce signe, lui dirent des voix intérieures. Dès lors elle ne s'appartint plus. La nuit, des utopies la visitaient ; le jour, elle avait des apparitions.

Comment résister ? Elle partit donc et se mit en campagne. Ses débuts furent obscurs et presque ignorés ; digne à peine d'un capitaine d'aventures ou d'un batteur d'estrades. Quelques escarmouches dans les buissons du caprice en remplirent la meilleure part. Ce fut pourtant une période heureuse dans son existence, et la plus fleurie de toutes. Elle y rencontra les poëtes ses frères, et les choisit jeunes, afin d'être plus près de la vérité. Où irait une Muse, si ce n'est là ? Celle-ci ne s'y oublia point ; elle avait la conscience d'une mission plus haute. D'ailleurs la gloire arrivait ; la robe obscure de la Muse se changeait en un vêtement lumineux. Elle prenait le premier rang parmi les déesses de l'imagination. Une autre ambition que la sienne s'en fût contentée : chez notre Muse la mission l'emporta ; la gloire n'était à ses yeux qu'un moyen. Elle avait à parcourir le cercle des fonctions humaines pour reconnaître ce que chacune d'elles renferme de mensonges et d'écueils. Des poëtes, elle passa aux avocats; nul contraste ne pouvait être plus tranché. Mais notre Muse était brave ; les robes noires ne lui firent pas peur; elle en sonda les moindres plis. Tâche déplorable, au bout de laquelle devait naître le découragement! Quel bagage confus! quel amalgame singulier ! Des arguties juridiques, des subtilités de glose, des banalités consacrées par des arrêts, voilà où elle vint se heurter. Quant à la réforme sociale, personne, parmi les bonnets carrés, ne l'avait vue passer et ne pouvait en donner des nouvelles. Bon gré, mal gré, il fallut que la Muse plaçât ailleurs sa confiance. Elle avait quitté les poëtes, les avocats la quittèrent; les enfants de la lyre étaient vengés.

On aurait pu la croire ébranlée par cet échec; elle s'y affermit au contraire dans son dessein. J'essayerai de tout, se dit-elle, mais je mettrai la main sur mon phénix. Cette nuit encore, l'utopie m'est apparue avec ses alouettes rôties et ses ruisseaux de chambertin. J'en aurai le cœur net, dussé-je violer la porte du grand Lama. Je veux la réforme sociale, il me la faut, elle est devenue un besoin pour moi. Qu'elle ait les cheveux blonds ou bruns, qu'elle soit chauve ou use du postiche, je la veux, je l'aurai. Je ne regarde ni à la taille, ni à la couleur, ni à l'âge, ni au caractère; je ferme les yeux sur tout. Courage donc ! encore quelques efforts. Voici déjà bien des efforts perdus ; plus d'hésitation; marchons droit sur ma découverte.

Ce fut ainsi que notre Muse s'encouragea dans ses projets. A aucun prix elle n'en voulait démordre. Elle se livra donc à de nouveaux essais, et entama profondément le camp des penseurs. Sa tactique était de viser aux chefs et de négliger les subalternes. Aucun pontife ne lui échappa. Elle vit les dissidents religieux, les mystagogues, les thaumaturges ; elle ne repoussa ni les chapeaux rougis au contact des saisons, ni les collets chargés outre mesure de corps étrangers. Elle pardonna tout aux grands philosophes et se montra tolérante jusqu'à la magnanimité. Elle alla vers l'hérésie d'abord; c'est la ressource des esprits chagrins et des Titans frappés par la foudre. Le plus glorieux de tous demandait à la philosophie des armes contre la religion : il lui empruntait quelques montagnes, afin de s'en servir comme de marchepied vers le ciel.

Pour notre Muse, c'était un spectacle nouveau. — Enfin, se dit-elle, je la tiens. Elle croyait avoir dans ses mains la réforme sociale. Alors elle chanta les divinités du mal. L'imprécation sortit de ses lèvres, le blasphème aussi. Ses instincts l'emportaient ; elle éleva jusqu'au ciel ses défis et ses colères. Sa lyre n'avait plus que des cordes d'airain. C'était une crise ; elle dura peu. Une Muse ne s'oublie à ce point qu'aux dépens de son génie. D'ailleurs, les hérésiarques ne sont pas beaux. La Muse s'accoutumait avec peine à un voisinage pareil. Plus d'une fois le souvenir de ses poëtes aimés vint la poursuivre comme contraste et comme remords. Où étaient leurs joues roses et leur souffle si pur ? Où étaient leurs propos caressants et leurs confidences d'âmes heureuses ? Au lieu de ces jeunes amis, de moroses vieillards ; au lieu de ces récits riants, des théories inintelligibles. Quelle chute pour une Muse, même résignée à tout ! La nôtre n'y tint pas ; elle rompit avec l'hérésie, et chercha ailleurs.

La métempsycose l'attira ; c'était bien plus gai. Elle ouvrait à la pensée des régions inconnues. Que de rêves charmants elle alimentait ! Notre Muse en fut séduite et y consacra des tomes dont son nom se fût bien passé. Jamais les visions qui l'obsédaient ne se firent jour avec plus d'évidence ; elle s'égara dans des espaces où l'œil humain ne la suivit plus ; livrée aux abîmes du vide, elle perdit d'une manière absolue le sentiment du réel et resta seule à écouter les frémissements de sa lyre. Encore quelques écarts, et elle était perdue pour nous, et sa raison demeurait comme enjeu dans cette gageure insensée. Elle ne fut sauvée que par ses instincts délicats. Les héros de la métempsycose persistaient à négliger abominablement leurs personnes. Notre Muse les excusa longtemps ; jamais elle n'avait été mise à une épreuve si rude, si continue. Sa mission lui donnait à peine la force d'en supporter les effets. Elle pria, ce fut en vain ; elle prodigua des conseils qui se trompèrent de destination. Enfin, elle s'avoua vaincue et donna congé à la métempsycose comme elle l'avait donné à l'hérésie.

Après tant d'aventures, la réforme sociale restait encore à découvrir ; le problème n'avait pas avancé d'une semelle. L'état de notre Muse s'en ressentit ; l'utopie la visita de nouveau. La nuit, elle poursuivait de mystérieux entretiens avec des voix qui se croisaient sous ses courtines. Ces voix l'accusaient d'indifférence et de tiédeur. A quoi elle répondait que la plus ardente Muse ne peut donner que ce qu'elle a, et qu'elle avait assez souffert dans la fréquentation des systèmes. Elle ajoutait qu'elle attendait un philosophe qui eût le collet propre et les ongles en état. Hors de là, elle n'admettait que des essais, des combinaisons sans importance. Un peu de pastoral, un peu d'archaïque, c'est ainsi qu'elle trompait les vides de son cœur. Pourtant, au fond de ces désappointements résidait une tristesse amère. Elle y avait vu s'effeuiller la couronne de ses beaux jours, s'évanouir les illusions de la première heure. L'âge arrivait, et à la suite un embonpoint plein de majesté. Du jour au lendemain, les lignes sphériques acquéraient chez elle un développement qui frappait l'œil le plus inattentif. Faut-il le dire ? cet état florissant captiva un poëte chevelu. Il était jeune, sans fiel et probablement le dernier de cette race éteinte. Le cas, d'ailleurs, était nouveau ; l'antiquité n'avait pas connu de Muse aussi forte. En l'honneur de l'imprévu, ce barde ajusta les cordes de sa lyre et modula son hommage sur un rhythme connu:

LAZZARA [1].

(IMITATION LIBRE D'UNE BALLADE CONNUE.)

I

Voyez comme elle engraisse ! A ces deux repoussoirs,
A ces grands monuments, érigés en bossoirs,

---

[1] Cette pièce est textuellement reproduite. Elle appartient en entier au jeune barde en question.

Et rivaux de la cornemuse ;
A cette pleine lune aux contours fourvoyés,
A ce menton fuyant par cascades, voyez
Comme elle engraisse, notre muse !

II

Elle est ample, elle est vaste, et quand, d'un pas massif,
Les cheveux relevés dans un style poncif,
Elle apparaît sous sa mantille ;
A voir le sol fléchir sous elle en vrai tremplin,
On croirait voir, ma foi, dessus son terre-plein,
Un éléphant de la Bastille..

III

Elle est forte et dodue, et file son roman,
Qu'à sa fille avec soin dérobe la maman,
Tant il est plein de fondrières ;
Elle lance, elle suit, sans jamais dire assez,
De buissons en buissons, de fossés en fossés,
Ses divines aventurières.

IV

Quand près du feu, le soir, on juge les auteurs,
Pour voir qui sait le mieux, au gré de ses lecteurs.
Manier la langue rebelle ;
Que son héros soit Corse, ou Toscan, ou Vaudois,
Elle écrit, et la phrase échappée à ses doigts
Nous semble toujours la plus belle.

V

Certes, plus d'un bourgeois, pour elle, en son beau temps,
Volontiers eût donné bien des écus comptants,
Et même quelques pierreries ;
Il eût donné ses fracs et ses vieux pantalons,
Ses passe-poils du plus beau jaune et ses galons,
Tout, jusqu'à ses buffleteries ;

VI

Et ses deux pistolets dans leur fonte engloutis,
Et ses revers d'argent brodés au plumetis.

Et ses sonores jugulaires,
Et son sabre en croissant, rouillé quand on se bat,
Et la rude cartouche, instrument du combat,
Qu'il déchire avec ses molaires.

VII

Il eût donné sa guêtre et son dessous de pied,
Donné la riche selle où, de garde, il s'assied ;
Donné son colbac si commode ;
Donné, pour faire honte aux hommes regardants,
Sa caisse, ses papiers, sa vaisselle et ses dents,
Chefs-d'œuvre de Désirabode.

VIII

Il eût donné les serfs qu'il tient sous son pouvoir,
Son portier, son frotteur, son commis de comptoir,
Sa bonne et son valet de ferme ;
Le jardin d'un arpent qu'il possède à Saint-Leu,
Et son appartement, tendu d'un papier bleu
Qu'il fit poser au dernier terme.

IX

Tout, jusqu'au cheval bai qu'il loue au maquignon,
Dont il vida la croupe avec quelque guignon ;
Jusqu'au frein où Ruolz éclate ;
Jusqu'à cette mercière, au quartier Mouffetard,
Qui vient six fois par mois décorer sur le tard
Son divan à housse écarlate.

X

Ce n'est pas le bourgeois, c'est le peuple aux faubourgs
Qui l'a prise, et qui n'a rien donné pour débours ;
Car la pauvreté l'accompagne.
Le peuple a pour tous biens le vin bleu, l'eau des puits,
Une blouse percée aux deux coudes, et puis
Quelques amis sur la Montagne.

Ainsi chantait le dernier des bardes chevelus, entraîné par un enthousiasme naïf. Il est douteux que son hommage, issu du cœur, ait eu un succès sans mélange.

La révolution de Février surprit notre Muse dans cette situation d'esprit. La nature continuait à l'accabler de ses dons et à lui prodiguer les apparences prospères. Un seul chagrin s'y mêlait et troublait sa sérénité. Le rêve de sa vie se réaliserait-il un jour? Aurait-elle à s'agiter longtemps encore dans les étreintes d'une mission ingrate? A tout prendre, le ciel lui devait quelques compensations. En l'honneur de la réforme sociale, elle avait tout prodigué, sa gloire, son temps, son repos. Rien ne lui avait coûté, ni les essais, ni les aventures. Cependant l'âge venait et le but n'était point atteint. Cette perspective jetait du noir sur sa pensée. Tant de mouvement en pure perte! Tant d'expériences suivies de mécomptes! Si Muse que l'on soit, il est des moments où le dépit prend le dessus, et où l'âme s'abandonne à la pente du désenchantement. Notre Muse en était là ; elle souffrait; ses échecs lui portaient sur les nerfs.

Sans le tocsin de Février, peut-être cet état du cerveau eût-il abouti à une catastrophe. Les visions avaient reparu avec plus de force que jamais. Les voix familières ne tarissaient pas en reproches. Elles l'excitaient à se remettre en campagne et à chevaucher de plus belle. Sa mission n'était pas à quelques échecs près; il fallait qu'elle y fût fidèle jusqu'au bout. La Muse cédait alors et reprenait le cours de ses dithyrambes. Elle invoquait le peuple et lui adressait d'énergiques appels. Rien n'y servait; c'était une corde usée; elle en avait le sentiment. Le peuple s'y montrait médiocrement sensible. Les choses empiraient donc, quand le dieu du hasard s'en mêla. De sa main puissante il fit une révolution. La Muse comprit qu'elle était sauvée, que son heure arrivait, qu'elle touchait au but.

— Enfin! s'écria-t-elle! nous y voici! nous la tenons! A l'œuvre! c'est le moment d'agir! Me voici payée en un jour de quinze ans de peines.

Ces mots à peine achevés, la Muse alla signifier ses conditions au pouvoir nouveau. On s'entendit. On traita. Chaque jour, la Muse dut se mettre à la disposition de l'un des membres du gouvernement. Elle allait être l'Égérie de l'institution. Point de trêve dans ce service officiel. Entre huit et neuf heures, elle sortait du bois sacré, avec les papiers de la sibylle dans son cabas. Pour mettre l'oracle à la portée de tous les goûts, elle en préparait de rechange. Le uns avaient le ton éploré de l'élégie ; d'autres s'emportaient jusqu'à la colère. Le gouvernement demeura dès lors exposé à toutes les surprises de l'inspiration. En son nom, on promenait la torche dans la région des idées, on provoquait aux luttes de classes et à une rupture violente du lien social. Il y avait deux nations désormais, celle des vainqueurs, celle des vaincus. Aux premiers toutes jouissances ; aux seconds toutes les charges. Les riches avaient allumé la guerre ; ils devaient en supporter les frais. Quant aux déshérités, c'était pour eux le jour des réparations. Ils les exigeaient entières, prêts à les revendiquer par la violence, si les autres moyens ne suffisaient pas. Ainsi parlait la Muse, en y ajoutant la forme dont elle sait revêtir les plus mauvais sentiments.

Décidément l'Égérie devenait trop dangereuse ; il fallut s'en délivrer. Le pays, l'imprimerie royale, le gouvernement lui-même, tout le monde en avait assez. Elle lutta pourtant, et se répandit en récriminations amères. Elle essaya de mettre ses patrons de son côté, en les soutenant envers et contre tous. Elle les compara, d'après Jean-Paul, à ces excellents fruits qui sont, avant les autres, piqués par les guêpes. Ce fut le dernier cri qu'elle exhala. Le jour suivant, elle recevait un congé dans toutes les formes, et allait rejoindre dans le grenier administratif toutes les friperies à l'usage des gouvernements révolutionnaires. L'épreuve était concluante, il n'y avait plus à y revenir. L'Égérie fut confinée sous la remise ; elle avait fait son temps.

Son âme fut alors plongée dans le deuil, et elle désespéra de la patrie. Ingrat pays, qui se privait de tels services et repoussait avec dédain un si précieux concours ! Non, rien dans ses déboires passés ne lui sembla plus affreux que ce déplorable calice. Elle le détournait de ses lèvres avec un énergique effort. Il lui semblait impossible qu'on oubliât à ce point ce qu'elle avait fait, ce qu'elle voulait faire. Tant de gages méconnus en un jour ! un dévouement si soutenu à la cause du peuple ! des flots d'encre prodigués en son honneur ! un culte si fervent ! une adoration si exclusive ! Et on méconnaissait tout cela ! et on sevrait le peuple de cette voix qu'il aimait à entendre ! en pleine république, grand Dieu ! Il ne restait plus qu'à se voiler le front et à protester par le silence ; l'avenir se chargerait de l'expiation.

C'est en lançant ce trait du Parthe que l'Égérie résigna son emploi. Elle jeta un crêpe sur la statue de la Patrie, et porta le deuil de nos libertés. Le monde officiel lui échappait, il ne lui restait plus que les tressaillements de la place publique : elle s'y réfugia. Sa plume ardente réchauffa dans les âmes ce qu'elles renfermaient de colères sourdes et de ressentiments profonds. Plus d'une fois elle convia le peuple à ne compter que sur lui-même, et à faire justice des intermédiaires conjurés pour le tromper. Ces appels étaient empreints du fiel âcre que distillent les cœurs déçus. Ce qui accroissait son regret et son tourment, c'est que l'heure de l'abdication politique avait sonné pour elle. Toute puissance a son apogée et son déclin. Marengo et Austerlitz viennent aboutir à la cour de Fontainebleau. Notre Muse en était à cette période fatale. Heureusement il lui restait un asile et un asile lumineux dans les régions de l'art. Rien au monde n'eût pu le lui ravir, ni remplir le vide qu'elle y avait laissé. Pour l'absoudre, un retour suffisait, et volontiers on eût enlevé le voile qui couvrait sa statue.

XXIX

LA FÊTE EN PLEIN VENT

Depuis quelques semaines, l'attitude de la Commission exécutive rappelait celle de la nymphe Calypso. Elle était inconsolable. Dans ses loisirs du Luxembourg, elle avait imaginé une cérémonie publique qui devait ramener le sourire sur les lèvres et la paix dans les cœurs. Afin de la rendre digne de l'Assemblée et du pays, elle avait épuisé ses trésors de science mythologique et mis la Grèce et Rome à contribution. On parlait de statues d'une dimension colossale et d'un festin à éclipser ceux de l'antiquité. Les attributs des arts devaient y figurer dans un cortége merveilleux. Rien n'y manquerait, ni les festins, ni les chants, ni les jeunes filles vêtues de lin. On retournait aux fêtes d'Éleusis et aux Panathénées.

La douleur du gouvernement avait surtout ce motif, que l'Assemblée paraissait médiocrement touchée des jouissances qu'on lui préparait. Au lieu de s'associer, dans un commun élan, à ce retour vers les âges héroïques, elle supputait, avec le scrupule d'un caissier, les sommes nécessaires à ces magnificences, et se demandait si on ne pourrait pas faire un meilleur emploi des deniers de l'État. Les circonstances prêtaient peu, d'ailleurs, aux divertissements; les esprits n'étaient guère à la joie. Le Luxembourg seul se complaisait dans des spectacles pareils. Il aimait les exhibitions solennelles. L'Assemblée se plaçait au point de vue opposé : de là le dissentiment. Tant de misères pesaient sur le pays, que c'était vraiment pitié de voir l'argent du trésor s'en aller en oripeaux et en dorures.

Enfin l'Assemblée céda ; elle ne voulut pas rompre pour une si petite affaire. Il fut convenu que la cérémonie aurait lieu ; seulement on apporta quelques modifications au programme. Le festin en plein air, ouvert à tout convive, avait cet inconvénient de laisser la dépense sans limites. On le supprima ; c'est dommage. L'expérience n'était pas sans grandeur : elle eût donné la mesure des estomacs livrés à eux-mêmes et affranchis de toute carte à payer. Je m'imagine que l'exemple eût été mémorable. D'autres retranchements furent encore effectués. L'industrie devait couvrir Paris de petits autels ; elle s'en abstint : au lieu d'autels mieux eût valu des catafalques. On se contenta de chars, sur lesquels figuraient des chefs-d'œuvre un peu fanés, et qui avaient déjà servi. C'est ce qu'on appelait un programme d'après l'antique.

Dans les bureaux d'un ministère s'accomplissait une autre opération. Un appel avait été fait aux jeunes filles vêtues de lin. La cérémonie en exigeait cinq cents ; autant de rosières. Le choix fut long et minutieux. Il s'agissait de cinquante francs ; c'est un joli denier pour une enfant du peuple : il s'en présenta dix mille. Qu'on juge du travail des ordonnateurs. Il fallut vérifier ces noms et marquer d'une étiquette ceux qu'on agréait. Surtout il importait de s'assurer que rien ne manquât au costume, que les robes fussent blanches, les voiles aussi, les couronnes en état. Quant aux visages, personne n'en eut souci, et, il faut le dire, la légion ne brillait pas de ce côté ; en revanche, tous cœurs purs et âmes de neige.

Cependant un autre soin divisait l'Assemblée ; rien de plus grave depuis le turbot de Domitien : les représentants porteraient-ils un insigne ? et quel insigne ? Le débat s'ouvrit là-dessus, et partagea les meilleurs esprits. Les uns voulaient se garnir le flanc des trois couleurs : les autres ne les admettaient qu'en sautoir, et sous le frac : ceux-ci visaient à l'effet, ceux-là préféraient une situation plus modeste. A quelques-uns, un simple ruban suffisait ; les amis de l'éclat n'en tenaient pas les questeurs quittes à moins d'une écharpe aux glands d'or, et du plus beau tissu. Ils y voyaient un moyen de relever l'industrie, et d'introduire dans nos ateliers une fabrication d'un ordre politique. La discussion aurait pu se prolonger longtemps ; de guerre lasse, on l'abandonna. Les questeurs furent investis de la commande. Personne n'a la main malheureuse comme un questeur : ceux-ci imaginèrent un hideux petit ruban surmonté d'une rosette, et où brillaient, en or très-suspect, les faisceaux de la République. C'était un insigne digne tout au plus d'un régime de maillechort.

Un dernier problème fut soulevé : D'où partirait l'Assemblée ? La Bastille eut d'abord le pas. Le Luxembourg y tenait ; il voulait donner à Paris une exhibition dans toutes les règles. Il lui semblait glorieux de parcourir les boulevards avec un cortége aussi choisi, et d'entraîner à sa suite les élus du peuple. Quelle moisson d'enthousiasme on allait recueillir sur le chemin ! quels élans spontanés d'adhésion ! c'était un baptême nouveau que le Luxembourg entendait ménager à la représentation nationale. Il faut le dire, l'Assemblée voyait les choses autrement ; elle doutait de sa propre popularité. Aussi se refusa-t-elle à prendre la Bastille pour point de départ. Vaincu sur cette partie de son programme, le Luxembourg essaya de sauver la moitié du trajet : il proposa l'hôtel de ville. Il conciliait ainsi les grandeurs de la cérémonie avec les égards dus aux jambes des représentants. L'hôtel de ville était d'ailleurs un centre naturel, en faveur duquel on pouvait invoquer bien des souvenirs historiques. Le cortége, en l'adoptant, traversait le vieux Paris par les chemins où saint Louis et Philippe-Auguste avaient passé. C'était une considération décisive ; l'Assemblée ne s'y rendit pas : des motifs de prudence prévalurent. La République avait fait aux élus du suffrage universel un sort si beau, qu'une promenade en corps dans Paris leur était interdite. Il fallut dès-lors choisir l'itinéraire le plus court : le palais de l'Assemblée fut désigné comme lieu de rendez-vous. On devait se rendre de là sur l'esplanade du champ de Mars.

Dès huit heures du matin nous avions pris place, Malvina et moi, sur l'estrade d'honneur. C'est à Simon que nous devions ce privilége. Deux jours avant la solennité, il forma autour des questeurs un siége si savant, et leur livra de si rudes assauts qu'ils furent contraints de capituler. Nous eûmes deux billets de choix. Nos bancs touchaient ceux des élus du peuple, et notre représentant put venir se placer presque à nos côtés. Au moment où nous arrivâmes, la foule inondait l'enceinte, et il était aisé de prévoir qu'aucune police ne pourrait s'y établir. On violait les consignes sur tous les points avec une audace impunie. Nul ordre, nulle régularité. Les ordonnateurs de la fête manquaient leur effet d'ensemble ; ils avaient sous la main des éléments trop insubordonnés. Aussi croisaient-ils les bras sur leurs poitrines, et assistaient-ils à cette scène avec une douloureuse résignation.

Le canon tonnait ; l'Assemblée était en marche. Elle arriva enfin à l'entrée du champ de Mars. Ce trajet, il faut l'avouer, n'eut rien de majestueux, et la multitude y fit éclater un tout autre sentiment que celui du respect. Le régime de l'insulte persistait. Loin d'y mettre ordre, l'emprisonnement des chefs n'avait fait que l'aggraver. Le mot était donné dans les clubs et dans les ateliers : on voulait déshonorer l'Assemblée. Nul soin à son égard. On ne lui avait pas ménagé de passage spécial ; elle marchait mêlée au peuple, et n'avait guère à se louer de ce contact. C'est au point que Malvina en fut scandalisée :

— Ah çà, dit-elle, il n'y a pas plus de police ici que chez les Bédouins. Qu'est-ce que c'est que ce genre? Vois donc, Jérôme, une représentation nationale parsemée de blouses ! Comme c'est galant ! Et pas un gendarme, pas un municipal, pas un sabot de cheval pour caresser les orteils de tout ce monde ! Ça crie vengeance, vraiment !

En effet, l'ordre ne pouvait se rétablir dans cette foule indisciplinée ; elle encombrait l'espace où le défilé devait avoir lieu. C'est sur ce point qu'on avait groupé les statues en carton, d'un style monumental. Je n'ose dire quelle figure elles faisaient. La sculpture en plein vent ne s'y était guère signalée. Il faut ajouter qu'un ouragan arrivé la veille avait exercé sur l'ensemble des ravages douloureux. La Liberté avait perdu le nez dans la tempête, et ne pouvait se consoler de l'absence de cet attribut distinctif. L'Égalité en était réduite au sort du maréchal de Rantzau, le plus mutilé de nos grands capitaines. La Fraternité portait sur son visage de telles balafres, que l'œil le plus dévoué aurait eu grand'peine à la reconnaître. Partout se retrouvaient des souillures capables de ruiner dans l'opinion des sujets moins symboliques et plus médiocrement pourvus de popularité.

De tous ces emblèmes, aucun n'avait été plus abominablement traité que celui de la République. Sous son bonnet de Phrygie, elle avait le plus triste aspect et comme le sentiment d'une humiliation profonde. Au moment où nous l'aperçûmes, on lui rajustait le bras droit, dont l'état du ciel avait troublé l'économie. Au bout de ce bras était une main, également endommagée, qui pesait dans ses phalanges un glaive et une branche d'olivier. Cette opération, ainsi conçue, présentait un problème de statique difficile à résoudre, et c'est là sans doute ce qui répandait sur cette physionomie colossale un ennui mortel et un sombre découragement. Une seule main, faisant l'office de deux plateaux, voilà à quoi la République était condamnée ! Puis, que de dégradations sur sa personne et autour d'elle ! Quelle République dévastée ! L'eau des nues avait sillonné sa robe de ravines profondes et dépouillé de leur couche de bronze les lions accroupis à ses pieds. Les vases antiques disposés sur l'estrade, les trophées d'armes qui la décoraient, avaient tous éprouvé au plus haut point les effets de l'intempérie, et offraient un spectacle digne de pitié.

A l'aide de quelques efforts, les représentants purent enfin gagner leurs siéges d'honneur. Ils s'y disposèrent en amphithéâtre. Les souverains du Luxembourg occupaient le milieu de l'estrade avec les dignitaires de l'Assemblée ; le reste se plaça au hasard et confusément. Simon trouva, je l'ai dit, un banc près de nous. Quand cette installation fut achevée, il se fit un peu d'ordre et le coup d'œil y gagna. Les buttes de Chaillot et de Passy étaient couvertes de têtes ; l'enceinte du champ de Mars, l'avenue du pont, les quais et tout le terrain qui monte par étages vers les murs d'enceinte, ressemblaient à une vaste fourmilière, en proie à l'agitation. Mille drapeaux, mille banderoles, jouets des vents, s'emparaient du regard et animaient la fête. De grands mâts, chargés d'oriflammes, formaient autour de l'esplanade une suite de jalons pavoisés. Le bruit du canon tranchait sur le tout et dominait les acclamations de la foule.

— A la bonne heure ! s'écria Malvina, voici que la fête prend couleur. Allons, évertuez-vous, enfants, pour que la galerie applaudisse. En avant la musique et les plumets ! La grosse caisse surtout ! Ça fait bien en plein air ! Mais, dis donc, Jérôme, qui est-ce qui pose devant nous?

— Où cela ? Malvina.

— Devant nous, un peu vers la droite. Des êtres médiocrement couverts. Tiens, vois donc.

— Sur l'estrade? Le Luxembourg en personne.

— Ah! c'est juste, c'est juste! Et moi qui ne l'ai pas deviné tout d'abord! J'aurais dû pourtant m'en douter à l'enveloppe. Il n'y a que le Luxembourg pour s'affubler ainsi. Et puis les poses? Dieu! comme c'est lui? Doit-il être heureux de ce spectacle! Doit-il jouir dans ses escarpins!

— Il en a l'air, du moins.

— Tous rayonnants, mon chéri, tous frétillants. Ils sont là comme cinq carpes dans leur vivier. Le public est médiocrement amusé ; mais eux, Jérôme, ils nagent dans un océan de joies; ils se balancent dans leur programme, ils s'y bercent, ils s'y plongent à l'envi. Fortunés mortels! Oui, soyez fiers, vous en avez le droit; oui, épanouissez-vous, ça vous est bien dû.

Pendant que ma femme envoyait sur l'aile des vents ces apostrophes un peu vertes à l'adresse des souverains du Luxembourg, la cérémonie suivait son cours, et le défilé commençait. En tête marchaient les quatre-vingt-six départements. Habit noir, pantalon blanc, chapeau gris, voilà de quoi se composait un département. Autant de départements, autant de chapeaux gris. Seulement, l'état des chapeaux variait selon l'importance des localités. Ainsi, la Creuse me parut un peu déformée, et la Lozère passablement ternie. Le poil de lapin dominait dans les départements pauvres. En revanche, le Nord et la Seine-Inférieure portaient du castor et se distinguaient par le lustre irréprochable de la coiffure. Quatre-vingt-six chapeaux gris résumaient la France. Noble allégorie! symbole touchant d'égalité! Tous chapeaux-gris, comment exprimer d'une manière plus naïve l'unité de la patrie? Oui, tous gris, et, le soir, les chapeaux ne l'étaient pas seuls. En l'honneur de la solennité, les quatre-vingt-six départements firent une descente dans le bouchon le plus voisin, et vidèrent quelques flacons à la santé de la République. L'écot fut brillant, et au dessert l'attendrissement ne laissait rien à désirer. Le Rhône se jetait dans les bras de la Loire, l'Aube se confondait avec le Lot, la Charente s'égarait en circuits sans fin, et la Marne avait toutes les peines du monde à regagner son lit.

A la suite des départements en chapeaux gris, vinrent les États de l'Europe en chapeaux noirs. L'Italie, la Pologne, l'Irlande, se succédèrent sous cet emblème. Quoi de plus convenable ? Le noir, c'est le deuil ; tout autre feutre eût été déplacé pour des nations militantes ou vaincues. La tenue péchait néanmoins ; elle était trop bruyante et pas assez recueillie. Évidemment le rôle des États de l'Europe défilant au champ de Mars n'était pas de crier à tue-tête et de se démener à qui mieux mieux. L'Algérie seule était fondée à faire un peu d'embarras ; elle allait fournir à la France une armée et un gouvernement ; c'était là un titre. Cependant elle gardait sous son képi une attitude modeste et pleine de dignité. L'Afrique en remontrait à l'Europe. La leçon était bonne : malheureusement elle fut perdue. Qui se résigne à recevoir des leçons, aujourd'hui ? En donner, à la bonne heure.

Le Luxembourg n'en avait pas le démenti ; on nageait en pleine allégorie. Les souvenirs antiques ou récents étaient dépassés, confondus. La fête de l'Être suprême s'effaçait de l'histoire. On n'avait ici, il est vrai, ni Robespierre en habit bleu barbeau, ni les effigies de l'Athéisme et du Fanatisme foudroyées par le feu du ciel ; mais, en revanche, que d'ornements, que d'emblèmes, que de lanternes, sans compter les vessies ! Deux pyramides, douze statues, quarante grands mâts, seize pavillons couronnés de trépieds, trente-deux piédestaux, puis des faisceaux et des trophées d'armes à profusion, des lions accroupis à chaque pas, des lances chargées de verres de couleur et de papiers huilés, le tout n'ayant jamais servi et pouvant fournir avec succès une deuxième et troisième représentation. Pour retrouver tant de bric-à-brac et tant de mythologie, il fallait remonter bien haut dans le cours des temps, et sous les flots de poussière qui les enveloppaient, plus d'une fois les souverains du Luxembourg prirent l'aspect d'un conseil de demi-dieux siégeant dans la région majestueuse des nuages.

Cependant, les corporations défilaient avec leurs guidons et leurs drapeaux. Chaque métier marchait à part, précédé ou suivi de ce qu'il nommait son chef-d'œuvre. Pour la plupart, ce nom était usurpé. Rien ne sert de flatter les ouvriers; d'ailleurs, assez de gens s'en mêlent. Le caractère général de ces chefs-d'œuvre était le mauvais goût. Les corps d'état avaient tous quelque échantillon de palais, quelque plan d'édifice monumental : ceux-ci un dôme en pierres de taille, ceux-là une colonnade en bois sculpté, d'autres le labyrinthe du jardin des Plantes, d'autres le temple de Salomon. La manufacture des tabacs fournit un cigare monstrueux, la boulangerie une couronne de dimension colossale; les plumassiers eurent un dais et un drapeau formés de plumes tricolores; le fleuristes une corbeille de fleurs artistement disposées. Un char portait des instruments de musique qui remplissait l'air de sons plus ou moins harmonieux. Un autre char offrait des panoplies du moyen âge et quatre guerriers bardés de fer. Puis venaient des baldaquins chargés d'enfants et ornés d'attributs. Des banderoles déployées au vent servaient d'enseignes à ces professions ambulantes. Le bronze y jouait un grand rôle, l'ébénisterie aussi. Les fabricants de perles d'acier déployaient leur marchandise en festons et en guirlandes. Les orfèvres faisaient assaut de ciselures. Les tapissiers mêlaient la soie et l'or dans un divan somptueux. Bref, c'était à qui déploierait devant le public une magnificence plus grande et donnerait une idée plus avantageuse du génie et des ressources de l'État.

L'intention était bonne, l'exécution beaucoup moins. Ce défilé s'opéra avec une lenteur désespérante; la patience des curieux était à bout. Puis ces prodiges du travail gagnaient peu à être vus dans un cadre de poussière. Les bourreliers seuls s'en étaient tirés en gens d'esprit : ils avaient disposé des bâts en trophées et les offraient aux spectateurs. Ce détail fut vivement applaudi. Quant à l'ensemble, l'effet en était pauvre, indigne d'un peuple artiste. Malvina ne pouvait se contenir.

— Camelotte! disait-elle tout haut, pure camelotte! magasin à vingt-cinq sous ! liquidation au rabais ! vente forcée pour cause de faillite ! quarante-quatre mille objets à un franc ! Voyons, faites-vous servir !

— Tais-toi donc, lui dis-je ; tous les yeux sont fixés sur nous !

— Eh bien ! après ? s'écria-t-elle. Il faudra prendre des gants de velours pour leur parler ! Est-ce que je ne les connais pas, Jérôme ? Un tas de marchands de bric à brac qui viennent continuer leur commerce sur le dos de la République. Beaux masques, vraiment ! Comme si on ne les savait pas par cœur ! Et ils appellent cela une fête de l'industrie ! Tous les rossignols de Paris ! J'en bâille, rien que de les voir ! et allez donc, mes petits amours ! Détalez-moi vite, que nous allions dîner. Quel guet-apens !

Il fallut attendre néanmoins. L'intérêt principal de la fête se concentrait sur un objet lointain autour duquel la multitude s'était rassemblée. Depuis quelques minutes cet objet paraissait condamné à l'immobilité, et un sentiment d'inquiétude se peignait sur les visages. Voici de quoi il s'agissait : Fidèle à ses inspirations allégoriques, le Luxembourg avait voulu que l'Agriculture figurât dans son programme à côté de l'Industrie et sur le même rang. Mais comment personnifier cette intéressante Agriculture ? Sous quels emblèmes la produire dans l'enceinte du champ de Mars? C'est ici que le génie des ordonnateurs se donna carrière. L'Agriculture se composa d'un char rempli de produits ruraux et couronné d'un chêne en pleine végétation. Douze chevaux blancs, à harnais pareils, allaient entraîner cet emblème rustique vers l'estrade où siégeaient les amis des champs : tableau digne de Florian et de Gessner !

Le char n'avançait pas, c'est ce qui répandait un peu d'émotion dans la foule. Effondré par l'orage de la veille, le sol avait cédé sous les roues du véhicule, et les efforts des douze chevaux blancs ne suffisaient pas pour le tirer de l'ornière. En sortira-t-il? n'en sortira-t-il pas? Voilà quel fut pendant quarante minutes le problème posé devant le public. 'attelage était vigoureux ; mais la résistance était grande.

Enfin un dernier coup de collier l'emporta ; l'Agriculture fut rendue à la circulation et arriva jusqu'à nous. Les pompes du programme s'y trouvaient pour ainsi dire concentrées. Les choristes de l'Orphéon, les enfants de Paris, les élèves du Conservatoire, entouraient à flots pressés l'échafaudage allégorique ; et à peu de distance suivaient les cinq cents jeunes filles couronnées de chêne et vêtues de lin. Quelque intérêt s'attachait à cet accessoire de la fête. Les feuilles publiques y avaient trouvé matière à des récits indiscrets. On parlait de costumes empruntés à la mythologie la plus stricte.

Hélas ! sur ce point aussi il fallut en rabattre. Au lieu de nymphes, un régiment de pensionnaires, et les déceptions de la réalité au lieu des splendeurs de la fable !

— Bravo ! s'écria Malvina. Voilà qui est bien imaginé ! Des robes jusqu'à la cheville et des guimpes jusqu'au menton ! Vive la République ! Elle a des mœurs, au moins. Simon, Simon, vous êtes volé !

— Je m'en doute, madame Paturot !

— Soyez-en fier, Simon ; vous vivez dans un temps austère. Voyez-moi ces figures ; voyez-moi ces cheveux ; voyez-moi ces pieds ! C'est à se faire ermite.

Cependant les chœurs préludaient ; mille voix s'unissaient dans un même concert. Le jour était à son déclin ; le soleil, descendu à l'horizon, remplissait l'enceinte d'une poussière d'or et colorait de ses derniers feux la cime étincelante des ormeaux. Il régnait dans la nature une sorte de recueillement qui gagnait les esprits et les pénétrait jusqu'à l'extase. Dans ce cadre lumineux, la fête retrouvait ses grandeurs. L'imagination se mettait de la partie ; elle répandait ses prestiges sur ces jeunes filles aux robustes attraits et sur ces mères pourvues de cabas ; elle les tranformait en une légion de séraphins, détachée des théories célestes et prête à reprendre son vol vers les régions de l'azur. Une pluie de bouquets qui couvrit l'estrade termina cet épisode et porta l'enthousiasme au plus haut degré.

Au milieu de ses diversions, la nature ne perdait aucun de ses droits. Depuis une heure, Simon supportait mal le spectacle de la fête. Il ne savait quel maintien garder, se levait et s'asseyait sans motif, et exhalait des bâillements caractéristiques. Rien ne le touchait plus, ni les vierges, ni le chêne ambulant, ni les hymnes qui montaient vers l'empyrée en guise d'encens. L'état de ses nerfs ne lui permettait pas de jouir de ces merveilles. Je cherchais à pénétrer la cause de ce malaise obstiné, quand notre représentant se livra :

— Je n'y tiens plus, dit-il ; mes forces sont à bout. Décidément, c'est un coup monté.

— Comment cela ? lui demandai-je.

— On veut nous réduire par la famine, ajouta-t-il ; c'est clair comme le jour.

— Bah ! lui-dis-je.

— Oui, on nous prend par les vivres : histoire d'avoir bon marché de nous. Quant à moi, je capitule. J'ai l'estomac dans les talons.

Malvina riait comme une folle ; elle offrit au meunier une boîte de pastilles de menthe.

— Représentant, dit-elle, voilà de quoi vous restaurer. Puisez là-dedans à pleines mains. Je suis plus généreuse que votre gouvernement.

Ma femme calomniait les ordonnateurs de la fête ; ils n'avaient pas oublié le chapitre des approvisionnements. Les salons de l'École militaire avaient été transformés en réfectoire officiel. Les pièces froides y abondaient et le champagne n'y manquait pas. Une livrée veillait au service, comme dans les réceptions de l'ancienne cour. La République ne repoussait aucune tradition. A l'aspect de ce luxe et de ces morceaux de choix, l'âme de Simon s'épanouit. Tous ses griefs disparurent, et il s'éleva du sein de ses organes une action de grâces en faveur d'un régime si plein d'attention pour ses élus. La poussière, l'action du soleil, cette suite de déceptions en plein vent, n'étaient plus un souvenir pénible, puisqu'ils aboutissaient à un bon repas. Il fut bon en effet, et Simon le prolongea tant qu'il put aux frais de la République. C'était sa manière de l'honorer. Nous nous y prêtâmes de bonne grâce, Malvina et moi, et quand nous sortîmes de cet asile hospitalier, nos dispositions étaient sensiblement meilleures.

Le spectacle qui nous attendait au dehors ne pût que nous raffermir dans cette situation d'esprit. La nuit était venue, et le champ de Mars se couvrait d'illuminations. Ces trépieds, ces temples improvisés, ces mâts, ces ifs, ces décorations hâtives qui ne supportaient pas l'éclat du jour, se relevaient dans les ténèbres comme autant de foyers étincelants. Les Champs-Élysées offraient surtout un tableau plein de magie. Deux sillons de feu s'élançaient des hauteurs de l'arc de triomphe, et venaient aboutir aux Tuileries. Suspendus au milieu de la chaussée, des lustres immenses, des girandoles colossales changeaient l'avenue en une salle de bal dont les limites se perdaient à l'horizon. Tout était gerbes de lumière et sillons de flamme. L'œil n'en pouvait supporter l'éclat. Les crêtes du monument impérial étaient couronnées par une illumination resplendissante, d'où s'échappaient de temps à autre des bombes colorées et des fusées à pluie d'or. Nous demeurions enchantés de ce spectacle.

— Allons, me dis-je, les choses s'arrangent. Pauvre début et heureuse fin! Dieu veuille qu'il en soit ainsi de la République!

XXX

LES DOULEURS D'UN REPRÉSENTANT.

A quelques jours de là, nous vîmes arriver Simon dans un état digne de pitié. Il poussait des soupirs à ébranler des chênes, et élevait vers le ciel des mains appesanties par la douleur. Cet homme était la proie d'un mal moral; il n'y avait pas à s'y méprendre. Sa constitution de fer en était altérée. Le vermillon de ses joues avait pâli; ses yeux n'avaient plus le même éclat. D'où venait ce brusque changement? Quel coup soudain avait frappé cette organisation vigoureuse? Une telle santé dépérir ainsi! Il fallait que l'atteinte fût rude et le motif sérieux. Les athlètes ne se laissent pas ébranler pour des vétilles.

Malvina voyait ces ravages se développer à vue d'œil, et elle en éprouvait une inquiétude réelle. A diverses reprises, elle avait essayé de pénétrer Simon; il s'était défendu obstinément. On ne pouvait lui arracher aucun aveu, aucune confidence. Cependant le mal empirait; il était temps d'agir. Enfin, dans un dernier effort, ma femme l'emporta. La glace fut rompue, Simon s'ouvrit à elle. Il faut dire que jamais elle n'avait eu tant d'éloquence, tant d'entraînement. Une mère y aurait mis moins d'égards; elle n'eût pas ménagé avec plus de délicatesse cette âme blessée :

— Voyons, Simon, lui disait-elle, à qui se confier, si ce n'est à ses amis? Vous souffrez, cela se voit.

— Oui, madame Paturot, je souffre ; mais à quoi bon en tourmenter le tiers et le quart? C'est sans remède ; personne n'y peut rien.

— Qui le sait? Simon. Qui le sait? Les hommes sont ainsi ! Quand le désespoir les gagne, ils mettent tout au pire. Parions que vous êtes aux prises avec des lubies! Parions !

— Plût au ciel qu'il en fût ainsi, madame Paturot! mais c'est sérieux, voyez-vous, très-sérieux.

— Vraiment, Simon ? Eh bien ! raison de plus pour se confesser. Vous fais-je peur, par hasard ?

— Oh ! non, madame.

— Alors, dégonflez-vous, mon garçon. Ne gardez rien sur le cœur ; c'est malsain. Parlez, qu'avez-vous ?

— J'ai, madame, s'écria Simon vaincu par cet accent de bonté, j'ai que je suis sur les dents, que je n'en puis plus, que je mourrai à la peine, si cela dure ! J'ai que tout s'en va, ma santé, mon sommeil, tout ce qui me rendait si heureux aux champs. J'ai que je suis hors de mon affaire, et que je regrette mon moulin.

— Bah !

— Oui, madame ; et avant huit jours d'ici j'aurai déposé sur l'autel de la patrie ma médaille, mon ruban, mon écharpe et tout ce qui s'ensuit. Voilà ce que j'ai.

— Un instant, Simon, reprit ma femme alarmée ; ne précipitons rien. Point d'enfantillage, s'il vous plaît. Nous avons mis deux mois à faire un représentant ; n'allez pas le défaire en un jour. Pas de ça, mon garçon. Diable ! quelle mouche vous pique ?

— C'est que je n'y tiens plus, c'est que je suis à bout. Madame Paturot, ajouta le meunier d'un ton funèbre : retenez bien ceci, c'est que si je ne quitte pas la partie, j'y laisserai mes os. L'appétit déménage, c'est tout dire.

— Pourquoi le prendre si vivement ?

— C'est plus fort que moi. J'aime à être à ce que je fais. Au moulin, je chargeais un sac sur mes épaules et versais le grain sous les meules. Le coup d'œil m'en plaisait. Je savais que c'était de la besogne bien faite, et pouvais mettre au défi les plus experts. Un travail de conscience, rien ne vaut ça. On boit sec après, et on taille dans le pain à plein couteau. Ajoutez-y un gigot froid et une tranche de jambon, et vous aurez une noce complète. Là, sur le pouce, sans perdre le blutoir de l'œil. L'eau m'en vient à la bouche, rien que d'y penser. Ces repas, madame Paturot, Dieu les bénit ; car ils sont gagnés à la sueur du front. Pour un pain que je mangeais, j'en rendais mille ; voilà comment on paye ses dettes au pays.

— Il y a d'autres manières, Simon.

— C'est la bonne, madame Paturot ; chacun à ce qu'il sait faire. Le moulin, voyez-vous, c'est mon élément. J'y suis général en chef ; j'y commande. Rien ne s'y passe que je ne sois le premier à le voir. Au bruit du taquet, je devine l'état de la mécanique. Je sais ce qui entre et ce qui sort, ce que le grain rend et ce que vaut la mouture. Les savants peuvent venir chez moi ; ils ne m'en remontreront pas. Je les jouerai sous jambe avec leurs livres. C'est un orgueil qui peut s'avouer.

— Un moulin !

— Eh bien, oui, madame Paturot, c'est ma faiblesse ; mais qui n'en a pas ? Depuis que je l'ai quitté, à tout instant il me revient à la mémoire. Il est si propret, si joli, mon moulin !

L'eau qui tombe dans ses augets est si claire! le pré qui l'entoure est si vert ! Et puis, à tout prendre, c'est le plus considérable à dix lieues à la ronde ! L'étampe en est connue sur vingt marchés ! On sait que la besogne s'y fait honnêtement, sans mélange. Dame ! il y a de quoi être fier. La loyauté ne court pas les rues.

— A la bonne heure, Simon, à la bonne heure. Mais qu'est-ce que cela prouve ? Que vous étiez un parfait meunier, n'est-ce pas ?

— Je m'en flatte, madame Paturot.

— Et qu'un parfait meunier ne saurait être autre chose qu'un parfait représentant du peuple ? Il y a des circulaires là-dessus.

— Non, madame, non. Les circulaires n'y peuvent rien. Je suis un détestable représentant ; je le sais, je le vois, et c'est ce qui me mine. On ne se refait pas. On ne peut pas avoir passé toute sa vie dans le son et les recoupes, et apprendre dans vingt-quatre heures la fabrication des lois. Chacun son métier, chacun son industrie. Au début, je ne vous le cache pas, il y avait dans mon fait un peu d'illusion, un peu d'orgueil. — Bah ! me disais-je, après tout, mes collègues n'ont rien de surnaturel. Ce sont des hommes comme moi ; s'ils ont plus d'études, j'ai plus de bon sens ; nous voici à deux de jeu. Que me manque-t-il ? un peu d'habitude, un peu de rubrique ; avec le temps j'acquerrai cela. C'est l'affaire de quelques jours. Il suffit d'y mettre de la patience, de la bonne volonté. J'en aurai. Je ne manquerai pas une séance ; je serai l'exactitude même.

— C'était parfaitement raisonné, Simon.

— Eh bien, madame, il a fallu décompter. Le ciel m'est témoin que je n'y ai épargné ni peine ni soins. J'ai le cœur à la besogne, tout le monde le sait. Personne ne me damerait là-dessus. Je n'ai donc point boudé contre le travail. Toujours le premier entré dans les comités et le dernier sorti. Dans le cours des séances, toujours à mon banc ; jamais à la tabagie, rarement à la buvette. S'il y avait convocation dans les bureaux, j'arrivais une heure avant les autres. Enfin, j'étais un exemple vivant de ponctualité. J'en donnais à la patrie pour ses cinq écus : personne ne lui faisait meilleure mesure. Et une fois en besogne, il fallait me voir ! Tout yeux, tout oreilles, madame. Je ne perdais ni un geste ni un mot. Dieu ! que de discours j'ai entendus, et avec quelle conscience ! Les orateurs des comités avaient en moi un précieux client. Et le soir, quand l'Assemblée nous laissait libres, au lieu d'aller chercher au dehors quelques distractions, j'allais m'enfermer scrupuleusement dans les réunions volontaires, pour y entendre les harangues de rebut et les tribuns à l'essai. Voici un mois que je suis à ce régime.

— Infortuné Simon ! Et il vous a profité du moins ?

— Comme vous voyez, madame Paturot ; je m'en vais à rien. Un pain de beurre ne se réduit pas plus vite au soleil. Cela se conçoit. J'ai grandi dans l'atmosphère de nos montagnes ; j'y respirais librement et à pleins poumons. La brise qui passait sur les lavandes et sur les thyms m'en apportait le parfum. J'ai vécu ainsi trente ans. Aujourd'hui tout change. A huit cents que nous sommes, on nous enferme dans un espace étroit, où l'air manque à nos poitrines. Toujours parqués, toujours claquemurés !

— En effet, mon garçon, ce n'est pas le plus gai de votre histoire. Que voulez-vous ? Tout honneur se paye.

— Et les bras ! il faut voir comme ils s'insurgent ! Oisifs, eux qui abattaient tant de besogne ! Là-bas, madame, quand j'avais, dans le cours de ma journée, chargé soixante sacs, les muscles avaient leur compte et me laissaient en repos. J'allais me coucher là-dessus et dormais, Dieu sait de quel sommeil ! Ici rien, rien. Ce n'est plus le corps, c'est la tête qui travaille. Les mains dans les poches et la cervelle aux champs. Aussi quel déchet dans ma manière d'être ! Adieu les nuits du moulin ! Adieu mes bons sommes, et aussi mes bons repas !

— Je vous crois, Simon, dit Malvina d'une voix compatissante ; mais au moins votre éducation parlementaire s'achève. C'est naturel ! Avec le mal que vous y prenez !

— Eh bien, non, madame Paturot, non, et c'est surtout ce

qui me dépite. Je vous parle sincèrement et à cœur ouvert. Non, je n'avance pas, je n'aboutis pas. Le temps, la peine n'y font rien. Mon exactitude même tourne contre moi. Plus je vais, moins je saisis. A qui la faute ? Je l'ignore. A un manque d'études probablement. On n'entre pas de plainpied dans ces mécaniques-là. Puis on nous accable : le matin, à midi, le soir, à toute heure. Comment voulez-vous que la tête y résiste ? C'est à s'y abrutir. Jugez-en plutôt.

— Voyons.

— Le matin à neuf heures, comité. Je m'y rends. Il y est question, je suppose, de terrains communaux et de vaine pâture. Je suis tout oreilles ; le débat s'engage : neuf orateurs sont entendus. Celui-ci voit les choses dans un sens, celui-là dans un autre. C'est bien ; je cherche où est le vrai. Un troisième parleur arrive qui n'adopte l'avis d'aucun des préopinants, et à son tour expose son système. Là-dessus grand conflit. En fait de systèmes, personne n'est à court ; chacun a le sien. Les opinions se succèdent, les combinaisons aussi, tellement qu'après deux heures de séance les choses sont moins nettes qu'au début. Je sors de là, l'esprit obsédé et sans savoir à quel parti m'arrêter. Le plus clair, c'est une migraine qui se déclare. Jugez donc : neuf discours !

— Il y a de quoi !

— Nous ne sommes qu'au début, madame Paturot. A onze heures, convocation dans les bureaux. J'y cours : personne n'y met plus de conscience que moi. Il s'agit du sort de l'ouvrier. On veut en faire un seigneur, l'associer au patron, lui fournir à perpétuité le couvert et le logement. Vous devinez si j'en suis. L'ouvrier c'est mon frère. J'écoute donc, disposé à tout faire pour lui. Les orateurs ne manquent pas ; ils se prodiguent en témoignages de sympathie ; ils en ont la bouche pleine. — Bien, me dis-je, l'ouvrier ne pâtira point faute d'avocats. Sa cause est gagnée. Il ne lui reste plus qu'à remercier ses bienfaiteurs. Hélas ! c'est compter sans les vanités d'auteur. Dès qu'il s'agit d'adopter un plan, chacun veut faire prévaloir le sien. Qui dit blanc, qui dit noir ; d'autres disent blanc et noir à la fois. L'effet est manqué, si l'on n'adopte pas ma recette ! s'écrie l'un. Je ne réponds de rien, si mon idée ne passe pas, répond l'autre. Tous s'obstinent à secourir l'ouvrier à leur manière, excluant celle du voisin. Il faut cependant choisir un membre pour la commission. Lequel prendre ? J'en ai l'esprit troublé. — Nommez monsieur un tel, me dit à l'oreille un de mes collègues du bureau. — Monsieur un tel ? — Oui. — Et pourquoi ? — Parce que. — Mais encore ? — Parce que c'est convenu ; il se porte et on le porte. — Ah ! — Et n'omettez pas le prénom ; ils sont deux dans l'Assemblée. — Le prénom ? — C'est de rigueur ; mais tenez, voici qui vous épargnera toute peine. Prenez. — Quoi donc ? — Un bulletin tout fait. Mon interlocuteur me glisse l'objet dans la main, sans que je songe à m'en défendre. Que faire ? Le temps presse ; autour de moi chacun s'est exécuté. Je dépose mon bulletin machinalement et sans même savoir quel nom il porte. Voilà comment je me prononce en faveur de l'ouvrier. Total sept discours et un vote, sans compter ma migraine, qui empire à chaque instant.

— Pauvre garçon !

— Attendez, madame Paturot. A une heure séance publique : me voici à mon banc comme un martyr. Il s'agit d'une loi de finances ; les grands orateurs doivent s'en mêler. Je retiens mon souffle afin de ne pas perdre un mot. La discussion s'ouvre, et pendant six heures il n'est question que d'amortissement et de bons du Trésor, de dette fondée et de dette flottante, de centimes additionnels et d'impôt mobilier. A vous ouvrir mon âme, tout cela glisse sur moi comme l'eau sur la toile cirée. Mon attention se lasse, et peu à peu je n'éprouve qu'un besoin, celui de prendre ma revanche d'une suite d'insomnies. Cependant il faut voter, et le ciel m'est témoin que je sais à peine sur quoi. Je prends un parti décisif. Dans les mouvements du voisin règne une précision qui témoigne d'une conviction arrêtée : je me décide à l'imiter en tout point. Debout avec lui, assis avec lui, on dirait que le même ressort nous fait mouvoir. Désormais j'ai l'esprit en repos ; ma responsabilité s'efface. C'est ainsi que la séance s'écoule entre vingt votes et onze discours. On ne guérit pas une migraine à ce jeu : aussi la mienne est-elle au comble quand on nous donne congé.

— Enfin, je respire! vous voilà quitte, Simon.

— Pas encore, madame. Il y a rendez-vous pris pour le soir. Une question importante, celle des clubs, est à l'ordre du jour; il s'agit de s'entendre, de se concerter avant le scrutin. Un local a été désigné; une tribune libre s'y élève. C'est l'Assemblée au petit pied. A huit heures je suis là; les affiliés arrivent, le bureau se garnit. Il y a le président, il y a la sonnette, il y a les verres d'eau. Rien n'y manque, pas même les discours. J'en essuie encore cinq; mais c'est mon coup de grâce. A onze heures je quitte la place, rendu, exténué, mourant. C'est à peine s'il me reste la force de gagner mon lit.

— Je comprends cela. La journée est rude.

— Et, pour comble d'ironie, il me semble, au réveil, entendre le taquet de mon moulin et les chants des fauvettes qui nichent dans mes peupliers. L'illusion, hélas! n'est pas longue. Le moulin est loin, et les fauvettes aussi. Le jour qui se lève sera semblable au jour écoulé et à celui qui suivra. Comité, bureau, séance publique, réunion du soir, voilà ma perspective. Trente discours, voilà ma ration. Trente par jour, c'est-à-dire huit cents par mois. Quel tempérament y résisterait? N'est-ce pas qu'il vaudrait mieux n'avoir jamais perdu de vue les gazons de mon pré et les cimes de nos montagnes?

— Je ne vous accorde pas cela, Simon, répliqua vivement ma femme; non, je ne vous l'accorde pas. Vous cédez trop vite au découragement. Quel métier n'a pas ses peines? Trouvez-en un où l'on n'éprouve pas quelques ennuis! Il faut voir le chapitre des compensations. Et la position! Et les grandeurs! Et la gloire d'être représentant du peuple! comptez-vous cela pour rien?

— J'en suis bien revenu, madame Paturot. Ne souriez pas ainsi, j'en suis revenu. Au premier moment, je ne dis pas. Être souverain, il y a de quoi s'enorgueillir. Cette idée chatouille doucement le cœur. La tenue s'en ressent. On éprouve le besoin de porter la tête autrement que d'habitude, d'avancer le pied avec plus de majesté. On se donne des airs assortis à l'emploi. C'est une faiblesse ; elle dure peu.

— Et pourquoi, mon garçon ? Quand vous poseriez indéfiniment, voyez le mal.

— Ne raillons pas, madame Paturot, reprit le meunier d'un ton mélancolique ; j'ai besoin de ménagements. Vous me retourneriez de cent façons, que ce serait la même chose. Le mal du pays me travaille ; il faut que notre vie sédentaire soit cause de cela. Il me semble que j'étouffe et que le souffle va me manquer. Vous le voyez, c'est une idée fixe ; rien ne saurait m'en guérir. J'ai beau la chasser, elle revient, elle m'obsède. Ainsi, plaignez-moi, madame, mais, je vous le répète, ne me raillez pas.

Ces paroles furent prononcées avec un accent si plaintif, que Malvina en fut touchée.

— Simon, dit-elle, il faut vous distraire ; il le faut.

— Est-ce possible ? répondit-il. Est-ce qu'un représentant s'appartient ? Est-ce qu'il peut disposer de lui-même ? Quand il n'est pas aux affaires de l'État, il est aux affaires des particuliers. Je vous ai parlé des discours et j'oubliais les importuns. Une plaie vaut l'autre.

— On ferme sa porte, Simon.

— Bah ! Ils sont là dès le matin, ils s'informent des habitudes du représentant, savent à quelle heure il se lève, où il prend ses repas, quel chemin il suit et quelles réunions il fréquente. Ils relanceraient un homme en plein bois, comme si c'était un daim ou un cerf. Les solliciteurs, madame Paturot ! Vous ne les connaissez donc pas ?

— Mieux que vous, Simon ! La race des Michonneau ! J'ai vu cela de près.

— Ils tiennent de l'épagneul pour l'odorat et du limier pour les jambes. Le gibier a beau faire, il ne leur échappe jamais.

— Alors vous capitulez ?

— Il le faut bien. A peine suis-je sur pied que le défilé commence. Ces gens-là ne dorment que d'un œil. Au petit jour, ils sont chez vous.

— Comme c'est ça! comme c'est ça! Toujours les mêmes.

— Et ils nous assiégent du matin au soir ; et ils nous poursuivent jusqu'à l'Assemblée. Quand nous croyons en être quittes, un billet nous avertit qu'ils sont à la grille du palais et se réclament de nous. Il faut alors quitter la salle et aller nu-tête les recevoir, les faire entrer. Nous sommes à eux à toute heure, à tout instant. Bon gré, mal gré, ils nous mettent de moitié dans leurs petites intrigues, dans leurs petites passions. Et vous ne voulez pas que j'en aie assez de cette servitude et de ces tourments? Et vous ne voulez pas que je regrette ma vie du moulin où j'avais de l'air à souhait et de l'appétit à en revendre? Vos honneurs, madame Paturot, j'en fais le cas qu'il convient. Je sais ce qu'ils rendent et ce qu'ils coûtent. J'ai eu mon vertige ; il est passé. J'y renonce désormais, j'y renonce.

— Mais non, mais non, reprit Malvina se piquant au jeu. Vous ne commettrez pas un enfantillage pareil. Ça ne rime à rien ; vous ne le ferez pas, vous dis-je.

— Je le ferai, répliqua le meunier d'un air décidé.

— Vraiment, dit ma femme poussée à bout, vous iriez jusque-là, Simon, malgré mes conseils?

— Malgré vos conseils.

— C'est qu'il y a une question d'argent là-dessous. Il s'agit d'un joli denier, réfléchissez-y.

— Fi donc, madame Paturot!

— Je le sais, Simon, je l'ai toujours dit ; vous êtes au-dessus de cela. Ce n'est pourtant point à dédaigner! Cinq piastres par vingt-quatre heures !

— Assez, de grâce!

— Eh bien, soit ! n'en parlons plus ! Pure affaire d'intérêt ! Vous traitez les choses en Romain.

— Mes intérêts! mes intérêts, madame Paturot! Tenez, j'aime mieux tout vous dire. La confession est commencée ; rien ne sert de la laisser en chemin. Mes intérêts! Ah ! vous croyez qu'ils reposent dans les libéralités de la patrie ; vous croyez que je fais ma fortune, que je me couvre d'or ; eh bien ! écoutez-moi.

XXXI

LES DROITS DU CITOYEN.

En achevant ces mots, Simon porta la main vers l'une des poches de son habit, et en retira une lettre qui, à en juger par l'usure, semblait y avoir fait un long séjour. C'était un interminable morceau de papier, orné de quelques arabesques à la plume. Il l'examina d'un œil soucieux, le déploya lentement, comme s'il eût contenu sa sentence, et le remit à Malvina après avoir exhalé un soupir :

— Lisez, madame, lui dit-il ; ceci explique tout.

Ma femme s'empara du manuscrit ; sa curiosité était vivement piquée. Les ornements qui en décoraient le frontispice trahissaient la main d'où ils sortaient : c'était celle d'un magister du pays, fort connu par des fantaisies de ce genre. L'écriture en était fine et serrée ; il fallait quelque attention pour en déchiffrer les caractères.

— Il faut vous dire, ajouta-le meunier, qu'avant de quitter le moulin j'ai dû régler mes affaires. Absent ou présent, la mécanique devait marcher. J'avais un bail ; pas moyen de le rompre. Et puis, à parler franchement, je ne le voulais pas ; je sentais qu'un jour je serais trop heureux de retrouver mes meules et mon blutoir. J'ai donc pris un remplaçant, un enfant du métier, un homme en qui j'avais toute confiance. Il avait été dix ans mon premier garçon ; il connaissait le travail comme moi. Un sujet parfait, madame ; jamais il ne m'avait donné un motif de plainte. Au moment de partir, c'est à lui que je m'adressai : — Gaspard, lui dis-je, me voici bientôt loin ; te sens-tu capable de faire marcher les choses ? — Comme sur des roulettes, maître Simon. — Rien ne pâtira, tu me le promets ? — Rien de rien. — Tu auras soin du client ? — Comme de mes yeux. — Tu veilleras à l'honneur de l'étampe ? — Soyez tranquille. — Tu feras la police de l'établissement ? — Comme si vous y étiez. — Et surtout, Gaspard, pas de coulage; c'est de ce côté que les moulins s'en vont. — N'ayez pas peur, maître Simon; j'y veillerai. — Eh bien, mon fils, à partir d'aujourd'hui, c'est toi qui es le chef ici : commande, ordonne, je te passe tous mes pouvoirs. Et comme il est juste que tu aies un profit, je te double ta paye. A ces mots, madame, il eût fallu voir la joie de ce garçon : il ne tarissait plus en remercîments, il m'appelait son bienfaiteur, il me comblait, il m'accablait. — Bon, me dis-je, le moulin est en bonnes mains; les choses iront comme si j'étais là. C'est sur cette confiance que je partis.

— Et puis?

— Le diable s'en est mêlé, et je n'y reconnais plus rien. Il est à croire que le commandement a tourné la tête à Gaspard; ce n'est plus le même homme; on me l'a changé. Évidemment, rien n'est en ordre là-bas; on m'y fait des sottises. Lisez, madame Paturot, lisez; vous allez voir quel genre se donnent les garçons de moulin. On l'a aidé, c'est évident; c'est ce cuistre du marché Neuf qui lui a fait sa lettre. Ses épaules payeront cela quelque jour. Lisez; rien de plus curieux.

Rien de plus curieux, en effet. La tête de l'épître portait, dessinés au trait, les faisceaux de la République, et, dans des médaillons ménagés avec art, on lisait les trois mots : *Liberté, Égalité, Fraternité*. Puis venait ce qui suit :

LE CITOYEN GASPARD, INDUSTRIEL,

AU CITOYEN SIMON, REPRÉSENTANT DU PEUPLE.

« Citoyen,

« Avant ton départ d'ici, tu m'as chargé de gérer tes affaires et de conduire ton moulin. Les mortels se doivent une mutuelle assistance; Jean-Jacques l'a dit quelque part. J'ai donc accepté. La civilisation ordonne d'aller au secours de ses semblables : c'est ce qui nous distingue des brutes.

« Tu me connais, citoyen, tu sais de quoi je suis capable;

tu as pu me juger, quand je suivais, sous tes yeux, le chemin pénible du salariat : c'est te dire que j'ai continué mon service avec le même zèle. Ma nature est d'être dévoué : je suis du peuple, et le peuple a cette vertu : il est dévoué ! J'ai donc fait la besogne du moulin en toute conscience. La mécanique a marché ; les sacs se sont emplis comme si tu avais été présent ; le travail est en pleine activité ; la clientèle est toujours la même. Deux cents sacs la semaine dernière, cent cinquante celle-ci, tu vois que le roulement est bon. Si les eaux n'étaient pas basses, nous irions plus loin ; mais les eaux sont basses, et l'homme, si dévoué qu'il soit, ne peut commander à la nature. Jean-Jacques l'a dit quelque part.

« Cependant il est de mon devoir, citoyen, de t'entretenir de diverses circonstances qui exercent une influence sur le travail du moulin. L'être qui vit sous le joug humiliant du salariat en est réduit à cette condition : il relève de son semblable ; il a des comptes à rendre. C'est pénible, mais c'est ainsi. La loi de l'avenir est encore à trouver. Je me soumets, tout en exprimant des réserves.

« Depuis février le peuple est souverain, et il exerce en plein sa souveraineté. Il est ton maître comme il est le nôtre, citoyen. Mais on n'est pas souverain, on n'use pas de la souveraineté sans y consacrer quelques heures.

Aussi, en toute occasion nos garçons se rendent-ils à l'appel de la patrie avec une ardeur qui fait plaisir. Le moulin chôme ce jour-là et la mécanique s'arrête ; il faut en faire son deuil.

La première journée a eu lieu pour l'élection des représentants. Tu y étais, citoyen, tu en sais quelque chose. Les enfants du peuple t'avaient adopté ; tu es leur produit, tu es leur œuvre. Ne va pas l'oublier, représentant, ne donne pas de démenti à ton origine. Le peuple veille sur toi ; il te suit de l'œil. Tu es fils de la balle, comme a dit Jean-Jacques ; sois-le toujours, autrement il en pourrait mésarriver. Le peuple est confiant, mais il est terrible. Enfin, passons. Pour une élection comme celle-là, il est évident que nos garçons devaient avoir congé. Ils ont pris trois jours pleins, c'était bien le moins. Un représentant et un homme du métier, quoi de plus naturel? La mécanique aurait enrayé une semaine que je n'en eusse pas été surpris. Ils se sont contentés de trois jours, c'est de la discrétion. Va donc pour trois jours, trois jours de moins sur le travail, sans compter qu'on se rouille un peu à chômer. Conclusion, citoyen, le moulin aura cela de moins.

« Autant de pris sur la mouture.

« Passons. Le hasard veut que, dans notre département, il y ait un représentant nommé en double. Cela s'est vu. Il y a vacance, il faut aviser. Tu comprends, citoyen, qu'on ne pouvait moins faire cette fois que l'autre; c'eût été humilier le nouvel élu. Les garçons ont donc pris la clef des champs pour deux jours encore. Deux jours, c'est un de gagné. Il est vrai qu'ils sont rentrés au moulin en assez mauvais état. Les amis de l'élu s'étaient montrés prodigues sur le chapitre des boissons. Bref, la mécanique s'est arrêtée de nouveau; il le fallait, comme dit Jean-Jacques. Somme toute, citoyen, deux jours à défalquer; le déchet est clair.

« Autant de pris sur la mouture.

« Maintenant voici la garde nationale ; il s'agit de lui donner des chefs. En fait de droits imprescriptibles, ceux-ci figurent en première ligne. Conférer l'épaulette, est-il rien de plus beau? D'ailleurs nos garçons étaient tous candidats ; les plus modestes aspiraient aux galons de sergent. Je te le demande, citoyen, pouvaient-ils moins faire pour la patrie? Je les ai donc encouragés dans leur dessein. Le moulin s'en est bien un peu ressenti. On ne garnit pas les cadres en un jour. Il y a le chef de bataillon; il y a les capitaines et les porte-drapeaux ; il y a les lieutenants et les sous-lieutenants, puis la série des grades inférieurs. Tout cela prend du temps : une semaine y a à peine suffi. Mais le moulin a eu les honneurs de l'élection : cinq caporaux et trois fourriers, voilà sa part, et elle est belle. Il est vrai qu'il en coûtera quelque chose ; mais qu'est-ce au prix du renom que l'établissement se fait? On le cite dans le pays comme un foyer de civisme. La gloire en remonte jusqu'à toi, citoyen. En attendant il faut s'y résigner.

« Autant de pris sur la mouture.

« Ce n'est que le début, une manière de se préparer la main. D'autres droits imprescriptibles nous attendent. Par exemple, les conseils municipaux vont s'organiser. Tu comprends, citoyen, que le moulin ne peut pas demeurer indifférent à cette institution. Il est essentiel que nos garçons s'en mêlent ; autrement rien ne marcherait. Si nous pouvions y enlever une écharpe, ce serait un acte d'éclat. Le moulin est souverain ; il faut qu'il le fasse voir. A lui le pompon, comme dit Jean-Jacques. Ce sera encore quelques jours de perdus, mais la République nous en tiendra compte. Conclusion :

« Autant de pris sur la mouture.

« Après les conseils municipaux, voici les conseils généraux. Tu comprends, citoyen, que nos garçons ne peuvent pas laisser passer des conseils quelconques sans dire leur mot. Et pour surcroît, ceux-ci sont généraux. Il va de soi que nous userons de nos droits imprescriptibles. Il importe que tous les pouvoirs de la République comptent avec le moulin : il en coûtera ce qu'il en coûtera. Les meuniers ne sont pas à cela près ; ils ne lésinent pas avec la patrie. Trois, quatre jours, tout ce qu'il faudra.

« Autant de pris sur la mouture.

« Et les conseils d'arrondissement, peut-on les négliger? Et les conseils de prud'hommes, qui oserait s'y montrer insensible ? Les prud'hommes sont au moulin ce que l'eau est à la mécanique. Nos garçons me l'ont déclaré ; ils éprouvent le besoin impérieux d'avoir d'excellents prud'hommes. Ils éprouvent surtout le désir de l'être. Pour obtenir bonne justice, rien n'est tel que de se la rendre soi-même ; on s'épargne ainsi une foule de désagréments. Je ne dis pas qu'une fois prud'hommes nos garçons n'en usent contre toi, citoyen; mais que veux-tu? c'est leur droit, et il est imprescriptible. Ils iront donc à l'élection, tu peux y compter ; ils y jetteront feu et flamme ; et je crains bien qu'ils ne rentrent pas tous intacts. Enfin arrive que pourra : après la bataille nous ramasserons nos blessés. Le malheur, c'est que tout ce qui s'en ira en brocs de vin sera autant d'enlevé à la pitance de la famille. Patience! on n'élit pas éternellement des prud'hommes, et d'ailleurs le moulin viendra au secours des malheureux. N'empêche qu'il aura encore souffert de cette oisiveté. Et de sept !

« Autant de pris sur la mouture.

« La patrie ne nous tient pas quittes encore, citoyen ; elle est prodigue de droits de plus en plus imprescriptibles. Ainsi il y aura à élire des tribunaux de commerce, des chambres de commerce : il se peut que nos garçons aient quelque chose à y voir. Si on les évince, ils protesteront. Mais là où le moulin brillera de tout son éclat, c'est pour l'élection du président de la République. Oh ! à ce moment le temps d'arrêt sera illimité ; on pourra mettre la mécanique sous la remise. Un président ! Nos garçons n'entendent pas raillerie à ce sujet : la chose ne peut pas se passer sans eux. Ils demandent un être de leur choix, un mortel parfait de la tête aux pieds. Un président! Ils mangeront les semelles de leurs sabots plutôt que de faire une nomination indigne de la patrie. Ils prétendent tout savoir du candidat, les faits et gestes privés. Ils les veulent sans défaut et sans tare. Ah ! mais oui, c'est ainsi. La fleur des pois, comme dit Jean-Jacques. Tu comprends, citoyen, que cette disposition d'esprit n'est guère favorable au travail. Le moulin peut s'en enorgueillir, mais ce qu'il trouve du côté de l'honneur, il le perd du côté du profit. Encore un peu de résignation : un président de la République vaut bien cela ; la nature n'en produit pas tous les jours. D'ailleurs l'habitude est prise ; il ne s'agit que d'un sacrifice de plus.

« Autant de pris sur la mouture.

« Maintenant, citoyen, récapitulons. Président, représentants, garde nationale, conseils municipaux, conseils généraux, conseils d'arrondissement, conseils de prud'hommes, tribunaux de commerce, chambres de commerce, sans compter le jury et les factions hors de tour, quelle perspective pour nos garçons ! Tout cela à élire ! Tous droits reconnus et imprescriptibles ! On ne peut plus leur en arracher un seul ! Sans compter qu'il y a parmi eux des caporaux, des fourriers, des prud'hommes, des conseillers municipaux. Le moulin prend un bien beau rang dans le monde ; il marche à bien grands pas dans la carrière des honneurs. Une chose commence pourtant à m'inquiéter, c'est de savoir où nos gens trouveront le temps de monter les sacs et de charger les charrettes. Le cas est grave ; il appelle l'attention. La patrie paye en gloire, c'est peu substantiel. Qui payera en argent ou en vivres ? Évidemment le moulin. C'est toi que ce soin regarde, citoyen ; il faut encore s'alléger de cela. Le mieux est de s'exécuter sur-le-champ. Tes moyens te le permettent.

« C'est le cas de te dire que la question est ici à l'ordre du jour. Nous avons un club où l'on agite tous les soirs le problème du salariat. Nos garçons ne manquent pas une séance ; ils s'y abreuvent du sentiment de leurs droits. Les droits de l'homme, c'est le mot de Jean-Jacques. Je dois ajouter, citoyen, que le salariat soulève dans le club une opposition formidable : je pourrais même dire qu'il réunit contre lui l'unanimité. Le club s'accorde à y voir un legs de la féodalité et une forme évidente de l'esclavage. Il a déclaré avant-hier de la manière la plus solennelle que l'avenir n'appartient pas au salariat. C'est un acte qui ne manque pas de gravité. Nos garçons de moulin l'ont pris au pied de la lettre, et leurs propos ne présagent rien de bon. Ils se demandent, citoyen, pourquoi tu ne les associes pas à tes profits et ce que tu fais des trésors que tu amasses. On ne comprend pas que toi, homme du peuple, au lieu de convier tes frères au partage de tes biens, tu les enfouisses comme ferait un aristocrate ou un financier. Voilà ce qui se répète dans tous les étages du moulin. On ajoute qu'il serait d'un bon exemple d'abolir le salariat dans ton établissement, et d'y donner le spectacle de meuniers puisant au même broc et mangeant à la même gamelle. Il y aurait là un noble mouvement, une grande pensée. Le club t'invite à y réfléchir ; il est prêt à te voter des palmes civiques.

« Cette détermination aurait en outre le mérite de t'épargner d'autres embarras. En effet, citoyen, le club a voulu s'assurer par lui-même du régime qui prévaut dans le moulin.

Il a entendu les ouvriers, recueilli les griefs et suivi une sorte d'enquête. Le résultat en est des plus fâcheux. On sait maintenant que tu opprimes tes garçons, que tu les traites comme des nègres de Guinée, que tu les exploites sans pitié et que tu abuses odieusement de leurs forces. Voilà ce qu'on sait et ce qu'on dit. Chez toi, le travail ne discontinue jamais; ni de jour ni de nuit il n'y a de repos pour tes gens. C'est la torture du salariat, portée à sa dernière expression. On raconte des choses incroyables là-dessus, on cite des détails à donner le frisson. Des enfants de dix ans, travaillant vingt-cinq heures sur vingt-quatre, conduits avec un nerf de bœuf, et, pour comble d'horreur, privés de nourriture. Les cheveux se dressent sur la tête, rien que d'y penser. On parle encore de règlements d'une injustice révoltante, de retenues exercées sur leurs salaires, enfin d'une foule d'abus qui appellent sur toi des représailles vengeresses. Jean-Jacques l'a dit : la peine arrive en boitant.

« Le club a déclaré qu'il ne tolérerait pas plus longtemps un pareil état de choses. C'est un abus des forces humaines ; c'est une abominable exploitation de l'homme par l'homme. Son devoir est de s'y opposer. Il s'occupe de tracer un projet d'arrangement, et si tu n'y acquiesces pas, citoyen, tu seras mis en interdit, toi, ta personne, ton moulin, tes richesses connues et tes trésors cachés. La plus simple réflexion indique que le club est dans son droit. Un homme ne peut pas disposer à son gré des bras et des sueurs de ses semblables. Ce qui s'est fait est de pure tolérance et ne préjuge rien. Le salariat est un principe faux ; tout ce qui en découle doit être faux également. Le club avisera donc. Il dira quel service tu peux exiger de tes gens et réglera la durée et les conditions du travail. Déjà il a adopté un point de départ qui me semble très-fécond. Il a décidé, pour n'y plus revenir, que les garçons travailleraient deux heures de moins et gagneraient un franc de plus. Cette mesure a été accueillie avec un enthousiasme général. Le club s'est étonné que tu ne l'aies pas prise spontanément et de toi-même. C'était pourtant une idée bien simple, citoyen, et qui t'eût épargné une infinité d'ennuis.

« Il est encore une chose dont le club a fait justice sans hésitation. Tu as un règlement dans ton moulin ; tu imposes des amendes. De quel droit? Je cherche en vain les auteurs sur lesquels tu peux t'appuyer. L'homme sort des mains de Dieu! s'écrie Jean-Jacques. Est-ce là-dessus, citoyen, que tu fondes ta prétention? Le mot au contraire te condamnerait. Quoi! un homme comme toi, un homme ton égal, fait à l'image du Créateur, te sacrifie son temps, ses soins, ses bras, ses sueurs; il te livre, il t'abandonne tout, sans rien exclure, sans rien retenir, et toi, tu spéculeras sur cet homme, ton égal, ton semblable? Tu lui rogneras sa ration, tu le réduiras à la part du bon plaisir? Le club n'a pas eu des mots assez durs pour flétrir cet arbitraire comme il le mérite. C'est un instrument de despotisme qu'on arrache de tes mains. C'est le fouet appliqué à la race blanche. Tu n'en useras plus désormais, citoyen ; le club te le défend. Plus d'amendes, plus de retenues; intégralité absolue et illimitée du salaire.

« De cette façon, citoyen, le moulin sera régénéré. Il sera cité, dans toute l'étendue de la France, comme une usine modèle. On fera mille lieues pour le venir voir; les étrangers en tireront le plan pour le proposer à l'admiration de l'Europe. Vois quel éclat il doit en rejaillir sur ton nom! Prépare-toi à recueillir, de tous les points du globe, des hymnes de louange! Que serait-ce, si tu pouvais y joindre un système de soupes économiques à l'usage des garçons de moulin! Oh! alors, il n'y aurait plus de bornes à l'enthousiasme universel. Pour couronner l'œuvre, il ne manquerait que de compléter la réforme par l'abolition du salariat. Ce serait l'attique du monument et l'embryon de l'industrie future. Un moulin d'associés! L'exemple ferait du chemin ; il aurait une vertu contagieuse. Égalité de parts, égalité de droits, toujours imprescriptibles! Combinaison idéale! Le cœur s'exalte, rien que d'y penser.

« Citoyen, citoyen, il y a là un beau rôle; le laisseras-tu échapper? Tu serais porté sur le pavois et on te couronnerait de feuilles de chêne: récompense glorieuse et digne de l'antiquité! En attendant les garçons de moulin sont aux champs quand il y a élections, et le club parle d'exécuter d'autorité le règlement qu'il t'impose. Il n'y a donc point de temps à perdre ; il convient de se décider. Quant à moi, citoyen, je ne te cache pas que je supporte avec peine le régime du salariat. Au fait, est-ce juste? Tu te promènes à Paris, les mains dans les goussets, et c'est moi qui ai tout le mal. Si ce n'est point là l'exploitation de l'homme par l'homme, c'est que rien ne mérite ce mot. En remontant dans le cours des âges, on trouverait difficilement un abus plus caractérisé et une oppression plus évidente du travailleur par le capitaliste oisif. Comme fait, je pourrais supporter cette situation ; je ne le puis pas comme principe. Ainsi, pour mille motifs, il faut prendre un parti et mettre le moulin sur un autre pied. Les droits en raison des besoins, comme a dit Jean-Jacques. C'est la devise du club, et c'est également mon dernier mot.

Salut et fraternité,

GASPARD, *premier garçon de moulin.*

(Ne sachant pas écrire, a fait sa croix.)

      ✝

Pendant que dura cette lecture Simon ne fit pas un geste, pas un mouvement : il garda l'immobilité d'une statue. Seulement on pouvait deviner qu'une rage sourde couvait dans son cœur et qu'il en contenait à peine les élans.

— Eh bien, madame Paturot! s'écria-t-il quand ma femme eut achevé.

— Singulière lettre, dit-elle. Un garçon de moulin écrire ainsi !

— Ce n'est pas lui, madame! c'est ce cuistre du Marché neuf ! Avec quelle satisfaction je lui caresserai les côtes ! Maudit instituteur primaire! Un pédant! Un chien de cour qui s'est fait président de club et qui tourne la tête à mes garçons.

— Et ils l'écoutent ?

— Ils écouteraient Lucifer ! Vous ne savez donc pas ce que

c'est que des garçons de moulin ? De bons diables, mais qu'il faut mener avec des bourrades; piochant dur, pourvu que le maître soit là. Au demeurant, d'assez pauvres cervelles : voilà mes gens ; comment voulez-vous qu'ils se défendent? Le vieux jacobin les aura retournés à sa façon. C'est si simple, un garçon de moulin ! Tant il y a que le feu est aux étoupes.

— En effet.

— Vous convenez donc qu'il est temps que je parte! L'aveu est bon à recueillir.

— Mais non, Simon, rien ne presse ! Nous pouvons arranger cela d'ici. On vous aura exagéré les choses. Attendez encore.

— Attendre ! pour que la situation empire! Vous ne savez pas ce que c'est qu'une usine, madame Paturot ! puis, voyons plus loin, songeons à l'avenir. Vous me portez quelque intérêt, n'est-ce pas?

— En pouvez-vous douter, Simon?

— Eh bien ! raisonnons de sang-froid. On a élu de pauvres ignorants comme nous pour une fois seulement.

— Quelle supposition !

— Pour une fois, croyez-le, et rien de plus. Nous sommes tombés du ciel dans un jour de tempête : de pareils phénomènes n'arrivent pas tous les jours. On nous renverra donc les uns à nos champs, les autres à nos métiers; moi, on me rendra à mon moulin. Si c'était demain, l'inconvénient ne serait pas grand : je ne suis pas rouillé encore, et je me remettrais sans peine au travail. Au bout de huit jours il n'y paraîtrait plus : le passé s'effacerait, et je redeviendrais Simon comme devant.

— Quel philosophe vous faites, mon garçon !

— Ainsi, en prenant mon congé demain, peu de dommage ; mais qu'on me le donne dans deux ans, et tout change. Pendant ces deux ans, j'aurais vécu de la vie du bourgeois et non de celle de l'ouvrier; j'aurais porté le frac noir, dîné au restaurant, accoutumé mes bras à l'inaction ; et au bout de ce temps, il me faudrait reprendre le harnais et demander à mes muscles le rude service qu'ils faisaient autrefois! Rien ne s'y prêtera plus, ni mon corps ni ma tête. J'aurai tout oublié et n'aurai rien appris. J'aurai cessé d'être un bon meunier, sans être autre chose qu'un pitoyable représentant. Voilà mes chances sans déguisement, sans illusion. Oseriez-vous encore me conseiller d'attendre?

Malvina eut beau faire, elle ne put guérir ce cœur blessé. Simon se montrait inflexible; il voulait à toute force se démettre et aller ramener ses garçons dans le devoir. Surtout il éprouvait le besoin d'administrer à leur suborneur une leçon mémorable. Ma femme l'écoutait avec patience et le sermonnait avec douceur. Pour le dompter, il fallut abonder dans son sens et renchérir sur sa plainte. A ce prix elle obtint quelques jours de délai. On écrivit au préfet pour lui signaler le magister qui exaltait les meuniers avec des citations de Jean-Jacques et des sorties contre le salariat. Le commissaire de police devait le rappeler à des délassements moins subversifs. Un peu plus rassuré sur ce point, Simon se calma et se résigna à attendre.

XXXII

LE RETOUR DE L'AIGLE.

Depuis quelques jours, le plus étrange spectacle était donné à la population de Paris. Entre huit et dix heures du soir, la partie des boulevards située entre les deux portes Saint-Denis et Saint-Martin se couvrait spontanément de groupes où s'engageaient des débats animés. La politique en était l'aliment, et toutes les opinions semblaient s'y confondre. Longtemps la République à tous crins avait été maîtresse du pavé : hier encore elle y régnait en souveraine ; seule elle agitait ses bannières au vent et remplissait l'air de ses clameurs. Cet empire exclusif venait de cesser, un autre drapeau essayait de se produire : c'était celui d'Austerlitz et d'Iéna, le drapeau de nos grandeurs guerrières. L'Empire revenait sur l'eau ; il avait ses emblèmes et ses cris, il avait aussi ses candidats.

Cette manifestation se fit avec la rapidité de l'éclair. Jusqu'alors, personne n'avait songé aux culottes de peau et à leurs dérivés ; cette race commençait à se perdre dans la nuit des temps ; l'éclat des souvenirs la rattachait aux âges mythologiques. On l'y tenait pour reléguée indéfiniment. Il en était d'elle comme des armes des paladins, trop lourdes pour nos bras dégénérés. Tout paraissait dit sur la vieille garde et sur l'Empereur ; celui-ci dormait sous la pierre des Invalides ; celle-là, sculptée sur la colonne, montait en spirale vers les cieux. Mémoires consacrées, pourquoi vous troubler par de folles prétentions ? pourquoi faire peser sur vous la responsabilité d'entreprises ridicules ? Votre plus grand honneur, votre plus beau titre, c'est de ne tenir à rien, ni dans le passé ni dans l'avenir, et de figurer dans l'histoire comme un météore terrible et lumineux.

Tout le monde ne le prenait point ainsi ; les débris de la grande armée avaient leur prétendant. Ils le portaient aux élections, ils le soutenaient dans les rues. Un certain bruit s'attachait à ce dessein ; il n'était question que de cela. Le peuple semblait y tremper : il va volontiers vers la nouveauté. Il faut au peuple des idoles, et les plus brillantes l'attirent surtout. Quand il en est fatigué, il les brise, et s'en crée d'autres sur-le-champ ; ce sont ses menus plaisirs. Il s'enflamme et se refroidit avec la même facilité. Pourvu qu'il s'agite, le prétexte lui importe peu. Les choses en étaient là ; la rue venait de changer de programme. Du jour au lendemain, le mot d'ordre avait subi une complète transformation ; les émotions révolutionnaires cédaient le terrain aux émotions impériales. Était-ce tactique ? Était-ce entraînement, mobilité ou calcul ? On l'ignore. L'un et l'autre peut-être : tactique et calcul de la part des chefs, entraînement et mobilité de la part du peuple. Peuple singulier, ami de la poudre et du bruit, qui descend dans la rue sans motif et s'y bat à outrance, sans savoir pour qui ni pourquoi !

Oscar n'avait pas hésité à se jeter dans le parti nouveau : la force l'attirait. Il ne tarissait plus sur l'Empire et sur les personnages qui en avaient fait l'ornement. Il se vantait d'y posséder de très-belles connaissances. D'ailleurs, à l'entendre, l'Empire avait été la plus grande époque des arts. Nul régime n'avait plus fait pour la brosse et le pinceau. Les grands peintres devenaient sénateurs, et obtenaient des châteaux en Bohême et en Illyrie. Ils avaient leur couvert mis à la table du souverain, entraient chez lui sur le pied de l'intimité, et l'aidaient à passer ses bottes à l'écuyère. Quand le grand capitaine était absent, Joséphine les recevait à la Malmaison, et leur offrait des repas composés par l'archichancelier de l'Empire. C'était leur moment : il n'y en avait que pour eux. De Moscou, l'Empereur leur envoyait des tabatières enrichies d'émeraudes. Personne ne faisait les choses comme lui. Aussi Oscar s'était-il rallié au premier appel ; il voulait un régime ami des arts, et ne s'en cachait point : peut-être ne le séparait-il pas des dîners fins et des tabatières.

L'une de nos grandes distractions était de parcourir le théâtre de ces mouvements. Rien de plus original ; tout s'y exécutait avec une précision mécanique. On pouvait reconnaître là-dessous une grande habileté de main. A sept heures, le boulevard était libre ; on y circulait sans embarras. Vers huit heures, les groupes commençaient à se former à l'état inerte : pas un cri, pas un mot ; une immobilité absolue. A neuf heures, les orateurs paraissaient ; ils engageaient et soutenaient le débat. Que de pauvretés ! que d'inepties ! Le bon sens du peuple, ce bon sens si vanté, n'y brillait guère. L'attitude des groupes n'avait d'ailleurs rien d'offensif : nulle colère, nulle effervescence ; seulement, ils s'obstinaient à ne pas quitter le terrain. A dix heures, toute circulation était devenue impossible ; les voitures abandonnaient la place, les magasins se fermaient. Il y avait atteinte à l'ordre, il fallait sévir : les baïonnettes paraissaient à l'horizon, et un roulement de tambours annonçait l'approche de la force armée. Les groupes se dispersaient alors pour se reformer le lendemain. C'était réglé et immuable comme un cérémonial : la même pièce jouée par les mêmes acteurs. Prolongé outre mesure, ce spectacle devenait monotone et alarmait les intérêts. Aussi la patience publique commençait-elle à s'en lasser. On accusait le gouvernement d'en être complice, de s'en servir comme d'un moyen, et de vouloir régner par la misère.

Un soir que nous étions plongés au plus fort des rassemblements, Oscar y fit une rencontre à laquelle il ne s'attendait pas. C'était sous la porte Saint-Denis, devant l'un des trophées d'armes qui en décorent les parois. Dans un groupe composé de blouses, il était question de l'Empire et de l'Empereur. Je sentais le peintre frémir sous mon bras; je voulus l'entraîner, il était trop tard: il avait pris la parole. Je dois avouer qu'il fut éloquent; le sujet l'inspirait. Un silence profond s'établit, et l'auditoire se grossit à vue d'œil. Oscar s'abandonnait: frappé par un bec de gaz, sa barbe s'élevait aux plus grands effets de lumière. Il racontait à ce peuple attentif les merveilles du palais impérial et le baptême du roi de Rome. Ces récits en plein air n'étaient pas sans dangers: la police nous entourait, et il me semblait, parmi les curieux, reconnaître quelques-uns de ses agents. Alors je pressais le bras du peintre en guise d'avertissement. Il y avait, entre autres, sur notre droite, un homme qui portait un jonc suspendu à sa boutonnière. Cette tenue m'inquiétait.

— Assez, Oscar, lui dis-je à demi-voix.

Il était lancé et ne faisait aucun cas de mes avis. L'homme au jonc se rapprochait et paraissait ému jusqu'aux larmes. Un tel attendrissement me parut suspect. J'insistai avec plus de force.

— De grâce, Oscar, partons, dis-je en l'attirant vers moi.

Enfin il céda et consentit à me suivre. Déjà nous commencions à nous dégager, quand une main robuste s'appesantit sur l'épaule de mon compagnon. Je crus que c'était celle de la police et essayai de lui échapper à la faveur de la foule. Mais nous avions affaire à une main obstinée qui ne lâcha pas prise ainsi. Il fallut s'arrêter et capituler. C'était un ouvrier en blouse, construit de manière à commander le respect.

— Mon général, dit-il à Oscar en ôtant sa casquette et la tenant militairement à la hauteur de l'œil.

— Qu'est-ce donc? qu'y a-t-il, mon ami? répondit Oscar, ne sachant à qui il avait affaire.

— Quoi! mon général, vous ne me remettez pas?

— A peu près, mon ami, vaguement.

— Comtois! votre Comtois, celui de l'Hôtel de ville! Il est vrai qu'il faisait un peu noir là où nous nous sommes vus.

— J'y suis maintenant! Ce cher Comtois! Comment diable ne l'ai-je pas reconnu tout de suite? Touchez là, mon garçon, touchez là. Jérôme, je te présente mon sauveur. Sans lui, mon cher, je pourrirais sur la paille d'un donjon. Mais que faites-vous ici, Comtois? Toujours en train de conspirer, n'est-ce pas? Remettez donc votre casquette, mon ami!

— Pardon, excuse, mon général, répliqua l'athlète sans quitter sa position; mais c'est que j'ai une faveur à vous demander.

— Tu vois comme je les fascine, Jérôme, me dit tout bas Oscar.

Puis se tournant vers l'ouvrier avec une majesté pleine de bienveillance :

— Parlez, Comtois, parlez, lui dit-il.

— C'est que, voyez-vous, poursuivit l'ouvrier avec un embarras visible, j'ai une grâce à vous demander, et ça me gêne sensiblement.

— Remettez-vous, mon ami, et exposez votre requête. Que monsieur ne vous inquiète pas; c'est le citoyen Jérôme Paturot, honorablement connu dans son quartier.

— Eh bien, mon général, voici le fait. J'ai rompu avec le Percheron, et je voudrais savoir si j'ai eu tort.

— Le motif, Comtois?

— Oh! mon général, je sais trop bien ce que je vous dois pour vous expliquer cela dans la rue. Il y a ici près un bouchon où l'on me voit d'un bon œil. Si ce n'était pas pour vous manquer de respect, je vous y offrirais un verre de vin et un cabinet pour causer. Allez, j'ai bien des choses à vous dire.

— Mais, mon ami...

— Ne me refusez pas, mon général; venez, et votre compagnie aussi : vous n'aurez pas sujet de vous en repentir. Venez, vous dis-je.

L'ouvrier joignait le geste au discours : il entraînait Oscar d'une manière irrésistible. Bon gré, mal gré, il fallut entrer au cabaret et s'attabler à l'entre-sol autour d'une bouteille d'argenteuil cacheté. A peine étions-nous assis, que le Comtois prit des airs mystérieux.

— Vous ne savez pas ce qui se passe? dit-il.

— Non, répondis-je.

— Et vous, mon général, vous n'en savez rien non plus?

— Rien, dit Oscar.

— La chose fait pourtant quelque bruit. Quatre chamoiseurs me l'ont assuré, et c'est public dans les ateliers de mégisserie.

— Mais encore, qu'est-ce, Comtois ? Expliquez-vous, reprit Oscar.

— L'Empereur est de retour ! dit l'ouvrier d'une voix solennelle.

— L'Empereur? dîmes-nous à la fois.

— Lui-même, en personne; le petit tondu, comme l'appelait mon père. De retour depuis hier, dix heures vingt-cinq minutes du matin.

— Bah ! Comtois.

— On l'a vu en voiture, près de la mare d'Auteuil. Un landau attelé de deux chevaux blancs, tout ce qu'il y a de plus simple. Il a déclaré qu'il voulait rentrer sans bruit. Histoire d'être prudent. Un mauvais coup est bientôt fait. Ce qu'il y a de sûr et certain, c'est qu'il est rentré.

— Vraiment? lui dis-je en riant.

— Bien rentré, et avant peu on le verra. Maintenant, où se cache-t-il? personne ne le sait. Il y en a qui affirment qu'il est dans la lanterne du Panthéon, d'où il examine tout avec sa lorgnette. C'est possible, mais je ne le garantis pas. Il y en a d'autres qui assurent qu'il est descendu dans les catacombes, à la tête de quarante-deux mille Indiens. Cela me paraît plus vraisemblable. L'opinion générale, c'est qu'il a un plan pour réduire Paris en trois minutes, montre en main. Il n'y a que lui pour ces inventions-là : ce trait le peint.

L'ouvrier, en parlant ainsi, était d'une bonne foi évidente. Son visage respirait l'enthousiasme et la naïveté. Il y avait là un danger pour lui ; on pouvait abuser de cette disposition d'esprit. J'essayai donc de me porter à son secours et de le guérir de sa chimère.

— Mais, mon ami, lui dis-je, l'Empereur est mort.

— Vous croyez ? me répliqua-t-il avec un singulier sourire.

— Si bien mort, que tout Paris a pu le voir. On a ouvert son cercueil à Courbevoie ! Les culottes blanches, les bas de soie, l'habit à revers, le petit chapeau, tout y était ! Puis on l'a inhumé aux Invalides ! mort, mon garçon, tout ce qu'il y a de plus mort.

— Mort ? Vous êtes de ceux-là, me dit l'ouvrier en promenant sur moi des regards pleins de défiance.

— Sans doute, lui dis-je.

— Et vous, mon général, vous en êtes aussi ? ajouta-t-il en se retournant vers Oscar.

— C'est le sentiment public, Comtois, répondit le peintre en homme qui évite de se compromettre.

— Allons ! il n'en manquera pas un. Lui, mourir ! On voit bien que vous ne l'avez pas connu ! Écoutez, mon général, j'en sais plus long que vous là-dessus ; je n'ai pas vu l'Empereur, mais mon père était au mieux avec lui. Jugez donc, un dragon de l'Impératrice ! Il a monté cent factions à sa porte. Il l'a vu comme je vous vois, le matin, le soir, à tout instant. Il l'a suivi à l'armée, au feu, partout. Ils ne se sont jamais quittés. Eh bien ! c'est mon père qui m'a fait la leçon. — Comtois, me disait-il, quand on t'annoncera que l'Empereur est mort, réponds tout de suite : Il y a une intrigue là-dessous. C'est l'Anglais qui fait courir ce bruit-là ; son intérêt s'y trouve. Oui, mon fils, quand tu serais seul de ton côté, dis toujours : — Il n'est pas mort, et ajoute : Il reviendra. Dans la cour de Fontainebleau, il nous l'a promis, et il n'a jamais manqué à sa promesse. Vous comprenez, mon général, qu'après cela il n'y a plus un mot à ajouter. Que voulez-vous de plus fort? Un dragon de l'Impératrice, une moustache qui a vieilli près de l'Empereur! C'est authentique au moins.

— Ainsi, lui dis-je en me prêtant à sa chimère, l'Empereur est de retour?

— Oui, et c'est ce qui m'a brouillé avec le Percheron ; sitôt qu'on m'a parlé du fait, je me suis déclaré. — Je passe à l'Empereur! me suis-je écrié. Là-dessus, le Percheron m'a cherché noise. Il est comme vous, il croit que l'Empereur repose sous le monument. J'ai tenu bon, il s'est fâché, et a lâché les gros mots. Je suis endurant de ma nature, mais la mort de l'Empereur me portait sur les nerfs : juste comme du mauvais vin. Alors j'ai un peu cogné, et voilà.

Au moment où le Comtois achevait ces mots, un bruit sec retentit à la porte. C'était comme un appel et un signal. L'ouvrier dut y reconnaître la présence d'un ami, car il se leva pour ouvrir.

— Soyez calmes, nous dit-il ; deux minutes seulement, et je reviens.

La porte resta entre-bâillée, et je pus voir à qui l'artisan avait affaire. C'était un monsieur vêtu de noir, et qui me semblait appartenir aux classes élevées. Un cabriolet de maître l'attendait à la porte. L'entretien eut lieu à voix basse, et pourtant il nous en parvint quelques mots.

— A dimanche, disait la voix ; c'est le grand jour.

— Entendu, convenu, répondit le Comtois.

— Vos gens sont prêts ?

— Prêts et ficelés ! Tous en ordre! D'un coup de sifflet je les réunis. Vous serez content, allez !

— Je le crois ; et l'Empereur aussi !

Le reste nous échappa, et c'est à peine si les dernières paroles arrivèrent jusqu'à nos oreilles.

— Demain, ici ? dit la voix.

— Demain, et toujours, répondit Comtois.

Puis il revint prendre son siège à nos côtés. Son visage avait revêtu une expression nouvelle : la joie y brillait dans tout son éclat et tout son abandon.

— Qu'on me dise encore qu'il est mort ! s'écria-t-il en se frottant les mains et comme s'il eût répondu à une pensée intérieure : qu'on me le soutienne ! Il n'y a plus de risque maintenant.

— Qu'est-ce donc ? lui demanda Oscar.

— Mon général, je n'y tiens plus, dit l'ouvrier, ça m'étoufferait si je ne me dégonflais pas ; c'est trop lourd à garder.

— Parlez, Comtois ; vous avez affaire à des gens discrets.

— L'Empereur, qui s'est informé de moi, dit l'athlète plongé dans une sorte d'extase, l'Empereur !

— De vous ?

— Oui, de moi, Comtois, né natif de Baume-les-Dames : il n'y a rien omis ; il sait tout, et il a ajouté : « C'est le fils aîné d'un dragon de l'Impératrice, un de mes braves. » Voilà ses propres expressions. Et vous ne voulez pas qu'on se fasse écharper pour un homme comme ça ? Mais je serais sûr d'être haché en petits morceaux que j'irais tout de même. Oh ! dimanche, dimanche ! je voudrais y être déjà.

— C'est donc dimanche ? demanda Oscar.

— Oui, mon général ; et ça chauffe sensiblement. Il paraît que nous le sacrons à Reims le mois prochain ; le pape a promis d'y venir. Puis, l'Empereur a dans sa poche quinze cents millions qu'il distribuera aux pauvres le jour de son couronnement. Le soir, il y aura grand dîner aux Tuileries, où les anciens maréchaux trouveront un million sous leurs serviettes. Quant au peuple, huit jours de gala, mâts de cocagne et noce perpétuelle. Il n'y aura plus de mendiants ; l'Empereur n'en veut plus. Vous verrez, vous verrez !

Il régnait dans ces propos une confiance si sincère et si robuste, que nous ne nous sentions plus, Oscar et moi, la force de l'ébranler. Cet homme était si heureux ! Il croyait si bien à son Empereur ! Il avait une conviction si profonde de son **existence** !

— Ainsi, vous le sacrez le mois prochain ? lui dis-je.

— A Reims, c'est arrêté : on vide la fiole : le pape l'a promis. Il le fera en personne.

— Et d'ici là ?

— D'ici là, les plans sont faits : tout est réglé, l'ordre et la marche. Pour ma part, je suis décidé à cogner comme je n'ai jamais cogné de ma vie. Je sais bien que l'Anglais sèmera l'argent dans Paris afin d'empêcher l'Empereur de réussir ; mais nous avons aussi nos petits moyens et nous en userons.

— Vos petits moyens ? demanda Oscar.

— Oui, mon général. Aux derniers les bons, comme dit le proverbe. Ça va faire un effet, je m'en flatte. Jugez donc. Personne ne s'y attend.

Le Comtois avait repris ses airs mystérieux et semblait craindre que ses confidences ne transpirassent au dehors. Il se leva et fit une inspection minutieuse des lieux. Quand il se fut bien assuré de notre isolement complet, il passa la main sous sa blouse et en retira un objet qu'il avait tenu caché jusque-là. C'était un aigle empaillé et monté avec soin. Son œil de verre exprimait une fierté mêlée de colère ; son plumage gardait un lustre éclatant, et il portait la tête avec l'orgueil qui sied au souverain des nues. Tout trahissait en lui des projets de conquête. Il était bien de la famille des victorieux. On eût dit qu'il allait déployer ses ailes pour voler, comme son aïeul, de clocher en clocher. Il regardait l'Empire comme son bien et la terre comme sa proie. Qu'il fallût pour cela déchirer dans ses serres quelques chairs vives, peu lui importait. Il ne craignait ni la vue ni l'odeur du sang : ses instincts de race n'y répugnaient pas.

— Voilà, dit le Comtois, en mettant sous nos yeux ce chef-d'œuvre. Qu'on résiste maintenant, on trouvera à qui parler.

— Comment l'entendez-vous, mon ami ? lui demandai-je.

— C'est simple comme bonjour. Il y a lieu de se bûcher, je suppose : très-bien ! J'aimerais mieux les voies de douceur ; mais dès le moment qu'on n'en veut pas entendre parler, en avant les poignes. Mon costume est prêt ; je le tiens dans un coffre, bien net, bien brossé pour le grand jour. Ce jour arrive : en avant donc, et à la grâce de Dieu !

18.

Je le prends pièce à pièce : la culotte de peau d'abord, la veste à revers, le casque, le sabre, les bottes de sept lieues, tout le bataclan. En moins de dix minutes, le tour est fait. C'est mon père qui revit. Un dragon de l'Impératrice en costume du temps ! Vous figurez-vous l'air que j'aurai ? C'est-à-dire qu'il n'y a pas dans l'univers une force capable de m'arrêter, quand je serai culotté et coiffé à la mode impériale. Une culotte de peau et un casque ! Le casque et la culotte de peau de mon père ! Ah bien ! je suis curieux de voir ce que je démolirai là-dessous ! Les mains m'en démangent, rien que d'y penser.

L'idée, toute guerrière qu'elle fût, avait un côté bouffon qui nous frappa. Ce gros garçon, avec ses membres de lutteur, était destiné à produire un certain effet en dragon de l'Impératrice. Je doutais, pour ma part, que la culotte de peau pût y résister. Lui ne doutait de rien : il marchait vers son but avec une confiance inaltérable. Ce qu'il avait décidé une fois, il n'y renonçait plus. Dût-il marcher seul, il marcherait sur l'Hôtel de ville avec son casque et les accessoires. C'était un plan fait ; nulle puissance au monde n'y aurait rien changé.

— Et votre aigle ? lui dis-je.

— Mon aigle ! répliqua-t-il avec un coup d'œil triomphant.

— Vous allez le montrer pour de l'argent ? lui dis-je.

— Fi ! quelle idée ! Moi, jouer avec ce grand souvenir ! Allons donc ! Il a un bien autre emploi, monsieur : c'est notre drapeau pour le grand jour ! Un poulet semblable ! un si glorieux oiseau ! Va-t-il faire courir Paris ! J'ai déjà la perche au bout de laquelle je le mettrai. Au moins, ça a du cachet, mon aigle. Ne l'emprunte pas qui veut. Le drapeau tricolore, qui ne l'a pas ? Les gouvernements se le repassent l'un à l'autre. Mais l'aigle ; l'aigle ! on ne l'apprivoise pas ainsi ; il n'a qu'un maître, c'est l'Empereur.

— Eh bien, Comtois, voilà une idée ! s'écria Oscar. L'aigle, c'est l'Empereur ; l'Empereur, c'est l'aigle. Rien de plus logique.

La séance fut levée, et l'ouvrier remit sous sa blouse son emblème glorieux. Il sortit décidé plus que jamais à lui procurer les honneurs de l'exhibition publique. On a vu comment il comprenait le complot auquel il était associé et au nom de qui il y entrait. Cette illusion fut commune dans ce temps. Plus d'un artisan de Paris, plus d'un villageois de l'Ouest, crurent déposer dans l'urne électorale un vote en faveur de l'Empereur. Dans ce qui se passa alors, il y eut bien des malentendus et bien des nuages; il y eut plus d'un appel fait à l'ignorance et à la crédulité. L'ambition s'en mêla aussi, et sans doute plus d'un personnage entrevit dans les perspectives du complot un avenir de grands cordons et de sénatoreries. Oscar y avait placé l'espoir de quelques commandes et des festins dignes de l'archichancelier.

Cependant l'émotion extérieure durait toujours, et les boulevards étaient encombrés chaque soir d'une population parasite. Il fallut recourir aux grands moyens et comprendre dans une rafle générale les curieux et les mécontents. Par une manœuvre savante, on les enferma dans un cercle de baïonnettes. Nous pûmes assister à cette scène sans en être atteints. Placés à une petite distance, nous suivions de l'œil les événements. Un instant l'émotion fut vive; un homme se débattait seul contre une légion entière. Pressé dans une ceinture de fer, il luttait avec l'énergie et la force d'un géant. Vingt hommes le tenaient au collet, et il trouvait le moyen de s'en dégager. Enfin, dans un dernier effort, il renversa ses assaillants les plus proches et s'ouvrit violemment un chemin à travers la milice étonnée. Il triomphait, il était libre, il avait les honneurs du combat. Ce fut ainsi qu'il arriva près de nous. Qu'on juge de notre surprise! c'était le Comtois. Oscar l'aborda.

— Eh bien, mon brave, lui dit-il, où en êtes-vous de vos projets?

— L'oiseau triomphe, mon général, répondit l'athlète. Vive l'Empereur! Et au premier jour la grande affaire!

Si ce jour-là le Comtois avait son aigle sur lui, l'animal dut réclamer, le lendemain, les services d'un naturaliste.

XXXIII

LES TRIBUNS PITTORESQUES.

Ma femme avait eu le dernier mot dans son démêlé avec Simon. A force d'instances, elle l'avait vaincu. Il se résignait à porter sa croix jusqu'au bout. Agir autrement eût été manquer aux convenances. On l'avait envoyé à Paris pour y faire une constitution : pouvait-il s'en retourner les mains vides ? Il y allait de son honneur. C'est sur ce point que Malvina insistait. L'argument était décisif, et le meunier n'y opposait que des soupirs exhalés des profondeurs de sa poitrine. Il inclinait la tête devant la nécessité. La gloire le touchait peu ; mais il cédait au devoir.

— Va pour la constitution, dit-il en courbant le front sous un sentiment douloureux. Dès le moment que ça ne peut pas se passer sans moi !

Nous ne nous quittions plus ; Simon accourait dès qu'il avait quelques instants de liberté. Tous ses billets de tribunes publiques étaient pour nous, et quand cette ressource lui manquait, il prenait ma femme sous le bras et assiégeait les huissiers jusqu'à ce qu'elle fût placée ; aussi ne bougeait-elle plus du palais ; on l'eût prise pour une dame de la maison. Elle se tenait au courant des grands tournois politiques et des récits qui se débitent à l'oreille et déridentles fronts soucieux. La petite pièce après la grande. Elle savait comment avaient dormi les chefs de l'État, et quel diplomate étranger s'était montré à leurs soirées. Un dîner avait-il lieu? elle n'en ignorait rien, ni les noms des convives, ni leur rang à table, ni les mots charmants échappés à la bouche d'un ambassadeur. Les épigrammes qui circulaient sur les bancs lui parvenaient presque aussitôt, elle ne les voulait qu'en primeurs.

A tout prendre, l'aliment abondait : cette assemblée offrait un spectacle qui ne manquait pas de grandeur. Elle tenait dans ses mains les destinées du pays, son repos, son honneur, son salut. Elle était la dernière épave de ce naufrage où tant de choses avaient péri. Que le flot la brisât, et tout s'en allait avec elle ; la France était livrée aux démons. Résister à la pression du dehors ou en être emporté à la première faiblesse, voilà le problème dans sa redoutable simplicité : l'Assemblée n'avait encore rien fait pour le résoudre. Elle hésitait, et, sur ce sol en feu, ne savait où poser le pied. Elle obéissait à des courants contraires : un jour résolue jusqu'à l'audace, le lendemain réservée jusqu'à la timidité. Elle donnait un gage à l'ordre et le retirait, faisait une avance aux factions et ne tardait pas à s'en repentir. Ce qui lui manquait surtout, c'était un point d'appui. Pas un nom en qui elle pût avoir confiance. Tous ceux qu'entourait quelque éclat lui semblaient compromis dans des engagements suspects ; aucun ne répondait à ses sentiments, à sa pensée. Les uns étaient en arrière d'elle, les autres en avant ; de là ses tâtonnements et ses doutes. Elle invoquait une clarté qu'elle pût suivre, une devise qu'elle pût adopter.

Cependant, sur cet ensemble encore confus, deux partis se dessinaient. Là plus d'hésitation ni de tiédeur ; les croyances y étaient nettes et précises. Ces deux partis avaient chacun une devise et un but : l'un voulait réparer, l'autre voulait détruire. Le premier se composait d'hommes modérés, qui, sans regarder la République comme l'œuvre de leurs mains, lui apportaient cependant un concours judicieux et sincère. Le second parti ne le prenait pas aussi froidement : la République était son idole, et il l'entourait d'un culte jaloux. Seul il l'aimait comme elle voulait être aimée. Entre elle et lui, les choses ne dataient pas d'hier ; c'était un dévouement ancien, une affection invétérée.

Ces deux partis, en se rencontrant à l'Assemblée, comprirent sur-le-champ que le débat se passerait entre eux, et, dès le premier jour, ils échangèrent des qualifications empruntées à l'histoire révolutionnaire — Voici la Montagne, dirent les modérés. — Voici la Plaine, dirent les exaltés. Le choix des bancs correspondit à ces dénominations. La plaine comprenait, un mélange de parlementaires anciens et nouveaux, légion calme, prudente, ennemie du bruit. Ses plus glorieux membres étaient des champions aguerris qui connaissaient les ressources de l'art et savaient conduire une campagne dans les règles. Ils ne se prodiguaient pas et ne prodiguaient pas leurs gens, mais donnaient à propos et disposaient bien leurs forces. Avec de tels exemples, la Plaine ne pouvait qu'acquérir ; elle avait le nombre, elle avait la discipline, et, ce qui vaut mieux encore, des instincts profonds de justice et de modération.

La Montagne n'avait pas le nombre, mais elle y suppléait par le bruit. Des hauteurs où elle siégeait, elle suivait d'un œil ombrageux la marche des débats, et, sur le moindre prétexte, elle intervenait. Si le motif était léger, elle n'employait que les notes adoucies et les interruptions bénignes. C'était le petit jeu, celui des jours sereins. On mettait alors une sourdine sur les organes. Mais l'objet prenait-il de la gravité, à l'instant la scène changeait d'aspect : des cataractes d'apostrophes descendaient du haut des bancs : on eût dit une trombe fondant sur un navire en détresse. Les yeux s'allumaient, les joues se coloraient ; la lumière se jouait vivement au sein des barbes révoltées. Le geste et la pose complétaient le tableau. Trente hommes debout dirigeaient vers la tribune des bras courroucés, et roulaient des yeux incroyablement farouches. Les épithètes, les substantifs voltigeaient en se croisant ; le diapason arrivait peu à peu à sa dernière limite. Enfin, dans un suprême élan, la Montagne se précipitait de ses sommets, et venait, le plus poliment du monde, proposer à l'orateur une partie de chausson ou de pugilat.

Dans le cours de ces scènes, le président gardait une contenance faite pour toucher les cœurs. Dès qu'il voyait courir sur les hauteurs de la gauche ces vagues frémissements, symptômes de la tempête, il adressait à ses amis égarés un regard mélancolique et suppliant. Ce regard demandait grâce. Hélas ! il ne l'obtenait pas ; le dignitaire de l'Assemblée avait affaire à des âmes de bronze ; ses airs attendris les effleuraient tout au plus. Un concert formidable y répondait. Le président ne se rebutait pas ; dans un geste de détresse il exhalait toute sa pensée. Peine perdue ; le bruit redoublait d'intensité. Alors il comprenait qu'il devait faire quelque chose de plus pour ses amis. Entre eux et lui, il ne pouvait y avoir qu'un malentendu ; il était impossible qu'ils eussent conspiré la ruine de toutes ses sonnettes. Comment les calmer? se demandait-il ; comment dompter cette Montagne? Et, en guise de réponse, il se mettait à rudoyer vigoureusement la Plaine. Justice distributive digne d'un esprit ingénieux ! La Montagne l'accueillait à sa façon, c'est-à-dire par un abominable vacarme.

Ce n'est point ainsi que Malvina l'eût pris ; elle eût réglé ses comptes autrement. Ces scènes l'exaspéraient : volontiers elle y eût mis bon ordre.

— Encore ces hérissons ! s'écriait-elle. Il n'y en a que pour eux. Et allez donc, mes petits amours ! Sont-ils en colère aujourd'hui ! Bien ! démolissez les banquettes, le mobilier du gouvernement ! Brisez tout ; on fera du neuf ! La patrie a de quoi ! Ne vous gênez pas, mes agneaux ! Quelles figures, bon Dieu ! quelles figures ! Parions qu'ils ont tous des faux nez. Et les barbes ! et les crins ! Ah çà ! qu'est-ce qu'ils font donc? ils marchent en masse vers le président. Parole d'honneur, ils vont le couper en quatre et le mettre en pâté. Mais, malheureux, ne voyez-vous pas que ce serait une détestable nourriture ! Bon, maintenant c'est à un collègue qu'ils en veulent. Dieu ! que je grifferais volontiers ! Comme ça me démange ! comme ça me démange ! Trois heures de fauteuil seulement ; trois heures, et nous verrions bien. Ils trouveraient à qui parler. Enfin les voilà qui se mettent au repos ; ça n'est pas malheureux. Et penser que tout ça a des épouses ! Pauvres femmes ! Leur faut-il de la vertu? C'est-à-dire que j'aimerais mieux aller vivre chez les hippopotames. Des nez pareils ! Parions qu'ils sont faux.

C'est par ces propos empreints de peu de respect que Malvina saluait chaque jour les membres de la Montagne. Elle était indigne de les comprendre, de les apprécier. Elle ne les pénétrait pas comme moi. Sous des moyens assez vulgaires ils cachaient de hautes conceptions. Leurs cris étaient de la tradition pure; leurs piétinements, un legs qu'ils ne pouvaient en aucune manière répudier. Ils avaient hérité de tout cela comme du chapeau en cône et du gilet à revers. Ils étaient les fils des révolutionnaires du siècle passé ; ils en étaient la survivance. Leurs airs, leurs vêtements, leurs discours, leurs actes relevaient de ces modèles fameux ; ils brandissaient le poing comme Danton, et lançaient l'apostrophe à l'instar de Saint-Just. Leurs murmures remontaient à Lebas ; leurs interruptions, à Legendre. S'ils se plaisaient aux émotions de la rue, c'était en vue de Camille Desmoulins ; s'ils parlaient de découper l'Europe à leur guise, c'était en mémoire de Jean Debry. Ainsi rien n'était à eux, ni leur turbulence, ni leur politique, ni leurs discours, ni leurs gilets. Ils s'agitaient sur leurs bancs, ils péroraient dans les banquets en ombres glorieuses, en fantômes vénérés. Dès lors toute responsabilité personnelle s'effaçait. Pourquoi le blâme ? pourquoi la louange? Ils ne siégeaient pas à l'Assemblée, mais à la Convention ; ils abdiquaient au profit des morts.

En dehors de ces partis, nettement dessinés, la représentation nationale offrait d'autres éléments d'observation et d'étude. La plupart des orateurs qui avaient marqué sous le dernier règne y avaient repris une place qu'aucun talent nouveau n'aurait pu leur ravir. L'art de la parole ne semblait pas avoir gagné beaucoup au suffrage universel. Sur un point seul il y avait progrès. Le genre pittoresque, naguère délaissé, se relevait d'une manière évidente. Il fournissait de curieux échantillons, et il n'est pas sans intérêt d'en consigner ici le souvenir. Plus tard peut-être iront-ils rejoindre les races perdues.

Le plus mémorable de tous est celui qui sut apporter à la tribune le juron dans toute sa pureté. L'histoire lui en donnera le brevet ; elle dira en outre que le juron reçut le baptême solennel aux rires et aux acclamations des représentants de la France. Elle ajoutera que le juron ne fit point une entrée honteuse devant cette élite du pays, qu'il ne se produisit pas timidement, à demi-voix, comme un parvenu qui rougit de lui-même ; mais qu'il éclata d'une manière irréprochable, pleinement, à diverses fois, et sous les auspices d'une accentuation triomphante. C'est qu'il s'était trouvé un homme en position de se permettre un tel écart : cet homme avait pris la tribune pour une table de café, et cela avec tant d'abandon, que ce qui eût révolté de la part d'un autre et encouru un châtiment, fut accepté de sa part et couvert d'une amnistie joyeuse. Ce fut un véritable succès. L'aspect de l'orateur, son langage, y prêtaient beaucoup. Il portait une tête presque juvénile sur un buste d'athlète, et s'exprimait avec une bonhomie pleine de raffinement et une trivialité qui ne manquait pas de grâce. La borne eût été pour lui un meilleur trépied, mais la tribune ne l'intimidait pas. Toujours est-il que sans lui jamais le juron n'eût obtenu devant une assemblée décente des lettres de naturalisation. Il s'y maintint glorieux, superbe, obstiné, jusqu'au jour où, en compagnie de son parrain, il lui fallut partir pour les rives de l'exil.

Ce qui caractérisait un autre tribun, c'était une mèche de cheveux associée à ses mouvements oratoires et à une éloquence émanée du cœur. Cette mèche de cheveux ne lui laissait ni repos ni trêve ; elle allait et venait de manière à maîtriser l'attention et à captiver le regard. On ne voyait, on ne suivait qu'elle. Du reste, on eût dit qu'elle avait le sentiment du rôle qu'elle jouait ; en bien des moments elle semblait être un reflet, une émanation, ou tout au moins un interprète de la pensée. Ainsi, elle était au besoin sévère et chevaleresque, d'autres fois pensive et mélancolique. Au gré du sujet, elle variait, se transformait. Tantôt elle retombait mollement, tantôt elle procédait par bonds impétueux. Elle tenait un jour de l'hymne, l'autre jour de l'élégie. Rarement une identification plus complète passa sous les yeux de l'observateur. C'était du plus bel effet comme détail et comme ensemble.

Je passe à un troisième tribun, un vrai bouquet d'artifice. Tout ce que la langue fournit de mots pétillants, de gerbes lumineuses, de verres de couleur, de fusées éblouissantes.

il l'avait à son service et le mettait aux pieds de l'Assemblée. On s'étonnait à bon droit qu'un orateur si admirablement nourri eût à sa disposition un pareil sac aux gentillesses. Cela était pourtant. Après le juron, la tribune eut le style chevelu, c'est-à-dire une richesse de plus. Rien n'y manquait, ni l'antithèse à grand orchestre, ni l'épithète à tous crins, ni l'image par-dessus les maisons. Quant aux paillettes, c'est à pleines mains que l'orateur les jetait ; il n'y regardait pas. Le vocabulaire politique s'enrichissait d'expressions fort étonnées de s'y trouver et d'accouplements de mots qui s'effrayaient de faire ménage ensemble. Très-bien ; je savais par cœur ces ciselures de prix, et, comme à de vieilles connaissances, je pouvais leur tirer un coup de chapeau. Il me plaisait seulement de les voir arriver à la tribune et de jouir de l'accueil qu'on leur faisait. Il me plaisait surtout de les entendre de la bouche d'un orateur si florissant. Il ne s'y épargnait en rien et prodiguait tout le répertoire. Grâce à lui, l'art chevelu eut un dernier beau jour ; il dégagea bien des hypocondres chargés par le souci, et força les portes du journal officiel de la République.

Tel était le troisième tribun qui sacrifiait au pittoresque. Bien d'autres encore pourraient prendre place à ses côtés. Par exemple, les orateurs à escabeau, invention récente et digne du respect des hommes. Pour éviter d'être confondu avec un premier sujet des théâtres enfantins, on prend un escabeau et l'on récite sa petite fable à la compagnie. Rien de plus ingénieux. Vingt orateurs encore portaient à la tribune de légers travers. Celui-ci se tapotait le ventre en manière d'encouragement ; celui-là tenait les yeux fixés vers le cintre, comme s'il eût attendu ses inspirations d'en haut. Mais ces misères de détail s'effaçaient devant des calamités plus générales. Ainsi on avait en matière de fléaux :

Les obstinés, qui ne voulaient plus lâcher la tribune après y avoir mordu. Un dogue a la dent moins tenace. Aucun bruit n'eût été assez fort pour les faire renoncer à leur dessein. Le choc des couteaux ne les intimidait pas ; ils essuyaient, sans broncher, toutes les apostrophes. Renoncer à un discours laborieusement préparé ! Jamais, plutôt mourir sur l'appui de la tribune ! Ils persistaient donc, s'y reprenaient à vingt fois, et arrivaient, comme ils se l'étaient proposé, à leur dernière phrase, Dieu sait au prix de quel enrouement !

Le furieux, dont le regard était plein de menaces et dont le geste ressemblait à un perpétuel défi. Furieux de deux sortes; furieux par nature, furieux par occasion. Rien ne résistait aux mains de ces hommes quand ils entraient en crise. La tribune en éprouvait de notables détériorations. Ils semblaient prendre à tâche d'en ébranler l'économie, tantôt en la ramenant vers eux avec une vigueur peu commune, tantôt en la repoussant vers l'enceinte par un mouvement alternatif. C'était là un déplorable excès contre lequel la questure n'aurait pas dû rester désarmée.

Les plaisants, qui tenaient en réserve, pour les jours décisifs, des épigrammes à toutes fins et des ripostes aiguisées à loisir. Guet-apens négligé par la loi et qui aurait dû être assimilé au port d'armes prohibées.

Enfin les gesticulateurs, race innombrable et superbe ! La tribune leur appartenait, et ils y déployaient leurs grâces. Geste horizontal, geste circulaire, l'Assemblée n'avait guère que l'embarras du choix. Que de variétés ! L'un usait de la main droite comme d'une hache avec laquelle il fendait l'air; l'autre exécutait dans le vide un temps de natation, répété à l'infini. Celui-ci décrivait une ellipse, celui-là une parabole. Il en était qui frappaient la tribune de coups redoublés, comme s'ils eussent voulu y faire pénétrer leurs arguments de vive force. D'autres encore aimaient à parcourir l'estrade dans un mouvement régulier, semblable à celui de l'animal qui s'agite derrière ses barreaux. Chacun prenait la pose qui lui était le plus favorable, ou le front renversé en arrière, ou le buste profilé des trois quarts, ou enfin les phalanges engagées dans l'habit. Toutes ces allures demandaient une étude et relevaient des règles de la perspective. Il fallait s'y essayer longtemps, les préparer chez soi, les mûrir avant d'arriver à un effet complet et à une exécution irréprochable. Les grands orateurs eux-mêmes ne négligeaient pas ce moyen. C'était celui de Napoléon prenant des conseils de Talma. Toute mise en scène a besoin de répétitions.

Ainsi se passaient les choses dans cette assemblée qu'une révolution venait d'investir d'un pouvoir presque discrétionnaire. Elle était, comme toutes les choses humaines, un mélange de bien et de mal, une expression vraie et sincère de la société dont elle émanait. Elle était turbulente : et comment ne l'eût-elle pas été en un tel temps et avec un tel nombre? Elle était passionnée, et en cela elle demeurait fidèle aux circonstances de son origine. Elle était inexpérimentée, et pouvait-elle ne pas l'être avec tant de membres nouveaux? Mais c'était au fond une assemblée honnête, laborieuse, courageuse, aimant le pays; et c'est une justice que lui rendront hautement tous ceux qui l'auront bien connue. On pourra l'accuser d'avoir manqué de lumières; on ne l'accusera pas d'avoir manqué de droiture.

XXXIV

LE VOLCAN.

L'état de nos finances nous avait forcés à quitter l'hôtel : la vie y était trop dispendieuse. Nous arrivions à nos dernières pièces d'or, et l'art de ma femme consistait à en ménager l'emploi et à en prolonger le service. Vers l'une des rues qui touchent aux barrières, j'avais découvert un logement qui, à d'autres avantages, joignait celui du bon marché. Nous y portâmes nos dieux lares. Il se composait de trois pièces; elles nous suffisaient. Depuis longtemps j'avais dit adieu aux raffinements de la vie; le souvenir des jours opulents ne répandait plus d'ombre sur mon chemin. La prospérité avait fait de moi un ambitieux ; le malheur en faisait un philosophe. C'est la dernière ressource des cœurs déçus.

Nous vivions désormais à l'écart et dans l'attente de meilleurs jours. Une telle crise ne pouvait se prolonger indéfiniment. Tous les ressorts de la vie s'y seraient brisés. Le spectacle que nous avions sous les yeux rappelait ces sociétés confuses où les droits n'étaient pas fixés et où la force jouait le principal rôle. Aucun des pouvoirs réguliers ne trouvait grâce devant la souveraineté des carrefours. On les contestait d'autant plus vivement qu'ils semblaient moins résolus à se défendre. Un semblable désordre ne s'était jamais vu. Aux temps les plus agités, le peuple avait reconnu des maîtres et accepté un frein. Nos grands révolutionnaires pesaient sur lui avec une main de fer. Ici, rien de pareil, aucun nom ne commandait le respect ni l'obéissance. Les plus humbles et les plus glorieux étaient couverts des mêmes invectives et frappés du même dédain. L'autorité morale était nulle ; l'autorité matérielle s'en allait à l'abandon.

En attendant, la foule s'enivrait de plus en plus d'elle-même. L'échec récent, loin de la décourager, avait ajouté à ses colères un ferment nouveau. L'idée d'une revanche était dans les esprits. Les plans de campagne se succédaient, les cris de guerre couvraient les murs. Un jour on parlait de marcher sur le siége du gouvernement afin d'y saisir des otages ; un autre jour, de se porter sur Vincennes et de mettre ses canons au défi. Les femmes et les enfants auraient formé l'avant-garde et se seraient offerts des premiers aux ravages des boulets. Qui eût pu résister à une démonstration si éclatante ? Les remparts devaient tomber d'eux-mêmes, les herses s'abaisser et livrer passage aux martyrs du donjon. Puis à des moyens directs, on substituait des expédients détournés. Ainsi, il fut question longtemps d'un banquet populaire, exécuté dans les plus vastes proportions. Tout avait été calculé pour qu'il réunît le double caractère de la simplicité et de la grandeur. L'écot était fixé au plus bas, vingt-cinq centimes : encore obtenait-on des tempéraments. Le couvert devait être mis dans la plaine des Vertus, et sous cette tente d'azur que Dieu a élevée à l'usage de l'homme. Le menu ne comportait pas de grands détails et éloignait l'idée de tout excès. Rien en apparence de plus inoffensif. Il restait à savoir si les ordonnateurs n'avaient pas une carte secrète et quel en eût été le supplément.

Sous ces mille formes se cachait un dessein arrêté, celui d'une prise d'armes. Le sol s'agitait sous les pieds, l'air était plein de bruissements. Des signes précurseurs ne manquaient pas ; on n'entendait qu'imprécations et menaces. En aucun moment les clubs ne s'étaient montrés plus audacieux ; ils ne se contentaient plus d'être les foyers de l'insurrection : ils en étaient aussi les arsenaux. Chaque soir on y donnait le mot d'ordre ; on y distribuait des munitions de guerre. Le dénombrement, la distribution des forces y était l'objet d'un travail assidu. Aux escarmouches de partisans allaient succéder des opérations régulières, conçues par des hommes du métier. Sur un signal convenu, Paris devait se trouver partagé en deux tronçons, hostiles l'un à l'autre. La révolte n'agirait plus à l'étourdie et chevaleresquement : elle entendait mettre les avantages de son côté. Des ouvrages de défense avaient été combinés et liés entre eux : c'étaient des remparts de pavés, pourvus d'embrasures et de meurtrières : système redoutable et complet, où les lignes succédaient aux lignes, les retranchements aux retranchements ! Ainsi, cette fois, la révolte aurait tout pour elle : les bénéfices du nombre et le choix du terrain.

Quant à son armée, rien n'en pouvait contenir l'ardeur. Ses rangs se formaient à vue d'œil ; sa tenue était celle de troupes à qui la victoire a toujours souri. De vingt mille ouvriers déclassés, l'atelier national était arrivé, par la force des choses, au chiffre énorme de cent vingt mille. Légion du besoin et de la misère ! C'était une charge qu'aucun trésor n'aurait pu supporter. On y eût ruiné le crédit public sans profit pour personne. Chaque jour des noms nouveaux entraient dans les cadres, et aucun n'en sortait. La spéculation et la fraude s'en mêlaient aussi. Même dans ce budget de l'infortune, le cumul s'était introduit : des mains suspectes ou parasites détournaient à leur profit une part des subsides destinés aux malheureux. Point d'examen de titres ni de contrôle régulier. Jamais secours ne fut distribué avec moins de discernement. On eût dit une prime accordée à l'indolence. Un double dommage en résultait : dommage pour nos finances et dommage pour nos mœurs. Sous peine d'aller à l'abîme, il fallait s'arrêter dans cette voie. L'Assemblée comprit qu'il y avait là pour le pays un péril, pour elle une responsabilité. Elle ordonna que l'atelier national fût dissous.

L'acte était décisif; il provoqua une explosion de colères. Cette armée avait pris pour règle de ne reconnaître aucun pouvoir supérieur au sien. Elle traitait avec le gouvernement comme les janissaires traitaient avec leur Grand Seigneur : sur le moindre prétexte, elle renversait ses marmites et assiégeait les portes secrètes du palais. Placé entre une faiblesse et le cordon, le gouvernement optait pour la faiblesse. Ce régime durait depuis quatre mois. Pour la première fois, on osait lutter de front; c'était une nouveauté : aussi n'y eut-il qu'une longue clameur sur toute la ligne de l'atelier national. De Saint-Mandé à Neuilly, de Boulogne à Villejuif, on brandit les pioches en guise d'épées. Dissoudre une institution à peine dans sa fleur, quelle audace digne de châtiment! Une besogne si douce, un travail si récréatif! Tant de jeux de bouchon et de verres vidés sur le comptoir! Quoi! du jour au lendemain, il fallait renoncer à tout cela? Plutôt la mort. Ainsi le gant était jeté, et il ne restait qu'à offrir la bataille.

Les pensionnaires de l'atelier national ne s'y engageaient pas à titre égal. Une minorité turbulente donnait l'impulsion; les autres y cédaient seulement. Beaucoup s'abstinrent, et, dans le nombre, les plus honnêtes, les plus dignes d'intérêt. C'est dans l'ordre; en temps de crise, les bons instincts sont comprimés, les mauvais éclatent. Aussi les héros, les chefs de l'entreprise, avaient-ils presque tous à leur charge un passé onéreux. Ceux que la chiourme ne réclamait pas étaient des habitués du cabaret; ils apportaient à la guerre civile son élément le plus actif, l'abrutissement du crime ou celui du vin. Ces natures perverties ou violentes dominaient les chantiers; elles y régnaient par la terreur. Les esprits faibles s'en défendaient mal, et se jetaient dans un danger plutôt que de s'exposer à une querelle. L'exemple achevait ce que la crainte avait commencé, et c'est ainsi que cette armée formait ses cadres et voyait s'accroître le nombre de ses combattants.

Il est vrai de dire qu'au-dessus ou à côté de ce gros du parti figuraient quelques hommes d'une condition et d'une orthographe plus relevées. C'étaient les ambitieux au petit pied, les hommes d'État en expectative. Famille nombreuse, et riche en variété ! Par exemple, le rédacteur en chef du journal à un sou, qui, entre onze heures et minuit, dispose du sort des empires, ou bien l'oracle de l'estaminet, qui puise dans un bischoff continu des procédés de régénération à l'usage du genre humain. Près de ces mortels d'avenir, voici les blessés des lettres et des arts, qui ont demandé à la gloire et à la fortune plus qu'elles ne pouvaient leur donner, et qui, déçus dans cet espoir, veulent faire porter à la société les torts secrets de leur orgueil. Chaque profession, chaque carrière fournit ainsi une somme de rancunes et de griefs qui dégénèrent volontiers en un sentiment de révolte. Être mécontent de soi conduit à être mécontent des autres, et il est difficile de trouver parfait un monde où l'on ne réussit pas. De là l'émeute en gants frais et en bottes vernies. On ne la voit pas au feu, mais elle prépare la bataille et y assiste en intention, toute disposée à s'en adjuger intégralement les profits.

Ainsi se combinaient, à divers degrés, les éléments d'une action prochaine. En haut, les esprits inquiets, les existences déclassées, les vanités sans frein, l'envie surtout, plus implacable que le besoin. En bas, la dégradation légale, les vices abjects, les appétits grossiers, et l'espoir avoué de mettre la société à sac. Des deux parts, les passions les plus noires, les mobiles les plus hideux. La guerre civile allait sortir de ces ferments. On ne s'en cachait plus; la sédition marchait tête haute. Elle bravait l'Assemblée, elle balançait le gouvernement. On eût dit que Paris lui appartenait. Le langage des clubs résonnait comme un tocsin, et jetait sur le pavé une population frémissante. Plusieurs fois résolue, la prise d'armes avait subi des ajournements successifs. Il s'agissait de mieux assurer le terrain, et d'envelopper la ville dans un réseau d'attaques simultanées. Le plan définitif ne laissait plus de doutes sur le résultat. Pour un jour encore, la France relevait de pouvoirs indignes de leur mission, mais elle allait se réveiller le lendemain avec un gouvernement de terrassiers et d'hommes de lettres, la fleur du cabaret et de l'estaminet.

Le moment prédit arriva : le volcan brisa son enveloppe. Ce souvenir ne s'effacera jamais de mon esprit. Depuis le matin, je me livrais à mon travail préféré. Les heures s'écoulaient avec la rapidité de l'éclair. De loin en loin, il est vrai, des rumeurs vagues arrivaient jusqu'à moi ; mais j'en étais promptement distrait par le charme de la composition. Il y a des exemples de cette force d'isolement : Archimède en fournit un très-mémorable. Comme lui, j'étais absorbé dans un problème, quand déjà le meurtre parcourait la cité, et je n'aurais point abandonné cette poursuite, si Malvina ne fût entrée brusquement dans la pièce où je travaillais, et ne se fût précipitée vers moi avec des airs effarés :

— Mon Dieu ! mon Dieu ! s'écria-t-elle, qu'allons-nous devenir ? Qu'allons-nous devenir, mon ami ?

Dix fois elle répéta sa phrase sans obtenir de réponse ; ma pensée était ailleurs.

— Qu'allons-nous devenir ? disait-elle toujours.

— Qu'est-ce donc ? répondis-je enfin machinalement, et sous l'empire de ma préoccupation ; qu'y a-t-il ?

— Ce qu'il y a ? dit-elle avec vivacité. Tu te promènes donc dans les nuages ? Il y a que l'on s'égorge dans Paris.

— Bah ! répliquai-je en homme qui se réveille en sursaut.

— C'est comme cela. Tout est à feu et à sang depuis onze heures du matin. Deux cent mille hommes descendent des faubourgs et marchent sur l'Assemblée nationale. Vincennes vient de se rendre à discrétion.

— Qui t'a conté cela ?

— C'est public. Tout le quartier le sait. Il n'y a que toi pour n'être au courant de rien. Aussi est-il permis de se cogner le nez contre du papier quand on est à deux doigts de la mort ! De la mort, entends-tu ? Les faubourgs l'ont déclaré formellement; ils veulent couper les riches par morceaux. Ils massacreront jusqu'aux femmes.

— Allons donc !

— C'est comme je te le dis ! Des horreurs ! Mais ils peuvent venir; je les attends. Ils n'auront pas bon marché de moi. Ah ! ils en veulent aux femmes; eh bien ! nous verrons. J'ai mis de l'huile à bouillir; il suffit. J'en échauderai vingt-deux avant qu'ils aient monté l'escalier.

— Propos de portier !

— De portier ou d'autres, j'aime mieux en avoir le cœur net. C'est là ; ils en tâteront ou n'en tâteront pas, à leur choix. Mais, dis donc, Jérôme, il me semble que ça chauffe. Entends-tu ces coups ? Comme ils se suivent ! comme ils sont nourris !

— En effet ! on dirait que le son se rapproche.

— Ils gagnent du terrain ; c'est clair. Où ont-ils donc trouvé des armes ? On nous vend, mon ami ; on nous vend. On ne m'ôterait pas de la tête qu'il y a là-dessous un coup monté. La mobile doit en être. Il se peut que le gouvernement y trempe aussi les doigts. Tu sais que je n'y ai jamais eu confiance. Mais quel bruit ! quel bruit ! Et penser que tout coup peut tuer un homme ! Les ruisseaux doivent couler du sang.

Ma femme s'était approchée de la croisée et prêtait l'oreille aux décharges qui se succédaient. Tout à coup un nuage se répandit sur sa physionomie, et d'une voix troublée elle me dit :

— Jérôme, de quel côté ça peut-il se passer ? Tu ne devines pas à peu près ?

— C'est assez difficile, répliquai-je.

— Essaye toujours ; là, à ton idée, ajouta-t-elle avec un sentiment d'inquiétude de plus en plus vif. Où ça peut-il être ?

— Mais aux environs de l'hôtel de ville, je pense.

Ces mots suffirent pour amener la crise dont je suivais les symptômes. Ma femme joignit convulsivement les mains et les tendit ensuite de mon côté avec une expression désespérée :

— Dieu du ciel ! s'écria-t-elle, et moi qui l'oubliais ! moi qui oubliais mon enfant! Où avais-je donc la tête ? Mon enfant! mon Alfred! Malheureuse que je suis !

— Tu as raison, Malvina ! j'y cours.

— Son pensionnat qui est juste de ce côté ! Oh ! mon bel enfant ! Peut-être me l'ont-ils déjà assassiné ! Viens, Jérôme, viens !

J'avais pris mon chapeau et me disposais à partir quand elle m'arrêta :

— Attends, me dit-elle. Tu n'iras pas seul.

— C'est s'exposer inutilement, lui répondis-je. Sois tranquille, je te le ramènerai.

— Et moi donc, que ferais-je ici ? Jérôme, tu ne sais pas ce que c'est qu'une mère. Mais je mourrais de mille morts à vous attendre tous deux. Et s'il vous arrivait un malheur ! Non, je veux voir ça de près, je veux y être. C'est bien assez de n'y avoir pas songé plus tôt. Viens, viens.

En parlant ainsi elle avait achevé sa toilette et se trouvait déjà sur l'escalier. Nous sortîmes. Le quartier était tranquille; seulement, çà et là, il s'y formait des groupes, et quelques pavés déchaussés attestaient le passage des mécontents. De rue en rue, de maison en maison, les nouvelles circulaient avec une rapidité merveilleuse. Il y en avait de fausses; il y en avait de vraies. Les plus absurdes étaient celles qui trouvaient le plus de crédit. On mettait les insurgés à la tête d'une artillerie formidable et de machines douées d'une grande puissance de destruction. On assurait qu'ils avaient garni tous les égouts de barils de poudre, et qu'à un moment donné ils feraient sauter les beaux quartiers de Paris. Ces récits passaient d'une bouche à l'autre et acquéraient plus de gravité dans le trajet. Pour les propager, ils trouvaient au besoin des émissaires détachés par l'émeute, et chargés de répandre l'alarme à son profit et en son nom.

Nous atteignîmes la ligne des boulevards. Malvina m'entraînait ; elle avait des ailes. On eût dit que toute minute de retard était autant d'enlevé au salut de son enfant. A peine jetait-elle, à droite et à gauche, un regard distrait; rien ne la touchait si ce n'est sa préoccupation maternelle :

— Pourvu que nous arrivions assez tôt! disait-elle avec anxiété.

Les boulevards étaient garnis de soldats. Pendant quelques heures, l'émeute avait pu s'y maintenir à la hauteur des portes Saint-Denis et Saint-Martin ; une attaque vigoureuse avait suffi pour l'en déloger. Les traces du combat étaient encore visibles. Sur les murs l'empreinte des balles, sur le pavé des traînées de sang témoignaient à quel point il avait été sérieux. La guerre civile y éclatait dans toute son horreur. Des citoyens étaient tombés sur ce champ de bataille pour l'honneur du drapeau et la défense des lois; ils étaient tombés sous des mains impies. Le cœur, à ce spectacle, éprouvait un serrement douloureux. Les enfants d'une même patrie se déchirer ainsi, et déchirer le sein de leur mère! Triste guerre où le triomphe était un deuil et où il fallait mettre un crêpe autour du laurier!

De telles scènes n'étaient guère propres à rassurer Malvina ; elle y voyait un danger de plus pour son fils. Aussi hâtait-elle le pas, et à ce point, que j'avais quelque peine à la suivre. Nous n'avions pas quitté les boulevards. Les régiments se succédaient ; l'infanterie, avec l'arme au pied ; la cavalerie, avec la bride en main. Les lanciers agitaient leurs banderoles au vent, les cuirassiers déployaient leurs lignes étincelantes. Cet appareil militaire avait un caractère de force et de grandeur. Naguère proscrite, l'armée rentrait dans ses droits, et allait prendre sa revanche contre les pavés. Non pas qu'il n'y eût dans son sein un peu d'émotion à la pensée de cette guerre terrible; mais elle obéissait à un mobile supérieur : l'accomplissement d'un devoir et le dévouement à la patrie.

Au delà du Château-d'Eau, notre marche fut arrêtée brusquement, nous étions en plein champ de bataille. Les balles sifflaient de toutes parts, les obusiers allaient se mettre en ligne. Logés dans les maisons, les insurgés tiraient de là presque à coup sûr. Les soldats tombaient dans les rangs, les artilleurs sur leurs pièces. Malvina ne sourcilla point : elle essuya bravement le feu. C'était de l'héroïsme maternel. J'abrégeai l'épreuve et l'entraînai dans une rue latérale où la circulation n'était pas interceptée. Dans le danger qu'elle venait de courir, c'est encore à son fils qu'elle songea.

— Pauvre Alfred! dit-elle en se remettant au pas accéléré, qui sait ce qu'il sera devenu au milieu de cette bagarre! Pourvu que nous le retrouvions vivant!

— Il est à l'abri !

— A l'abri? reprit-elle d'une voix mélancolique; qui y est aujourd'hui? Les temps sont si mauvais! Dieu! qu'il me tarde de le tenir! et que je vais donc l'étouffer de baisers!

Nous touchions au pensionnat; encore cinq minutes de marche et nous arrivions devant la porte cochère. Malvina ne se possédait plus; son Alfred était là. Elle rasait le sol, elle détalait comme une biche. O mécompte! A l'angle d'une rue et au moment où nous nous démasquions, une voix brusque se fit entendre :

— Au large! dit-elle.

Je levai les yeux. A quinze pas de nous se dressait une forteresse de pavés, chef-d'œuvre de cet art qui a déjà des professeurs. Rien n'y manquait, ni les créneaux, ni les angles rentrants, ni le principal, ni les accessoires. Par ses proportions et ses formes, cet ouvrage de défense rappelait les monuments cyclopéens. Une garniture de fusils en couronnait les crêtes, et au sommet, enveloppé d'un drapeau rouge, un enfant de Paris figurait une statue sur un socle de grès. C'était à la fois une védette et un emblème. En cas d'attaque, c'eût été une victime aussi. Mais l'enfant de Paris se plaît à des jeux pareils. Il lui faut du mouvement et des spectacles. L'émeute à ses yeux n'a que cet attrait; il n'y voit rien de plus. Peu lui importe au nom de qui, au nom de quoi elle usurpe le pavé. Il suit l'émeute comme il suit le tambour, par goût. Il y joue fièrement son rôle et s'y fait tuer au besoin. C'est le plus net de ses profits.

Nous nous trouvions donc en face d'un obstacle nouveau. Braver cet appareil n'était pas sans périls. Vingt tubes meurtriers montraient leurs gueules menaçantes, et du haut de son belvédère, le gardien de la barricade nous invitait, par un geste impérieux, à en dégager les abords. Des voix rudes se mêlaient à celle de l'enfant, et répétaient sur mille tons:

— Au large donc! au large!

— Au large! ajouta un insurgé plus impatient que les autres, au large! (et il appuyait l'avis d'un juron) ou je fais feu.

La partie se gâtait; nous avions affaire à des gens de mauvaise humeur. Cependant notre chemin était d'aller droit à eux; il n'y en avait point d'autre. J'hésitais; Malvina avait pris son parti. De l'autre côté de la barricade, son fils l'attendait :

— Au petit bonheur, dit-elle, je n'en suis pas à un coup de fusil près. Il en a fallu vingt pour tuer le maréchal Ney.

Et avant que j'eusse pu m'y opposer, elle marchait d'un pas délibéré vers la redoutable forteresse. Bon gré, mal gré, il fallait la suivre. Les cris se succédaient.

— Au large, citoyenne! disait la vedette.

— Au large! répétait la garnison.

Malvina n'en tenait compte; elle gagnait du terrain. Les jurons voltigeaient toujours.

Jérôme, me disait-elle, tant qu'ils sacrent, il n'y a rien à craindre. Les sournois seuls font de mauvais coups.

Une explosion répondit à sa pensée; c'était sans doute le trait d'un mauvais plaisant. Une amorce, une capsule, peut-être. Mais ma femme prit la chose au sérieux:

— Vous êtes bien des soldats du pape! dit-elle à haute voix. Est-ce que par hasard un jupon vous fait peur?

Cette saillie termina tout; elle fut accueillie par de longs éclats de rire. Un parlementaire descendit du haut de ces remparts de grès. On transigea. Je ne pouvais pénétrer dans l'intérieur de la place; les consignes s'y opposaient; seulement on les fit fléchir en faveur de Malvina. L'enfant de Paris quitta son poste aérien, et avec l'aisance d'un troubadour :

— Madame la marquise, dit-il, veut-elle accepter ma main pour franchir la barricade?

Malvina accepta gravement, et le jeune drôle continua à se donner les airs d'un chevalier :

— Bien, madame la marquise, attention au parquet, il vient d'être ciré. Doucement, là, doucement, ménageons les brodequins. Parfait ; nous voici hors du mauvais pas. Mes révérences à madame la marquise.

Cependant ma position n'était pas des plus sûres. En cas d'attaque, je me trouvais pris entre deux feux. Je cherchai l'abri d'une porte et m'effaçai du mieux que je pus. Rien de plus équivoque que ma présence en cet endroit. Je pouvais être fusillé par les insurgés comme un ami de l'ordre et par les amis de l'ordre comme un insurgé. Heureusement ma femme comprit mon embarras et sut l'abréger. Je la vis bientôt reparaître au sommet de la barricade, tenant son enfant par la main, puis reconduite avec toute sorte d'égards jusqu'au niveau du pavé. Elle me rejoignit, et peu de minutes après nous étions hors de vue.

— Le voici, Jérôme, le voici ! me dit-elle en me montrant Alfred qui bondissait à ses côtés. Il est vivant ! il est intact ! Qui sait s'il en eût été de même plus tard ? Je les ai vus de près, sais-tu ! Quelles figures, bon Dieu, quelles figures ! Sur huit, il y en a sept de louches. Et dire que notre enfant était sous leurs mains, qu'ils auraient pu en faire une bouchée ! Tu en penseras ce que tu voudras, mon chéri, mais je veux brûler un cierge à Saint-Roch. C'est miracle qu'il en ait réchappé.

Nous retournâmes au logis par le chemin que nous avions suivi en allant. La circulation était déjà moins libre. L'aspect de Paris avait quelque chose de sinistre et de glacial. Il y régnait un doute universel, une consternation muette. On ne savait ni sur qui ni sur quoi compter. L'air était plein de trahisons, et le sol de piéges. On était en guerre, en pleine guerre ; il n'y avait pas à s'y tromper. Les boulevards étaient un vaste camp, gardé par des consignes sévères. Hommes et chevaux n'en bougeaient plus. L'asphalte servait de lit et le pavé de litière. Des aides de camp parcouraient cette ligne stratégique en recueillant des rapports et laissant des ordres sur le chemin. Le régime militaire sortait tout armé des écarts de la multitude. Il en était la conséquence et l'expiation.

Malvina continuait à placer ailleurs ses soucis ; elle était toute à son fils. Elle ne pouvait se lasser de l'entendre, de le faire causer. M. Alfred lui racontait comment entre les divers lycées on n'avait pu s'entendre sur le compte de la République. Descartes(1) la comprenait d'une façon, Monge d'une autre ; Rollin hésitait entre les deux. Tous, d'ailleurs, s'acharnaient à leurs opinions et y apportaient une grande vivacité. Monge avait envoyé un cartel à Descartes ; celui-ci n'y avait point encore répondu. Probablement la question se viderait à la première rencontre et avec des pierres dans les mouchoirs ; autrement Descartes serait déconsidéré aux yeux de tous les lycées de Paris. On ne le saluerait plus et on lui cracherait au visage. C'était une affaire décidée irrévocablement. Dans ce cas, Rollin se battrait contre Monge à défaut de Descartes. Un cartel ne peut pas tomber ainsi dans l'eau ; il y a toujours une satisfaction au bout.

M. Alfred trouvait ce jour-là dans sa mère un auditeur indulgent ; elle était trop heureuse de l'avoir sous sa main, de le sentir près d'elle. A peine rentrés, elle le prit sur ses genoux et le couvrit de caresses.

— Viens donc ici, dit-elle ; viens, mon minet, que je me remette un peu le cœur. Embrassez votre mère, monsieur, et plus fort que cela. Encore, encore, toujours. Vrai, mon minet, je t'ai cru perdu. Et maintenant, ajouta-t-elle en me prenant la main, puisque nous voici réunis, les choses seront ce qu'elles pourront. Ensemble, on est bien fort. Et pour le reste, à la garde de Dieu !

XXXV

L'ÉRUPTION.

Les jours qui suivirent furent des jours de deuil. L'histoire n'a point de page plus funèbre. Certes, Paris s'agita sous d'autres hommes et en d'autres temps : il eut, avec la Ligue, d'ardents combats, et des guerres galantes avec la Fronde. La révolte n'y est pas un fruit nouveau, la turbulence encore

(1) Les noms qui suivent sont ceux que l'on donnait alors aux lycées.

moins. Il a fait et défait bien des pouvoirs, salué et chassé bien des souverains. Il ne laisse pas longtemps l'auréole attachée aux mêmes fronts. Cependant étudiez ses annales ; vous le trouvez héroïque et capricieux, jamais haineux ni farouche. Surtout il n'offrit, à aucune époque, le spectacle d'une lutte de classes soutenue avec un implacable acharnement, et d'un conflit d'intérêts poussé jusqu'à l'extermination.

Voilà où Paris en était arrivé ; le sang y coulait à flots pour une question de subsides. Des sophistes avaient conseillé au peuple de moins compter sur ses bras que sur les largesses du Trésor, et l'avaient ainsi jeté hors des voies régulières du travail. Une déviation en amène une autre, et d'un sentiment erroné des choses, le peuple en était arrivé, par une pente naturelle, à la colère qu'engendrent les mécomptes, et de la colère aux coups de fusil. Depuis trois jours il usait de cet argument, et soutenait derrière ses barricades un assaut désespéré. Ses faux prêtres l'y avaient conduit, après avoir versé dans son âme le fiel de leurs propres déceptions, il s'y maintenait avec l'ardeur du tigre qui flaire sa proie. Si la société eût hésité un moment, douté de sa force et de son droit, une griffe avide se fût appesantie sur elle et l'eût dépecée jusqu'au dernier lambeau.

Pendant la durée de la lutte, le quartier que nous habitions fut soumis à un blocus rigoureux. Les insurgés occupaient la barrière voisine, et les abords en étaient strictement surveillés. Cette circonstance nous laissait dans l'isolement ; à peine nous parvenait-il quelques nouvelles, presque toutes apocryphes. Par exemple, celles-ci : Que l'on crevait dans les rues les caisses des tambours ; qu'un régiment de ligne avait fusillé ses officiers et passé du côté de l'émeute ; qu'il se commettait d'affreuses atrocités ; enfin que les généraux ne s'accordaient plus sur le plan de campagne, et que trois d'entre eux avaient brisé leurs épées dans un accès de découragement. Malvina ajoutait à ces détails une foi entière et les rapprochait de ce qu'elle avait appris des dispositions du faubourg. L'ensemble des faits la rassurait médiocrement, et elle persistait à laisser sur le fourneau sa provision d'armes défensives. Suivant que la fusillade perdait ou gagnait du terrain, elle activait ou ralentissait le feu, de manière à n'être en aucun cas prise au dépourvu.

Le séquestre auquel nous étions assujettis ne faisait qu'empirer; à peine laissait-on circuler les servantes en quête de provisions. Aucun renseignement n'arrivait plus; nous en étions réduits aux conjectures. Point de gazettes, point d'affiches; rien dans les maisons, rien sur les murs; l'activité de la ville semblait supprimée. C'était un grand vide pour moi; je ne savais comment le remplir. Oscar ne paraissait pas; probablement il ne pouvait franchir nos lignes. Simon aurait dû se montrer; son écharpe bravait les interdictions. Je commençais à m'affliger et à m'inquiéter de son absence, lorsqu'un soir il frappa à la porte de notre logement. Malvina voulait lui tenir rigueur; impossible. Le reproche expira sur ses lèvres. L'air abattu du meunier était une justification suffisante.

— Seriez-vous malade, Simon? lui dit Malvina avec bonté.

— Comment ne pas l'être, madame Paturot, avec tout ce qui se passe et tout ce dont on est témoin?

— C'est donc bien grave, mon garçon?

— Grave! c'est la fin du monde! L'homme retourne à l'état de brute, rien de plus évident. Encore la brute a-t-elle l'instinct! L'homme, rien.

— Vraiment! vous êtes mal monté aujourd'hui, Simon! Qui en est cause? Voyons, contez-moi cela. Croiriez-vous que depuis trois jours nous sommes sans nouvelles? Le gouvernement nous abandonne. Que vous êtes donc aimable, d'être venu! Je vais prendre un furieux dédommagement. Ici, mon garçon, sur ce fauteuil. Mettez-vous à l'aise et contez-moi tout.

— C'est une longue histoire, madame Paturot.

— Tant mieux, Simon! tant mieux! Moi qui en raffole. Et puis, je ne sais rien de rien. On nous tient en charte privée. C'est comme si j'arrivais du Congo : exactement cela. Allons, commencez, je suis tout oreilles. Dites, représentant.

— Puisque cela vous plaît, mon Dieu, je n'y mets pas de façons. Je ne suis point un chanteur pour faire le précieux. Vous saurez ce que j'ai vu, voilà tout.

— C'est cela, Simon.

— Et sans phrases, comme cela me viendra.

— De mieux en mieux ; il ne faut pas forcer la nature. Parlez donc, parlez.

Le meunier avait satisfait aux principes de l'art ; après ce petit exorde, il commença son récit.

RÉCIT DE SIMON.

« Vous m'en croirez ou ne m'en croirez pas, madame Paturot, mais si, pour épargner à mon pays la honte de ce qui vient de se passer, il avait suffi de se laisser ouvrir les quatre veines, j'y eusse consenti de grand cœur. C'est à rougir d'être Français ; il n'y a pas de peuple sauvage qui n'ait désormais le droit de se croire supérieur à nous. Quand j'y songe, il me monte des rougeurs au front ; je voudrais fuir une terre où les choses tournent ainsi. Le cœur y saigne par trop de blessures. L'œil n'aperçoit plus que des scènes faites pour le navrer ; l'oreille n'entend que des cris de haine et de meurtre ! Est-ce vivre, cela ?

« Voici ce qui s'est passé :

« Nous étions réunis dans nos comités quand la nouvelle des premiers événements y parvint. Les uns en parlaient comme d'une chose grave, les autres comme d'une affaire insignifiante. On disait que des barricades s'élevaient sur divers points, et que les deux grands faubourgs étaient en pleine insurrection. Ces bruits circulant avec rapidité, suffirent pour interrompre nos travaux habituels. Quand un malade a un transport au cerveau, on ne s'amuse pas à lui panser les engelures. A l'instant même les comités furent déserts. On se répandit dans les salles pour y être à l'affût des renseignements. Tout représentant qui venait du dehors, était entouré, interrogé. On lui demandait ce qu'il avait vu et appris. La plupart du temps il renvoyait la question à ceux qui la lui adressaient. Les plus sincères en agissaient ainsi. Quant aux faiseurs d'embarras, ils n'étaient jamais au dépourvu, et tenaient cercle autour d'eux. Il est des gens qui posent toujours.

« Tout à l'heure, madame Paturot, vous vous plaigniez de n'avoir point eu de nouvelles : à l'Assemblée nous en avions trop. Comme elles se combattaient, en fin de compte nous n'étions pas plus avancés que vous. Tout s'arrange, disait-on d'un côté, les insurgés ne tiennent pas derrière leurs barricades ; partout ils les abandonnent avec facilité. Les choses s'embrouillent, disait-on d'un autre côté, la troupe n'a pu enlever aucune position ; elle a été repoussée avec des pertes considérables. Lequel croire de ces deux rapports ? Puis il survenait des bruits alarmants : la banlieue se déclarait pour l'émeute et s'opposait à l'entrée des troupes ; des convois de munitions étaient tombés entre les mains des révoltés. Je ne vous cite que les traits principaux. Il faudrait des jours et des mois pour rendre compte de toutes les sottises qui se débitaient et de toutes les fables dont on nous cornait les oreilles. Même en des moments si terribles, il y avait des mauvais plaisants.

« Dans nos salles, on pouvait voir déjà les vœux secrets se peindre sur les physionomies. Le plus grand nombre exprimait la résignation et la douleur. On savait qu'au bout de cette affaire, il y avait la ruine du pays, la proscription ou la mort pour beaucoup d'entre nous. Cette populace n'aurait rien respecté si elle eût été victorieuse : c'était le sentiment qui dominait. Les uns le prenaient avec philosophie, et j'étais de ceux-là ; d'autres ne pouvaient se défendre d'une secrète angoisse. Il est beau de succomber pour la patrie ; mais tous les tempéraments ne s'y prêtent pas. Tout le monde n'est pas également disposé à faire bon marché de sa vie. Les uns ont encore un mot à dire à leurs femmes ; d'autres éprouvent le besoin d'ajouter quelques lignes à leur testament. Puis on a des enfants, et on aimerait à savoir comment ils tourneront. Bref, pour mille causes, un départ trop brusque peut ébranler l'esprit. J'ajoute, madame Paturot, qu'il n'en paraissait rien, et que la tenue était convenable. Nous étions au grand complet; il y avait peu de vide dans nos rangs. Le sentiment du devoir a aussi son héroïsme.

« Un groupe de l'Assemblée voyait les choses autrement. Ses émotions allaient à l'inverse. Ce qui était appréhension pour nous était espoir pour d'autres. Leurs sympathies traversaient les barricades; et avec quel élan! Allez, j'en sais long là-dessus. J'avais été des leurs ; ils ne se méfiaient pas de moi. D'ailleurs, un meunier, cela compte-t-il? On peut tout dire devant lui; encore ne disaient-ils pas tout, et gardaient-ils pour eux la meilleure partie de leur pensée. Mais comme on pouvait lire dans leurs yeux! comme leur maintien les trahissait! Il fallait les voir à l'arrivée des nouvelles. Quand le peuple avait le dessus, ils avaient peine à se contenir, et l'idée de mettre la main sur le pouvoir les jetait dans une sorte d'ivresse.

« C'est surtout le second jour que ce camp se dessina. Les choses s'aggravaient au dehors : sous peine de périr et d'entraîner le pays dans sa chute, l'Assemblée devait aviser; elle n'y manqua pas. Les pouvoirs réguliers ne suffisaient plus; les circonstances exigeaient des pouvoirs extraordinaires. L'autorité ne pouvait flotter entre plusieurs mains; il était urgent de la concentrer. Ces deux nécessités dominaient la situation. L'Assemblée y pourvut. Sous le dernier règne, plusieurs généraux avaient exécuté contre les Bédouins des campagnes heureuses. Ils y avaient appris l'art de traquer les enfants de l'Atlas. Naturellement ces noms étaient désignés pour une autre guerre de Bédouins. La tactique était la même; l'art aussi. L'abri des pavés remplaçait l'abri des rochers, et au lieu de palmiers nains, on avait les embrasures des croisées, garnies de matelas. A Bédouins Bédouins et demi. On savait d'ailleurs à quels cœurs généreux, à quels courages éprouvés on avait affaire. L'état de siége fut décrété, et la conduite des opérations remises aux généraux africains. C'étaient des hommes qui ne riaient qu'à leur jour; les insurgés l'éprouvèrent bientôt.

« Ce vote de l'état de siége fixa l'attitude des partis devant la révolte. L'Assemblée y voyait une mesure de salut ; plusieurs de ses membres éprouvaient le besoin de n'être pas sauvés : ils le déclaraient et au dedans et au dehors. Ces protestations étaient rares, mais n'en avaient que plus de prix. On en dressa la liste avec soin ; on la mit sous cloche. C'était un en cas, un gouvernement de rechange, il comprenait la fleur des pois. Au moment solennel, il était bon que ce dénombrement se fît, et qu'on séparât le froment de l'ivraie. Le peuple connaîtrait ses amis, et saurait les marquer d'un signe distinctif. Il aurait ses chefs, nous aurions nos maîtres.

« Il faut le dire, madame Paturot, on crut un moment que cela finirait ainsi. Depuis février, la rue menait le gouvernement. Personne n'avait la volonté ni la force de lui résister. On craignait qu'il n'en fût encore de même. L'émeute marchait vers son but avec un formidable aplomb. Partagée en deux ailes, son armée occupait la moitié de Paris et menaçait l'autre moitié. L'audace et l'habilité de ce plan frappaient les esprits ; la durée de la lutte y ajoutait une chance de plus. Puis, à qui se fier ? Où placer le nerf et l'espoir de la défense ? Point de bras ferme, point de nom sûr. Un à un les instruments s'étaient brisés dans l'exercice du pouvoir. Ce qu'il en restait n'offrait qu'une médiocre garantie. En temps de crise, le soupçon va vite, il remonte haut. Tout effarouche, tout paraît suspect. Cependant la partie était grave et l'enjeu sérieux. Il s'agissait de savoir si la France garderait son rang parmi les nations civilisées, ou si elle descendrait au niveau d'une tribu de nègres, avec l'écorce d'arbre pour vêtement et la chair humaine pour régal.

« La gravité du péril inspira à l'Assemblée une bonne résolution. Elle décida qu'un certain nombre de ses membres se rendraient sur les divers points où la bataille était engagée. Leur présence, la vue de leurs insignes ne pouvaient manquer de produire de l'effet. On verrait ainsi que l'Assemblée renfermait dans son sein tous les genres de courage et de dévouement. A peine votée, la motion fut mise à exécution. Comme vous pensez bien, madame Paturot, je fus l'un des premiers à m'inscrire. C'était ma place, c'était mon lot. Un enfant du peuple comme moi! Ici d'ailleurs je me sentais utile, je comptais pour un. Je mis mon écharpe, bien résolu à la garder jusqu'au bout. C'est vingt-cinq francs qu'elle m'a coûté, je ne la donnerais pas aujourd'hui pour mille. Elle a vu le feu! »

— Quoi, mon garçon, vous avez été héroïque à ce point! dit ma femme en interrompant le récit. A ce point?

— Quand on y est, madame Paturot! Il est vrai que je n'en ai pas tiré parti. D'autres se sont tenus à distance et occupent pourtant une place avantageuse sur les bulletins. Que voulez-vous? Il y a des procédés pour cela. N'en use pas qui veut. Mais suivons.

Et il reprit:

« Les représentants, détachés en volontaires, s'étaient distribué les quartiers où se prolongeait le combat. Cinq d'entre eux devaient suivre la rive gauche de la Seine et s'aboucher avec les chefs militaires qui commandaient de ce côté. J'en étais; ils partirent, je marchai. Tous beaux hommes, ma foi, belle carrure et gens déterminés. Il y a des moments, madame Paturot, où il ne suffit pas d'avoir de l'esprit comme un singe et des connaissances à battre un curé. Quand on vit dans des jours de calme, je ne dis pas; ces petits talents servent à quelque chose. On en a l'emploi; ils ne méritent pas le dédain. Mais quand les cartes sont brouillées, il faut en venir à la nature et aux avantages qu'elle nous a dévolus; alors vient le tour des épaules carrées et des poignets vigoureux. Croyez-le, c'est au fond ce qu'il y a de plus vrai et ce qui trompe le moins. L'esprit est journalier, la mémoire se fourvoie; mais des membres solides, voilà qui est d'un usage sûr, infaillible et portatif. J'allais au combat avec ce genre de moyens; je les mettais au service du pays et de l'Assemblée.

« Quand nous sortîmes du palais, une ceinture de baïonnettes l'environnnait, et on voyait au loin sur les places et les quais étinceler des cuirasses. C'était un effet du plan adopté. Les troupes avaient ainsi un point de rassemblement d'où on les dirigeait sur les quartiers compromis. Je ne suis pas un homme de guerre; mais il me semble que cette idée n'était pas sans valeur. Il y en a peut-être de meilleures; il y en a aussi de plus mauvaises. L'essentiel était d'en avoir une et de s'y tenir. On ne réussit qu'à ce prix. En toute chose, la victoire est au plus têtu.

« On nous avait donné une petite escorte ; elle s'ébranla. Vous dire en quels lieux nous allâmes et par quelles rues, c'est ce qui me serait impossible, madame Paturot. Je suis brouillé avec les noms. Paris en a tant. D'ailleurs on sait une chose un jour, on l'oublie le lendemain. La tête n'est pas assez grande pour renfermer ce qu'il conviendrait de savoir. Il faut en faire son deuil. Je marchais devant moi, c'est tout ce que je puis dire, et d'un pas ferme, j'ose l'assurer. Mes collègues n'avaient pas l'air moins imposant ; nous devions faire une très-bonne figure. Les corps armés nous saluaient de leurs acclamations ; nous leur apportions une force. L'Assemblée se mêlait à eux ; ils étaient fiers de ce concours. On nous pressait les mains, on nous félicitait à l'envi. Nous aurions pu trancher du généralissime. A vue d'œil, le moral de la population se relevait et la troupe reprenait de la vigueur. Quelques allocutions lancées à propos complétaient l'effet de notre présence. J'y concourais en appuyant l'orateur de toute la puissance de mes moyens. En plein air j'ai toujours du succès.

« C'est ainsi que nous arrivâmes sur le théâtre de l'action. Elle était engagée au milieu de rues étroites et tortueuses, où la troupe ne pouvait se déployer, et où elle combattait à découvert contre des ennemis invisibles. Chaque coup parti des barricades était un véritable assassinat. L'homme ajustait l'homme et le tuait comme une pièce de gibier. L'épaulette surtout servait de cible. On comprend la guerre, madame Paturot, la grande guerre. C'est reçu qu'à un jour donné on se rencontre dans une plaine pour s'administrer des coups de canon. Des deux côtés les hommes tombent comme des quilles, et tout est dit. Cela se pratique ainsi depuis le commencement des siècles, et je ne crois pas qu'avec la meilleure volonté du monde, le nôtre soit destiné à en voir la fin. Dès qu'il y a des armées, il faut qu'il y ait des guerres. J'admets le fait. Mais ce que je n'admets pas, c'est que les hommes se construisent un affût et s'y embusquent pour tirer sur des êtres de leur espèce comme ils tireraient sur un lapin. Voilà une atrocité qui me passe. On les a pourtant appelés des héros ! Jolis héros ! de leur abri, ils se demandent qui ils tueront, si c'est le blond ou le brun, le grand ou le petit, le jeune ou le vieux. C'est à leur choix. Quand ce choix est fait, ils abaissent le canon de leur fusil, visent à plaisir et abattent : le tout sans risque. Si c'est de l'héroïsme, il ressemble beaucoup à celui des braconniers.

« A notre arrivée, une trêve semblait régner entre les combattants : on n'entendait que des décharges rares et perdues. Mes collègues voulurent en profiter pour faire des ouvertures de conciliation, et obtenir de la révolte un désarmement volontaire. A cela il n'y avait qu'un obstacle, c'est que, de l'autre côté des barricades, on ne voulût pas s'y prêter. Les officiers de la ligne étaient d'avis qu'on s'abstînt. Ils connaissaient leurs gens et assuraient que toute démarche serait inutile. Ils ajoutaient qu'à diverses fois ils y avaient eu recours, et que l'essai n'avait pas été heureux.

« Ce conseil me semblait sage ; un des nôtres persista néanmoins. Il croyait aux vertus, à la générosité du peuple ; cette illusion devait lui coûter cher. Il quitta l'abri où nous étions, et, armé d'un drapeau parlementaire, il s'avança seul vers la barricade, occupée par les insurgés. Il prononçait déjà des paroles de paix. La réponse ne se fit pas attendre : une balle échappée des créneaux supérieurs l'étendit à nos pieds. Je courus vers lui et l'emportai dans mes bras. Il était temps : une décharge générale balayait la rue dans toute sa longueur.

« Notre collègue était gravement atteint ; le sang s'échappait à grands flots de la blessure. Un chirurgien accourut et plaça le premier appareil. Le patient ne semblait pas alarmé de son état ; une seule chose le préoccupait, c'est la justification de ses meurtriers.

— Il y a méprise, disait-il, il y a méprise ; ils ne m'auront pas reconnu. Le peuple ne tire pas sur ses amis.

« On l'étendit sur une civière et on le transporta chez lui.

« Faut-il vous l'avouer, madame Paturot, ce début m'ébranla. C'est la première fois que je voyais le feu, et j'avais été mis à une rude épreuve. Mes habits, mes mains étaient souillés de sang, et pour relever le blessé, j'avais dû mettre le pied sur deux cadavres. Pour supporter d'un œil sec un tableau pareil, il faut être de la trempe des vieilles moustaches qui firent, avec l'Empereur, le tour de l'Europe, et laissèrent sur les bords de la Bérésina un nez ou un orteil. Un conscrit comme moi ne pouvait pas avoir de ces prétentions. Je le répète donc, cette scène m'ébranla un moment. Mais bientôt la colère reprit le dessus. Sans l'honneur de mon écharpe, j'aurais saisi un mousquet et tiré vengeance du meurtre qui venait de s'accomplir sous mes yeux. La troupe était animée du même sentiment ; elle brûlait d'en venir aux mains. Ses vœux furent satisfaits. On amena une pièce de canon qui ouvrit la brèche et la barricade fut enlevée à la baïonnette. On n'y trouva que cinq misérables engourdis et hébétés par le vin. Les autres avaient cherché un refuge dans les rues voisines, hérissées d'obstacles et de montagnes de pavés.

« Cette guerre n'avait pas de fin. Les barricades se suivaient; on ne faisait que passer de l'une à l'autre. Chaque maison était une forteresse qui dirigeait sur la troupe des feux croisés. Il fallait en faire le siége et les enlever successivement. Au moment où on s'y attendait le moins, une décharge partait d'une embrasure et jonchait le pavé de morts. Quelque soin que l'on prît de nous mettre hors d'atteinte, nous n'étions pas à l'abri de ces surprises et de ces guet-apens. L'écharpe, d'ailleurs, nous désignait aux coups des insurgés. J'incline à croire que beaucoup des nôtres ont usé d'une prudence exemplaire sur le terrain, et réservé, pour les récits des journaux, leur héroïsme le plus irréfléchi. Il plaît toujours à la province d'apprendre que ses élus se sont prodigués, même au péril de leurs jours, et il importait de concilier ce sentiment avec le soin de la sûreté personnelle. On avait ainsi la gloire sans le péril, et les honneurs du combat sans en courir les chances. L'idée était heureuse ; elle devait sortir d'un esprit ingénieux.

« Je passai sur les lieux une portion de la journée ; la résistance mollissait et j'y prenais goût. Les mouvements militaires s'exécutaient avec une précision qui faisait plaisir à voir, et un dévouement digne d'admiration. Il y avait des enfants du peuple d'un côté et de l'autre des barricades. Mais d'un côté se trouvait cette classe d'ivrognes et de hâbleurs que la vie de Paris déprave, de l'autre cette race des campagnes élevée dans le sentiment de la règle et du devoir. J'étais fier de mes villageois, madame Paturot ; ils sauvaient la société, ils sauvaient la civilisation. Et ces braves gens n'en paraissaient pas fort émus ; ils rendaient ce service sans jactance, sans bruit, sans faire d'embarras. Ce n'est pas vos Parisiens qui eussent traité les choses de cette façon : on les a gâtés en les portant aux nues. A les entendre, il n'y a qu'eux qui aient le sens commun. La province se compose d'une collection de crétins. Eh bien ! crétins ou non, nos campagnards leur donnaient encore sur les oreilles. Il était temps.

« Les opérations étaient conduites avec vigueur ; peu à peu l'émeute se resserrait dans un moindre espace. Pendant que nous la prenions en tête, d'autres corps l'attaquaient par les flancs et l'entouraient de manière à lui couper les issues. On pouvait calculer l'heure où elle expirerait faute d'aliment. Il est vrai que, sur d'autres points, on était moins heureux. La rive droite du fleuve appartenait, dans une partie de son étendue, aux insurgés ; ils tenaient presque toutes les barrières et menaçaient l'Hôtel de ville, dont ils occupaient les abords ; ensuite, d'affreux récits nous parvenaient ; on parlait d'un officier général tombé dans un piége odieux, puis fusillé à bout portant, après avoir subi mille insultes. On ajoutait que des soldats avaient été abominablement mutilés et d'autres décapités sur un billot. Ces détails, répandus dans la troupe, l'exaspéraient, et il fallait son admirable discipline pour qu'elle se défendît des représailles et ne se livrât pas aux mêmes excès.

« Quand je quittai mon poste de combat pour reprendre le chemin de l'Assemblée, on pouvait regarder les opérations de la rive gauche comme terminées. Le même peuple qui avait élevé des barricades travaillait à les détruire et à remettre le pavé de niveau. Le calme régnait dans les rues si bruyantes il y a un moment, et dont toutes les maisons portaient les traces des balles. Il est vrai que le canon grondait encore dans le lointain, et jetait dans l'air une sorte de terreur. Madame Paturot, n'est-ce pas que ce son déchire l'âme ?

— A qui le dites-vous, Simon ? répondit ma femme. Je ne vis pas depuis trois jours. A chaque coup que j'entends, je me tâte, il me semble que c'est moi qui suis blessée.

— C'est un bruit odieux, le bruit de la guerre civile ! Que la honte en retombe sur ceux qui l'ont allumée ! Je poursuis.

« Au moment où j'arrivai à l'Assemblée, les esprits y étaient dans une grande effervescence ; le président secouait sa sonnette à tour de bras, et, ne pouvant dominer le tumulte, il jetait à la ronde un regard désespéré. Sa voix essayait en vain de se faire jour : l'agitation la couvrait. J'interrogeai mes voisins sur le motif qui causait cette alerte ; il était peu sérieux. Voici de quoi il s'agissait : il y a, dans une assemblée parlementaire, des gens qui tirent parti de tout : là où d'autres ne voient qu'un devoir à accomplir, ils découvrent un effet à produire. Tout leur est bon, même les révoltes où la société est en péril ; leur vanité jouerait avec les vases de l'autel. Pour ces hommes tourmentés de la manie de paraître, les missions extérieures étaient une précieuse occasion. S'ils avaient ceint l'écharpe, c'était afin de la produire à la tribune, souillée de la poudre des camps. Ils entendaient bien que l'effet n'en fût pas perdu pour leur localité.

« C'est à propos de l'un de ces orateurs que l'Assemblée venait de passer à l'état d'insurrection. Il était arrivé dans les salles, la cravache à la main et les éperons aux talons, le front ruisselant et les cheveux en désordre. Sans daigner répondre aux questions qu'on lui adressait, il avait traversé toutes les pièces d'attente, gagné l'enceinte et gravi l'estrade d'un air solennel. Cette marche, cette pose, ces yeux sombres, ce geste imposant, avaient attiré tous les membres épars dans le palais ; les bancs s'étaient garnis en un clin d'œil. L'orateur commença : il raconta toute une Odyssée ; il parla avec une noble simplicité des dangers sans nombre qu'il venait de courir, fit le détail des barricades qu'il avait enlevées et des morts qu'il avait perdus dans le combat. Il ajouta qu'il était très-content des troupes et qu'elles avaient fait leur devoir. Le début avait été un peu mou, mais, à un moment donné, il les avait enlevées. Tous ces détails étaient donnés en termes du métier et avec une rondeur toute militaire. On aurait pu croire que l'orateur appartenait à la race de nos braves, et qu'il avait vieilli, lui ou les siens, dans la poudre des camps : c'était un avocat, fils d'un maître de forges ; au moins quelque chose d'approchant. Les avocats ont un grand avantage sur le commun des mortels ; ils parlent de tout indistinctement. La nature leur a donné une serinette ; ils sont toujours tentés d'en jouer.

« Jusque-là, les choses s'étaient passées sans trop d'encombre ni de bruit. L'Assemblée n'opposait à ces récits de bataille qu'un sentiment d'incrédulité. Il lui semblait difficile qu'un seul homme eût livré tant d'assauts, tourné tant de positions et brûlé tant de cartouches. Avec la meilleure volonté du monde, on ne pouvait se faire une idée de ça. C'était vraiment trop d'exploits. Les éperons aux bottes ne suffisaient pas comme preuves, et la cravache n'était pas d'un poids décisif. On trouve à l'Opéra-Comique des premiers sujets qui se servent de ces instruments avec un plus grand aplomb et des airs bien autrement capables. L'Assemblée n'en était point intimidée ; elle comprenait parfaitement qu'elle n'avait pas sous les yeux un foudre de guerre. Cependant elle mit à l'écouter une tolérance de bon goût ; elle lui laissa achever le détail de ses campagnes. A peine se vengeait-elle par un sourire, quand le héros poussait les choses à l'excès,

Les événements influaient sur son humeur ; ils la rendaient débonnaire.

« Cependant ces dispositions ne tinrent pas devant un dernier écart. Après nous avoir parlé de lui, l'orateur voulut parler des autres, et à l'instant l'affaire se gâta : c'était abuser de ses éperons. En guerrier consommé, il se prit à juger l'ensemble des mouvements militaires qu'il avait vu s'exécuter sous ses yeux et les condamna par un blâme formel. D'après lui, on n'aurait pas dû laisser tel point dégarni, et il eût fallu diriger plus de forces sur tel autre. En fait de plan général, il eût préféré beaucoup d'attaques simultanées. Puis rien ne marchait à son gré ; il réclamait des pièces de canon, il demandait l'emploi de la sape. Son idée fixe était d'envoyer des corps de pompiers sur les toits des maisons et de faire tomber sur les insurgés une pluie perpétuelle de grenades. En un mot, il exigeait qu'on eût recours à de grands moyens de destruction : autrement, il ne répondait plus du salut de la patrie. Évidemment, un tel langage ne pouvait être souffert ; il n'était pas de cravache au monde qui pût l'excuser. L'orateur y ajouta même des récriminations à l'adresse de celui ou de ceux qui dirigeaient les mouvements. Ce fut alors que l'Assemblée éclata ; il s'ensuivit une véritable tempête. Le héros essaya de lutter ; il prit la pose du dieu des batailles. L'ouragan n'en prit que plus de force, et il fut obligé de quitter la tribune beaucoup moins militairement qu'il n'y était monté.

« Les incidents de ce genre se renouvelaient à chaque instant. Il n'était pas de membre qui ne vînt rendre compte à son tour de ses impressions et de ses victoires. A peine quelques-uns, et je fus du nombre, eurent-ils le bon esprit de s'en abstenir. Ces confidences ne servaient à rien et pouvaient être nuisibles. L'émeute avait des espions dans l'enceinte du palais, et rien de ce qui s'y disait n'était perdu pour elle. Des agents secrets la tenaient au courant. Il était donc imprudent tout au moins de venir déclarer au public que tel corps avait hésité, que tel autre cédait du terrain, qu'à droite et à gauche on se plaignait de ne pas voir arriver du renfort. Aux rodomontades on ajoutait ainsi des fautes. Le chapitre des mentions honorables couronnait tout cela. Chaque représentant accouru du dehors avait une liste destinée à tenir en éveil la reconnaissance de la patrie et l'admiration de l'Assemblée. Ceux qui consentaient à oublier leurs exploits prenaient leur revanche en se portant les trompettes des exploits des autres. Grâce à eux, on apprit que le tambour Niquet avait pris un drapeau, et le fourrier Machefer enlevé un entre-sol à la baïonnette. La carrière une fois ouverte, on ne s'arrêta plus. Les bulletins se succédaient. L'Assemblée sut que la conduite du sergent Barbasson ne laissait rien à désirer, et que le caporal Poilroux s'était couvert de gloire. Ainsi du reste. La litanie menaçait de se prolonger indéfiniment : chacun avait ses saints. Pour y couper court, il fallut se fâcher.

« Les faiseurs d'embarras prirent leur revanche ailleurs. Dans l'une des pièces du palais se tenait le chef militaire sur qui reposaient désormais tous les pouvoirs. Des personnages en vue, il était resté seul ; les autres avaient disparu dans la tempête. Il concentrait dans ses mains l'action et la force, il dirigeait l'ensemble des opérations : aussi était-il entouré d'estafettes et d'officiers d'ordonnance qui allaient et venaient. Vaincus dans l'Assemblée, les importants firent irruption sur ce point. Ils entendaient placer leur mot et donner leur conseil. Les intérêts de la patrie l'exigeaient : la sauver sans eux était chose impossible ; ils n'avaient garde de s'y épargner. Jamais je n'oublierai ce que je vis, ce que j'entendis là. Que de vanités en jeu! Que de bruit! Que de paroles perdues! Un essaim ne bourdonne pas mieux. Le chef militaire en était assailli. — Il faudrait faire ceci, disait l'un. — Cette mesure est nécessaire, ajoutait l'autre. — On demande des renforts aux barrières. — L'Assemblée est mal gardée ; on peut la surprendre. — La troupe mollit à l'entrée du faubourg. — Ces propos se croisaient dans la salle au milieu d'entrées et de sorties sans fin. J'en étais à me demander comment un homme aussi obsédé pouvait trouver un instant pour donner ses ordres. Dieu s'en est mêlé, il faut le croire, madame Paturot.

« Tous les représentants ne s'agitaient pas ainsi ; tous n'échangeaient pas leurs fonctions contre celles des donneurs d'avis ou d'aides de camp volontaires. Le plus grand nombre tenait son rang avec dignité. Des décrets furent rendus, des proclamations adressées au peuple. Le chef du pouvoir exécutif y ajouta des arrestations de journalistes et des suppressions de journaux ; il usa du droit discrétionnaire que l'Assemblée lui avait conféré. La partie était grave, il la jouait à sa manière. Le choix des moyens lui appartenait exclusivement. On l'avait laissé libre d'agir au dehors comme il le voudrait, comme il l'entendrait. On ne lui demandait qu'une chose, c'était de sauver le pays. A ce prix, il pouvait frapper à droite et à gauche et même à côté : les erreurs lui étaient permises.

« Depuis deux jours nous en sommes là, madame Paturot. La patrie est saignée aux quatre membres. On s'égorge au nom de la fraternité. Vous ne reconnaîtriez plus la ville ; c'est un véritable tombeau ; on n'y entend qu'un bruit, celui du canon et de la fusillade. La révolte tient encore sur beaucoup de points, et Dieu sait que de sang il reste encore à verser ! Vous m'en voyez triste jusqu'au désespoir. Sur mon chemin, j'ai rencontré vingt civières. Sur l'une d'elles était un général ; c'est le douzième mis hors de combat. On parle aussi de la mort de notre saint archevêque. On n'a point d'idée d'un carnage pareil. Décidément nous sommes maudits, une nation ne descend pas si bas sans être abandonnée du ciel. La fleur de notre armée va y rester. Les officiers tombent comme des mouches. Avais-je tort de dire qu'il vaudrait mieux être ailleurs et n'avoir pas le cœur déchiré par cet odieux spectacle ? Notre honneur, notre force, tout s'y abîme à la fois ; nous devenons un sujet de risée pour l'Europe ; nous sommes livrés et déshonorés. Oh ! les infâmes ! Avoir ainsi déchaîné sur Paris les brutes du cabaret et les bêtes féroces du bagne ! Pour des systèmes ! Mais, insensés que vous êtes, ne voyez-vous pas qu'aux yeux de ces misérables, ivres de sang et de boisson, il n'y a qu'un système, le butin ; qu'une idée, celle de se partager les dépouilles qu'ils ont sous les yeux! Un jour de pillage! ils le crient assez haut. Et ils s'appellent le peuple! Et ils se disent le peuple! Oui, comme la lie est le vin, comme la gangrène est la chair. »

— Bien, Simon! s'écria ma femme avec entraînement. Bien, très-bien! J'aime à vous voir ainsi! J'aime cette colère! Vous le voyez; c'est là que conduisent les chapeaux en cône et les gilets éblouissants. La pente est rapide. Quels temps et quels hommes!

— Ne m'en parlez pas, madame Paturot, répondit le meunier en se levant pour prendre congé; j'expie cruellement mon erreur.

— Oui, Simon, ajouta ma femme, et Napoléon les connaissait bien. Un peu de fumée et une main de fer, voilà sa méthode : c'est la bonne. Le peuple français a besoin d'être mené.

Il était tard; le représentant nous quitta; son devoir le rappelait à l'Assemblée. Nous restâmes seuls et sur ces impressions douloureuses.

XXXVI

L'AMBULANCE.

Le lendemain, au point du jour, le canon grondait encore; la révolte ne désarmait pas. Appuyée aux barrières et aux faubourgs, elle tenait en échec la force armée. Ce n'était qu'à grands efforts et avec des pertes cruelles que l'on parvenait à la déloger de ses positions. Dans le rayon qu'elle occupait, il fallait prendre parti pour elle; le rôle de neutre n'était point exempt de périls. De là plus d'un recrutement forcé, surtout dans les rangs du peuple. Commencé sur le comptoir du cabaret, le pacte se scellait derrière la barricade; on n'armait le bras qu'après avoir troublé la raison.

C'est ainsi que les foyers d'insurrection se formèrent. Au début on eût dit un jeu d'enfants. Une poignée de furieux envahissaient la rue, le mousquet en main et l'imprécation aux lèvres. Quelques pavés, un chariot renversé, des madriers recueillis çà et là leur servaient de premier abri. Ils s'y tenaient sur la défensive. A ce spectacle, la population paisible n'éprouvait qu'un sentiment, celui de la stupeur; elle se renfermait dans un blâme passif et une neutralité prudente. En revanche, tout ce qu'un quartier contient de vagabonds accourait au premier bruit et fournissait à la révolte des auxiliaires naturels. Ce concours de bras imprimait aux pavés un ébranlement soudain. Ils s'élevaient en pyramides, au sommet desquelles flottait le drapeau de l'insurrection. Toute minute, toute seconde, ajoutaient une force à ces remparts improvisés et créaient un obstacle aux corps chargés de les réduire. D'une rue à l'autre l'exemple s'en propageait, et en moins d'une heure, vingt îles de maisons se trouvaient comprises dans un système général d'isolement et de séquestre.

Dès lors c'était un monde à part où régnaient la violence et la terreur. La révolte avait un théâtre, un siége, un foyer. Rien n'y limitait son action. Elle y disposait des biens et des personnes. Elle pouvait y poursuivre un désarmement à son profit et la recherche des munitions de guerre, révoquer les pouvoirs réguliers pour s'arroger une puissance sans bornes. Son caprice devenait sa seule loi. Dans ce rayon maudit, point d'âme qui ne fût dans l'anxiété, ni d'opinion sous la contrainte. Des figures sinistres sortaient des carrefours; des chefs étranges commandaient à la foule et en étaient obéis. Toute usurpation était permise. Des taxes en nature frappaient les bourgeois; une garde en blouse surveillait les domiciles suspects. En même temps des bruits incroyables se répandaient de mille côtés. On répétait à l'envi que l'insurrection ne trouvait nulle part d'empêchement sérieux. L'Hôtel de ville lui appartenait, et elle venait de se mettre en marche sur l'Assemblée. Nul doute qu'avant un petit nombre d'heures, le gouvernement ne demandât à capituler, et, vaincu par le nombre, ne se rendît à discrétion. Telles étaient les versions qui trouvaient crédit dans l'enceinte des barricades, et qui passant de bouche en bouche, avaient pour commentaires l'attente d'un succès immédiat et les douces perspectives du butin.

Depuis trois jours, la moitié de Paris vivait sous ce régime de séquestre, l'autre moitié sous un régime militaire non moins rigoureux. Deux camps se le partageaient : celui des blouses, celui des uniformes; ici les assiégeants, là les assiégés. Sur divers points la durée du désordre y avait introduit une sorte de régularité. Chaque barricade avait son chef, chaque rue son capitaine; un quartier avait son général. Les généraux communiquaient entre eux par des estafettes qui recevaient un mot d'ordre et portaient des signes distinctifs. L'atelier national était la base et le point de départ de cette hiérarchie. Il en résultait un ensemble de combinaisons de nature à surprendre les yeux exercés. Dans les angles des rues, toute maison était garnie de combattants, du rez-de-chaussée jusqu'aux toits; les croisées servaient de meurtrières, et comme blindages on avait des matelas. Ainsi tout trahissait la main des hommes de l'art. La barricade devenait un ouvrage complet, avec deux bastions et une courtine. Des feux croisés en défendaient les abords, et à moins d'un siége en règle, il était impossible de l'emporter.

C'est à l'aide de tels moyens que la résistance se prolongeait. Les balles s'échangeaient entre des adversaires, dont les uns étaient à couvert, les autres démasqués. Aussi les pertes étaient-elles grandes parmi ces derniers, et dans le nombre on comptait beaucoup de victimes de choix. Il était temps de mettre un terme à ces cruels sacrifices. Assez de bons citoyens avaient succombé dans cette lutte impie; point de pitié, point de ménagements. Vis-à-vis de ces forcenés, il n'y avait plus qu'une justice, celle du boulet. A des armes perfides il fallait opposer des armes terribles. A ce prix seulement on pouvait étouffer la révolte et laver le sang qui teignait le pavé. Trop d'heures s'étaient écoulées dans l'hésitation et l'impunité. La revanche devait être proportionnée à l'attaque; un exemple était nécessaire comme expiation du passé et menace pour l'avenir.

Au nombre des quartiers qui résistaient encore se trouvait le nôtre, peuplé en partie d'artisans. Avec la barrière pour point d'appui, il soutenait contre la force armée un combat où longtemps elle eut le dessous. Cette situation nous exposait à des alertes continuelles. Dix fois on revint à la charge; dix fois on renonça. De là des mouvements alternatifs qui jetaient l'épouvante au sein des maisons. On craignait que les insurgés, demeurés maîtres du terrain, ne prissent à leur tour l'offensive et n'accomplissent sur ce point de Paris leurs odieux et sombres projets. Malvina n'en dormait pas; elle redoutait une surprise. Malgré tout, elle persistait. Ses armes étaient trouvées; elle n'en voulait point d'autres. Malheur à qui la forcerait d'en user! Jour et nuit, elle alimentait son feu comme eût pu le faire une prêtresse de Vesta. La tradition d'ailleurs consacrait l'emploi de ce moyen. L'antiquité l'avait connu; les âges modernes ne l'avaient pas dédaigné. Sagonte et Saragosse étaient là comme exemples; on n'en pouvait pas souhaiter de plus éclatants. Malvina se proposait de renouveler ces défenses mémorables. Elle y veillait sans cesse, décidée à y consacrer jusqu'à son dernier cotret.

— Qu'ils arrivent, disait-elle, et gare aux éclaboussures!

Nous en étions à cette attitude d'observation, lorsqu'un bruit soudain éclata au sein de la rue, tandis que des pas précipités ébranlaient notre escalier :

— Les voici! s'écria ma femme. Les voici, Jérôme.

Presqu'en même temps, le son d'un fusil retentit sur le seuil du logement.

— Ouvrez! dit une voix impérieuse.

J'obéis machinalement et malgré les injonctions de Malvina, qui se préparait à une héroïque résistance :

— Me voici, c'est moi, dit alors un homme qui se jeta dans l'issue entr'ouverte, c'est moi, n'aie pas peur.

Un seul mortel au monde pouvait se permettre une pareille entrée. On l'a deviné, c'était Oscar. Jamais je ne l'avais vu si éblouissant. Il portait une buffleterie blanchie à neuf sur une veste de chasse, et s'était coiffé d'un képy africain.

— Présent à l'appel, ajouta-t-il en se renversant sur les

coussins du canapé. C'est moi, Oscar, autrement dit le bourreau des crânes. Mais que je me débarrasse de mes attributs guerriers. Tu permets, Jérôme, tu permets?

Sans attendre mon agrément, il quitta ses buffleteries et déposa son arme dans un angle du salon.

— Ouf! reprit-il en s'essuyant le front, je respire enfin. Il était temps. Voici trois jours et trois nuits que le sommeil n'a pas clos ma paupière. Tu vois ma clarinette, mon fils. Eh bien! nous venons d'exécuter à nous deux un concert d'un genre soutenu. Oui, madame Paturot, poursuivit-il en saluant ma femme qui entrait, vous voyez à vos pieds un homme qui s'est baigné dans le sang de ses semblables. Dans le sang, rien que ça. C'est au point que je me fais horreur.

— Vous, monsieur Oscar? dit ironiquement Malvina.

— Tu sors du combat? ajoutai-je avec un sourire d'incrédulité.

— Si j'en sors, Jérôme, c'est qu'il y a un dieu pour les braves. Un autre n'en fût pas sorti. Vingt-deux fois je me suis trouvé aux portes du tombeau. Pour s'en tirer, il a fallu joncher le sol de cadavres. Un carnage, mon cher, un carnage affreux. Tu n'as pas d'idée de ça. L'odeur de la poudre m'enivrait; j'en devenais féroce.

— Contre ton peuple? lui dis-je.

— Mon peuple? Où as-tu vu que ce fût mon peuple? Des Mohicans pareils?

— Tu t'en flattais jadis! Recueille tes souvenirs.

— Moi? allons donc! Pour qui me prends-tu? répliqua-t-il en éludant l'attaque. J'en ai fait un massacre, te dis-je; point de grâce, point de ménagements. Est-ce qu'il ne m'en reste pas quelque chose? Est-ce que je n'exhale pas une odeur d'extermination?

— Mais non, je t'assure.

— Eh bien, ce n'est pas faute d'avoir trempé les mains dans le sang. Que dis-je, les mains? ce sont les bras et jusqu'aux aisselles encore. Oh! la guerre, Jérôme, la guerre! Quelle dure nécessité! Car enfin tu me connais; tu sais que je n'ai jamais scalpé personne, ni aimé à boire dans le crâne de mes ennemis. Mes goûts étaient plus simples ; je répugnais à de tels excès, je me refusais même à les comprendre. Aujourd'hui je comprends tout. Je comprends le pal des Mahométans et l'émasculation des Abyssins. C'est le droit de la guerre. Je comprends que l'on se fasse un tambour de la peau d'un vaincu ou qu'on tire un jambon d'une fraction de sa personne. Il n'y a point d'horreur que je ne comprenne désormais. J'y ai passé.

— Ç'a donc été bien terrible ? dit ma femme en interrompant le héros.

— Terrible, madame Paturot, oui, sans doute, et héroïque aussi. Des lions ne se battraient pas mieux. J'ai déchiré cent trente-huit cartouches à moi tout seul. Ma dent est restée dans l'une d'elles ; je l'ai envoyée à l'ennemi. Rien ne coûte en pareil moment ; d'ailleurs elle est à pivot et j'en ai de rechange. C'est pour vous dire à quel point on s'oublie au feu. On grandit à vue d'œil ; on a cinq coudées. On est sublime sans le savoir, sans s'en douter, sublime tout uniment. L'âme s'élève à la dix-huitième puissance. Les obstacles ne sont rien ; j'ai franchi trente-trois barricades en une demi-heure, montre en main. Il fallait voir ça, des buttes de pavés hautes comme les maisons. Eh bien ! enlevées au pas de course. Par exemple, il ne faut pas s'inquiéter où l'on marche. Ce pied que vous voyez, madame Paturot, foule depuis deux jours des corps humains.

— Quand on est en guerre, lui dis-je.

— Oui, Jérôme, reprit mélancoliquement le peintre, ce mot justifie tout, même les excès auxquels je me suis livré. Quand on est en guerre, et certes nous y étions ; ce point de vue est décisif, il tranche la question. Contre la force, la force ; la loi du talion : c'est ce qui m'a soutenu dans le combat, et quel combat ! Figure-toi, mon fils, qu'à la dernière barricade je me suis trouvé seul, mais seul, en face de cent quarante-huit insurgés. Nous la croyions abandonnée : on marchait de confiance, officiers en tête, sergent en queue. Point de mouvement derrière les pavés, rien, absolument rien. Ils quittent la partie, me dis-je ; personne qui ne le crût. C'était un piége, mon cher, une affreuse ruse de guerre. A la distance de dix pas, les choses changent d'aspect. Les croisées se garnissent de mousquets, les embrasures s'illuminent. Feu roulant, décharge à bout portant : tout tombe à mes côtés. Une vraie tuerie. Nous ne restons que deux debout, moi et un tambour ; encore cet enfant de troupe a-t-il le bras fracassé par une balle. Je me tâte, je suis intact. C'était le cas d'exécuter un par file à gauche ; eh bien ! non. Je saute sur la caisse et me livre à un roulement démesuré. Il faut que cette manœuvre ait jeté du trouble parmi les factieux ; en un clin d'œil la place était libre, et je restais maître de la position. Ce que c'est pourtant que l'audace !

— En effet, voilà un trait hardi.

— J'en ai trente comme ça. Que veux-tu, Jérôme, ajouta l'artiste en s'échauffant, il s'agissait du salut commun. On se doit à la patrie : c'est notre mère après tout ; elle nous a prodigué le lait de ses mamelles. Nous serons martyrs, s'il le faut, mais elle sera sauvée. Oui, mon fils, voilà comment je comprends mes devoirs : tout pour le pays. J'ai jonché le pavé de morts, je le joncherai de nouveau. J'ai brûlé cent et tant de cartouches, j'en brûlerai mille. Au fait, pourquoi ne pas vider les questions d'un coup ? L'habit d'une part, la blouse de l'autre ; la blouse dévorera l'habit, ou l'habit dévorera la blouse : l'un des deux costumes est de trop sur la terre. A la bonne heure ! J'aime mieux ça. C'est rondement posé. Voyons, malheureux ; le cœur vous en dit-il ? Alignons-nous alors ! Alignons-nous et que ça finisse !

En parlant ainsi, le peintre semblait animé de l'esprit des batailles : jamais sa barbe n'avait exprimé plus de résolution. Pour ajouter à l'effet, il s'était levé, et, s'emparant de son fusil, il en faisait résonner les capucines avec une précision et une vigueur militaires.

— Qu'ils viennent, disait-il, qu'ils viennent ! Je suis là.

On eût dit qu'Oscar était servi à souhait. Au moment où il achevait ces mots, une fusillade très-vive retentit à nos côtés. La nature du son indiquait le lieu du combat. Notre barrière était attaquée de nouveau et sérieusement. Des renforts se dirigeaient sur ce point ; une batterie d'obusiers passait sous nos croisées. Je jetai les yeux sur le peintre ; sa contenance avait quelque chose de moins résolu ; on pouvait y reconnaître un peu de malaise. L'œil ne lançait plus d'éclairs, la pose n'était plus celle du défi.

— Eh bien ? lui dis-je avec un geste significatif.

— Quoi donc ? répliqua-t-il en couvrant de son mieux un embarras croissant.

— Tu n'entends pas ?

— Mais oui, mais oui ! Il y a donc encore quelque chose par ici ? Tu ne m'en avais pas prévenu.

— A quoi bon ?

— En effet, à quoi bon ? Rien de grave sans doute. Un dernier coup de collier. Tout est fini ailleurs.

Pour répondre à la pensée d'Oscar, la fusillade redoubla de vivacité : c'était une bataille en règle. Le canon grondait et brisait nos vitres. L'attaque était chaude, la défense énergique ; jamais plus belle occasion de se signaler. Tout y invitait l'artiste ; ses vœux secrets étaient exaucés. Cependant il ne bougeait pas et son attitude ne s'améliorait guère. Une décharge violente lui arracha seule un mouvement Il se leva, remit son fusil dans un coin, puis reprit sa place sur le canapé.

— Décidément, dit-il, c'est une échauffourée.

Depuis quelques instants Malvina avait de la peine à se contenir ; elle éclata.

— Ah ! c'est ainsi que vous le prenez, monsieur Oscar ?

— Et comment voulez-vous que je le prenne, madame Paturot ? Des guerriers comme nous ne s'y trompent pas. C'est une échauffourée, rien de plus. D'ailleurs, ajouta le peintre en retrouvant son aplomb, chacun son tour. J'ai assez versé de sang comme cela ; j'en ai les mains encore fumantes.

— Vraiment ! dit Malvina avec une ironie souveraine et faite pour terrasser un homme doué de moins de sang-froid.

— Oui, madame, je me connais et je sais me vaincre. J'irais aux excès ; je pousserais les choses trop loin. Après tout, ce sont des frères égarés. Seriez-vous sans pitié par hasard? N'auriez-vous point d'entrailles pour ceux qu'on égorge?

Le combat se prolongeait, et il était évident qu'Oscar n'y figurerait pas à titre d'auxiliaire. Les instants étaient comptés; je pris un parti.

— Tu y renonces donc? lui dis-je.

— Moi, Jérôme, répliqua-t-il avec fierté, je me contiens, voilà tout.

— Ne disputons pas sur les mots. Tu renonces?

— Je lutte.

— Et moi je prends ton fusil, ajoutai-je en m'emparant de l'arme qu'il avait abandonnée.

Un coup d'œil me suffit pour m'assurer qu'elle n'avait pas été déchargée. Je l'essayai et en fis jouer les ressorts.

— Ah! çà, tu plaisantes? me dit Oscar.

— Pas le moins du monde.

— Ça n'a pas de bon sens. Une échauffourée, un feu de paille.

J'avais achevé mes dispositions; j'étais prêt, équipé et le fusil à l'épaule. Malvina vint vers moi et s'appuya sur ma poitrine avec un mouvement d'orgueil.

— C'est bien, mon chéri, c'est bien, me dit-elle.

Tout autre que l'artiste eût été confondu par le regard qui servait de commentaire à ces mots. Oscar était au-dessus de pareilles atteintes. Il quitta son siège et se rapprocha de moi.

— Attends, Jérôme, dit-il en me prêtant ses soins, ta buffleterie est de travers.

De son côté, ma femme m'accompagna jusqu'au seuil de la porte.

— Va, mon chéri, me dit-elle en m'embrassant une dernière fois, et surtout ne t'expose pas trop.

Quand j'arrivai sur le lieu de l'action, les affaires étaient fort avancées. Le canon avait entamé la masse des pavés, et les insurgés défendaient mollement une position ouverte. A peine restait-il quelques tirailleurs dispersés dans des constructions voisines. Le moindre élan suffisait pour les réduire et terminer le combat. On hésita quelque temps; enfin l'ordre fut donné. Il s'agissait de garder l'abri des maisons et de se porter sur la barricade au pas de course. La manœuvre eut un plein succès; j'y figurai au premier rang. Quelques balles sifflèrent à mes oreilles: c'était une harmonie nouvelle pour moi. Je ne bronchai pas et marchai droit au feu, comme eût pu faire un vétéran. Le péril a aussi ses charmes. Devant une démonstration pareille, toute résistance devait cesser. Des luttes corps à corps en marquèrent le terme. Tout ce qui n'avait pas pu fuir à temps fut fait prisonnier et mis en sûreté. A grand'peine on les arracha aux vainqueurs, qui voulaient se payer de leurs mains et ne trouvaient de garanties que dans une justice sommaire.

Cette expédition avait été conduite avec rapidité, et j'aurais pu terminer là mon service de volontaire. Le désir d'être utile me retint: il fallait veiller aux surprises et assurer les résultats de l'opération; chacun y aida du mieux qu'il put. Nous dégageâmes les abords de la barrière et poussâmes des reconnaissances jusqu'aux boulevards extérieurs. Sur tous les points, la révolte était désarmée et vaincue. Les faubourgs mêmes demandaient à capituler et à s'affranchir du séquestre qui pesait sur eux. Peu à peu on voyait les communications se rétablir, les pavés s'abaisser, la confiance renaître. C'était, pour la population paisible, un réveil après un rêve odieux; elle respirait plus librement, elle éprouvait un sentiment de délivrance. La rue avait meilleur aspect, elle se débarrassait des figures qui n'y descendent qu'en de mauvais jours. Les portes s'ouvraient, la vie régulière reprenait le dessus, comme après l'orage le feuillage s'anime aux chants et au vol de l'oiseau.

Ma tâche était remplie; l'ordre prévalait. Je quittai les rangs et regagnai la maison. La patrie d'abord, ma famille ensuite: chaque devoir en son lieu. Malvina devait être dans les transes; elle me savait exposé. Le plomb est brutal, il ne respecte rien. Toute minute devait ajouter à ses alarmes. Je croyais l'apercevoir à sa croisée ou sur sa porte, épiant mon retour, s'informant auprès des voisins; je la voyais accourir à ma rencontre, heureuse de me retrouver sain et sauf. C'était une illusion ; rien de pareil n'eut lieu. Mon logis ne semblait pas attendre un maître absent ; personne sur la porte, personne aux croisées. Je cherchai en vain ces marques d'intérêt, elles manquèrent à mon retour. Je ne savais qu'en augurer. Impossible de croire à un sentiment d'indifférence ; mais qu'était-ce, alors ? Ma pensée s'y perdait, et je commençais à redouter une catastrophe :

— Qu'est-il arrivé ? me disais-je. Grand Dieu ! qu'est-il arrivé ?

C'est dans cette disposition d'esprit que je franchis le seuil de la maison. O surprise ! Le passage n'était pas libre ; un drap tendu l'obstruait dans toute sa largeur. Je le soulevai, et un spectacle touchant s'offrit à moi : j'avais sous les yeux un hospice improvisé, une ambulance. Malvina en était l'âme, elle y jouait le rôle d'une sœur. Oscar avait mis habit bas ; il assistait ma femme en qualité d'infirmier. C'était se tirer d'un mauvais pas en homme d'esprit. Un médecin du voisinage avait fondé l'établissement et présidait à l'ensemble du service. Rien n'y manquait. Les objets de literie arrivaient de toute part ; les dames du quartier envoyaient des montagnes de charpie. Leurs doigts ne s'y épargnaient pas ; elles effilaient à l'envi du vieux chiffon et tenaient à honneur d'en fournir un beau contingent. La charité a aussi ses luttes et son orgueil. Luttes heureuses ! Orgueil bien placé ! Il en sort des miracles. Ce que je voyais en était un. En moins d'une heure, la fondation avait été conçue et achevée. Cent mains y avaient concouru. Chacun avait fourni un détail : on n'y eût rien trouvé à reprendre. Déjà huit civières y avaient déposé leurs blessés.

A peine avais-je soulevé le rideau qui servait de cloison, que ma femme m'aperçut :

— Ah ! te voilà, mon chéri ! s'écria-t-elle en se jetant dans mes bras. Rien, au moins, rien, ajouta-t-elle avec une sollicitude inquiète et en me vérifiant pièce à pièce, rien de disloqué ni de fracassé ? Intact, n'est-ce pas, Jérôme ?

— Tout ce qu'il y a de plus intact.

— Pas de sang ! pas d'entaille ! Allons, c'est bien. J'avais pourtant des idées noires ; on ne se commande pas. Mais tu nous vois : entamé ou non, nous avions de quoi te recevoir.

— Merci !

— Il n'y a point d'affront, Jérôme ! Le sage est prêt à tout. Je m'étais dit : C'est un être à guignon, on peut me le rapporter endommagé. Mettons les objets en état. Sitôt dit, sitôt fait. Tu as là ton affaire ; des bandages, du cérat, enfin tout, sans compter monsieur, ajouta-t-elle en me montrant le médecin, qui se proposait de t'extraire les corps durs qui auraient pu t'incommoder. N'aie pas peur qu'on m'eût prise au dépourvu. Il y a des femmes qui pleurnichent : pas de ça. C'est de l'égoïsme. Un bon pansement vaut mieux qu'une cuvette de larmes.

— Mieux vaut encore ni l'un ni l'autre, n'est-ce pas ?

— Ça va de soi. Tu n'as rien, vrai ? Eh bien ! ce sera pour les camarades. Tu vois que les précautions servent toujours ; le bien n'est jamais perdu. Par ce malheureux temps surtout ! Tiens, Jérôme, ajouta-t-elle en me montrant les blessés, ils sont huit ; en nous serrant un peu nous irons à douze. Il n'y a pas dans tout Paris un hospice mieux monté. On nous comble de linge et de médicaments ; si ça dure, il faudra en revendre. Chacun y va de bon cœur : moi je travaille de mon mieux ; Oscar montre des dispositions. Nous avons déjà mis quatre appareils. Au premier moment, ça m'a un peu écœurée. C'est dur, la vue du sang ; mais à la longue on s'y fait. Pauvres gens ! C'est eux qu'il faut plaindre et non pas nous ! Figure-toi, mon chéri, des blessures affreuses ! Affreuses, c'est le mot. On n'a pas d'idée de ça. Des abominations !

— Dame ! la balle frappe où elle peut, Malvina.

— Tu n'y es pas, mon mignon, tu n'y es pas. Chut, je n'ose achever, de peur qu'ils ne nous entendent. S'ils le savaient, Dieu du ciel !

Elle écarta la tenture qui nous séparait de la cour, et m'y entraîna.

— Des abominations ? lui dis-je quand nous fûmes à une distance suffisante du lit des patients.

— De vraies abominations! reprit-elle. Tu ne sais donc pas, mon chéri, ce qui s'est passé? Le bruit est pourtant public! On en parle jusque sur les toits.

— Qu'est-ce donc?

— Comment! tu en viens, et c'est moi qui te l'apprends! Les balles des insurgés, tu ne les as donc pas vues?

— Entendues, oui ; vues, non !

— Eh bien, Jérôme, c'est là qu'est la férocité! Dans aucun temps, dans aucun pays on n'a fait pis. Tu verras ces balles. Toutes biscornues, mon chéri. Pas une qui soit ronde et de franc jeu. Des balles d'assassins. Des balles de traîtres ! Et mâchées, il faut voir ! Mâchées, remâchées. Pour sûr, ils y ont laissé un peu de leur rage.

— C'est odieux, Malvina.

— Tu crois que c'est tout ; nous n'en sommes qu'au rose, le reste est autrement foncé. Les balles sont biscornues, passons. Sais-tu ce qu'elles sont encore ?

— Non, ma chère.

— Empoisonnées, rien que ça ! Toutes empoisonnées ! Et pas du mauvais poison ! En première qualité, Jérôme ! Ils n'ont pas regardé au prix. Par exemple, la drogue varie ; il y a du choix. Les unes sont à l'arsenic, les autres sont au vert-de-gris. Un assortiment complet ! Des dragées pour tous les goûts. Et penser qu'on vit côte à côte avec des monstres pareils ! penser qu'ils peuvent vous mettre des pétards dans les poches et vous faire sauter comme des bouteilles d'eau de Seltz ! C'est à en frémir jusque dans la racine des cheveux.

Malvina n'eût pas abandonné ce thème, si le portier ne l'eût interrompue. Une civière était là ; il venait prendre les ordres de ma femme.

— C'est une blouse ! ajouta-t-il.

— Une blouse? s'écria-t-elle avec un accent de colère ; voilà qui est audacieux. Une blouse ! De quel droit ces gens-là osent-ils se présenter ici ? Ah ! une blouse ! Eh bien, soit ! je vais lui dire son fait. Viens, Jérôme.

21.

XXXVII

LA CONFESSION.

L'irritation de Malvina ne tint pas longtemps devant le spectacle qui frappa ses yeux. Un ouvrier était étendu sur un brancard avec une blessure à la tête. Le sang qui en découlait avait souillé son visage et ses cheveux ; des caillots couvraient ses joues : c'était à faire pitié. Une partie du crâne était enlevée ; la balle y avait creusé un affreux sillon. Qu'on juge de l'état de ce malheureux ! A chaque mouvement des porteurs il exhalait un gémissement lamentable et demandait en grâce qu'on l'achevât. Un plus long trajet eût été pour lui un arrêt de mort, accompagné d'une agonie terrible. Il le sentait, et joignait les mains dans un geste suppliant. L'âme la plus farouche en eût été attendrie.

Comme on le pense, ma femme n'y résista pas. Elle oublia la faute et ne vit que la souffrance. Sur un lit d'angoisses, il n'y a plus de coupables ; il n'y a que des êtres dignes de compassion. L'ouvrier fut admis dans l'ambulance et devint l'objet de soins attentifs : Malvina s'y prodigua. La blessure était des plus graves ; on ne put placer le premier appareil qu'avec des ménagements infinis. Des esquilles envenimaient la plaie ; et pour les extraire, il fallut s'y reprendre à plusieurs fois. Divers symptômes faisaient craindre un dénoûment fâcheux. La tête s'engageait ; le blessé avait peu de moments lucides. Les mots qui s'échappaient de ses lèvres ressemblaient à un bourdonnement confus dont il eût été difficile de préciser le sens. Puis des convulsions agitaient ce corps d'athlète. Tantôt il étendait le bras hors du lit, comme s'il eût voulu s'emparer d'un objet voisin, tantôt il portait sa main aux bandages qui lui ceignaient le front et les déchirait avec une violence fiévreuse.

Ces phénomènes alarmants exigeaient une surveillance assidue. Ma femme s'y dévoua ; elle ne quitta plus le chevet de l'ouvrier. Au besoin, nous la remplacions, Oscar et moi. La journée se passa ainsi. L'état du blessé était toujours le même ; sans empirer, il ne s'améliorait pas. Les spasmes avaient cessé ; aux mouvements fébriles succédait une torpeur où les facultés vitales semblaient abolies. On eût dit que la vie, concentrée dans les organes essentiels, leur livrait des assauts sourds et terribles. Vers le soir pourtant, il se fit comme une lueur. Oscar s'était approché de l'ouvrier et essayait de porter un breuvage à ses lèvres. Pour la première fois celui-ci eut le sentiment de ce qu'on lui demandait. Il tourna vers l'artiste un regard affectueux, et lui dit d'une voix très-intelligible :

— Mon général !

Oscar n'avait dans sa vie qu'un souvenir auquel ce titre pût se rattacher, et il aimait peu à s'en prévaloir. Aussi n'y répondit-il d'abord que par un geste de surprise.

— Mon général ! reprit le blessé.

Le peintre tressaillit. Dans ce pauvre agonisant, il retrouvait son compagnon d'armes, son sauveur, l'un des membres les plus distingués de son gouvernement. Comment ne l'avait-il pas reconnu plus tôt ? Cela s'explique. Une blessure en plein visage n'embellit pas les gens, et un bandage donne aisément le change au regard. Je m'y étais trompé moi-même. Cependant, à un appel si direct, il fallait s'exécuter :

— Quoi ! c'est vous, Comtois ? lui dit l'artiste.

— Merci, mon général ; vous m'avez reconnu ! s'écria le blessé.

Il paraissait heureux de ce témoignage ; Oscar l'était moins. A l'aide d'une réflexion rapide, il avait calculé à quels ennuis cette rencontre pouvait l'exposer.

— Diable ! se dit-il, voilà qui est fort incommodant. Ce gros garçon a une mauvaise partie sur le dos, c'est clair comme le jour. Il s'est fait entamer le front par la force publique, c'est incontestable. Les pièces sont là. Il est donc insurgé au premier chef. Personne ne contestera l'étiquette. Si la mort l'épargne, il est bien sûr que la prison ne l'épargnera pas : c'est sa destination naturelle. Eh bien ! ce grand coupable m'appelle son général! Et cela devant témoins! Mais, malheureux, tu veux donc me perdre? tu veux m'envoyer à l'échafaud! Si tu es criminel comme soldat, comme général que serai-je donc? C'est-à-dire qu'il n'y a point de supplice que je n'aie encouru. Le tout pour une dénomination impropre. Assez comme ça; le jeu est trop grave; il est temps d'y couper court.

Pendant qu'Oscar tenait à voix basse ce raisonnement judicieux, le blessé revenait à son idée fixe et s'écriait pour la troisième fois :

— Mon général!

— Encore! dit le peintre impatienté.

Il comprit néanmoins qu'il devait quelques ménagements à un homme entraîné vers la tombe, et se rapprochant de son oreille :

— Comtois, lui dit-il, ne vous obstinez pas à parler; le docteur l'a défendu expressément. Vous avez besoin de grands ménagements, mon garçon. Si vous voulez guérir, c'est à la condition d'un silence absolu.

— Guérir, mon général! dit l'ouvrier. Vous riez, je crois.

— Il y tient! pensa l'artiste. Mon général! mon général! on ne le lui ôterait pas de la bouche.

— Guérir? poursuivit l'ouvrier; est-ce que vous croyez que je ne me sens pas? Le Comtois est fini, mon général. Il n'a plus qu'à passer l'arme à gauche, comme son père le dragon. Quand j'ai reçu le pruneau ce matin, j'ai dit sur-le-champ : — Bien. c'est le bon. Il n'y a point à en chercher d'autre. J'ai mon compte pour ce monde-ci; c'est soldé. Je n'y ajouterai plus ni un coup de fourchette, ni un verre de vin.

— Mais taisez-vous donc, Comtois, de grâce, taisez-vous. C'est dans votre intérêt ce que je vous en dis.

— Bah! mon général, il en sera ce qu'il plaira à Dieu. Il m'a jeté sur cette terre et il m'en retire : quoi de plus simple! Ce qu'il fait est bien fait. Au fond, voyez-vous, il y a peu de regret à en avoir. Tout n'est pas roses dans le métier. Pour mon père le dragon, je ne dis pas. Il a servi l'empereur et a reçu quelques estafilades. Voilà de l'agrément. Mais moi, je n'ai pas eu de chance. Dans ces derniers temps surtout, qu'est-ce que je faisais? Du caillou. Est-ce que vous croyez qu'un homme qui en est là soit bien utile sur cette terre? Un peu de caillou de plus ou de moins, qui est-ce qui s'en apercevra? Il y aura bien toujours assez de bras dans la partie.

— Vous désespérez trop tôt, mon ami, reprit Oscar. Voyons, du silence; voilà que le docteur se fâche tout de bon. Du silence, et on vous tirera de là.

— Non, mon général, je n'ai pas loin à aller. La tête est aux champs, la machine se détraque. C'est ce qui me rend si bavard. Je jouis de mon reste, voyez-vous. Eh bien! où est le mal? J'aurais pu mieux finir, je le sais. Un boulet autrichien! une baïonnette russe! Voilà des morts de choix; n'en a pas qui veut. Je m'en vais sur un mauvais son de cloche, c'est vrai. Mais à qui la faute? Au Percheron! C'est le Percheron qui a tout fait. Il est si futé, ce Percheron!

La voix du blessé s'affaiblissait, et ces derniers mots se firent jour péniblement. L'effort avait été trop prolongé; il fut suivi d'une crise. Il en fut ainsi pendant une portion de la nuit. Les crises se succédaient avec des intervalles de lucidité et de repos. La destruction d'un athlète coûte beaucoup à la mort; elle s'y reprend à diverses fois. Le Comtois lutta longtemps; il s'agita pendant quinze heures sur cette couche de douleur. Oscar et moi, nous suffisions à peine à le contenir. Dans son délire, il défiait des ennemis invisibles et poussait des cris sourds, qui ressemblaient à des mots de ralliement. Il était encore sur la barricade; il y jouait un rôle actif. Sa main amorçait le fusil, sa dent déchirait la cartouche. Les ardeurs de la fièvre se changeaient en ardeur guerrière. D'autres fois, il se mettait sur son séant et promenait sur nous des regards empreints d'une sombre fixité. L'œil n'avait plus la conscience des objets; le mouvement en était machinal. Rien de plus effrayant que cette scène. Le colosse prenait nos bras pour point d'appui, et les étreignait avec la force d'un crampon de fer. Il eût voulu se lever et retourner au combat. Le besoin d'agir ne cédait que devant la violence du mal.

Enfin, avec les premières heures du jour, ces accès firent place à un profond affaissement. La vie se retirait par degrés de cette constitution robuste. Le souffle devenait plus inégal, plus bruyant, plus capricieux. A l'éclat du regard, aux tons ardents des joues, on reconnaissait la présence du feu intérieur qui consumait cet infortuné. Devant une désorganisation aussi rapide, l'art était sans force. Il fallait s'y résigner. Cette âme allait émigrer vers des régions plus sereines. L'ouvrier le sentait; il se préparait par le recueillement. Ses lèvres murmuraient les prières de ses jeunes années. A cette heure suprême, toujours un rayon d'en haut descend sur le chevet du moribond et pare d'un charme divin le dernier adieu à la vie. Les plus altiers comme les plus humbles en éprouvent les effets, les uns pour descendre, les autres pour s'élever. Ainsi, dès le seuil même de l'éternité, le niveau s'établit et l'égalité commence.

Le Comtois en était à cette période de l'adieu. Sa voix forte et rude avait acquis de la souplesse et de la grâce; ses traits, sa pose, exprimaient une douce résignation. Il s'empara de la main d'Oscar, et la pressant dans les siennes, il lui dit :

— Eh bien! mon général, qu'en pensez-vous, maintenant? Vais-je partir, oui ou non?

— Chassez donc cette idée, Comtois.

— La chasser, pourquoi cela? Si vous saviez combien je m'y plais. Des malheureux comme nous, mon général! leur espoir est ailleurs. Dieu leur tiendra compte de ce qu'ils auront souffert. Voilà la vie du pauvre expliquée. Autrement, rien. Du désordre, des crimes, et au bout, des coups de fusil. Où cela conduit-il? A mourir comme un chien, au coin d'une rue, à égorger ou bien à être égorgé. Tenez, mon général, vous avez été excellent pour moi, et vous aussi, mon bon monsieur. Tous deux excellents! le ciel vous le rendra. Je vous ai vus cette nuit, vous m'avez soigné comme un frère. Bonnes âmes, soyez bénies. Mais j'ai encore besoin de vous. N'ayez pas peur, ajouta-t-il avec un sourire mélancolique, ce ne sera pas long. Il faut que je vous dise tout, là, tout comme à un prêtre. Vous me confesserez, n'est-ce pas ? Il ne me manque plus que cela pour mourir en paix.

— Parlez, Comtois, lui dis-je.

— Parlez, ajouta Oscar.

— Eh bien, mon général, et vous, mon bon monsieur, tout le mal que j'ai fait et que j'ai pu faire, c'est le Percheron qui en est cause. J'en prends mon saint patron à témoin. Mon Dieu ! je ne lui en veux pas. Quand on va exécuter le grand voyage, on laisse là tout son mauvais bagage pour ne garder que le bon. Non, je ne lui en veux pas ; mais je puis bien dire que c'est son exemple qui m'a perdu. Après tout, je n'étais pas d'un caractère à mal tourner. J'aimais le travail, et, grâce au ciel, j'avais un bras vigoureux. Avec ça un ouvrier qui va droit son chemin se tire toujours d'embarras. Par exemple, il faut qu'il aille droit ; autrement, bonsoir. Pour peu qu'il se gâte, il se gâtera tout à fait. C'est comme le fruit ; une fois piqué, il est perdu. On a beau dire que le patron est un cupide et qu'il exploite l'ouvrier, ce sont des propos et rien de plus. Quand l'ouvrier fait un bon service, qu'il ne se dérange pas, qu'il est toujours là aux heures, qu'il ne quitte pas l'atelier pour le bouchon, le patron le voit et en tient compte. S'il a des bras de trop, il renvoie les mauvais. S'il peut augmenter le salaire, c'est surtout en faveur des bons. Il ne le ferait pas par justice qu'il le ferait par intérêt. J'en reviens donc à dire que l'ouvrier tient son sort dans ses mains tout comme le patron, et que sur cent fois où les choses tournent contre l'ouvrier, il y en a quatre-vingts où c'est de sa faute.

— Vous avez raison, Comtois ; mais pourquoi tous vos camarades ne pensent-ils pas comme vous ?

— Pourquoi ? Dame, c'est facile à deviner. A cause des Percherons. Ce sont les Percherons qui font tout le mal. Vous me direz : Mais que ne leur résistez-vous ? Je voudrais vous y voir, messieurs. Les Percherons ont la parole en main, et nous n'avons que nos bras. A l'atelier, il n'y en a que pour eux. Pas moyen de placer un mot. Quand on l'essaye, ils vous pelotent et mettent les rieurs de leur côté. D'ailleurs les Percherons savent tout. Ils savent ce qui se passe dans le gouvernement mieux que personne. Ils ont leur idée à propos des affaires du jour. Quand on guillotine un criminel, ils sont les premiers à le dire. Ils connaissent de vue les personnages les plus huppés. Ils savent sur le bout du doigt où logent les ambassadeurs. Tant il y a qu'ils sont les chefs et qu'on ne revient guère sur ce qu'ils ont dit. On ne veut pas faire bande à part. Moi, par exemple, je voyais souvent que le Percheron donnait à gauche, qu'il nous trompait, qu'il nous perdait. Eh bien! je faisais comme les autres. Il y a tant de moutons!

— Les choses vont jusque-là? dit Oscar.

— Elles vont aussi loin que possible, mon général, et voici pourquoi : Les Percherons ont la louable habitude de donner toujours gain de cause à l'ouvrier contre le patron. Ça flatte l'ouvrier. Le patron est un sans cœur ; l'ouvrier est la vertu même. Pure rocambole; mais si vous saviez comme elle réussit auprès de l'ouvrier. — Bon, se dit-il, voilà un homme qui prend mon parti. Ces richards s'engraissent de mes sueurs, c'est bien le moins que quelqu'un le leur objecte. Ce n'est pas tout, messieurs. Les Percherons ne s'en tiennent pas là. Ils dressent des comptes ric-à-rac. Si le patron roule carrosse, c'est à l'ouvrier qu'il le doit. Si madame porte des panaches, c'est l'ouvrier qui en a fait les frais. Pas un meuble dans la maison, pas une parure, pas une jouissance qui ne soient le fait de l'ouvrier. Et qu'il n'y ait aucun droit, est-ce justice? Conclusion : il faut que le patron rende gorge ou qu'il soit pendu en effigie.

— Rien que ça? dis-je.

— Il y en a qui veulent le pendre en réalité, c'est toute la différence. Vous comprenez maintenant à quel point les Percherons sont maîtres de l'ouvrier. Il y a parmi nous d'assez pauvres cervelles. Elles prennent la chose au sérieux, et alors adieu. On monte sur ses grands chevaux, on fait sottise sur sottise. Pas un ouvrier qui ne veuille prendre la lune avec les dents. Les bons résistent encore ; mais que font les Percherons? Ils s'arrangent pour les gâter. Le meilleur des ouvriers devient mauvais dès qu'il se dérange. Il faut si peu de chose pour cela ; un tour ou deux au cabaret. Quand on y a mis le pied, c'est fini ; l'habitude s'en gagne. On y va d'abord par désœuvrement, on y va ensuite par goût. Les Percherons y poussent ; c'est là qu'ils sont les rois des rois. Après boire, ils font des prodiges. Rien de tel qu'un ou deux litres d'Argenteuil pour mettre la langue en train. Alors tout va bien. On bouleverse l'Europe sur le plomb d'un comptoir. Et le gouvernement, comme on le traite ! jamais on n'a vu un plus grand criminel. Il prend dans le Trésor public sans rendre des comptes, et entretient des filles d'Opéra. C'est un gouvernement jugé ; il faut le renverser dans les vingt-quatre heures.

— Peste ! quelle exécution ! dit Oscar.

— Voilà l'école où vont les ouvriers, reprit le mourant, voilà comme on les embauche. Oh ! le cabaret ! le cabaret ! Il fait des victimes et n'en lâche point. Les Percherons le savent bien. C'est le tombeau des bonnes résolutions. On y laisse d'abord une partie de la paye et puis la paye entière. Les enfants souffrent, la femme se plaint, qu'importe ! Le cabaret est le plus fort. Il n'y aura pas de pain à la maison, tant pis ; on s'y débrouillera ; mais du vin sur le comptoir, il y en aura toujours.

— C'est bien triste, lui dis-je.

— Les ouvriers se perdent ainsi. Un à un ils se dépravent. L'exemple, voyez-vous, l'exemple ! Ce qu'on voit faire, on le fait ; ce qu'on entend dire, on le dit. Et quand il y a une victime, soyez sûr qu'il y a un Percheron au bout. Personne comme eux pour empaumer les gens. L'ouvrier, tel qu'il sort de leurs mains, n'est plus un ouvrier, c'est un rodomont qui se promène la casquette sur l'oreille, tout disposé à chercher querelle à une société et à un gouvernement quelconques. Il lui faut du tapage et des coups. Voilà l'ouvrier tel que les Percherons l'ont fait. Dieu seul sait ce qui en sortira !

— Peut-être le bien, dis-je ; c'est ce que produit l'excès du mal.

— Que le ciel vous entende, monsieur! mais combien de misères d'ici là! Les Percherons sont adroits, opiniâtres. Ils tiennent leurs gens et ne les lâcheront pas de sitôt. Ils séduisent les uns et font peur aux autres. Puis ils ont des livres, des journaux, et ça en impose. L'ouvrier a un faible pour ce qui est imprimé. On le bourre de papier à un sou jusqu'à ce qu'il éclate. Mais quand les choses en sont là, n'ayez pas peur qu'on y voie les meneurs. Ils se tiennent à l'écart pour souffler le feu. Ils poussent les autres et se mettent à l'abri. C'est trop juste! Des êtres si précieux! Ne faut-il pas qu'ils se conservent pour de meilleures occasions? Tenez, messieurs, vous me voyez ici à moitié mort et près de rendre l'âme que Dieu m'a donnée. Eh bien! parions une chose, c'est que le Percheron, mon Percheron à moi, à l'heure qu'il est, n'a pas seulement une égratignure: c'est qu'il en réchappera cette fois et vingt fois encore pour recommencer son manége, en lâche qu'il est. Que Dieu me pardonne! il me semble que je l'ai maudit.

En achevant ces mots, le Comtois laissa retomber sur son lit une main languissante. La fièvre, qui l'avait soutenu jusque-là, fit place à un abattement profond. La respiration ne sortait plus qu'avec peine; sur les yeux se répandait ce triste voile qui ressemble à la première ombre de la mort; les mains étaient inertes, le corps affaissé. L'œuvre de destruction était accomplie. Le Comtois eut encore la force de nous adresser un regard plein d'une douce résignation, et sur ses lèvres vint se fixer, par un dernier effort, le nom du Percheron.

La victime ne se trompait pas. Son mauvais génie survécut aux événements. Les Percherons compromettent les autres, mais ne se compromettent pas. Celui-ci avait pris ses précautions; il sut échapper aux balles, et mieux encore aux conseils de guerre : c'était le comble de l'art.

XXXVIII

LE LENDEMAIN.

La bataille était finie ; mais les empreintes en subsistaient partout. On les voyait sur les murs, on les retrouvait dans les esprits. Le voyageur ne mesure la profondeur d'un abîme que lorsqu'il l'a franchi, et son épouvante s'en accroît. Nous en étions là. Chacun se demandait avec effroi où va un peuple qui a dans sa vie une page semblable, un égarement pareil. Les plus hardis n'osaient pas se livrer au présent, les plus sages interrogeaient l'avenir. Une terre sujette à de tels ébranlements ne paraissait sûre à personne, et, comme aux peuples qui bâtissent près des volcans, il n'y avait place désormais chez nous que pour des établissements fugitifs et des constructions fragiles.

Rien de plus sombre que l'aspect de Paris ; tout y respirait la guerre civile dans sa plus redoutable horreur. Les pavés étaient encore menaçants, les visages sombres. On ne pouvait faire un pas sans y rencontrer un témoignage des désordres qui venaient de s'accomplir. Sur le théâtre même des opérations, on ne voyait que ruines. Des murs entiers s'étaient écroulés sous les boulets ; d'autres offraient des entailles profondes. Les maisons qui se profilaient dans la direction du tir étaient ravinées, pour ainsi dire, par les projectiles. D'autres étaient percées à jour comme une dentelle à larges points. Point de devanture qui ne fût déchirée, point de persienne qui ne fût entamée. Des enseignes étaient coupées en deux, d'autres hachées en morceaux. Sous la pression de l'air, les vitres avaient volé en éclats, et jonchaient le sol de leurs débris. Emprisonnés dans leurs cours, les ruisseaux, les égouts avaient reflué sur la chaussée, et y créaient des mares infectes, où l'eau se saturait de sang.

Ce n'était pas le seul legs que la révolte nous eût laissé : on retrouvait ailleurs un souvenir de sa présence. Paris était livré à des consignes militaires, qui lui donnaient la physionomie d'un camp. De rues à rues, de quartiers à quartiers, la circulation était interdite. Chaque habitation était soumise à un blocus, et à peine y laissait-on pénétrer des vivres. Aller voir un ami était une entreprise pleine de périls. A chaque coin de rue étincelaient des baïonnettes, pénétrées outre mesure du sentiment de leur devoir, et avides de se plonger dans des poitrines humaines. Il faut pardonner ces excès de zèle à des cœurs émus. Ces baïonnettes avaient noblement conquis le droit de se montrer défiantes ; elles avaient à venger un sang généreux, et de ce sang il en avait assez coulé. Un luxe de précautions s'explique et se justifie ainsi. D'ailleurs la consigne était là, et l'on sait quel empire elle exerce sur les esprits guerriers.

Cependant Paris ne pouvait, sans dommage, être toujours soumis à un pareil régime. C'est une ville d'affaires et de plaisirs où la prospérité municipale ne se sépare pas d'une entière liberté de mouvements. Il est dur, pour un hôte de la somptueuse cité, de ne pouvoir aller dîner qu'entre deux factionnaires, de ne prendre l'air qu'au vol du chapon, et de se retirer au couvre-feu. On n'y séjourne pas dans le seul but de poursuivre des études sur l'aspect d'une cour, ou les mœurs intimes d'un ménage voisin. Surtout il répugne de circuler à pied et entre des mots d'ordre. Le péril effrayerait moins que la servitude. Ce fut là le plus odieux, le plus intolérable aspect de cette guerre civile ; d'une grande capitale elle fit une prison. Qu'on juge des émotions qui assaillirent cette population incarcérée, des bruits semés par la peur, des conjectures qui allaient d'un étage à l'autre avec la rapidité de l'éclair, des alarmes des femmes, des préoccupations des hommes, enfin de ce doute, de cette inquiétude de l'avenir qui pesait d'un poids si lourd sur toutes les âmes et sur toutes les consciences ?

Même quand ce séquestre eut été levé, les choses ne s'embellirent qu'imparfaitement. Le désordre moral survécut longtemps au désordre matériel. On met les pavés en état plus aisément que les cœurs en repos. Les voitures roulèrent encore, mais le peu d'étrangers que Paris renfermait quitta la ville dès que les barrières furent libres, et alla demander à d'autres cieux une hospitalité moins agitée. Les familles opulentes regagnèrent à la hâte leurs châteaux, en jetant à ce peuple de démons un adieu mêlé d'anathèmes. Ce peuple y répondit par de sourds frémissements. Il était vaincu, mais à la façon de ces guerriers qui, même morts, causaient de l'épouvante à voir. Son attitude exprimait la menace plus que la soumission. Ses dents ne déchiraient plus la cartouche du combat, mais on pouvait lire dans son regard une haine qui survivait à la défaite. Cette persistance était visible, surtout dans les quartiers où l'action avait eu lieu. Là, au sein des rues et sur le seuil des maisons, on ne recueillait que des propos menaçants, on n'apercevait que des visages farouches. La pensée d'une revanche était dans les cœurs et dans les discours.

Mille bruits sinistres et odieux venaient à l'appui de ces suppositions. La guerre ouverte est abandonnée par le peuple, disait-on; mais une autre guerre bien plus terrible va y succéder. Cette fois du moins le résultat ne le trompera pas. Il ne peut vaincre ses ennemis dans l'ensemble; il les prendra en détail, un à un, et leur fera sentir le poids d'une justice secrète. Que les grands coupables tremblent; le jour de l'expiation est arrivé. On devine le parti que l'on peut tirer d'une donnée semblable dans une ville où toute oreille est ouverte à l'alarme, et à la suite de si lugubres événements. Mille versions circulaient; chacun avait la sienne; de mauvais plaisants y joignaient les leurs. Ainsi on donnait pour certain qu'un massacre à domicile s'exécuterait prochainement, et que trois mille personnes tomberaient sous le poignard, le même jour et à la même heure. D'autres fois on parlait d'énormes dépôts de poudre que la police avait saisis, ou de machines infernales préparées dans le plus grand mystère et avec un but d'extermination.

De ces bruits, celui qui trouva le plus facilement crédit, fut le bruit d'empoisonnements isolés. Déjà, dans le cours de la lutte, il avait rempli Paris d'épouvante. Des cantinières, disait-on, avaient distribué aux troupes, et sur plus d'un point, un breuvage mortel. Des soldats étaient morts après y avoir goûté. La même alarme se reproduisit après le combat. On parla de victimes, on cita des faits, les uns à titre de vengeances de corps, les autres comme vengeances isolées. On ajoutait que le poison distribué ainsi était d'une énergie redoutable. Les malheureux qui en étaient atteints tombaient foudroyés. Ces anecdotes faisaient leur chemin dans le public, grâce à leur caractère sombre et mystérieux. Volontiers on va vers le roman et vers les récits où l'émotion se mêle. Peut-être y eut-il quelque acte de ce genre, un cas particulier; mais il est à croire que cet empoisonnement systématique dont on s'entretint durant quelques jours était le rêve d'un semeur de désordres ou d'une imagination malade.

Dès que la circulation fut affranchie de toute entrave, Malvina éprouva le besoin d'aller voir par ses yeux ce qui se passait au dehors. Notre ambulance n'avait duré que trois jours : c'est tout ce que l'institution comportait. Il s'agissait des premiers soins à donner; un service en plein vent ne pouvait se prolonger au delà. Les blessés avaient été transportés, les uns dans leur domicile, les autres dans les hôpitaux. Nous avions fait au Comtois les honneurs d'une inhumation décente. Libres de tout devoir, il nous était loisible de donner cours à notre curiosité. Sept jours de séquestre nous avaient mis en goût; il tardait à Malvina de prendre son essor et de briser les carreaux de sa cage.

— Je veux voir s'ils ne m'ont pas changé mon Paris, disait-elle en riant; ils en sont bien capables, les intrigants.

Nous sortîmes; la ligne des rues et des boulevards était encore occupée militairement. Paris formait un camp immense, et déjà sur divers points des tentes élégantes s'élevaient. Les chevaux étaient au piquet, les corps qui défilaient dans les rues se gardaient comme en pays ennemi. La cavalerie avait des vedettes en avant, sabre au poing ou carabine à la hanche. Plus loin, les soldats séchaient leurs baudriers au soleil, ou fourbissaient leurs cuirasses. Le sol était jonché de litière, et dans un retour des maisons on apercevait çà et là une cantine improvisée. Ce spectacle m'attristait ; j'y voyais le règne de la force. Je le subissais comme une nécessité, je ne l'acceptais pas comme un bienfait. Malvina, au contraire, comprimait mal ses ravissements. Elle apostrophait tout, fantassins et cavaliers, avait un mot piquant pour chacun, et leur distribuait des encouragements sur le front de bataille :

— A la bonne heure, disait-elle, ça prend tournure maintenant. Vive l'armée ! Qu'ils y viennent ceux de la République en guenilles ; ils trouveront à qui parler. Jérôme, regarde-moi ces cuirassiers ! Le beau corps, mon Dieu, le beau corps ! Des hommes moulés ! une tenue superbe ! Vive l'armée ! Je ne sors pas de là.

L'enthousiasme de ma femme avait un caractère expansif qui pouvait être mal interprété. Je pressai le pas et l'arrachai au spectacle de la grosse cavalerie. Une diversion survint fort à propos. De l'un des quais débouchait un bataillon de garde nationale, accouru d'un département voisin. Il se composait d'honnêtes campagnards dont les visages, hâlés par le soleil, exprimaient la résolution. Au premier bruit, ce corps de volontaires s'était formé. Le hameau avait versé ses hommes dans le village, le village dans le bourg, le bourg dans le chef-lieu de canton, de manière à réunir, de proche en proche, un contingent respectable. Dans un rayon de cinquante lieues, il en fut ainsi. Les villes et les campagnes envoyèrent leur élite militaire au secours de l'ordre menacé. Il en est qui franchirent une distance de cent cinquante lieues. En six jours, on eut aux barrières une armée de soixante mille hommes. Mouvement admirable et fécond ! Pour la première fois la province se prononçait : elle déclarait à Paris, la main sur son épée, que désormais il ne ferait plus de révolution sans compter avec elle.

Le bataillon rural qui défilait devant nous n'était point irréprochable sous le rapport de la tenue ; on aurait pu lui demander plus de cohérence et plus d'uniformité. La coiffure y variait à l'infini, depuis le casque du pompier avec une blouse pour assortiment, jusqu'à ces shakos évasés en tromblon, qui se rattachent aux époques les plus orageuses de l'empire. L'armement n'était pas moins inégal. Le fusil d'ordonnance figurait dans les rangs auprès de la carabine du Tyrol ; une espingole même s'y était glissée. Tous les calibres et tous les pays. Quant au costume, on devine ce qu'il était : la blouse dominait ; pour le campagnard, c'est le vêtement d'honneur : les sabots n'étaient pas rares, la circonstance les ennoblissait. L'ordre en sabots venait défendre Paris contre la rébellion en souliers. L'histoire doit une page à ce dévouement et à ce contraste. Ces braves gens apportaient d'ailleurs à la cause du pays un zèle sans limite et sans frein. Personne n'était plus prompt à venir aux coups de fusil, et, dans l'émotion d'un début, parfois ils s'en administraient entre eux. Mais ces oublis accusaient leur instruction militaire et point leurs cœurs. Qui n'a pas ses ombres ici-bas, et quelle institution peut se dire parfaite !

Ce défilé me fit du bien ; la vue de ces bons campagnards soulageait l'imagination. On oubliait leurs pantalons retroussés jusqu'aux mollets et leur accoutrement bizarre ; on fermait les yeux sur la manière dont ils emboîtaient le pas et sur la gravité avec laquelle ils portaient leurs têtes. Leurs mains brunes et calleuses réparaient cela. Après avoir ouvert le sillon nourricier, ces mains venaient raffermir la société ébranlée. Mains loyales, soyez bénies ! Pour sauver Paris d'odieuses fureurs, ces hommes avaient tout quitté : leurs trèfles, leurs luzernes, leurs regains ; ils avaient délaissé des travaux urgents, au risque de les voir souffrir de leur absence. De la part de villageois, c'était le plus rare des sacrifices, celui de leur intérêt.

Ma femme ne le prenait pas avec autant de chaleur que moi ; elle accordait trop aux apparences. Elle ne pouvait pardonner à cette milice élevée au sein des champs le désordre évident de sa tenue. Elle ne jugeait pas l'esprit, elle ne voyait que les dehors. Selon son habitude, elle faisait ses réflexions à haute voix, et ses réflexions étaient de nature à jeter parmi ces volontaires quelques impressions de découragement. En vain essayais-je de la retenir ; elle m'échappait.

— Braves gens ! excellentes gens ! s'écriait-elle. Je n'en

disconviens en aucune façon! Tous visages honnêtes! Tous bons citoyens! Mais tu as beau dire, Jérôme, je préfère les cuirassiers.

Je comprenais Malvina; elle aimait ce qui porte en soi le caractère de l'harmonie et de la force. A ce titre, les troupes régulières l'attiraient. Elle ne pouvait se lasser de cet imposant spectacle. Dès lors le repos de ses nuits fut assuré. Tant qu'elle n'avait eu pour garantie que les harangues du gouvernement provisoire, sa confiance avait été médiocre et son sommeil entrecoupé. Mais le jour où elle vit Paris inondé d'uniformes, et des bivouacs s'établir de tous côtés, elle se mit à réparer le temps perdu et à prendre sa revanche d'une suite d'insomnies. Un bataillon rural ne lui eût point produit le même effet. Elle ne comptait pas, à un degré égal, sur la solidité de cette troupe. En cela, peut-être obéissait-elle à une illusion du coup d'œil. Entre les légions champêtres et les bandes d'insurgés, la différence n'était pas assez sensible pour qu'au premier aspect on ne pût s'y tromper. Ce rapprochement la poursuivait et l'entraînait, à son insu, jusqu'à une injustice.

Cette excursion eut donc ce bon résultat de rendre à ma femme un peu de sécurité. De retour au logis, elle enleva ses armes de guerre de dessus le fourneau où elles reposaient. Les mesures de défense furent délaissées, les précautions frappées de désuétude. La marmite de siége passa au grenier. Ce n'est pas qu'il n'y eût encore, çà et là, des alertes, des bruits inquiétants. La menace d'une émeute nouvelle planait toujours sur Paris. Vingt programmes circulaient. Tantôt des milliers de femmes devaient se porter vers l'Assemblée, les cheveux épars, les vêtements en désordre, lui demander la liberté des prisonniers, et, en cas de refus, la vouer aux furies. Tantôt il s'agissait d'une démonstration générale, à laquelle tous les grands foyers d'industrie devaient prendre part, de manière à mettre le gouvernement en échec sur divers points et à diviser l'action des troupes. Puis on parlait de complots dans le sein même de la force armée. Un jour c'étaient des rivalités de corps, un autre des mécontentements au sujet des vivres. Malvina écoutait ces récits sans en éprouver le moindre trouble, sans en concevoir la moindre appréhension. Depuis cinq mois, des rumeurs de ce genre pesaient sur Paris; elles flottaient dans l'air pour ainsi dire. Le mal était endémique, il fallait s'y accoutumer. C'est ce qu'avait fait Malvina : elle avait mis son âme au-dessus de ces fâcheuses impressions.

Il faut lui rendre cette justice, d'ailleurs; son esprit était de ceux qui ne demandent qu'un point d'appui. Elle était prête à se rallier, et sans hésiter elle eût fait la moitié du chemin. L'opposition n'était ni dans ses principes ni dans ses goûts. Elle abandonnait cette politique aux impuissants et aux envieux. Encore moins avait-elle des préjugés au sujet d'un contact avec le pouvoir. Non, elle n'y apportait ni éloignement ni répugnance ; sans trop de peine, elle eût signé un pacte public et plongé ses lèvres dans la coupe empoisonnée des faveurs. Cependant elle y mettait de la dignité et entendait faire décemment les choses. Son premier gage fut de s'abstenir. Désormais elle se modéra sur le chapitre du blâme, et au besoin ne refusa pas un encouragement. De sa part, c'était beaucoup. Elle apportait au gouvernement nouveau cet avantage et cette force.

Ce gouvernement avait, comme un autre, ses travers et ses erreurs. La perfection n'est pas de ce monde.

Le principal reproche que lui fit ma femme, c'était de ne pas user suffisamment de sa puissance. Elle eût désiré une satisfaction plus complète pour tant de griefs accumulés. Telles quelles, elle acceptait néanmoins, à titre d'à-compte, les petites réparations dont elle était témoin. Ainsi le désarmement des rebelles lui parut une mesure digne d'encouragement. Seulement, on n'y procédait pas, à son gré, d'une manière assez rigoureuse. A l'en croire, il eût fallu faire main basse sur toutes les armes tranchantes et enlever jusqu'aux couteaux.. La tranquillité publique était à ce prix. Quand elle sut que des arrestations s'opéraient dans les quartiers populeux, elle ne se refusa pas à déclarer que l'autorité marchait dans une bonne voie. Par exemple, elle n'admettait pas que la mesure dût rester incomplète, et invoquait contre les coupables un luxe inouï de châtiments. Surtout elle réclamait une justice expéditive. Les conseils de guerre lui paraissaient trop lents et trop doux ; elle leur reprochait de s'assujettir à des formalités puériles et de ne pas enrichir immédiatement les antipodes de criminels destinés à en faire l'ornement.

On le voit, Malvina se prononçait pour les moyens décisifs. A ce titre, l'état de siége avait son assentiment. Personne n'en comprenait mieux les douceurs, n'en demandait avec plus d'instance le maintien. Elle ne consentait pas à y voir un expédient passager ; c'était assigner une part trop petite à un régime doué de tant de vertu. Volontiers elle en eût fait une institution permanente. Pourquoi pas, et où trouver un meilleur instrument ? A l'emploi, on avait pu en juger. Si le pavé retrouvait son niveau, n'est-ce pas à l'état de siége qu'on en était redevable ? Cette population d'ouvriers, dévorée de sa fièvre de combat, l'état de siége avait seul la puissance de la contenir ; seul il désarmait les haines et préservait Paris de terribles représailles. Dès lors il n'y avait plus à choisir. Tant d'avantages d'une part, et de l'autre, quoi ? un simple préjugé. Puisque le gouvernement avait le bon esprit de s'en affranchir, évidemment Malvina ne pouvait se montrer plus scrupuleuse.

Il lui fut doux de voir que d'autres préjugés succombaient dans la même épreuve et par la même occasion. Ainsi, une révolution venait d'être accomplie au nom d'un droit contesté, celui de se réunir. Pour venger ce droit, on avait chassé un souverain et brisé un trône. A la bonne heure ; dès le lendemain du triomphe, le droit de se réunir dégénérait en appel à l'insurrection. Les clubs s'en faisaient une arme, et la garde en main ils en dirigeaient la pointe vers le cœur de la société. Quel parti prendre ? Retirer le droit, c'est désavouer la révolution ; le maintenir, c'est livrer le pays à d'éternels désordres. L'alternative offrait plus d'embarras ; il n'y avait de salut public qu'au prix d'un désaveu. Le gouvernement était placé entre un démenti et une trahison. Il faut lui rendre cette justice, qu'il n'hésita pas. Il traita les clubs militairement, et les fit fermer un à un. S'exécuter ainsi, c'était brûler ses vaisseaux et prendre ma femme par son côté faible.

— A la bonne heure! s'écria-t-elle, ils commencent à se former.

Ce gouvernement était destiné à triompher d'un second préjugé, plus invétéré encore; je veux parler des franchises de la presse. Jusqu'alors, la presse avait joué le rôle d'une couronne de fer; y toucher portait malheur. Un trône de quatorze siècles y avait péri. De pareilles leçons ne s'effacent pas; elles laissent une date dans les âges. Aussi la presse semblait-elle désormais placée à l'abri et au-dessus de toutes les atteintes. Elle en abusa, comme on l'a vu. Des journaux à un sou envahirent le pavé avec des titres odieux et des doctrines plus odieuses encore. Ils sonnèrent le clairon et prêchèrent la croisade de carrefour en carrefour. Que faire? Comment y obvier? Sévir, c'était se démentir encore, c'était condamner deux révolutions à la fois. Le pas était difficile, et néanmoins ce gouvermtent le franchit. Il traita la presse aussi militairement que les clubs. Il supprima, confisqua, incarcéra, avec l'aisance et la grâce d'un vizir. Plus que jamais Malvina se sentait gagnée.

— De mieux en mieux, dit-elle. Un préjugé de moins! un gage de plus! Ils se forment décidément.

Ce qui lui plaisait en cela, ce n'était pas de voir les gens déserter leurs propres principes et entrer d'une manière aussi délibérée dans la carrière des contradictions. Ce spectacle offrait peu d'intérêt. Encore moins prenait-elle goût aux ruines qui en étaient la suite, à ces déplacements de clientèle où la médisance apercevait un calcul. Ma femme ne descendait pas dans ces détails. Ce qu'elle y voyait, c'était l'emploi de la force, le poids d'une main de fer. Or, ce procédé était le sien, elle n'en admettait pas d'autre. C'est là-dessus qu'elle mesurait la bonté des gouvernements. Plus ils s'appuyaient sur les cuirasses, plus elle faisait fond sur eux. Celui-ci entrait dans sa voie, il était bon de l'encourager. Elle n'y manqua pas; et lorsque la plaine de Saint-Maur se couvrit de tentes, elle ne put se défendre d'un témoignage d'admiration.

— Enfin, s'écria-t-elle, voilà des hommes! Et aussi comme tout fléchit ! Pas un qui bouge maintenant. Je te le disais, Jérôme : le Français a besoin d'être mené.

XXXIX

LE GRAND ŒUVRE.

Après le combat, l'Assemblée se remit aux affaires. Il était temps. Depuis cinq mois on vivait sous l'empire du hasard. Point de loi reconnue, point de régime régulier. Entre les institutions détruites et les institutions à créer, il existait une lacune que l'arbitraire seul pouvait combler. L'Assemblée avisait au plus pressé ; le reste s'en allait à l'aventure. En toute chose, le provisoire dominait. Les départements ne prenaient pas au sérieux des préfets échappés de la tabagie et qu'ils avaient connus sous le travestissement de commissaires. Ils doutaient d'une autorité confiée à de telles mains ; ils l'entouraient d'un respect et d'un dévouement fort équivoques. Un acte solennel pouvait seul remettre les populations dans leur voie et donner à cette suite d'improvisations le caractère d'un établissement définitif.

C'est à ce besoin que la constitution devait pourvoir. On s'en promettait de grands effets, et, en première ligne, l'apaisement des esprits. Ce n'est pas qu'il manquât de sceptiques pour augurer à ce nouveau pacte le sort de ses aînés. Mais les croyants n'en étaient que plus résolus à fonder leur monument sur le granit et à construire pour l'éternité. L'Assemblée y songeait sérieusement ; elle y voyait son acte essentiel. Des discussions intérieures s'étaient engagées et sur l'ensemble et sur les détails ; les escarmouches précédaient la bataille. Déjà les opinions s'y dessinaient. Les uns voulaient circonscrire le débat, les autres s'efforçaient de l'étendre.

Pour ceux-ci, c'était un champ ouvert à toutes les témérités ; pour ceux-là, un retour naturel vers les choses possibles. Chacun avait ainsi son thème et n'en déviait plus.

Pourquoi chercher ? disaient les ardents. Pourquoi se mettre en quête d'évangiles nouveaux ? L'ancien n'est-il pas là ? Et qui aurait la prétention de mieux faire ? La chaîne des traditions est rompue ; il s'agit simplement de la renouer. Nos pères ont tout dit, tout écrit. Inclinons nos fronts devant leurs œuvres immortelles. La déclaration des Droits de l'homme existe ; à tout républicain sincère elle suffit. Elle est le résumé de la sagesse révolutionnaire. Tenons-nous-y, ne répudions pas ce legs précieux. N'en retranchons rien, ajoutons-y plutôt. L'esprit du temps pousse à des conquêtes nouvelles. Abondons dans ce sens. Parlons du droit au travail et de l'impôt progressif. Flétrissons la tyrannie du capital en des termes qui soient à la hauteur de nos colères. Dénonçons la propriété comme un fait abusif ; signalons la richesse comme un fléau. Surtout point de limites à l'assignat ; des chiffons sur une grande échelle. C'est par de tels moyens que nous embellirons l'œuvre de nos aïeux.

De la discrétion, répliquaient les modérés ; elle n'a jamais rien gâté. Voyez le pays, il vous subit à regret et résiste à vos expériences. N'abusez pas de lui ; il vous échapperait. Vous avez, dans un jour de surprise, mis la main sur ses destinées. Contentez-vous de ce succès et laissez le reste à l'avenir. Assez de violences comme cela ; qui tend trop l'arc le brise. L'essentiel aujourd'hui, c'est de rendre aux âmes un peu de repos et d'assigner des bornes à l'esprit d'aventures. Que votre Constitution s'inspire de ce sentiment ; qu'elle s'adapte à nos mœurs, qu'elle ne les excède pas : autrement vous rencontreriez des instincts rebelles. Il ne faut pas imposer aux populations plus qu'elles ne peuvent porter ; c'est un jeu plein de périls. Au nom de la République que vous avez fondée, sachez donc vous contenir ; ajournez vos visions à d'autres temps. Laissez le papier-monnaie à l'empirisme financier ; sortez de ce nuage sinistre que l'on nomme le droit au travail. Et comme un bâtiment a deux ancres ayez deux chambres. Le salut public est à cette condition.

Cette attitude des partis se prolongea durant tout le débat. L'air resta le même ; les variations se multiplièrent à l'infini. Il y eut des discours d'éclat ; il y en eut de modestes. Les discours d'éclat ne se passaient pas sans quelques préparatifs ; ils exigeaient des frais de mise en scène. Plusieurs jours à l'avance le bruit s'en répandait ; on s'en entretenait comme d'un événement. Un réservoir d'enthousiasme se formait alors pour s'épancher au moment décisif. L'heure venue, le héros de la séance gravissait d'un pas solennel les degrés de la tribune. Quel silence ! quel recueillement ! Que de regards attachés sur lui ! Il parlait, et l'admiration se donnait carrière. Le programme l'avait prévu ; un programme doit tout prévoir. Les amis, distribués sur divers points, secondaient l'orateur à la manière du chœur antique. Ils répondaient à sa pensée par des frémissements expressifs et les échos d'une acclamation bruyante. L'orateur s'y inspirait, s'y retrempait. Au moment où il quittait l'estrade, ses amis y répondaient par une manœuvre digne des plus grands tacticiens. Ils se précipitaient vers l'enceinte dans un désordre affecté. Bon gré, mal gré, ils voulaient que la séance fût suspendue.

Dans le cours ds cette discussion, une circonstance me frappa surtout. La foi manquait à cette assemblée. Elle ne croyait pas son œuvre ; elle en doutait au début, elle en douta jusqu'à la fin ; même achevée, elle en doutait encore. Ce fut le propre de cette révolution, de ne mettre en jeu que des vanités et des intérêts. La conviction en était absente. Partout ce caractère se retrouva. Rien ne prit de grandes proportions, ni les actes ni les personnes. Dans le débat, point de solennité ; au lieu du recueillement, la turbulence. Quel respect pouvait s'attacher à un acte ainsi accompli ? L'antiquité savait mieux comment on frappe l'imagination des peuples. Le législateur dérobait à la foule les secrets et les douleurs de son travail ; quand la loi était prête, il descendait de la montagne au milieu de la foudre et des éclairs. Ici, au contraire, tout se faisait à découvert, en face d'un public ou hostile ou moqueur. La majesté du but s'effaçait devant la pauvreté des moyens ; la tenue nuisait au crédit de l'œuvre. Parfois les bouffons s'en mêlaient et fournissaient un aliment de plus aux sarcasmes du dehors. C'est ainsi que la Constitution suivit son cours, et que, commencée dans l'incrédulité, elle s'acheva dans l'indifférence. Les présages n'étaient point heureux ; le ciel même y mit quelque rigueur. Quand la loi nouvelle fut promulguée en plein air, il lui fit un glacial accueil et couvrit son berceau d'un linceul de neige.

Divers épisodes traversèrent ces débats et y créèrent une diversion. Le plus mémorable fut celui où l'Assemblée abandonna deux de ses membres à la justice du pays. Je n'ai pas à raconter ce procès avec détails : il me suffira de dire ce que j'éprouvai dans le courant de la nuit où la sentence fut rendue. Nous étions aux tribunes, parmi les curieux, Malvina et moi. De dix-huit heures l'Assemblée ne quitta pas ses bancs ; à peine y eut-il un court intermède. Il régnait dans son attitude une solennité inaccoutumée. Cela s'explique : derrière les deux prévenus, la révolution était en cause et rendait compte de ses écarts. Une enquête avait eu lieu ; elle jetait sur les actes et sur les noms une lumière sinistre. On pouvait voir en quelles mains le pays était tombé, faire la part de la perversité et celle de l'impéritie : c'était une terrible récapitulation. Des hommes que la tempête avait poussés au gouvernail, il en était peu qui fussent à l'abri du blâme. A un degré plus ou moins fort, ils avaient tous trempé dans les mêmes violences ou toléré les mêmes usurpations. Chez les uns il y avait calcul, chez les autres faiblesse. On en choisit deux, comme expression plus complète, l'un des désordres de l'idée, l'autre des désordres de la rue. Sur eux retomba l'expiation du passé.

La nature, qui se plaît aux contrastes, en avait mis un bien sensible entre les deux prévenus. L'un eût pu entrer dans la poche de l'autre. La structure était d'ailleurs assortie à l'emploi. L'agitation morale et l'agitation matérielle s'y maintenaient avec un caractère distinct. Ce fut dans ces conditions que l'affaire s'engagea. Au début, l'intérêt parut languir ;

mais le soir, sous les clartés des lustres, il se ranima. Dans les fatigues de l'insomnie, l'Assemblée puisait une majesté qu'en aucun moment je n'y avais vue. Les bancs étaient au complet, et à peine dans cette foule voyait-on quelques yeux se fermer et quelques têtes céder à l'accablement. Le soleil s'était couché sur la séance, il se leva sur elle. La défense y eut le champ libre; l'accusation s'effaça. Celle-ci voulait aboutir, celle-là gagner du temps. En dépit de tout, l'Assemblée était résolue à ne point se séparer que la question ne fût vidée. Elle le fut au moment où l'aube blanchissait les vitraux et éteignait les feux des lustres sous les flots d'une lumière sans cesse accrue. L'Assemblée se prononça catégoriquement. Elle dépouilla deux de ses membres du privilége dont ils étaient investis, et, sans préjuger aucun grief, les livra à la juridiction ordinaire.

Cet acte fut décisif; il était empreint d'une fermeté salutaire. L'émeute aurait pu l'envisager comme un défi; elle n'y répondit pas. C'était l'aveu formel de son impuissance. De deux côtés on la frappait. L'Assemblée livrait ses chefs; les conseils de guerre châtiaient ses soldats. Et pourtant aucune émotion apparente ne suivit ces actes de vigueur. A peine s'y attacha-t-il quelques menaces. L'horizon s'était décidément éclairci, on vivait dans une atmosphère plus sereine. Les clubs se taisaient; la presse ne parlait qu'à travers un bâillon. Il n'y avait plus ni groupes ni chants dans les carrefours. Le régime militaire avait porté ses fruits; l'instinct de Malvina ne l'avait pas trompée. Malheureusement la force morale ne s'accroissait pas dans la même proportion. De temps en temps le pouvoir exécutif éprouvait des défaillances et venait demander à l'Assemblée des votes destinés à le raffermir. L'Assemblée les lui prodiguait en bonne mère; elle y mettait de l'abandon et passait l'éponge sur les petits écarts de conduite; elle avait le caractère bien fait.

Le ciel l'en récompensa; peu de jours après elle eut un spectacle choisi. De l'autre côté des mers il lui arriva des membres de couleurs assorties et qui manquaient à sa collection. La variété était grande, depuis l'ébène jusqu'à l'acajou. Nous assistâmes à cette entrée ; rien de plus curieux. Les représentants de race noire s'assirent avec une gravité digne d'un teint plus clair. Ils s'exprimèrent avec bon sens et comme des personnes naturelles. Ce fut une découverte pour Malvina, qui s'obstinait à ne voir dans le nègre qu'un singe perfectionné. Pur préjugé d'enfance! Elle en revint sur-le-champ. La présence de ces noirs parlait d'ailleurs pour eux : des blancs n'auraient pas eu autant d'esprit ; émancipés, ils eussent nommé leurs maîtres. Les noirs n'avaient pas commis cette erreur ; ils s'étaient nommés entre eux. Qui le sait? peut-être au nombre des élus, en était-il qui, dans leurs jeunes ans, avaient porté leurs semblables en palanquin, ou agité sur les fronts créoles l'éventail en feuilles de latanier !

Malvina ne les perdit plus de vue. Du haut des tribunes elle les surveillait. Elle voulait s'assurer qu'ils se mouchaient comme tout le monde.

Je ne la suivis pas dans cette étude ; mon attention était fixée ailleurs : on arrivait au budget. Pour la première fois ce mot reparaissait depuis l'avénement de la République. Involontairement je me souvins du concert de réclamations qu'il soulevait autrefois. Que n'avait-on pas dit de ce polype monstrueux! Que n'en avais-je pas dit moi-même! Les années, en se succédant, y ajoutaient toutes quelque chose et n'en retranchaient rien. Les monuments historiques y figuraient encore sur le grand pied ; les palimpsestes n'y étaient point négligés. On avait toujours des allocations pour l'École des chartes et pour ces temples du Péloponèse que je croyais avoir perdus dans l'esprit des populations. Les existences parasites ont la force du roseau ; elles cèdent au premier souffle et se relèvent quand il s'apaise.

J'espérais bien que la République n'entendrait pas raillerie là-dessus, et qu'elle ferait justice de ces déceptions invétérées. Déjà un comité spécial avait relevé plus d'un abus et en avait fait justice. Il restait à savoir comment les ministres prendraient ces réductions et s'ils consentiraient à s'y associer. Sous l'ancien régime leur rôle était tracé. Tout ministre défendait ses millions comme une couveuse défend ses poussins, une lionne ses petits. Il livrait des combats acharnés à propos du moindre centime. Ainsi le voulait l'institution. L'honneur et la parure d'un ministre, c'était son budget. Tant valait l'homme, tant valait la besace. Un ministre qui se laissait mettre au rabais était déshonoré ; celui qui arrachait mille francs à des chambres avares rentrait chez lui le front haut et le jarret tendu : il n'avait pas perdu sa journée.

Dans ma candeur, je croyais que ces mœurs allaient changer. Il me semblait qu'un ministre de la République avait à jouer un tout autre rôle. Les anciens demandaient le plus possible ; j'estimais que ceux-ci demanderaient le moins possible. La pudeur l'exigeait ; on ne pouvait copier ce qu'on avait flétri, encourir le blâme qu'on avait prodigué. J'y comptais. Quelle fut ma surprise aux premiers mots que j'entendis ! Je crus rêver. Ministre de la veille, ministre du lendemain, c'était tout un. On eût dit que le sol n'avait pas tremblé sous nos pieds. Le dernier règne nous léguait une dépense de quinze cents millions ; la République l'élevait à dix-sept cents. La France payait cher sa conquête. Quand vint le détail, la comédie d'autrefois recommença avec d'autres acteurs. Chaque ministre vint défendre ses clients. Quiconque voulait réduire ses allocations était son ennemi. Pour le plus mince article il exhalait des soupirs à fendre le cœur, et trouvait des accents éplorés. Sa douleur l'égarait, et tournait insensiblement à la haine. Il vouait les comités épurateurs à l'exécration des siècles et à la vengeance des contemporains. Il les traitait de barbares au premier chef, tant il est vrai que l'aspect des choses change avec la position, et que l'opinion est surtout une affaire perspective.

On le voit, nous en étions au régime des palinodies. C'était un triste spectacle ; pour l'égayer, on eut recours aux violons. La République entreprit de faire danser les citoyens. La hardiesse était grande. Les cœurs n'inclinaient point à la joie ; il fallait y aider beaucoup. Ce fut le souci et l'honneur des dignitaires nouveaux. Rome avait eu des consuls plaisants ; l'Assemblée avait un président dameret. Il remplit Paris du bruit de ses fêtes. On en parlait huit jours à l'avance et huit jours après. Les républicaines de la veille y avaient des siéges d'honneur. Les sirops étaient sans mélange, si la compagnie ne l'était pas. Il faut être juste d'ailleurs ; l'ensemble ne laissait rien à désirer. L'hôtel était un vrai bijou ; il sortait des mains de l'artiste. Or et peintures, on n'y voyait que cela, distribué avec une harmonie exquise. Les fleurs rares tapissaient les avenues ; l'orchestre remplissait les salons de motifs charmants. Sous les feux des lustres, allait et venait une foule compacte. Les hommes d'État du régime nouveau y brillaient d'un vif éclat. On y voyait aussi, dans leurs plus beaux aspects, les plénipotentiaires improvisés et ces révélateurs pensifs à qui quatre jours suffisent pour développer le plan d'un nouveau monde, tandis que Dieu en a mis sept à créer et à organiser l'ancien.

L'exemple était donné ; d'autres dignitaires le suivirent. On dansa dans tous les palais de la République. L'orgeat y coula à flots ; la limonade n'y fut point épargnée. Le gouvernement prodiguait les pâtisseries, tandis que trois cent mille individus recevaient, dans Paris seulement, le pain de l'aumône. Ce contraste arrachait aux partis vaincus de sourds rugissements ; il indignait les cœurs spartiates. On dévorait la République sans qu'ils en eussent une part ; était-ce tolérable ? Quoi ! pas une miette de ce grand festin ! En février, ils ne l'avaient pas entendu ainsi. On leur changeait leur enfant. Ils n'avaient désiré pour elle ni tant de dorures ni tant de galons. Ils ne l'avaient pas vouée à un entourage de talons rouges. Telles étaient leurs plaintes, mêlées d'imprécations. Plus que jamais les camps se dessinaient, celui des babas, celui du brouet noir. Les vaincus ouvraient un compte aux vainqueurs, et se promettaient de le solder d'une manière mémorable. Les vainqueurs jetaient un coup d'œil sur leurs régiments, et n'opposaient aux fureurs des vaincus qu'un sourire de dédain.

En attendant, les violons poursuivaient leurs ritournelles ; rien n'était retranché des orchestres du gouvernement.

XL

LA PRÉSIDENCE.

Un article de la Constitution déléguait le pouvoir exécutif à un président, et en vertu d'une loi spéciale cette magistrature devait être conférée dans un temps prochain. Le jour décisif approchait. La nation était convoquée ; le suffrage universel touchait à une dernière épreuve.

Il est, dans la vie des peuples, des moments solennels ; celui-ci en était un. La France s'en allait, depuis neuf mois, à la recherche d'un monde inconnu. Elle le poursuivait à la lueur des éclairs et aux murmures de la tempête. Jusque-là ses efforts n'avaient pas été heureux ; rien ne s'était montré à l'horizon sur quoi l'œil pût se reposer avec sécurité. Des visions traversaient l'espace ; des bruits étranges passaient sur les flots. On n'entendait que l'aboiement du gouffre et les voix de l'écueil ; on ne voyait que génies malfaisants et présages sinistres. Une telle situation ne pouvait se prolonger sans péril. Il fallait trouver un abri, mettre un terme à cette vie de hasards. C'était le cri universel.

A ce titre, une certaine émotion s'attachait au choix d'un président. Chacun y voyait la fin d'un état précaire. Les perspectives variaient, les vœux aussi ; la conclusion était la même. Un président ! un président ! Dût-il en résulter une crise, un président ! Tout plutôt que cette agonie lente. Tel est le désir qui se manifestait avec un merveilleux unisson. Mais au delà, cet accord cessait. La question des noms propres divisait profondément le pays. Dans cette élection, chacun vit d'abord ce qui le touchait. Le meilleur président était celui dont on avait le plus à espérer et le moins à craindre. Grands et petits dressèrent le même compte, se livrèrent au même calcul. Tous évaluèrent ce qu'ils pouvaient y perdre ou y gagner. Balance faite, l'opinion alla du même côté que l'intérêt. C'est l'esprit du siècle ; il répugne à un concours gratuit. Ce concours d'ailleurs variait à l'infini ; il était ou positif ou négatif. Ceux-ci avaient des préférences, ceux-là des répugnances seulement; les premiers portaient un candidat à leur gré, les seconds n'en adoptaient un qu'en haine de ses compétiteurs. A plusieurs il ne fallait qu'un mannequin dont ils tiendraient les fils. Un petit nombre se déclarait pour le plus mauvais choix, afin de pousser les choses vers le pire.

Un sentiment cruel dominait tout cela; c'était le dégoût de ce qui existait, le dégoût des hommes et des institutions. Aveu pénible et douloureux! Le scrutin semblait être le dernier recours des désespérés. Ils y arrivaient l'amertume dans le cœur et le fiel sur les lèvres. Ils y voyaient une revanche de tant de déceptions! Tous ceux que la foudre avait frappés s'armaient pour ces représailles ; ils se multipliaient par le mouvement et par le bruit. La révolution allait se trouver en présence de ses victimes, industriels déchus, fonctionnaires éconduits, hommes politiques en disponibilité. Leur vengeance était dans leurs bulletins. Ils devaient y inscrire le deuil de leurs positions ébranlées ou détruites. Les gazettes tranchaient sur le tout et n'étaient pas le moindre embarras du moment. Elles remplissaient le pays de leurs rivalités et de leurs rancunes : les unes tenaient la proie, les autres la convoitaient : de là des morsures qui allaient au vif. Les situations de l'abonnement y ajoutaient un venin de plus. Bref, dans cette arène allaient descendre des passions qui manquaient de sincérité. C'était une mêlée confuse où devaient dominer l'égoïsme et l'intrigue dans tous leurs raffinements.

Trois candidats, appuyés sur des partis distincts, étaient en présence. Je ne parle pas de ceux qui se résignaient à vivre d'emprunts et à glaner çà et là quelques voix égarées. De ces trois candidats, le premier avait cet avantage, d'être tout porté au pouvoir; il l'avait conquis en soldat, à la pointe de l'épée. Depuis lors il avait paru fléchir sous le poids de son laurier. Son plus grand tort était de s'être mal défendu d'obsessions fâcheuses. Il s'était livré aux médiocres et aux impuissants; un tel voisinage est contagieux. Plus libre, il eût mieux réussi. Il avait dans les allures et dans les traits quelque chose de brusque et de sec qu'il tenait de la profession autant que de la nature. Son sourcil trop fourni exprimait une dureté que démentait son regard. Sous ces dehors se cachaient d'ailleurs un cœur loyal et un esprit ferme jusqu'à l'obstination. Sa parole était brève et d'un laconisme sentencieux; ses manières avaient un cachet de simplicité militaire. L'ensemble ne manquait ni de dignité ni de goût. Il y avait là toute l'étoffe d'un président et d'un président éprouvé.

Quatre mois plus tôt, cette élection n'eût pas rencontré d'obstacle. Ceux mêmes qui s'y opposaient aujourd'hui y eussent alors donné les mains. Mais les républiques font litière des popularités. Dans leur sein tout éclat s'expie. Puis, investi du pouvoir, le vainqueur de Juin l'avait fait incliner dans le sens de ses amitiés. Il acquittait aux dépens du pays une dette d'origine. On ne lui pardonna pas cette faiblesse de son intelligence ou de son cœur. Le jeu était trop dangereux. Cinq ou six noms se partageaient les fonctions publiques. Noms purs, je veux le croire, mais bien plus incapables que purs! Le gouvernement voyait ainsi son prestige s'éclipser. Avant tout, c'est le talent qu'il faut aux peuples; le talent seul se fait obéir. L'exercice de la puissance ne se justifie que par la supériorité. On méconnut une loi si constante. Aussi le déclin commença-t-il bientôt pour cette étoile à peine levée, et au moment de l'élection elle sembla pâlir. Il ne pouvait plus être question d'une acclamation unanime, mais d'un partage et peut-être d'un partage inégal.

Le second candidat était plus nouveau sur la scène; il n'avait pas eu le temps de se déprécier à l'emploi. Un lointain mystérieux le dérobait aux regards, et, comme les dieux d'opéra, il attendait un signal pour descendre de son nuage. Ces jeux lui plaisaient. A tout prendre, c'était moins un homme qu'un nom. Le nom était grand, il avait rempli le monde. Il avait passé dans toutes les brises et frappé tous les échos. Il était inscrit sur le Kremlin et sur les Pyramides ; il vivait dans la mémoire des générations. A ce nom, les vieillards s'inclinaient avec respect. Le malheur l'avait sacré plus encore que la gloire. Peu importait qu'il eût coûté une jambe à l'un et à l'autre un bras ; il n'en était que plus cher. On s'y attachait en raison des maux endurés par lui. Puis on en attendait tant de choses ! Ce nom était un talisman comme on en voit dans les contes orientaux ; il devait faire découvrir des trésors cachés. Un fleuve de milliards allait se répandre sur les campagnes. Chaque hameau en aurait une part ; toute famille de braves en serait soudainement enrichie. Plus d'impôts, d'ailleurs, plus de taxes, au moins pour dix ans. Les boissons circuleraient en franchise ; les commis de la régie seraient remerciés. La France deviendrait un pays de Cocagne. Ainsi se combinaient, dans un même but, la religion du souvenir et l'esprit de calcul.

Restait un troisième candidat, celui que poussaient les opinions ardentes. Longtemps elles avaient hésité dans leur choix. Au sein de cette église, les schismes étaient nombreux. Les uns voulaient qu'on en vînt sur-le-champ aux candidatures les plus significatives. Pour la foi commune, des martyrs gémissaient dans les fers, d'autres en étaient réduits au pain de l'exil. C'était sur eux qu'il convenait de réunir les suffrages populaires, à titre de protestation. Les autres se refusaient à ces moyens décisifs, ils préféraient user de tactique. A leur sens, le candidat devait être choisi en dehors de la captivité. Et ils citaient des noms qui avaient donné des gages au peuple et qu'entourait un certain éclat. Là-dessus grand conflit et choc de systèmes. Tous eurent leur mot, même ceux qui plongent profondément les doigts dans les poches du voisin.

Il faut néanmoins en faire l'aveu : ce grand parti n'était plus que l'ombre de lui-même. Depuis trois mois il avait essuyé un notable déchet. Le régime des cuirasses altérait profondément son humeur ; il n'avait plus ni la verve ni la jactance d'autrefois. Non qu'il ne parlât encore de tout anéantir : on ne perd pas en un jour de mauvaises habitudes ; mais la chose se passait en propos et perdait de son prix en se répétant. Il y avait encore de l'agitation, mais une agitation sur place, comme celle de l'écureuil. A la guerre des pavés succédait la guerre des journaux. C'était un jeu moins terrible. D'ailleurs la grande armée de l'émeute n'existait plus ; les bataillons s'étaient dispersés, il n'en restait que les cadres. Les clubs mêmes s'en allaient à l'abandon ; la vogue n'était plus de ce côté. Cela s'explique : les premiers sujets avaient disparu ; la place restait livrée aux doublures.

Cette situation jetait dans l'âme des chefs un profond accablement. Avoir tenu une si belle proie et la sentir s'échapper ! Avoir eu une partie si sûre et la perdre ! C'était à s'étrangler de ses propres mains. Une République qu'ils comptaient dévorer en famille ! Tant de positions et tant d'honneurs ! Ils en étaient inconsolables. Leurs regrets n'avaient d'égal que leur appétit. Le désespoir les inspira. Encore un effort, se dirent-ils, et ils risquèrent leur dernier enjeu. De là une autre campagne de banquets. Les banquets avaient ouvert la révolution, et ils allaient la clore ; ils devaient en être la tombe comme ils en avaient été le berceau. La seconde représentation fut loin de valoir la première ; la scène avait changé, les ordonnateurs aussi. Ils promenèrent de barrière en barrière les mêmes convives et les mêmes toasts, comme des gens condamnés à périr sous des discours ridicules et de mauvais vin.

C'est ainsi que se présentait l'élection du président et que se dessinaient les candidatures. Le spectacle était nouveau ; il piquait la curiosité. J'y pris un tel goût, que je perdis de vue mon intérieur. Cependant il s'y passait des faits significatifs. Malvina venait d'accorder à son chapeau grenat les honneurs de la vétérance : elle s'était coiffée à neuf et dans un goût parfait. Rapproché de l'état de nos finances, cet acte ne manquait pas de gravité. Il fut suivi d'excès plus grands encore. Je n'en pouvais croire mes yeux. Ma femme s'était pour ainsi dire transformée : son esprit d'ordre l'abandonnait ; nos dernières ressources s'épuisaient à vue d'œil. C'était tantôt un colifichet, tantôt un autre ; un jour, une robe ; le lendemain, un nœud de rubans. Il était peu dans mes habitudes de faire des observations à propos d'emplettes ; on m'avait mis sur ce pied. Cependant un jour je ne pus me contenir.

— Comme te voilà brave ! lui dis-je. Peste ! le joli mantelet !

— De quoi ? répliqua-t-elle. Qui ne risque rien, n'a rien.

— A ton aise, repris-je. Ce n'est point un reproche que je te fais.

— Et quand même ? dit-elle. Soyez paisible, mon chéri, ajouta-t-elle en me caressant la joue du bout de son gant ; on en rendra, des comptes. Embrasse-moi et tourne les talons.

Évidemment il se préparait quelque chose de mystérieux. Ma femme sortait tous les matins en toilettes éblouissantes. Simon lui servait de cavalier. Il arrivait à l'issue du déjeuner et embarquait Malvina pour des destinations inconnues. D'autres fois, il s'enfermait avec elle, et alors commençaient d'interminables entretiens. Rien n'en transpirait. Seulement je pus voir que madame Paturot continuait à honorer ce gouvernement de sa confiance. Elle en faisait l'éloge à tout propos; elle en parlait en des termes parfaitement sentis. Il avait conquis ses bonnes grâces.

Les choses se maintinrent ainsi durant quelque temps. Les sorties de Malvina étaient de plus en plus fréquentes. Entre elle et Simon s'échangeaient des regards qui témoignaient d'un accord secret. Je ne m'en affectai pas autrement. Mes principes là-dessus étaient très-fermes. J'attendais. Enfin le mot de l'énigme me fut donné. Un jour le meunier vint dîner avec nous ; on avait fait quelques frais pour lui. Nous avions des plats de choix, et qui ne sortaient pas du fourneau domestique, un dessert d'un goût somptueux, et quatre bouteilles d'un vieux médoc que n'eût point méprisé un connaisseur. Ma femme s'était parée afin de mieux faire les honneurs de sa maison. Sa personne respirait une solennité inaccoutumée. Je ne savais que penser de ces airs et de ces apprêts, lorsqu'en m'asseyant à table j'aperçus une dépêche qui reposait sur mon couvert. Je m'empressai de l'ouvrir, et qu'y vis-je? Un brevet en mon nom.

J'étais appelé aux fonctions d'inspecteur général de la civilisation arabe dans le nord de l'Afrique. La République me faisait ces loisirs.

XLI

EN AFRIQUE.

J'étais donc nommé inspecteur général de la civilisation arabe dans le nord de l'Afrique. La conduite de Malvina recevait une explication.

Le nord de l'Afrique était devenu, depuis dix-huit ans, le siége d'un problème plein d'intérêt. Nous y possédions une conquête dont il y a lieu de s'enorgueillir beaucoup, si l'orgueil ici-bas se mesure aux sacrifices. Comme bague au doigt, on y avait mis le prix. Comme spéculation, on aurait pu choisir un terrain plus heureux. La France y tenait d'ailleurs et à bon droit. Les préférences d'une mère s'adressent à l'enfant qui lui coûte le plus de soins. La France en usait ainsi vis-à-vis de sa conquête ; pour en assurer le maintien, elle n'épargnait ni les hommes ni l'argent. Une autre s'y fût rebutée. Sa tâche ressemblait à celle que poursuivent aux enfers les filles de Danaüs. Elle jetait des millions dans un gouffre qui les dévorait sans profit.

Ce n'est pas qu'on n'eût imaginé des systèmes pour alléger ce fardeau. Les systèmes sont ce qui manque le moins. Il y en avait de militaires, il y en avait de civils, il y en avait de simples, il y en avait de mixtes. Des flots d'encre coulèrent à ce sujet. Les uns conseillaient de restreindre l'occupation à quelques villes du rivage, de telle sorte qu'on n'eût pu cueillir une violette hors des murs qu'avec l'agrément des naturels. Les autres se montraient plus généreux ; ils accordaient un certain territoire, mais à la condition de le défendre par un fossé plein d'eau, où l'on eût élevé des carpes aux frais de l'État. Ces plans ingénieux n'avaient qu'un tort, celui de changer les rôles. Ils consacraient la souveraineté du vaincu et l'assujettissement du vainqueur. C'était le séquestre dans la conquête, un emprunt fait aux Chinois. Le bon sens public y répugnait : de là d'autres combinaisons. Pour un plan condamné, il en naissait vingt. Les échecs sont l'aiguillon du génie. Cette terre d'Afrique défrayait tous les genres d'émotions. Elle eut des épopées, elle eut des idylles. Un instant elle toucha au plus bel idéal des temps modernes, celui du soldat laboureur.

Tel était le théâtre sur lequel j'allais me rendre. Une circonstance récente venait d'y ajouter un prix de plus. Paris, depuis quelques mois, était plein d'existences déclassées et de misères affreuses. Il fallait y pourvoir. Le travail reprenait lentement, l'aumône était insuffisante. On s'arrêta à un projet d'émigration. Elle offrait ce double avantage, d'ouvrir aux malheureux une issue pour fuir le besoin, et de délivrer le pavé de la République d'un élément de désordre. Le sol ne manque point aux bras, celui d'Afrique les appelait. Il unissait la fécondité à l'étendue. C'est sur l'Afrique que l'on jeta les yeux. Des fonds furent votés, des enrôlements ouverts. Les émigrants se présentèrent en foule. Toutes les semaines il en partait un convoi. Je doute qu'on ait jamais vu un spectacle plus rempli d'émotions. Le quai était couvert de femmes et d'enfants. On échangeait des adieux au milieu des larmes. La présence des autorités donnait à ces départs un certain éclat, et le clergé y accourait pour les bénir. Ainsi le hasard venait de résoudre le problème qui tenait depuis si longtemps l'art et la science en échec. De tous ces plans de colonisation, un seul avait abouti, la colonisation par la misère. Les rêveurs ont beau dire : c'est là la grande école du génie humain.

Mon devoir était d'étudier ces émigrations et de les suivre ; je n'y manquai pas. J'avais accepté ma mission avec orgueil et voulais la remplir avec conscience. Rien de ce qui touchait le nord de l'Afrique ne me fut désormais étranger. Je m'entourai d'ouvrages qui traitaient de ce sujet. Je désirai connaître à fond les naturels que j'étais chargé de civiliser. A l'aide d'un effort suivi, je m'identifiai à eux, pénétrai le mystère de leurs mœurs, vécus sous l'abri de leurs tentes. Je devins Arabe ou peu s'en faut. Ce n'est pas tout ; à ces esprits indomptables, il fallait s'imposer par quelque bienfait. On sait comment Triptolème a réussi. Ce succès troublait mon sommeil. J'entrepris d'arracher à la nature un de ses secrets. Il m'eût été doux d'apporter à mes administrés une grande révélation agricole. A défaut, je comptais me rabattre sur les procédés connus. Qui le sait! un rien suffirait peut-être; l'Arabe se contente de peu. L'essentiel était de m'en rendre maître, de le fasciner, de m'emparer de son esprit. Ce point gagné, tout allait de soi et je promenais les tribus de surprise en surprise.

Dans cet ordre d'idées, il me survint une inspiration. L'un des embarras du jour consistait en quatre ou cinq docteurs dont j'ai déjà raconté les prouesses. Ils avaient composé leur spécifique et jetaient de hauts cris parce qu'on n'en usait pas. A tout prix, ils réclamaient des sujets à traiter et des expériences à faire. C'est là-dessus que je me pris à réfléchir. Évidemment le nord de l'Afrique était un théâtre naturel pour ce genre d'opérations. On y trouve des races à peine sorties des mains de la nature et exemptes de préjugés. La terre y est vierge comme les cœurs. Elle ignore, sur bien des points, les servitudes de la propriété. L'être y foule un sol libre. Que de précieuses combinaisons! quel heureux concours de circonstances! Mon esprit se plaisait à les énumérer. Comment ces grands docteurs n'avaient-ils pas vu que c'était là leur sphère, leur élément, leur point d'appui? Comment avaient-ils négligé une si belle occasion de se produire? Évidemment, de leur part, c'était un simple oubli. Il suffisait de les remettre sur la voie. Ils voleraient vers la contrée de leurs rêves, et Paris en serait délivré.

Plus j'y songeais, plus cette impression devenait profonde. Il me semblait que ces penseurs tournaient le dos à la destinée, et manquaient leur avenir. Les avertir était un devoir strict, impérieux. J'y cédai et me déterminai à quelques démarches. J'avais un titre pour le faire, et, dans tous les cas, mon excuse était dans mes intentions. Le premier que j'allai voir passait pour un illustre parmi les sectes qui brisent les vitres au profit de l'avenir. Il en était l'expression la plus philosophique. Masque connu d'ailleurs. Ce qui frappait dans sa personne, c'était une absence complète de linge. Je veux croire que ce qui manquait au dehors se retrouvait au dedans. Avec lui, il n'y avait pas à se gêner; il était bon homme par-dessus tout. Point de fiel, pas même de passion révolutionnaire. Il n'eût pas écrasé un puceron. Mortel parfait, s'il n'avait eu une marotte. Je l'abordai avec rondeur et me mis à l'aise avec lui :

— Pontife, lui dis-je, vous êtes un grand sage ; mais vous n'y voyez guère loin. Sortez donc un peu de votre brouillard et examinez ce qui se passe. Vos actions baissent; vous n'avez plus qu'un succès de gaieté. Le Français est ainsi; il aime à rire. Que s'ensuit-il ? qu'on ne rend pas justice à vos moyens. C'est affligeant; mais qu'y faire? Cela s'est vu dans tous les temps. Le métier de penseur n'est pas tout profit. Lycurgue y perdit un œil ; estimez-vous heureux d'avoir encore les deux vôtres.

— Bah! me dit-il en riant.

— Oui, pontife, vous êtes un génie méconnu. Je vous citais Lycurgue. Le jour où il baissa, il quitta sa patrie. Agissez comme lui. Tout juste, voici un pays qui vous tend les bras. L'Afrique! un terrain entièrement neuf. L'Afrique et vous, vous êtes faits pour vous comprendre. Allez de ce pas chercher votre passe-port. Vous voulez que tout marche par trois ; il y a là-bas des populations qui sont idolâtres de ce chiffre. Vous avez un faible pour l'azur, l'or et le pourpre : on vous prodiguera ces couleurs. Vous aimez enfin le peuplier, vous le célébrez comme une merveille végétale. Ne disputons pas des goûts. L'Afrique est en mesure de satisfaire celui-ci. Le peuplier y prospère; allez-y cultiver ce produit. Seulement ne le cultivez pas au bruit des pétards et ne le coiffez pas du bonnet rouge. L'épreuve en est faite ; ce traitement ne lui vaut rien.

Pendant que je débitais cette tirade, mon philosophe avait l'esprit ailleurs. Il songeait sans doute à son système de gouvernement ; il songeait surtout au cylindre et au cône qui y figurent à titre d'institutions fondamentales. Cette méditation pouvait le conduire loin : j'y coupai court en lui prenant les deux mains :

— Eh bien, pontife, ajoutai-je, le cœur vous en dit-il ? L'Afrique nous appelle ; en êtes-vous ? Voulez-vous que je vous aide à faire votre valise ?

Ce mot l'arracha à son extase ; il dirigea sur moi un regard onctueux ; et exhalant un gémissement profond :

— Moi, quitter la France ! s'écria-t-il ; la philosophique France ? la patrie de Diderot et de Mably ? Jamais. Que deviendrait-elle si je lui manquais ?

J'eus beau insister ; il me fut impossible de tirer autre chose de lui que cette conclusion superbe. Force fut de se rabattre d'un autre côté. En fait de chefs de sectes, on pouvait choisir : l'article n'était pas rare. Je me présentai chez l'un de ceux qui exploitaient le bonheur du genre humain de mille manières, en journaux, en livres, en almanachs, et qui, à bout de voie, l'avaient mis ingénieusement en commandite. C'étaient des gens d'affaires, ce qui n'excluait pas une certaine manière de porter la tête à la façon des demi-dieux. Ces grands airs ne m'en imposèrent pas ; j'allai droit au but :

— Monsieur, dis-je à ce membre de la secte par actions, il est temps de s'exécuter ; autrement on vous accuserait de berner le public. Voilà quinze ans que vous annoncez une combinaison où chaque citoyen aura à manger par jour vingt-cinq livres de nourriture. Vous en prenez prétexte pour traîner sur la claie ceux qui pensent que l'estomac n'a pas été institué pour une si violente destination. Vous en faites des gens sans cœur et des ennemis du peuple. Rien de mieux ; vous êtes dans vos statuts. Ces exécutions plaisent à vos porteurs de coupons ; mais au fond qu'est-ce que cela prouve ? Vous fendriez tout le monde en quatre que votre combinaison ne s'en porterait pas mieux. C'est là qu'il en faut revenir. Où en êtes-vous? Où sont vos résultats? Cinq essais, cinq échecs, tel est votre compte net; il est court, mais concluant. A cela vous dites : C'est à refaire ; je n'y étais pas. Mais soyez-y donc, et que ça finisse. Tenez, monsieur, je vais vous faire une proposition. Partez avec moi.

— Partir, dit le sectaire avec dédain. Et pour où?

— Pour l'Afrique, repris-je. Vous la mettrez sens dessus dessous, si cela vous plaît. C'est une contrée qui se prête à tout. Au fait, le théâtre est digne d'un homme de votre valeur. Vous êtes pétri de talents ; vous les déploierez. Par exemple, cette fois, il faudra pénétrer au fond des choses. Vous y serez; c'est le cas de donner l'essor à vos moyens. N'y épargnez pas la façon, et en avant le grand jeu ! Qu'on sache ce que vaut, au juste, votre combinaison, et ce qu'il faut penser de vos vingt-cinq livres d'aliment. Au besoin employez-y la queue avec l'œil au bout. Que la séance soit mémorable. Calculez, d'ailleurs, qu'on vous abandonne un pays nouveau et des hommes n'ayant jamais servi. Vous travaillerez là-dessus comme sur de la cire. En outre, du terrain à discrétion et des masses de pierres à bâtir. En allez-vous construire, des palais ! En allez-vous élever, des colonnades ! Il y a des plaines magnifiques et des vallons charmants: vous choisirez. Et, si vous m'en croyez, mettez tout cela en coupons. La foi faiblit ; il n'y a que la commandite qui sauve.

— Monsieur ! dit le sectaire piqué.

— Il n'y a pas d'affront, repris-je. Ce que vous en faites est pour le peuple. Ce motif justifie tout. Vous accoucherez un jour du parfait bonheur ; voilà votre excuse. Raison de plus pour accepter ma proposition.

Le membre de la secte en actions rejeta en arrière ses cheveux inspirés ; et portant la main sur sa barbe aux filons d'argent :

— Moi! s'écria-t-il, moi, quitter la France! la généreuse France! pays de contributions volontaires et de versements sociaux : allons donc ! Il faudrait que je fusse un bien vil ingrat

Les réponses se suivaient et se ressemblaient. L'accueil que je rencontrais était peu varié. Il en résulta chez moi un certain découragement. Je me consultai pour savoir si je pousserais jusqu'au bout l'expérience. Une considération m'y détermina. Des sectes qui brisaient les vitres au profit de l'avenir, je n'avais pas vu celle qui y procédait avec plus d'éclat. En débarrasser le pavé eût été un coup de maître. J'en allai voir le chef, un esprit inexorable et railleur, qui maniait le sophisme comme une épée de combat. Il en frappait d'estoc et de taille, à tort et à travers, et pour le seul plaisir d'en vérifier la trempe. Faute de quelqu'un à démolir, il se fût démoli de ses mains. Jamais on ne vit caractère plus mal fait; il ne souffrait pas de voisins : il voulait être seul de son espèce. L'épreuve me piqua.

— Un mauvais coucheur ! me dis-je. Eh bien, essayons : le mérite n'en sera que plus grand.

En l'abordant, je me tins sur la défensive ; la précaution était de trop. Il n'essaya pas de me dévorer. Au contraire, son accueil fut charmant. Il n'était terrible que la plume en main. L'encre l'enivrait. Dans l'entretien, il prit des airs aimables. S'il avait des griffes, il les retirait. Ce n'était ni le même homme ni la même humeur. Je lui fis mes ouvertures.

— Citoyen, lui dis-je, je vais vous parler sans détour, vous êtes fait pour me comprendre. Vous n'avez pas l'humeur égale, bien s'en faut. Pourquoi cela? c'est qu'il vous manque quelque chose. Le phénomène n'est pas nouveau. Les mauvais caractères viennent des fausses positions. Quel est le remède à cela? changer d'air. Il n'y en a pas deux. Demandez-le aux médecins ; il est des climats pour tous les tempéraments. Le vôtre souffre ici ; il tournera à l'aigre. Venez avec moi ; l'Afrique vous remettra. Je réponds de la cure.

— L'Afrique? me dit le sophiste étonné.

— Oui, citoyen, l'Afrique. L'air y est parfait. Pour l'avoir plus sain, vous vous enfoncerez dans la montagne. Nous avons le petit Atlas, qui abonde en sites délicieux. Vous y boirez du lait de chamelle ; vous y mènerez une vie dont la Bible peut vous donner un avant-goût. Vous y serez libre d'herboriser, de clouer des insectes sur un carton, de recueillir des minéraux, d'errer dans les déserts en ami passionné de la nature. Telle est la base de votre traitement. Je sais d'ailleurs qu'il est prudent de ménager la transition. Il ne faut pas que le changement soit trop brusque. Vous êtes naturellement brutal, passez-moi le mot. Eh bien, vous avez là-bas des indigènes sur lesquels vous pourrez dauber, ce sera une manière de vous entretenir la main. D'ailleurs l'Arabe est subtil, et vous ergoterez avec lui. Il se rattache, pour le galimatias, aux meilleures époques de l'art. Vous n'y perdrez pas votre peine.

— Vraiment? dit le sophiste.

— Puis, citoyen, vous avez ici des objets qui répugnent à votre constitution. La propriété, par exemple, vous porte sur les nerfs. Vous n'en pouvez supporter le spectacle sans agacements; elle trouble votre économie. En Afrique vous serez délivré de ces ennuis. L'Atlas compte peu de propriétaires. Une idée plus loin, se trouve le Sahara, où votre système règne dans toute sa pureté. Vous y serez dans votre élément, dans votre domaine. Vous vous assurerez que le globe n'est pas voué en entier à cette infâme propriété, et que la nature en cédant se ménage toujours des réserves. Vous découvrirez le Grand Désert, citoyen : cette découverte est digne de vous. Puis à l'imitation de celui-là, vous en ferez d'autres. Qu'en pensez-vous? Il y a là une idée.

— En effet, dit le sophiste.

— Ce n'est pas tout, repris-je en lui décochant un dernier trait. Vous portez dans vos flancs l'avenir de l'humanité, et on vous méconnaît. Vous expiez le tort de devancer votre siècle. Ainsi vous avez institué une Banque d'Échange. Qui y donne, dites-moi? Quelques innocents tout au plus : c'est le sort des choses de génie. Le Français est naturellement routinier. Vous trouverez chez les Bédouins beaucoup plus de satisfaction. Cette race a l'esprit ouvert; elle goûtera votre système. La tradition y prête, les mœurs n'y répugnent pas. Un peuple pasteur doit aimer l'échange ; il en a éprouvé les bienfaits. Il lui arrive parfois de troquer un bœuf pour un chameau et un porc pour deux moutons. Ce phénomène n'est pas sans exemple au sein de ces solitudes. Voilà donc l'échange sauvé ; et, quant à la banque, vous vous en tirerez en homme qui les connaît toutes. Eh bien ! vous décidez-vous ? C'est assez encourageant.

— Eh, eh ! répliqua le sophiste.

— Un dernier mot, ajoutai-je : et prenez-le en bonne part. Vous n'êtes pas le seul mortel d'avenir qu'on veuille emballer pour l'Afrique ; on songe aussi à plusieurs de vos confrères dans l'industrie des mondes à l'envers. Vous n'avez jamais été clément pour eux ; souffrez que l'on prenne quelques précautions en leur faveur. C'est une affaire d'utilité publique. Chacun de vous aura un établissement à part, sans communication possible : autrement vous vous dévoreriez sans merci. On chercherait vos systèmes et on n'en trouverait plus que les queues. Pas de ça. Autant de cantons que de mondes à l'envers, et une couronne de chêne à celui qui aura le mieux réussi. Vous le voyez ; la combinaison est complète. En êtes-vous ? Un oui ou un non.

— Mais, citoyen, vous êtes pressant, dit le sophiste que mes instances embarrassaient.

— Oui ou non, répétai-je en voyant arriver sur ses lèvres un refrain familier.

— Moi, quitter la France ! s'écria-t-il, en cédant à une dernière impulsion. La vieille France ! pays des capitalistes et des propriétaires ! A d'autres ! Et qui donc se chargerait de les anéantir ? Je reste.

C'était le troisième refus que j'essuyais, et en des termes à peu près identiques. Un autre eût quitté la partie. Je fis un suprême effort. Il me restait à voir le vétéran de l'agitation populaire. La démarche n'avait rien d'excessif ; elle se rattachait à un commerce qui lui était habituel. Il avait une entreprise d'émigrations. Des colons s'inscrivaient chez lui et il les expédiait, francs de port, vers un pays fabuleux. Il était naturel que je lui fisse des ouvertures au sujet de sa petite industrie. La question était des plus simples. Ses clients n'avaient pas à se féliciter du lieu de leur destination. Ils y souffraient des morsures des maringouins quand ils n'y étaient pas scalpés par les sauvages. J'allais proposer à l'entrepreneur une localité où il n'y aurait ni sauvages ni maringouins. L'offre était généreuse. Je n'y mettais qu'une condition, c'est que le patron suivrait les clients. Pour l'y décider, je lui fis du nord de l'Afrique un tableau que n'eût pas désavoué un naturaliste. Je lui citai les cultures qui devaient y réussir et m'étendis sur les avantages personnels qui l'y attendaient. Le sujet m'inspirait; j'y mis de l'éloquence. Mon homme était un sournois de la pire espèce; il m'eût été doux de lui voir vider les lieux. Il prétendit que son absence ferait un trop grand vide dans le pays et deviendrait l'objet d'un deuil public. Aucune instance ne put le tirer de là.

Ainsi j'allais d'échec en échec. En vain m'étais-je prodigué jusqu'à l'adulation; je n'en recueillis que des mécomptes. Tous ces chefs de partis se croyaient nécessaires à la marche des choses; on n'eût pas brisé de vitres sans eux. Ils préféraient continuer leur industrie sur les lieux plutôt que de courir les chances des opérations lointaines. Mes plans avortaient. Faut-il le dire? ce résultat laissait un vide dans mon esprit. Je ne pouvais y songer sans ennui. A tout prix je cherchais des victimes; je voulais enrichir l'Afrique de quelques hôtes de choix. J'entrepris Simon et lui montrai en perspective une suite de moulins à établir sur les crêtes du Sahel. Il me répondit qu'il avait assez du sien, et qu'il appartenait à l'Assemblée. En désespoir de cause, je me rabattis sur Oscar et le pressai de mon mieux.

—Viens avec nous, lui dis-je. Toi qui adores le paysage, tu en verras de merveilleux : c'est la nature dans toute sa grandeur. Tu réussis le rocher; nulle part ils n'ont autant de caractère. Et des lions! nos artistes vont les chercher là. Ces animaux y posent gratuitement devant eux. Les beaux cartons que tu vas rapporter! La belle collection de sites d'Afrique! Tu viens, n'est-ce pas? tu viens?

Pendant que je le pressais ainsi, Oscar avait pris une pose où le dédain s'unissait à la majesté. On y pouvait lire la conscience de destins supérieurs. Sa lèvre exprimait l'ironie, et sa barbe scrupuleusement peignée avait l'éclat des beaux jours.

— Moi! dit-il d'un air dégagé, que je quitte la France? en ce moment? quand la partie se joue à mon profit? Voilà une étrange proposition. Jérôme, un mot, un seul mot. Il y a trente-sept ans révolus que je cours après la fortune. Jusqu'ici elle a eu le pied plus leste que moi. Enfin je la tiens; rien ne peut plus me la ravir. Nous touchons, mon fils, à de grandes choses. Pas plus tard qu'hier, j'ai commandé mon habit de chambellan. Un frac de cour avec des clefs d'argent sur le collet et des passementeries du plus beau dessin. Je serai merveilleux là-dessous. Le mot est donné. Nous reprenons la grande tenue, comme au bon temps : il y aura un archichancelier et des bottes à l'écuyère. Et puis faut-il tout te dire? je redeviens le peintre ordinaire de Sa Majesté.

— Vrai! m'écriai-je. Sans plaisanterie?

— Aussi vrai qu'il y a un soleil levant. J'ai une promesse auguste.

— Tu m'en diras tant!

Je restais seul, je n'avais plus à compter que sur moi. Pour effacer de ma mémoire cette suite de déceptions, je m'occupai de mes préparatifs de voyage. J'appartenais à l'Afrique; elle remplit mes pensées et occupa la dernière semaine de mon séjour. Il me semblait glorieux de concourir à sa prospérité et d'élever de mes mains l'édifice de sa grandeur. Aussi ne regardai-je aucun détail comme indigne de moi. Je me procurai une collection de graines de semence et fis l'emplette d'instruments de labour. De son côté Malvina y ajoutait quelques patrons du dernier goût et une collection complète du journal des modes. C'était autant d'éléments de civilisation.

* *
*

Je quitte la plume : aussi bien n'aurais-je aucun goût à poursuivre ce récit. Ma main est lasse et mon cœur triste. J'aurais voulu, après cette longue nuit, pouvoir reposer mes yeux sur une lueur naissante. Les événements ne l'ont pas permis. Les symptômes sont encore orageux. Il y a toujours des frémissements dans l'air et des nuages dans le ciel. Un doute mortel glace les âmes. Jamais le pays ne fut plus divisé, plus hésitant. On ne sait où placer ses répugnances et ses affections. Deux noms se trouvent en présence; lequel choisir? Leur position est celle des héros d'une fable bien connue : l'un des deux a tiré la République du feu; reste à savoir qui la croquera : c'est le problème.

Je serai loin quand on le résoudra : les gorges de l'Atlas m'en offriront d'autres. Aucun théâtre n'est plus propre à la méditation. C'est dans la solitude que Dieu a mis les joies sans ombre et les sociétés sans défauts. Un pressentiment me dit que j'y trouverai les sept combinaisons qui manquent à la mienne. Si j'y parviens, j'y porterai cette découverte à la connaissance de l'univers.

FIN.

TABLE DES MATIÈRES

                                                                    Pages.

I. Les deux commissaires.................................... 1
II. Comment la peur embellit les objets.................... 9
III. Une tempête dans un verre d'eau 19
IV. Les vertus républicaines 28
V. La médaille et le revers............................... 37
VI. Le malade et les médecins............................ 47
VII. Les empiriques....................................... 53
VIII. Les queues promises à l'humanité................... 65
IX. La désorganisation du travail........................ 73
X. L'atelier national.................................... 82
XI. Les clubs au vinaigre et au camphre.................. 98
XII. L'hôtel de ville..................................... 107
XIII. Le candidat de Malvina............................. 117
XIV. Les vertiges dans l'air............................. 127
XV. Le scrutin de liste.................................. 132
XVI. Les grands jours.................................... 143
XVII. L'assemblée.. 156
XVIII. Les secrets des coulisses......................... 168
XIX. Les préparatifs d'un règne......................... 177
XX. Malvina au club des femmes.......................... 188
XXI. Les victimes des événements........................ 198
XXII. Une représentation populaire...................... 207

	Pages.
XXIII. Les mains cachées	215
XXIV. Les instruments	222
XXV. Le viol	230
XXVI. Récit de Malvina	240
XXVII. Les aventures d'Oscar	255
XXVIII. Les infortunes d'une Égérie	266
XXIX. La fête en plein vent	275
XXX. Les douleurs d'un représentant	287
XXXI. Les droits du citoyen	297
XXXII. Le retour de l'aigle	308
XXXIII. Les tribuns pittoresques	320
XXXIV. Le volcan	328
XXXV. L'éruption	340
XXXVI. L'ambulance	357
XXXVII. La confession	370
XXXVIII. Le lendemain	379
XXXIX. Le grand œuvre	389
XL. La présidence	397
XLI. En Afrique	403

FIN DE LA TABLE.

— Conseil, imprimerie de Crété. —

www.ingramcontent.com/pod-product-compliance
Lightning Source LLC
Chambersburg PA
CBHW051829230426
43671CB00008B/896